한국 국립대학의 길을 묻는다

전국국공립대학교수회연합회 편저

이형철 · 송기춘 · 문병효 · 강창동
김대중 · 김태호 · 권오현 · 임재홍
김영석 · 최인철 · 이시활

북스힐

서문

이형철 (전국국공립대학교수회연합회 상임회장)

대학은 학문적 진리의 추구와 교육을 통한 지식의 전파를 통해 인류의 문화 발전이라는 임무를 수행하는 사회의 중추적 기관이다. 그러나 과연 이러한 대학의 가치와 이념이 지금도 대한민국의 대학을 떠받들고 있다고 할 수 있을까? 대학의 정신은 이제 뜬구름과 같이 잡히지 않는 허무한 이상으로 치부되어 진다. 이는 한국 대학이 산업자본과 정치권력의 도구적 존재로 전락하며 발생한 현상이다. 신자유주의적 자본주의의 이념을 대학에 접목시키려 했던 국가권력의 의도는 대학에서 이상과 가치를 앗아갔다. 파행적 대학 운영의 가장 큰 피해자는 대학 교육의 주체인 교수와 학생이다.

대학의 위기, 다시 대학다워질 수 있는가?

2019년, 우리는 "다시 대학의 미래를 이야기하는 것이 가능이나 할까?" 반문하게 된다. 교육부는 2010년부터 급속한 입학자원 감소에 대비한다며 대학구조 조정을 주도했다. 교육부의 대학구조조정이 '입학정원 감축, 지역균형발전, 대학경쟁력 제고, 고등교육의 질적 향상 등' 그 어느 것도 성과를 내지 못했음은 주지의 사실이다. 유감스럽게도 교육부는 정책 실패의 반성도 없이 대학 스스로가 적정수준으로 입학정원을 관리하라며 '2021년 대학기본역량진단 기본계획'을 발표하였다. 교육부가 강요한 정책을 아무런 비판도 없이 수용하고 권력에 부역한 대학의 책임도 가볍다고 할 수 없다.

"국립대의 현실은?"

영국의 정치철학자 에드먼드 버크가 경고한 "Those who don't know history are doomed to repeat it."를 되새겨 볼 필요가 있다. 지난 2010년 교육부는 서울대와 인천대의 법인화와 총장 및 학장 직선제 폐지 그리고 교원의 보수체계를 호봉제에서 상호약탈식 성과급적 연봉제로의 전환을 골자로 하는 '국립대학 선진화 방안'을 발표하였다. 이

'국립대학 선진화 방안'은 실질적인 '국립대학 황폐화 방안'이었다. 교육부는 2012년에 '2단계 국립대학 선진화 방안'을 시행하면서 '국립대학 선진화 방안'을 강행하였다. 국립대학교 교수회는 어려운 여건 속에서도 '국립대학 선진화 방안'을 저지하기 위해 총력을 기울였으나 역부족이었다. '국립대학 선진화 방안' 시행 후 10년이 흐른 지금 국립대는 어떤 상황에 직면해 있는가? 국립대의 급속한 경쟁력 약화는 각종 지표로 분명히 드러나고 있다. 이 정책은 교수들을 한 푼의 성과급이라도 더 받기위해 각종 업적평가에 매몰되는 존재로 내몰고 있다. 교수들은 서로가 서로의 경쟁자가 되었고 이 속에서 교수 사회는 파편화 되었다. 이제 국립대의 경쟁력 하락은 막을 수 없는 것처럼 보인다.

이미 대학사회가 지성인이 아닌 무력한 지식노동자로 가득한 곳으로 전락하였는지도 모르겠다. 대학은 만들어 나가는 것이다. 행동하지 않는 교수들이 자초한 국립대학의 자화상에 자괴감을 느낄 뿐이다.

법국가(Rechtsstaat)가 국립대학을 설치하는 근거가 되는 국립대학법도 갖추지 못하고 있다. 국회는 대학에도 형식적 민주주의를 도입하라며, 대학평의원회 구성과 총장선출 과정에서 학생과 직원에게 교수와 동등한 수준의 참여권을 부여해야 한다며 고등교육법과 교육공무원법을 마구잡이로 뜯어고치려 한다. 교수들도 '갑질, 폴리페서, 비리의 온상, 기득권의 최고봉'이라는 오명에서 자유롭지 않다. 이제 대학이 바뀌어야 한다. 교수들이 다시 나서야 할 때이다. 부당한 교육부의 정책에 맞서야 하고 대학의 혁신을 위해 두 손을 걷어붙여야 한다.

"국립대가 바로서야 한다."

어디서부터 문제를 풀어나가야 할지 막막하다. 대학문제는 '공교육 정상화, 서열화, 부익부 빈익빈, 지역 균형발전, 비리, 미래 비전 부재, 인구구조'와 같은 사회적 이슈와 불가분의 관계에 있다. 그래서 대학 문제는 우리 사회가 안고 있는 문제의 결정판이라고 한다. 대학이 스스로 대학의 가치에 대해 되돌아보고 대학다운 대학으로 거듭나기 위해 노력해야 한다. 바쁠수록 돌아가라는 말이 있다. 기본에 충실해야 한다. 더 이상 교육 관료나 얼치기들이 아니라 이제부터는 교육전문가들이 정책을 입안해야 한다. 대학의 중심이자 시대를 선도하는 지식인으로서 우리 교수사회가 학문과 대학의 가치를 지키기 위한 노력의 최 일선에 서야 한다는 것은 너무나 당연하다. 이러한 거대 담론의 시작은 우리 내부 문제에 대한 반성에서 시작되어야 한다. 이는 과연 우리 대학, 특히 국립대학의 구성과 조직이 대학의 참 가치를 올바르게 담아낼 수 있는가에 대한 고민이다.

"이제 새로 시작하자!"

새로운 대학 만들기를 위한 첫걸음을 내딛으며 전국국공립대학교수회연합회가 '한국 국립대학의 길을 묻는다'라는 제목의 저서를 발간하였다. 본 저서는 한국 국립대학의 현주소를 살펴보고 그 문제점을 지적하는 것을 통하여 국립대학이 나아갈 길을 모색하기 위하여 기획되었다. 그 첫 장에서는 국립대학의 지배구조가 어떠한 식으로 정착되어야 하는가의 문제점을 다루었다. 그 첫 번째 주제로 2019년 전반기의 국립대학을 혼란으로 몰아넣었던 대학평의원회의 문제점을 짚어보았다. 구체적으로 민주화의 과정과 함께 지난한 과정을 통해 정착되어 온 국립대학의 민주적 의사결정의 전통을 모두 뒤엎고 대학의 자율성을 극도로 침해하며 대학 교육에서의 교수의 주도권을 부정하는 대학 평의원회의 강요가 과연 바람직한가의 질문을 던진다. 이를 통해 대학의 자율이 침해되는 그 어떠한 조치도 정당화 될 수 없음을 강변한다. 다음으로는 우리 사회에서 국립대학이 차지하는 역할과 그 위상을 살펴보고 고등교육의 공공성과 경쟁력을 높이기 위한 고등교육 재정의 문제를 살펴보았다. 이 글에서는 대학의 경쟁력, 특히 국립대학의 경쟁력이 곧 국가의 경쟁력임을 주장하며 대학 서열화, 수도권 집중, 지역 불균형 등의 문제를 해결하는 데에 국립대학의 경쟁력 확보가 열쇠가 될 수 있음을 설명하고 있다.

II장에서는 국립대 교원의 보수체계에 대한 문제점을 살펴보고 그 대안을 제시하는 것에 초점을 두었다. 국립대학 교육과 연구의 질을 유지하는데 교원의 보수를 합리화시키는 것은 매우 중요한 일이다. 이는 또한 학문 후속 세대를 형성하는 데에도 결정적인 역할을 하게 된다. 그럼에도 국립대 교수의 연봉은 동일 직급의 공무원 보다 낮다. 또한 모든 공무원들이 받고 있는 각종 수당의 혜택에서도 제외되어 있다. 그럼에도 의과대학 교수의 연봉 등이 합산되고 수당과 개인적 부수입이 일정한 기준 없이 합산되어 있어 실제보다 부풀려진 교수의 급여수준이 언론에 발표되고 있다. 다음으로는 2011년부터 신임교원으로부터 단계적으로 도입되었고 2015년부터는 전체 정년 교원에 대하여 전면 도입된 성과급적 연봉제의 경과와 반영 상황 등을 살펴보았다. 이 글에서는 성과급적 연봉제의 현황을 객관적으로 기술하면서도 정책 당국이 성과급적 연봉제 제도에 대한 면밀한 검토와 보완을 통해 교원의 지위 향상과 자존감 회복에 나서줄 것을 주문하고 있다.

III장에서는 국립대학 재정위원회와 사무국장 제도의 문제점을 통해 국립대학 제도개선의 필요성을 제기하고 있다. 대학의 예·결산이 합리적으로 이루어지기 위해서는 대학의 재정위원회의 구성이 개선되어야 한다. 현재의 재정위원회는 예·결산에 대한 심의 및 의결권을 가지고 있지만 대학 본부가 수립한 예산안을 원안대로 통과시키는 형식적 기구로 전락했다. 따라서 국립대학의 재정위원회가 원래의 설치 목적에 맞게 자율적이고 독립적으로 운영되기 위해서는 그 구성에서부터 총장의 권한을 대폭 축소하고, 대학 예산 편성의 당사자인 사무국장을 재정위원으로 임명하지 않는 과정을 통해 재정위원회의 역할과 기능을 명확하게 할 필요가 있다. 또한 유럽의 대학들처럼 국가의 간섭과 통제 없이 대학 구성원이 자율적으로 재정을 운영하는 시스템을 구축하여야 한다. 또한 이 장에서는 국립대학의 사무국장 제도가 정부의 대학 감시 및 통제의 주요 수단이 되고 있음을 적시하고 이 제도를 청산할 것을 주장한다.

IV장에서는 국립대학법의 제정 필요성에 대한 논의와 공유형 네트워크 활성화를 통한 국립대 발전방안에 대해 논의한다. 이 글에서는 교육과 지식의 공공성이 확보되어야 사회 문화의 발전이 가능한데 이를 위해서는 국립대학법의 입법이 필수적임을 강변하고 있다. 우리 헌법은 대학의 자율을 법률로 보장하도록 하고 있다. 그러나 이러한 헌법가치를 구체화할 법률은 존재하지 않는다. 국립대학의 설립과 운영을 규율하는 법률이 없는 것이다. 국립대학의 공공성과 자율성을 규정하고 그에 따라 구성원의 법적 지위를 명확히 하기 위해서는 국립대학법이 제정되어야 한다. 또한 고등교육의 공공성 강화와 경쟁력 제고를 위해서 국공립대 간 기능별, 중점 분야별 특화 지원을 통해 국공립대 네트워크, 혁신 강소대학 네트워크를 중장기적으로 구축할 것을 주장한다.

마지막으로 2019년 대학가를 뜨겁게 달군 강사법의 문제를 통해 한국 대학교육의 현주소를 진단하였다. 강사들의 처우를 개선하고 대학교육의 질을 높이고자 시행된 강사법이 그 근본 취지와 달리 강사 대량해고, 대형 강좌의 증설 및 전임교원의 시수 확대 등에 따른 대학 교육의 부실화 우려의 원인으로 전락하고 있다. 이 글에서는 강사법이 고등교육을 정상화시키고 대학다운 대학을 건설하는데 중요한 단초로 작동하기 위해서 정부와 대학이 해야 할 일들을 제안하고 있다. 또한 시간강사를 교육의 주체이자 동료로서 받아들이는 데에 우리 전임 교원들이 앞장서야 함을 주장하며 시간강사법이 우리 대학을 정상화 시키는 하나의 출발점이 될 수 있도록 대학의 구성원 모두가 노력해야 함을 주장한다.

대학을 통해 형성되는 학문의 발전과 지식의 전파는 경제 논리로서만 설명될 수 없는 사회적 · 시대적 가치를 포함한다. 본 저서의 출간이 대학을 이념을 바로 세우고 국립대학이 대한민국 고등교육의 모범으로 우뚝 서는 데에 작은 밑거름이 될 것을 기대해본다.

목차

I

국립대학 운영원리

01

국립대학교의 대학평의원회 설치와 관련한 헌법적 문제

송기춘 교수 (전북대학교)

I 시작하며

대학의 의사결정구조와 고등교육법 제19조의2 '대학평의원회' 규정의 신설

대학의 장인 총장은 교무를 총괄하고 소속 교직원을 감독하며 학생을 지도(고등교육법 제15조 제1항)하며, 대학행정에 관한 최종적 권한을 가지고 책임을 진다. 총장은 대학 구성원의 의사를 충분히 수렴하여 결정을 하고 권한을 행사하는가? 대학 내의 의사결정은 어떻게 이뤄져야 하는가? 오늘날 우리 대학 내의 의사결정은 어떻게 이뤄지고 있는가? 대학은 학문연구와 교육을 담당하며, 이에 관한 자율성(헌법 제31조 제4항)이 인정된다는 점에서 대학에서의 의사결정구조는 일반적인 행정조직에서의 그것과 달라야 한다.

현재 우리의 대학에서는 권위주의 시대의 유산을 청산하기 위하여, 또 대학의 구성원인 교원이 연구자이자 교육자로서의 전문성을 가지고 있다는 점에서 민주적 의사결정이 강조되고 있으며, 다양한 방식으로 의사결정의 민주성을 담보하기 위한 제도를 마련하고 있다. 대학 교수회나 대학구성원의 참여가 뒷받침된 다양한 제도가 그것이다. 종래 대학 구성원 가운데 교원만이 의사결정에 참여하는 방식이 일반적이었으나 총장의 선출을 비롯한 몇 가지 부문에서 행정직원이나 조교 등이 참여하는 것이 일반화되었으며, 국립대학 재정 및 회계에 관한 주요사항을 심의하기 위하여 설치된 재정위원회에는 교원뿐 아니라 직원과 재학생 등이 참여한다(국립대학의 회계설치 및 재정 운영에 관한 법률 제8

조). 교수회가 일정한 사항에 대한 심의권이나 의결권을 가지는 경우 이는 주로 교원의 대표로 구성되는 평의(원)회에서 행사하는 게 일반적인데, 학교에 따라서는 교원뿐 아니라 직원과 학생 및 조교가 골고루 참여하는 대학평의회를 구성하여 운영하는 경우도 있었다.

대학에서의 의사결정구조에 관하여 사립대학에서는 사립대학 내 의사결정구조에서 중요한 변화라 할 수 있는 대학평의원회를 구성하도록 법률을 개정한 바 있다(2007. 7. 27. 개정 사립학교법 제26조의2). 이것은 "대학구성원으로 하여금 학교운영에 참여할 수 있도록 함으로써 헌법이 보장하고 있는 대학의 자율성을 제고하기 위하여 마련된 제도"[1]로서 사립대학 구성원의 대학 의사결정 참여의 길을 보장하기 위한 것이다. 그리고 이러한 사립학교법상의 제도가 모든 대학에 설치되도록 확대한 것이 2017년에 개정된 고등교육법 제19조의2이다. 이 조항에 의하여 대학평의원회를 국·공·사립에 공통적으로 설치하도록 한 것은 "대학평의원회는 교직원과 학생을 평의원으로 하여 대학 발전계획, 학칙 제·개정에 관한 사항 등 학교 운영 및 교육의 중요사항을 심의하는 대학 내 기구로, 현재 사립대학과 국립대학법인인 서울대학교·인천대학교의 경우 관련법에 따라 대학평의원회의 설치가 의무화되어 있으나, 국·공립대학은 대학평의원회의 설치여부가 학칙에 따라 다른 상황"[2]이므로 이를 '통일'하고자 한다는 것이다. 이 개정법률안에 대한 검토보고서는 "대학평의원회는 교직원과 학생을 평의원으로 하여 대학 운영 및 발전계획, 학칙 제·개정에 관한 사항 등 학교 운영 및 교육의 중요사항을 심의하는 대학 내 기구로, 학내 구성원의 다양한 의견을 수렴하여 학교 행정을 견제하고 의사결정의 민주성을 높이는 역할"을 한다고 평가하면서 대학평의원회가 '대학 운영의 민주성·투명성·합리성의 제고를 도모한다'고 하고 있다[3]. 한편, 이 법률개정안의 심사보고서(교육문화체육관광위원회 수석전문위원 정재룡)[4]에서도 같은 취지의 의견이 제시된다. 그러나 고등교육법 일부

---

* 이 글은 송기춘, 「국립대학교의 대학평의원회 설치와 관련한 헌법적 문제」, 세계헌법연구 제25권 제2호, 2019. 8.을 일부 수정한 것이다.

1. 헌재 2013. 11. 28. 2007헌마1189 등.
2. 국회 의안정보시스템의 고등교육법 일부법률개정안(이동섭 의원 등 발의)http://likms.assembly.go.kr/bill/billDetail.do?billId=PRC_O1N7M0V5N1P9V1H6P3O7A5G9G2A6O5(검색일: 2019. 8. 1.)
3. 국회 의안정보시스템의 같은 페이지(이정윤 입법조사관의 검토보고서).

개정법률안에 대한 검토보고서와 심사보고서 모두 이 제도가 가지는 긍정적 효과만을 부각시킬 뿐 평의원회가 가지는 심의권이나 자문권만 가지거나 어느 한 구성단위가 위원의 2분의1을 초과하지 못하는 등의 문제에 대해서는 전혀 언급이 없다. 이러한 취지는 제354회 국회(정기회) 교육문화체육관광위원회 회의록(교육법안심사소위원회) 제1호 회의록에서도 반복되고 있다.[5]

이러한 과정을 거쳐 의결 · 공포된 고등교육법 제19조의2[6]와 같은 법 시행령의 관련

---

4. 국회 의안정보시스템 이동섭의원 등 제안 고등교육법개정법률안에 대한 심사보고서는 http://likms.assembly.go.kr/bill/billDetail.do?billId=PRC_O1N7M0V5N1P9V1H6P3O7A5G9G2A6O5(검색일: 2019. 8. 1.) 참조.

5. 국회 회의록 12면. 국회 의안정보시스템 http://likms.assembly.go.kr/bill/billDetail.do?billId=PRC_O1N7M0V5N1P9V1H6P3O7A5G9G2A6O5(검색일: 2019. 8. 1.)

6. 고등교육법 제19조의2(대학평의원회의 설치 등) ① 학교는 다음 각 호의 사항을 심의하기 위하여 교직원과 학생 등으로 구성되는 대학평의원회(이하 "대학평의원회"라 한다)를 설치 · 운영하여야 한다. 다만, 제2호 및 제3호는 자문사항으로 한다.
   1. 대학 발전계획에 관한 사항
   2. 교육과정의 운영에 관한 사항
   3. 대학헌장의 제정 또는 개정에 관한 사항
   4. 학칙의 제정 또는 개정에 관한 사항
   5. 다른 법률에 따른 학교법인 임원 또는 개방이사추천위원회 위원 추천에 관한 사항(사립학교에 한정한다)
   6. 그 밖에 교육에 관한 중요 사항으로서 학칙 또는 정관으로 정하는 사항
   ② 대학평의원회는 11명 이상의 평의원으로 구성하여야 하며, 교원, 직원, 조교 및 학생 중에서 각각의 구성단위를 대표할 수 있는 사람으로 구성하되, 동문 및 학교의 발전에 도움이 될 수 있는 자를 포함할 수 있다. 이 경우 어느 하나의 구성단위에 속하는 평의원의 수가 전체 평의원 정수(定數)의 2분의 1을 초과해서는 아니 된다.
   ③ 대학평의원회에 의장과 부의장 각각 1명을 두며, 평의원 중에서 호선한다. 이 경우 의장은 학생이 아닌 평의원 중에서 호선한다.
   ④ 평의원의 임기는 2년으로 한다. 다만, 학생인 평의원의 임기는 1년으로 한다.
   ⑤ 대학평의원회는 제1항 각 호의 사항의 심의에 필요한 경우 대통령령으로 정하는 바에 따라 학교의 장에게 관련 자료의 제출을 요청할 수 있다. 이 경우 그 요청을 받은 학교의 장은 특별한 사유가 없으면 이에 따라야 한다.
   ⑥ 대학평의원회는 회의의 일시, 장소, 발언 요지 및 결정사항 등이 기록된 회의록을 작성 · 보존하고 이를 공개하여야 한다. 다만, 개인의 사생활을 현저히 침해할 우려가 있다고 인정되는 사항 등 대통령령으로 정하는 사항에 대해서는 대학평의원회의 의결로 회의록의 전부 또는 일부를 공개하지 아니할 수 있다.
   ⑦ 그 밖에 대학평의원회의 구성 · 운영 등에 필요한 사항은 대통령령으로 정하는 바에 따라 해당 학교법인의 정관 및 학칙으로 정한다.

규정[7]을 종합하면 국립대학을 포함한 모든 대학은 대학평의원회를 설치·운영하여야 하는데, 고등교육법상 대학평의원회의 관할 사항과 구성방법을 정리하면 다음과 같다.

가. 대학평의원회의 관할 사항

대학평의원회의 관할 사항은 1) 대학 발전계획에 관한 사항, 2) 교육과정의 운영에 관한 사항, 3) 대학헌장의 제정 또는 개정에 관한 사항, 4) 학칙의 제정 또는 개정에 관한 사항, 5) 다른 법률에 따른 학교법인 임원 또는 개방이사추천위원회 위원 추천에 관한 사항(사립학교에 한정), 6) 그 밖에 교육에 관한 중요 사항으로서 학칙 또는 정관으로 정하는 것이며, 이 가운데 1), 4), 5), 6) 등에 관하여 심의권을 가지며 2) 교육과정의 운영, 3) 대학헌장의 제·개정에 관한 사항은 자문 권한을 가진다.[8]

[본조신설 2017.11.28.]

부칙 <법률 제15038호, 2017.11.28.>

제1조(시행일) 이 법은 공포 후 6개월이 경과한 날부터 시행한다. 다만, 제7조의 개정규정은 2019년 1월 1일부터 시행한다.

7. 고등교육법 시행령[시행 2018.5.29.] [대통령령 제28900호, 2018.5.28., 일부개정]

제9조의2(대학평의원회의 자료 요청 등)

① 대학평의원회는 법 제19조의2제5항 전단에 따라 관련 자료 제출을 요청하는 경우 해당 자료를 명시하여 서면으로 하여야 한다.

② 대학평의원회는 법 제19조의2제5항에 따라 제출받은 자료에 누락이 있거나 보완이 필요한 경우 학교의 장에게 자료의 추가·보완 제출을 서면으로 요청할 수 있다.

③ 대학평의원회는 법 제19조의2제6항 본문에 따라 해당 회의가 있은 날의 다음 날부터 10일 이내에 해당 학교의 인터넷 홈페이지를 통하여 회의록을 공개하여야 한다.

④ 법 제19조의2제6항 단서에서 "대통령령으로 정하는 사항"이란 다음 각 호의 어느 하나에 해당하는 사항을 말한다.

1. 공개될 경우 개인의 사생활을 현저히 침해할 우려가 있다고 인정되는 사항
2. 심의의 공정성을 저해할 우려가 있다고 인정되는 사항
3. 그 밖에 공개가 적당하지 아니하다고 인정되는 사항

⑤ 대학평의원회는 법 제19조의2제6항 단서에 따라 회의록의 전부 또는 일부를 공개하지 아니하는 경우 비공개 사유 및 비공개 기간을 공시하여야 하고, 비공개 사유가 해소되거나 비공개 기간이 종료되는 경우에는 해당 내용을 즉시 공개하여야 한다. 이 경우 공시 및 공개는 해당 학교의 인터넷 홈페이지를 통하여 한다.

⑥ 법 제19조의2제7항에 따라 학교법인의 정관 및 학칙으로 대학평의원회의 구성·운영 등에 필요한 사항을 정하려는 경우에는 교원, 직원, 조교 및 학생 등으로부터 의견을 수렴하여야 한다.

[본조신설 2018.5.28.]

나. 대학평의원회의 구성

고등교육법상의 학교(대학)[9]은 대학평의원회를 반드시 설치하여야 하며, 대학평의원회는 11명 이상의 평의원으로 구성(교원, 직원, 학생으로 구성, 동문이나 학교 발전에 도움이 될 수 있는 자를 포함할 수 있음)한다. 다만 어느 한 구성단위에 속하는 자가 평의원 정수의 2분의 1을 초과해서는 안 된다.

다. 구체적인 사항의 결정

대학평의원회의 구성・운영 등에 필요한 사항은 대통령령으로 정하는 바에 따라 해당 학교법인의 정관 및 학칙으로 정한다.

고등교육법 제19조의2가 시행된 이후, 국립대학법인 서울대학교 설립・운영에 관한 법률 일부개정법률안(2019. 3. 26. 김해영 의원 대표발의)[10]의 경우도 국립대학법인 서울대학교 평의원회를 50명 이내의 평의원으로 구성하되 "국립대학법인 서울대학교 교원, 직원, 조교 및 학생 중에서 각각의 구성단위를 대표할 수 있는 사람으로 구성하되 동문 및 학교의 발전에 도움이 될 수 있는 자를 포함할 수 있다"고 하면서 "이 경우 어느 하나의 구성단위에 속하는 평의원 수가 전체 평의원 정수의 2분의 1을 초과해서는 아니 된다"(제16조)고 개정하는 내용의 법률안이 제출되었는데, 이는 앞의 고등교육법 제19조의2 규정을 그대로 답습한 것이다. 이는 국립대학법인 인천대학교 설립・운영에 관한 법률 일부개정법률안(2019. 3. 26. 김해영 의원 대표발의)[11]에서도 거의 같은 내용이 반복되고 있다. "평의원회는 30명 이내의 평의원으로 구성하여야 하며, 국립대학법인 인천대학교의 교원, 직원, 조교 및 학생 중에서 각각의 구성단위를

---

8. 연구에 관한 사항이 심의 대상에서 제외되어 있다고 하나 연구의 대상이나 내용 자체가 아니라 이와 관련된 학교의 지원 등의 문제는 학칙의 제・개정이나 교육에 관한 중요사항이 되므로 연구에 관한 심의나 자문이 제외된다고 단언하기도 힘들다.

9. 고등교육법 제2조에서는 1. 대학, 2. 산업대학, 3. 교육대학, 4. 전문대학, 5. 방송대학・통신대학・방송통신대학 및 사이버대학(이하 "원격대학"이라 한다), 6. 기술대학, 7. 각종학교를 규정하고 있다.

10. 국회 의안정보시스템 검색(http://likms.assembly.go.kr/bill/billDetail.do?billId=PRC_Z1Z9T0R3M2K6O1P6C1M6A5C6T8B1×5 검색일: 2019. 6. 10.)

11. 국회 의안정보시스템 검색(http://likms.assembly.go.kr/bill/billDetail.do?billId=PRC_Q1O9S0Y3F2U6I1T6P3×2V5V3×9J4T3 검색일: 2019. 6. 10.)

대표할 수 있는 사람으로 구성하되, 동문 및 학교의 발전에 도움이 될 수 있는 자를 포함할 수 있다. 이 경우 어느 하나의 구성단위에 속하는 평의원의 수가 전체 평의원 정수(定數)의 2분의 1을 초과해서는 아니 된다"(개정법률안 제15조 제2항)는 내용이다.

이러한 법률안의 제출은 이전에 국회의 의결을 거쳐 시행되고 있는 고등교육법 관련 규정이 어떠한 문제가 있는지를 전혀 고려하지 않은 것으로서 매우 무책임한 것이라 하지 않을 수 없다. 대학평의원회가 대학 구성원이 골고루 참여하여 민주적 의사결정을 추구하는 외형을 가진 것과는 달리 대학의 자율성에 관한 심각한 문제를 초래하고 있다는 점에서 위헌성이 지적되고 있기 때문이다. 이 글은 고등교육법 제19조의2가 가지는 헌법적인 문제점을 살펴보고 그것이 가지는 위헌성을 주장하고자 작성되었다.

Ⅱ 고등교육법 제19조의2 위헌 논란

고등교육법 제19조의2 신설로 인하여 대학의 의사결정구조에서 대학평의원회가 등장하는 한편, 그 구성방식이 교원, 직원, 조교, 학생의 범주의 대표들이 참여하되 어느 한 구성단위에 속하는 평의원의 수가 전체 평의원의 2분의 1을 초과할 수 없게 되었다. 기존에 학교 의사결정에 학생이나 직원이 참여하지 못하였거나 매우 제한적이었기 때문에 이 규정은 대학 내 의사결정과정에서 주로 교원 참여의 상한선을 설정한 것으로 이해할 수 있다.

이와 관련하여, 대학의 주요한 의사결정기구로서 대학평의원회를 두도록 하는 것이 대학의 자율을 침해한 것인지, 특히, 교원은 연구와 교수를 담당하므로 대학의 주요한 의사결정과정에서 결정적인[12] 또는 중요한 역할을 담당하여야 하는데 대학평의원회는 그 구성방법에서 교원을 포함하여 어느 구성단위에 속한 평의원의 수도 전체 평의원 수의 2분

12. 독일 연방헌법재판소는 1973. 5. 29. 니더작센 주 대학총괄법률임시법에서 각 대학의 중심적인 평의회에 대학의 지배를 맡기면서 교수들은 그 평의회들에 절반 이하의 의석만을 점하도록 한 조항에 대해 학문의 자유와 연관성이 있는 사안에서는 대학교수 집단에게 결정적인 영향력이 확보되어야 한다고 하면서 니더작센주의 관련조항이 위헌이라고 결정하였다. BVerfGE 35, 79, 115.

의 1을 초과하지 못하도록 하고 있어 대학의사결정에서 교원의 역할이 현저히 약화될 수 있으므로 대학의 자치의 핵심적 사항에 대한 과도한 제한이 아닌지 등의 문제가 제기되고 있다. 이 개정법률안의 시행 전에 이미 상당수의 대학에서 대학의 자율로 대학평의회 또는 평의원회를 구성하여 운영하고 있기도 했고, 대학평의원회가 아닌 다른 형식의 의사결정구조를 가진 경우도 있었는데, 고등교육법에서는 이를 무시하고 대학평의원회가 없는 학교는 이를 설치하도록 하고, 대학평의원회(또는 평의회)가 있더라도[13] 고등교육법의 대학평의원회와 다른 경우는 이를 폐지하고 새로 구성하도록 하는 한편, 새로 구성하기까지 경과적 조치에 대해서는 전혀 규정을 두고 있지 않다. 그 결과 기존에 구성된 대학평의원회가 있는데 고등교육법상의 대학평의원회를 구성하지 못할 경우 기존의 평의원회가 존속하는 것인지에 대해서도 논란이 있을 수 있게 된다. 또한 일률적으로 모든 대학에 대학평의원회를 심의기구로 설치하도록 하고 그 구성에서 어느 한 범주의 대표가 전체 위원의 2분의 1을 초과하지 못하도록 하고 있어 기존에 대학에서의 연구와 교육에 관한 사항의 결정에서도 책임적 지위에 있어야 하는 교원이 의사결정에서 주도적인 지위를 가질 수 없게 되는 등의 문제가 발생하게 된다.

현재 대부분의 국·공립대학에서 대학평의원회 구성과 관련하여 극심한 논란이 있고 대학 구성원 사이의 갈등이 심각한 상태이다.[14] 아울러 고등교육법 제19조의2 제1항 제4호 등에 대해서는 헌법소원심판[15]이 청구되어 심리중이다.

---

13. 2017년 9월 시점에서 전국 47개 국·공립대학 가운데 20곳에 대학평의원회가 설치되어 있었다.

14. 국·공립대학 대학평의원회의 구성 상황에 대해서는 국·공립대학교수회연합회, 『제21대 국교련 제4차 회장단 회의 자료집』(2019. 1. 17~18.), 30면 이하의 자료 참조.

15. 사건번호 2018헌나872. 청구취지는 “1. 고등교육법(2017. 11. 28. 법률 제15038호로 개정되고, 2018. 5. 29. 시행된 것) 제19조의2 제1항 중 제4호, 제6호에 관한 ‘심의’부분은 각 대학의 전통과 실정에 맞게 자율적으로 대학평의원회의 역할과 기능을 선택 결정하는 것을 차단하며, 대학평의원회의 기능을 획일적으로 축소시킴으로써 오히려 대학의 자치, 교수 또는 교수회의 학문의 자유 등을 침해한다.
2. 고등교육법 제19조의2 제2항 단서 중 제1항 제4호, 제6호에 관한 부분은 대학의 교육 연구에 밀접한 관련이 있는 사항들과 교원의 인사에 관한 본질적인 사항들에 대하여 대학 자치의 핵심주체이어야만 하는 교수가 대학평의원회의 과반을 초과하여 평의원이 될 수 있는 기회를 금지함으로써 청구인들이 교육 연구에 관한 대학의 의사형성과정에서 결정적인 영향력을 갖지 못하는 문제점이 있으므로 이는 합리적인 입법재량의 범위를 벗어나 헌법상 보장된 대학의 자치권과 청구인들의 헌법상 학문의 자유에 관한 기본권의 본질적 내용을 제한한다.”이다.

Ⅲ 고등교육법상 대학평의원회 설치와 구성방법에 관한 규정의 위헌성

1 헌법상 대학의 자율성

대학의 자치 또는 대학의 자율성에 관한 근거는 헌법 제22조 제1항과 제31조 제4항 등에서 찾을 수 있다. 대학의 자율은 학문연구와 교육의 중심이 되는 대학이 대학운영에 관한 사항을 자율적으로 결정할 수 있어야 한다는 것이며, 학문의 자유를 실질적으로 보장하기 위한 것으로 해석된다. 정부조직법 제4조는 "제4조(부속기관의 설치) 행정기관에는 그 소관사무의 범위에서 필요한 때에는 대통령령으로 정하는 바에 따라 시험연구기관·교육훈련기관·문화기관·의료기관·제조기관 및 자문기관 등을 둘 수 있다."고 규정하고 있으며, 대학은 '교육훈련기관'에 해당한다. 대학은 특정한 국가목적(대학교육)에 제공된 인적·물적 종합시설로서 공법상의 영조물이라는 것이 헌법재판소 판례[16]이다. 이 경우 일반적으로 교원이나 학생은 시설의 이용자로서 파악된다. 그럼에도 헌법재판소 판례는 교수나 교수회의 자치는 인정하고 있다. "대학의 자치의 주체를 기본적으로 대학으로 본다고 하더라도 교수나 교수회의 주체성이 부정된다고 볼 수는 없고, 가령 학문의 자유를 침해하는 대학의 장에 대한 관계에서는 교수나 교수회가 주체가 될 수 있고, 또한 국가에 의한 침해에 있어서는 대학 자체 외에도 대학 전 구성원이 자율성을 갖는 경우도 있을 것이므로 문제되는 경우에 따라서 대학, 교수, 교수회 모두가 단독, 혹은 중첩적으로 주체가 될 수 있다고 보아야 할 것이다." 이러한 견해는 대학을 공법상 사단으로서의 성질과 영조물 성격을 아울러 가진 것으로 보는 듯하다. 독일 대학판결에서는 대학을 "자치적 사단과 국가적 영조물이라는 이중적 성격"을 가진 것으로 이해한 것으로 평가[17]된다.

헌법재판소 판례에서는 "헌법 제31조 제4항이 대학의 자율성은 법률이 정하는 바에 의하여 보장된다고 규정하고 있는 취지는, 대학에 대한 공권력 등 외부세력의 간섭을 배제하고 대학구성원 자신이 대학을 자주적으로 운영할 수 있도록 함으로써 대학인으로 하

---

16. 헌재 1992.10.1. 92헌마 68 등.

17. 신봉기, 「독일 대학자치 제도와 우리나라 국립대법인화법안의 문제점」, 『법학논고』(경북대 법학연구원) 제27집, 2007. 12, 288면.

여금 연구와 교육을 자유롭게 하여 진리탐구와 지도적 인격의 도야라는 대학의 기능을 충분히 발휘할 수 있도록 하려는 데 있(헌법재판소 2006. 4. 27. 선고 2005헌마1047 전원재판부 결정 참조)..."다고 하고 있으며, "대학의 자율성을 명문으로 보장하고 있는 이유는 교육진흥과 문화창달을 위하여서는 적어도 대학에서는 교육의 자치가 더욱 보장되어야 한다는 데서 비롯된 것으로서 대학의 자치라 함은 대학이 인사문제를 비롯하여 대학의 관리 및 운영과 학사관리 등에 관한 자주적 결정권을 갖는 것을 의미하는 것"[18]이라고 한다. 또한 "대학의 자율은 대학시설의 관리·운영만이 아니라 전반적인 것이라야 하므로 연구와 교육의 내용, 그 방법과 대상, 교과과정의 편성, 학생의 선발과 전형 및 특히 교원의 임면에 관한 사항도 자율의 범위에 속한다(헌재 1998. 7. 16. 96헌바33등)"[19]고 하면서 "대학의 자율권은 헌법상의 기본권이므로 기본권제한의 일반적 법률유보의 원칙을 규정한 헌법 제37조 제2항에 따라 국가안전보장·질서유지·공공복리 등을 이유로 제한될 수 있다"[20]고 보고 있다.

2 대학평의원회 설치 강제의 문제

고등교육법 제19조의2는 국립대학을 포함한 모든 대학에 심의 또는 자문 권한을 가지는 대학평의원회를 두도록 하고 있다. 이는 대학에 부여된 헌법상의 기본권이라 할 수 있는 대학의 자율성[21]을 제한하고 있다고 할 수 있다.

이에 관하여 이미 10여 년 전에 설치되어 운영되어 온 사립대학 평의원회에 대해 헌법재판소가 헌법에 위반되지 않는다고 판단[22]한 것과 관련하여 위헌성을 부정하는 견해가

18. 헌재 1992. 10. 1. 92헌마68 등.

19. 헌재 2006. 4. 27. 2005헌마1119.

20. 헌재 1992. 10. 1. 92헌마68 등.

21. 헌재 2013. 11. 28. 2007헌마1189 등. "헌법 제31조 제4항은 "교육의 자주성·전문성·정치적 중립성 및 대학의 자율성은 법률이 정하는 바에 의하여 보장된다."라고 규정하여 교육의 자주성·대학의 자율성을 보장하고 있다. 이는 대학에 대한 공권력 등 외부세력의 간섭을 배제하고 대학구성원 자신이 대학을 자주적으로 운영할 수 있도록 함으로써 대학구성원으로 하여금 연구와 교육을 자유롭게 하여 진리탐구와 지도적 인격의 도야라는 대학의 기능을 충분히 발휘할 수 있도록 하기 위한 것이자, 헌법 제22조 제1항이 보장하고 있는 학문의 자유의 확실한 보장수단으로 꼭 필요한 것으로서, 대학에 부여된 헌법상의 기본권이다(헌재 1992. 10. 1. 92헌마68, 판례집 4, 659, 670 참조)."

있을 수 있다. 사립학교법에서 사립대학에 대학평의원회를 설치하도록 한 것과 관련하여 헌법재판소는 "대학의 자율성을 보장하고 있는 헌법 제31조 제4항의 취지는 대학의 자율성 부여 여부를 입법자에게 맡겨 놓은 것이 아니라 자의적 행정규제를 차단하기 위하여 의회의 통제 하에 대학의 자율성을 구체화하는 입법을 하여 이를 보장하라는 것이므로, 입법자는 교육제도를 형성함에 있어서 대학의 자율성을 보장할 책무가 있다 할 것이고, 대학평의원회는 이를 구현하는 하나의 방법으로 입법자가 형성한 제도라 할 수 있다."고 하여 헌법에 위반되지 않는다고 판단한 바 있다.[23]

대학의 의사결정과정에서 일정 사항에 대해 심의 권한 또는 자문 권한을 갖는 대학평의원회를 설치하도록 하는 것은 그 입법 목적이 학교행정에 대한 견제와 의사결정의 민주성(대학행정의 민주성, 투명성, 합리성) 제고라는 점[24]에서 대학의 자율성에 관한 구체화 권한을 가지는 입법부의 교육제도에 관한 형성의 재량의 범위 안에 있는 것으로 볼 수 있으며, 이 제도 자체로 헌법에 위반된다고 보기는 어려울 것으로 본다. 교육부장관은 이 조항의 목적이 "현재 대학의 주요 구성원이라 할 수 있는 교원, 직원, 조교 및 학생 중에서 각각의 구성단위를 대표할 수 있는 사람들로 구성된 대학평의원회를 설치하도록 함으로써 대학구성원들의 자치역량을 강화하여 학교운영의 자율성, 투명성을 보장하고 대학발전에 이바지"[25]하는 것이라는 의견을 제출하고 있다.

문제는 그 구성방법이나 권한 등에 있다.

③ 대학평의원회 참여 구성원의 문제

고등교육법 제19조의2는 제2항에서 "대학평의원회는 11명 이상의 평의원으로 구성하여야 하며, 교원, 직원, 조교 및 학생 중에서 각각의 구성단위를 대표할 수 있는 사람으로

---

22. 헌재 2013. 11. 28. 2007헌마1189 등.
23. 헌재 2013. 11. 28. 2007헌마1189 등.
24. 2017년 9월 이동섭의원 발의 법률안에 대한 정재룡 전문위원의 「검토보고서」 4면. 국회 의안정보시스템 http://likms.assembly.go.kr/bill/billDetail.do?billId=PRC_O1N7M0V5N1P9V1H6P3O7A5G9G2A6O5 검색일: 2019. 6. 10.
25. 헌법재판소 2018헌마872 고등교육법 제19조의2 제1항 제4호등 위헌확인 사건에 관한 이해관계인 교육부장관의 의견서, 14면.

구성하되, 동문 및 학교의 발전에 도움이 될 수 있는 자를 포함할 수 있다. 이 경우 어느 하나의 구성단위에 속하는 평의원의 수가 전체 평의원 정수(定數)의 2분의 1을 초과해서는 아니 된다."고 규정하고 있다. 교원뿐만 아니라 대학의 다른 구성원인 직원과 조교 및 학생이 참여하여야 하며 그 밖에도 동문과 학교발전에 도움이 될 수 있는 자를 널리 포함시킬 수 있도록 하고 있다.

(1) 대학의 자치의 주체

가. 교원

교원은 대학에서의 교육과 학문연구의 핵심적 주체로서 대학자치의 주체가 된다. 대학교수집단은 대학의 핵심적인 사항인 학문연구와 교육을 담당한다는 점에서 대학의 사결정에서 특별한 비중을 가진다. 이에 관하여 독일 대학판결에서는 "국가재정으로 설립되고 운용되는 학문기관의 경영에서 국가는 적절한 기관조직에 관한 조치를 통하여 다음 내용을 보장하여야 한다. 즉, 자유로운 학문활동에 관한 기본권은 학문기관에게 정당화되는 또 다른 임무의 고려하에서 그리고 다양한 구성원들의 기본권이 존중되는 한도 안에서 불가침적으로 보장된다. 대학교수는 교수에 직접 관련되는 영역에서는 '결정적인 영향력'을, 연구 또는 교수초빙에 직접 관련되는 영역에서는 캐스팅 보트를 갖는 것과 같은 영향력이 인정된다." "기본법 제5조 제3항이 학문의 자유라는 원칙을 설정하였다면 이는 대학에서 행해지는 학문의 내부분야에서 연구와 교수책임을 주로 부담하는 대학교수에게 우월적 지위가 부여된다는 것을 의미하는 것이다. ... 대학교수는 그들의 기초지식과 연구와 교수분야에서 오랜 기간 계속된 활동과 경험을 바탕으로 학문의 조직이란 대학의 특성을 형성한다. 그들은 자신의 직무와 계약에 따라 대학의 기능성과 학문적 능력에 대해 보다 엄격한 책임을 지게 된다. 그들은 자신의 직무와 기능에 따라 연구와 교수 또는 그의 조직이나 학과의 공동 조직에 대한 일정한 의무를 부여받고 있다. 따라서 교수는 학문이라는 사안에 아주 밀접하게 결합되어 있는 것이다. 오늘날의 대학구조에 의하면 교수는 학문생활의 중요한 기능을 보유한 사람들이다. 나아가 그들은 통상 오랜 기간 대학에 소속된다는 점에 따라, 대학조직에서 장기적 영향을 미치는 결정에 대해 조교나 학생집단보다 밀접하게 관련된다. ... 입법자는 '집단관리대학'의 의결기관에서 각 집단의 대표에게 결정권의 비중을 배분하는 과정에서 원칙적으로 자유로울 수 있다. 그러나 입법자는 대학교수집단의 특별한 지위를 고려하여야 하며, 교수의 자유로운 학문활동을 보호하기 위해 요구되는 보호조치들을 마련해야 한다."[26]는 것이다.

나. 학생

학생은 단순히 교수들의 강의 또는 교육의 대상이 아니라 교수와 함께 새로운 진리탐구를 위한 동반자로서의 지위에 있다는 점에서 대학자치의 주체로서의 성격이 인정된다고 본다. 이러한 목적에 관련되는 학생들의 조직체 또한 그 주체가 될 수 있다. 학생을 단순히 영조물의 이용자관계로만 인식하는 견해는 타당하지 않다고 본다.[27] 학생의 경우도 학문적 논의에 스스로 참여하는 대학 구성원의 지위를 가지므로 대학행정사무의 처리에 제한적으로 참여할 수 있게 된다. 헌법재판소 판례도 대학의 전 구성원이 대학의 자율성의 주체가 될 수 있는 가능성을 인정하고 있으므로 교원 이외의 직원, 조교도 사항에 따라서는 대학의 자율성의 주체가 될 수도 있다. "대학의 자치의 주체를 기본적으로 대학으로 본다고 하더라도 교수나 교수회의 주체성이 부정된다고 볼 수는 없고, 가령 학문의 자유를 침해하는 대학의 장에 대한 관계에서는 교수나 교수회가 주체가 될 수 있고, 또한 국가에 의한 침해에 있어서는 대학 자체 외에도 대학 전 구성원이 자율성을 갖는 경우도 있을 것이므로 문제되는 경우에 따라서 대학, 교수, 교수회 모두가 단독, 혹은 중첩적으로 주체가 될 수 있다고 보아야 할 것"[28]이라는 판례나, "헌법 제31조 제4항이 대학의 자율성은 법률이 정하는 바에 의하여 보장된다고 규정하고 있는 취지는, 대학에 대한 공권력 등 외부세력의 간섭을 배제하고 대학구성원 자신이 대학을 자주적으로 운영할 수 있도록 함으로써 대학인으로 하여금 연구와 교육을 자유롭게 하여 진리탐구와 지도적 인격의 도야라는 대학의 기능을 충분히 발휘할 수 있도록 하려는 데 있"으므로, "학문의 자유의 주체인 교원들이 그 중심이 되는 것이지만, 공권력 등 외부세력의 간섭을 배제하고 대학을 자주적으로 운영한다는 측면

---

26. BVerfGE 35, 79
27. 표명환, 「대학자치와 대학구성원의 참여권 보장」, 『토지공법연구』 제66집, 2014, 442면.
28. 헌재 1992.10.1. 92헌마 68 등.

에서는 교원뿐만 아니라 역시 대학의 구성원인 직원, 학생 등도 원칙적으로 대학자치의 주체가 될 수 있다고 보아야 한다"는 판례[29]도 같은 내용을 서술하고 있다. 이런 점에서 대학의 자율성의 주체는 교원에만 국한되지 않는다고 할 수 있다.

다. 직원

고등교육법 제15조 제3항은 대학의 '행정직원'에 대하여, "행정직원 등 직원은 학교의 행정사무와 그 밖의 사무를 담당한다."고 규정하고 있다. 직원은 교수와 학생의 학문연구 및 교육을 행정적으로 뒷받침하는 자로서 대학 내에서의 근무관계에 있는 자이며, 학문의 자유를 실질화하기 위한 수단으로서의 대학자치의 의미를 고려할 때 그 주체성이 부인된다는 견해가 있다.[30] 그러나 대학의 자율이 학문연구와 교육에만 한정된 것은 아니며 대학 내의 다양한 행정사무의 처리에도 미치므로 학생과 마찬가지로 일정한 사항에 관하여 대학의 자율권의 주체로서의 지위를 인정할 수 있을 것으로 본다. 학내 의사결정과정 중 총장의 선출 등에 관하여 이미 상당 기간 참여해오고 있는 것이 그 예이다.

라. 동문이나 대학의 발전에 도움이 될 사람

대학의 자치에서 모든 의사결정이 대학 구성원만에 의하여 이뤄져야 하는 것은 아니다. 대학이 대학 구성원만의 것은 아니기 때문이다. 대학은 헌법에 의하여 제도로 보장되고, 학문의 발전과 교육의 임무를 수행하는 제도로서 사회적 의미를 가지고 공공의 이익을 위한 교육기관이어야 하기 때문이다. 이런 점에서 대학 내의 의사결정 과정에 대학의 동문이나 지역사회, 미래세대의 의견과 이익을 반영할 목적으로 대학 외부의 구성원이 참여하는 것은 충분히 가능하다고 본다.[31]

---

29. 헌법재판소 2006. 4. 27. 선고 2005헌마1047 전원재판부 결정
30. 표명환, 앞의 글, 442면.
31. 김종성, 「대학자치와 국립대학의 거버넌스: 대학평의원회를 중심으로」, 『사회과학연구』(충남대 사회과학연구소) 제26권 제4호, 2015, 191면.

(2) 대학 구성원의 다원성과 협치의 원칙

이와 같이 대학내의 의사결정 과정에 대학내의 주체인 교수와 직원, 학생, 조교 등이 참여[32]하고 있으며, 이러한 참여과정에는 구성원 사이의 협치의 원칙이 필요하다고 할 수 있다. 이에 관하여 독일 대학기본법 제37조는 협치의 원칙에 대해 다음과 같이 규정하고 있으며 이러한 내용은 우리의 경우에도 타당하다고 할 수 있을 것이다.

> "第37조(협치의 일반 원칙) ① 대학자치의 참여 및 협치는 구성원의 권리이며 의무이다. 협치에서 개별 구성원 집단 및 구성원 집단 내부의 참여 종류와 범위는 구성원의 자격, 역할, 책임 및 관련정도에 따라 정해진다. 구성원 집단에 따라 구성되는 자치위원회의 대표를 위해서는 대학교원, 학문적 직원, 학생 및 기타의 직원은 기본적으로 각기 하나의 집단을 구성한다. 모든 구성원 집단은 대표되어야 하고 제2문장의 기준에 따라 기본적으로 투표권을 갖고 결정에 참여한다. 주법은 기타 대학에서 활동하는 구성원으로서의 권리에 따른 지위를 정한다. 구성원집단에 따라 구성된 결정권을 지닌 자치위원회에서 대학교원들은 교수의 평가를 제외하고 교수(教授)에 관련되는 사안의 결정에서 적어도 과반의 투표권을 보유한다. 연구, 예술적 발전계획 또는 대학교원이 초빙에 직접 관련되는 사안에서도 다수를 점한다."

대학의 구성원이 교원, 직원, 조교와 학생 등 다양하므로 이들의 대학자치에 참여하는 것은 권리이자 의무라는 점을 인정하면서 개별 구성원 집단 및 구성원 집단 내부의 참여의 종류와 범위는 구성원의 자격, 역할, 책임과 관련 정도에 따라 달라질 수 있음을 표명

---

32. "나아가 총장은 교무를 총괄하고 소속 교직원을 감독하며, 학생을 지도할 권한(고등교육법 제15조 제1항) 및 법령의 범위 내에서 학칙을 제정하거나 개정할 수 있는 권한이 있고(고등교육법 제6조 제1항), 학칙에는 대학의 기본적 조직, 학위수여, 성적평가, 장학금 지급 등 직원 및 학생에게 중대한 영향을 미치는 사항이 포함되어 있으므로(고등교육법 시행령 제4조 제1항), 교원 못지않게 직원과 학생에게도 총장 후보자 선정과정에 참여할 기회를 보장하여야 할 구체적·현실적 필요성이 인정된다.
    ... 대학자치의 주체를 오로지 교원으로 한정함으로써 총장 후보자를 선정함에 있어 직원과 학생의 의사는 배제한 채 교원 또는 법률상 임의단체에 불과한 교수회의 의사를 우선시하여 그 동의가 없는 한 총장 후보자 선출을 위한 기존의 직선제 학칙을 간선제로 바꾸는 것이 허용되지 않는다고 하는 견해는 취할 바가 못 된다."(대법원 2015. 6. 24. 선고 2013두26408 판결 [학칙개정처분무효확인])

하고 있는 것이다. 이러한 점은 교원이 교수에 대한 평가를 제외하고는 교수와 관련되는 사안의 결정에서 적어도 과반의 투표권을 가지는 것으로 나타난다. 권한은 책임에 비례하는 것이라고도 할 수 있다.

(3) 소결

이러한 대학의 자율성의 주체에 관한 이해와 대학 구성원 사이의 협치의 원칙에 따라 대학평의원회에 참여하는 구성원을 교원 이외에 직원, 학생, 조교 등이나 동문, 학교발전에 도움이 될 수 있는 자 등으로 확대하는 것은 부정적으로 평가할 것만은 아니라고 생각한다.

가. 고등교육법이 대학평의원회의 구성 비율에서 특정 구성원단위의 참여 상한선을 정한 것의 문제

고등교육법 제19조의2에서는 대학평의원회에 참여하는 대학구성원을 교원, 직원, 조교 및 학생 등으로 확대하면서 '어느 하나의 구성단위에 속하는 평의원의 수가 전체 평의원 정수의 2분의 1을 초과해서는 안 된다'고 규정하고 있다(제2항). 그 결과 기존에 대학 내 의사결정 과정에 제대로 참여하지 못했던 직원과 학생 등의 참여의 폭과 권한이 확대된 반면 교원의 참여의 폭과 권한은 상당한 정도로 축소되는 결과가 되었다. 특히 교원이 거의 전적인 책임을 져야 하는 사항인 교육과 연구의 문제에 대한 심의에 대해서도 결정적 지위를 잃게 되었다.

(1) 합헌 주장의 가능한 논거

헌법 제22조 제1항과 제31조 제4항에서 규정하는 대학의 자율 또는 대학의 자치는 대학을 학문의 자유와 대학자율권이라는 기본권의 주체로 인정하고 있다는 것이 앞에서 살펴본 바와 같이 헌법재판소 판례[33]이다. 그러나 대학은 하나의 헌법상 제도로서 헌법은 제도 자체와 핵심만을 규정하고 그 구체적인 내용을 정하는 것은 광범위한 입법재량의

---

33. 헌법재판소 1992. 10. 1. 선고, 92헌마68, 76(병합)

문제로 보는 것[34]이 일반적인 헌법해석이다. 헌법재판소 판례에서도 제도보장에 관하여 "직업공무원제도는 헌법이 보장하는 제도적 보장 중의 하나임이 분명하므로 입법자는 직업공무원제도에 관하여 '최소한 보장'의 원칙의 한계 안에서 폭넓은 입법형성의 자유를 가진다."고 설시[35]하고 있다. 또한 교육공무원임용령에서 단과대학 학장 등의 임명에 관하여 교원의 관여를 제한하고 있는 것과 관련하여[36] 헌법재판소는 "단과대학장의 지명권이 있는 대학의 장을 구성원들의 참여에 따라 자율적으로 선출한 이상, 하나의 보직에 불과한 단과대학장의 선출에 다시 한 번 대학교수들이 참여할 권리가 대학의 자율성에서 당연히 도출된다고 보기는 어"려우며, "청구인들이 주장하는 단과대학장 선출에 참여할 권리는 헌법상 보장되는 대학의 자율성에 포함된다고 볼 수 없으므로, 이 사건 시행령 조항에 의하여 대학의 자율성이 침해될 가능성이 인정되지 아니한다"고 결정한 것도 그러한 이해가 반영된 것[37]으로 해석된다.

이러한 취지는, 조금 다른 경우지만, 교육감 또는 교육의원의 선출을 위한 선거인단의 구성을 학교운영위원회 위원 전원으로 함으로써 학부모나 교원(특히 교장)이 과다대표되는 반면 그 밖의 주민이 과소대표되는 결과를 낳은 지방교육자치에 관한 법률 제62조 제1항에 관한 위헌확인 헌법소원심판사건 결정도 같은 맥락에서 이해할 수 있다. "비록 일부 교육당사자가 교육위원 및 교육감의 선거과정에서 배제되었다고 하더라도 이는 현실적인 여건 등을 고려한 것으로서 정당화될 수 있을 뿐만 아니라, 위와 같은 선거는 교육의 자주성을 구현하기 위한 한 방편에 불과한 것으로서, 그 밖에도 교육정책의 결정 및 집행과정에서 의견제출 등 다양한 방법을 통한 참여에 의하여 교육의 자주성을 실현할 수 있는 길이 보장되어 있으므로, 이 사건 법률조항으로 인하여 교육의 자주성이 침해된 것으로는 볼 수 없다."[38] 민주주의원리와 동일집단이 갖는 폐쇄성의 문제를 지적하면서

---

34. 김철수, 헌법학신론(제21전정신판), 박영사, 2013, 312 - 315면.
35. 헌법재판소 1997. 4. 24. 선고, 95헌바48 결정.
36. 헌재 2014. 1. 28. 2011헌마239 결정.
37. 이 결정에서 헌법재판소는 근본적으로 핵심을 잘못 파악하고 있다. 이 사건에서 청구인들이 주장하는 것은 단과대학장의 선출에 참여할 권리가 침해당하였다는 것보다는 대학내의 주요한 사안인 학장의 임명에 관하여 대학자치의 주체인 교원이 '일언반구'라도 관여해서는 안 된다고 함으로써 교원이 가지는 대학의 자치권이 침해당하였는지의 문제이기 때문이다.
38. 지방교육자치에관한법률 제62조 제1항 위헌확인(2002. 3. 28. 2000헌마283 · 778(병합) 전원재판부

대학평의원회의 구성에서 어떠한 경우라도 동일집단의 비율이 50% 이하로 제한되어야 한다고 주장하는 견해[39]도 있다.

이러한 취지를 고려하면, 대학내 의사결정과정에서 대학 교원의 주도적 지위가 인정되어야 한다고 해도 그것이 모든 의사결정기구의 구성에서 구성원의 과반수를 차지하여야 한다는 결론이 당연히 나온다고 단정하기 어려울 것이다. 또한 1) 법률(고등교육법 제19조의2)이 헌법상 보장된 대학제도를 구체화하여 대학 의사결정과정에 적어도 학내 다양한 구성원과 동문이나 지역사회 인사 등의 참여를 보장하여 대학이 단지 대학구성원만의 것이 아니라는 성격변화를 보여주면서, 2) 교원이 평의원의 반수를 차지하게 될 경우 교원의 의사에 반하여 학교내의 의사결정이 이뤄지지 못하게 되며, 3) 평의회의 의사결정과정에서의 다수결보다는 전체의 합의를 원칙으로 하거나 교원이 실질적으로 주도적 역할을 할 수밖에 없을 것으로 예상한다면 대학평의원회 구성에서 교원이 2분의 1을 초과하는 평의원을 가지지 못한다고 하여 그것이 대학의 자율에 반한다고만 보기는 어렵다는 주장이 가능할 것이다.

(2) 위헌 주장의 근거: 대학의 자율성, 교육과 연구에 관한 교수(회)의 권한 침해

헌법이 보장하는 제도에 관한 입법재량의 문제라는 점에 집중하여 보면 고등교육법 제19조의2가 위헌이 아니라는 주장이 가능할 것이다. 그러나 대학의사결정 기구에 교원 이외에 직원과 학생 및 조교 등이 광범위하게 참여하는 제도의 신설과 관련하여 국회의 입법재량이 인정된다고 해도, 전통적으로 대학의 자치의 핵심적 내용이라고 할 수 있는 교육과 연구에 관한 사항의 결정에서까지 교원의 주도적 지위가 인정되지 않는 것은 헌법이 보장하는 대학의 자율성 또는 대학의 자치의 본질적 내용을 훼손한다고 볼 수 있다고

---

39. 채형복, 「대학자치와 국립대학 평의(원)회의 제도적 개선방안」, 『법학논고』(경북대 법학연구원) 제35집, 2011. 2., 102면. 그러나 그는 이와 함께 "교육과 연구 중심의 대학 운영에 대한 지식과 경험이 축적되지 못한 학생대표와 교외인사 등 기타 집단의 참가 비율이 확대되는 경우, 대학운영의 효율성이 저하되고, 오히려 의사결정이 비합리적으로 결정될 우려가 있다는 점도 고려할 필요가 있다"는 점을 지적하면서 "제도 정착의 초기단계와 그 이후 단계로 나누어 초기에는 전임교수의 비율을 50% 이상으로 하고, 제도 정착의 단계에 이르게 되면, 그 비율을 50% 이하로 제한하는 과도규정을 두는 것도 한 방법이 될 것"이라고 제안하고 있다.

생각된다. 대학은 진리의 발견과 진리의 교육을 핵심으로 하는 연구와 교육제도로서 그 핵심적 요소는 교원이며, 대학의 자치는 교수회의 자치가 그 핵심에 있다는 것이 전통적인 관념이기 때문이다. 이는 독일의 대학판결에서도 확인할 수 있다.

대학 내에서 의사결정이 대상이 되는 사항 가운데 대학 구성원 누구나 또는 대학의 외부에서까지 참여하여 결정할 수 있는 것(대학의 시설 관리, 지역사회와의 교류 등)이 있는가 하면 어떠한 사항은 대학의 운영에 대해 책임을 져야 하는 교원들이 주도하여 결정되어야 한다(교육과 연구). 헌법 제31조 제4항에서도 교육의 전문성을 말하고 있어서 교육 문제에 관한 논의와 결정 등에 참여하는 주체에 일정한 제한을 둘 여지가 있다. 교육의 전문성이란 교육정책이나 그 집행은 가급적 교육전문가가 담당하거나 적어도 그들의 참여하에 이뤄져야 한다[40]는 것으로서 이는 초·중등교육뿐 아니라 고등교육에도 해당[41]하는 원칙이다. 헌법이 보장하는 교육의 전문성의 관점에서도 대학에서의 교육에 관한 사항을 논의하고 결정하는 것은 모든 사람에게 대등하게 개방된 것이라고는 볼 수 없을 것이다. 대학 내의 시설의 설치와 관리, 모금 등을 통한 재정의 확보 등과 달리 학생의 선발과 졸업, 교육과정의 편성과 운영, 연구와 교육의 방법이나 내용 등의 결정 등은 그 주체가 원칙적으로 교원이 위주가 될 수밖에 없다고 본다. 교육이 무엇인가에 관하여 관점에 따라 학생이 포함될 수 있으며, 조교나 학문연구 등의 연구자도 일정한 부분에서 참여할 수 있을 것이다.

이와 관련하여 독일의 경우를 보면, 베를린 대학법(Gesetze über die Hochschulen im Land Berlin (Beliner Hochschulgesetz - BerHG, 2011. 7. 6. 확정)[42]은 협치의 원칙에 기초하여 대학평의회의 구성에 관하여 교원의 주도적 지위를 바탕으로 다음과 같이 규정하고 있다.

---

40. 김철수, 앞의 책, 990면.

41. 같은 책, 990면.

42. http://gesetze.berlin.de/jportal/portal/t/yyq/page/bsbeprod.psml/action/portlets.jw.MainAction?p1=29&eventSubmit_doNavigate=searchInSubtreeTOC&showdoccase=1&doc.hl=0&doc.id=jlr - HSchulGBE2011pP60&doc.part=S&toc.poskey=#focuspoint 검색일: 2019. 6. 10.

§ 60. 대학평의회의 구성(Zusammnsetzung des Akademischen Senats)

(1) 학문적 대학의 대학평의회에는 의결권을 갖는 25인의 구성원이 속하는데, 그 구성은 다음과 같다.
  1. 13인의 대학교원
  2. 4인의 학문적 직원(akademische Mitarbeiter oder Mitarbeiterinnen)
  3. 4인의 학생
  4. 4인의 기타 직원

(2) 고등예술학교 그리고 베를린 보이트 고등기술학교의 대학평의회에는 의결권을 갖는 19인의 구성원이 속하는데, 그 구성은 다음과 같다.
  1. 10인의 대학교원
  2. 3인의 학문적 직원
  3. 3인의 학생
  4. 3인의 기타 직원

(3) 고등예술학교 및 기타의 고등직업학교의 대학평의회에는 의결권을 갖는 13인의 구성원이 속하는데, 그 구성은 다음과 같다.
  1. 7인의 대학교원
  2. 2인의 학문적 직원
  3. 2인의 학생
  4. 2인의 기타 직원

이러한 규정에서 보는 바와 같이 대학평의회의 구성과 관련하여 대학의 구성원이 골고루 참여하되 대학교원은 각 평의회에서 정원의 과반수(정원의 2분의 1을 넘는 정수 가운데 가장 적은 수)를 차지하도록 하고 있음을 알 수 있다.[43] 독일 바이에른주 대학법에서도 평의원회 구성은 대학교원 대표 6명, 과학 및 예술조력자 대표 1명, 조교 대표 1명, 학생 대표 2명, 대학의 여성대표 1명 등으로서 대학교원의 대표가 전체의 과반수를 차지하게 된다.[44]

---

43. 김유경, 「독일대학의 대학평의회: 대학법을 통해서 본 그 구성과 권한 - 베를린 대학법을 중심으로 - 」, 대학정책학회 등 주최, 『2018 대학평의원회 발전방향 연합학술대회 개정고등교육법상 대학평의원회, 이대로 좋은가?』 자료집(2018. 11. 23.), 37 - 45면 참조.

프랑스의 경우 교육법(Code de l'éducation)[45] L712 - 3, 5, 6은 대학 내의 의사결정에 관하여, 권장 사항에 따라 ① 관리평의회(또는 대학운영위원회 Conseil d'administration), ② 학술연구평의회(Conseil scientifique), ③ 교육 · 대학생활평의회(Conseil des études et de la vie universitaire) 등 3개의 평의회에 대해 규정하고 있다. 관리평의회는 사실상 대학내의 최고의결기관이며 전체 위원 수는 30명 내지 60명이며 교원 대표 40~45%, 외부인사 20~30%, 학생대표 20~25%, 사무직 및 기술직 직원 대표 10~15%로 구성된다. 학술연구평의회는 연구 정책, 과학 및 기술자료 문제, 연구비 배분 등에 대해 협의하여 그 결과를 관리평의회에 제안한다. 전체 위원 수는 20명 내지 40명이며 교원대표 60~80%, 박사과정의 학생대표 7.5~12.5%, 타기관 소속 교수 등 외부인사 10~30%의 비율로 구성되어 있다. 교육 · 대학생활평의회는 학내의 교육 및 평생 교육 방침에 대해 관리평의회에 제안하고, 교육연구과정의 신설 등을 논의하며, 전체 위원 수는 20명 내지 40명으로 교원과 학생대표가 동수를 이뤄 75~80%, 사무직 · 기술직 대표 및 외부인사가 각각 10~15%의 비율로 구성된다.[46] 프랑스의 경우에도 대학 내 의사결정기구의 구성에서 교원의 핵심적인 임무와 관련되는 교육과 연구에 관해서는 학술연구평의회의 구성에서 보듯이 교원이 대다수를 차지하고 있음을 알 수 있다.[47]

사립대학에 대학평의원회를 설치하도록 한 사립학교법 제26조의2에 대한 헌법재판소 결정[48]에서도 연구와 교수에 관한 대학교원의 핵심적 지위를 인정하고 있음을 확인할 수 있다. 헌법재판소는 "대학의 자율성 즉, 대학의 자치란 대학이 그 본연의 임무인 연구와 교수를 외부의 간섭 없이 수행하기 위하여 인사 · 학사 · 시설 · 재정 등의 사항을 자주적으로 결정하여 운영하는 것"을 말하며, "연구 · 교수활동의 담당자인 교수가 그 핵심주

---

44. 김두진, 「"독일 대학의 대학평의회: 대학법을 통해서 본 그 구성과 권한"에 관한 토론문」, 대학정책학회 등 주최 토론회 자료집, 58면.

45. https://www.legifrance.gouv.fr/affichCode.do?cidTe×te=LEGITE×T000006071191 검색일: 2019. 6. 10.

46. 채형복, 「프랑스 대학자치제도와 우리나라 국립대 법인화에 관한 법적 문제」, 『세계헌법연구』 제13권 제2호, 2007, 351 - 352면.

47. 강명원, 「프랑스대학의 평의원회: 구성과 권능, 책임에 관하여」, 대학정책학회 등 주최, 『2018 대학평의원회 발전방향 연합학술대회 개정고등교육법상 대학평의원회, 이대로 좋은가?』 자료집(2018. 11. 23.), 61 - 79면.

48. 헌재 2013. 11. 28. 2007헌마1189 등.

체"이지만 "연구 · 교수활동의 범위를 좁게 한정할 이유가 없으므로 학생, 직원 등도 포함될 수 있다"고 서술하고 있는데, 이는 연구와 교수의 일부 영역에서는 학생과 직원이 주체가 될 수도 있으나 그 핵심적 영역에 대해서는 교수가 핵심적 지위를 가진다는 것으로 이해된다. 그리고 대학평의원회의 참여권은 학교법인이 가지는 사립대학 운영에 관한 자율적 결정권에 대한 제한을 가하는 것으로서 "대학의 재정, 시설 및 인사 등의 영역에서는 학교법인이 기본적인 윤곽을 결정하되, 대학구성원에게는 이러한 영역에 대하여 일정 정도 참여권을 인정하는 것이 필요하다"고 한다. 즉, 교육과 연구의 핵심적 영역에 대해서는 교수가 핵심주체이며, 대학평의원회는 재정, 인사나 시설관리 등에 관하여 학교법인의 결정권에 관하여 대학구성원의 참여권을 인정하기 위한 의미를 가진다는 것이다.

(3) 소결

고등교육법 제19조의2에서는 연구와 교육의 특수한 성격을 묻지 않고 대학 내의 의사결정을 모두 대학구성원 모두가 참여하고 어느 구성단위도 위원 수의 반을 초과하여 차지할 수 없는 대학평의원회를 통하여 하도록 함으로써 대학의 자치에서 헌법적으로 인정되는 교원의 우월적 지위라는 핵심적 요소를 무시하고 있다.[49]

5 대학평의회의 권한이 심의 또는 자문에 한정되어 있는 문제

대학평의원회의 권한으로 의결권을 인정하지 않고 자문 또는 심의권에 한정된 것에 대해서 문제가 제기될 수 있다. "현행교육법과 국립학교설치령이 학칙제정권, 교무통할권 등을 총장의 권한으로 정하고 있으므로, 법령의 위임 근거 없이 학칙의 최종 의결권을 교수회가 가지도록 하는 것은 명백하게 법령을 위반하는 것"(헌재 2003. 6. 26. 2002헌마337 등)이라는 판례도 있고, 대학의 자율이 반드시 교수회나 대학평의원회의 의결권까지 인정해야 하는 것은 아니며 대학평의원회의 권한, 내용과 범위를 정하는 것은 입법재량이라는 주장[50]도 있다. 일반적으로 대학제도의 내용 형성이 광범위한 입법재량에 속한

49. 성낙인, 헌법학(제19판), 법문사, 2019, 1136면에서도 대학의 핵심주체는 교수로 보아야 한다고 하고 있다.
50. 앞의 교육부장관의 의견서, 16면.

다고 할 수 있겠지만, 그러한 제도의 내용 형성은 헌법이 보장하는 기본권인 대학의 자율성에 관한 것이므로 입법자의 선택이 대학평의원회의 기능을 형해화시키는 것이 아닌 이상 존중되어야 한다는 주장[51]은 대학의 자율성을 전혀 생각하지 않고 있다는 점에서 문제가 있다. 제도의 형성이 기본권에 대한 제한을 수반한다면 입법재량의 행사도 기본권의 최대한 보장이라는 목표를 도외시할 수 없다. 대학의 자율성을 존중한다면 대학 내의 의사결정구조의 형성의 문제를 대학 구성원의 자율에 맡기고 그러한 자율성을 제한해야 하는 충분한 필요에 상응하여 비례적인 제한이 이뤄져야 할 것이다.

대학평의원회의 권한이 심의나 자문 권한 정도에 한정되기 때문에 이것이 교원의 권한에 미치는 영향이 크지 않다는 주장이 있다. "대학이 전임교수만이 아니라, 직원, 학생 및 당해 대학 졸업생을 포함한 지역 시민 등 다양한 구성원들의 이해관계를 대변하여 진정한 대학 자치를 실현하기 위한 목적으로 ① 대학 자치에 있어 교수의 참여권을 박탈하는 것이 아니라 방법에 한해서 제한하고 있다는 점, ② 연구에 관한 사항은 심의·자문의 대상에서 제외되었다는 점, ③ 교과과정의 운영에 관한 사항은 심의 사항으로 규정하지 않고 자문사항으로 규정하여 교수의 자유에 대한 제한을 최소화하고 있다"는 것[52]이다. 교육과정의 운영에 관한 사항은 자문의 대상이고, 연구에 관한 사항은 심의·자문의 대상에서 제외되었으므로 이 조항이 대학의 자율성을 침해하는 것이 아니라는 평가는 일견 옳은 것으로 보일 수 있다.

그러나 대학평의원회의 설치와 함께 대학 내 다른 의사결정기구가 폐지 또는 권한이 축소되고 대학평의원회만이 대학의 장의 의사결정을 통제하는 장치로 유일하게 남아 있게 되는 상황이라면, 이 대학평의원회의 심의 또는 자문 이외에 다른 방식으로 대학의 교원 등이 대학의 장의 의사결정을 견제할 방법이 없게 된다. 심의 또는 자문만으로 대학의 장에 의한 그릇된 권한행사를 통제할 수도 없다. 심의 또는 자문사항으로 규정되지 않는 사항은 대학 구성원 특히 교원의 자율로 정할 수 있는 사항이 된다기보다는 대학의 장에 의한 결정에 맡겨지는 결과가 된다. 그 결과 대학 교원의 권한은 대학평의원회의 구성 이전에 비하여 현저하게 축소시키는 결과에 이르게 된다.

---

51. 같은 의견서, 16면.
52. 같은 의견서, 17－18면.

교육과정의 운영이 자문사항이고 연구에 관한 사항은 심의나 자문의 대상도 아니므로 대학의 자율성을 침해하지 않는다는 주장[53]도 있다. 그러나 이러한 주장은 대학의 장의 권한행사와 관련해서만 할 수 있을 뿐이다. 정작 직접 교육을 담당하고 연구를 수행하는 교원의 경우는 이 조항에 의하여 교육과 연구에 관한 사항에 관한 대학의 의사결정에 참여할 수 있는 통로가 점차 좁아지는 결과가 된 것이 현실이다. 교육과정의 운영(제2호)에 대해서 법률이 대학평의원회의 자문대상으로 정하고 있으므로 교수회가 이에 관하여 심의 또는 의결의 권한을 가질 수 없는 것으로 해석하게 된다. 연구에 관한 사항을 자문 또는 심의의 대상이 되지 않도록 하고 있다 하나 대학의 발전계획(제1호), 학칙의 제정이나 개정(제4호), 그 밖에 교육에 관한 중요사항으로서 학칙 또는 정관으로 정하는 사항(제6호)이 심의 또는 자문대상이기 때문에 반드시 연구에 관한 사항을 제외하고 있다고 단정할 수도 없다. 나아가 대학평의원회의 권한인지가 불분명하거나 일부 대학평의원회의 심의나 자문대상이 되는 것에 대해서는 대학의 장이 이것이 대학평의원회의 권한이므로 교수회 등이 이에 대해 심의 또는 의결권이 없다고 주장할 때 갈등을 빚을 수 있다.

6 대학의 자율성: 대학의사결정 기구의 획일화 강제

헌법은 교육제도법정주의를 취하고 있다(헌법 제31조 제6항). 즉, 교육제도에 관한 사항은 법률로 정한다. 그리고 입법부는 넓은 입법재량을 가진다고 한다. 그러나 이미 대학의 자율성에 따라 대학 내의 제도가 만들어져 있을 경우 대학의 자율성에 관한 입법재량의 행사는 일정한 제약을 받는다고 보아야 할 것이다. 예를 들어, 대학마다 대학의 장(총장)의 권한행사에 대해서는 (많은 경우 제대로 작동이 되지 않기도 하지만) 다양한 통제의 장치가 마련되어 있으며, 일정한 사항에 대해서는 교수회(또는 교수회평의회)의 동의를 받도록 하거나 교수회를 경유하도록 하기도 한다. 일부 대학의 경우는 치열한 논의를 거쳐 교수와 직원, 학생 등 대학구성원이 다양하게 참여하는 대학평의회를 설치한 경우도 있다.

이러한 현실에서 고등교육법 제19조의2는 이러한 다양한 대학의사결정구조를 부정하

53. 앞의 교육부장관의 의견서, 17면.

고 오히려 획일화하는 것으로서 대학의 자율성을 강하게 훼손하고 있다. 이러한 입법이 정당화되기 위해서는 기존의 대학 내 의사결정 제도가 대학의 자율성을 훼손하고 있어서 이러한 문제를 시정하기 위한 공익의 요구가 현저한 경우에 한정되어야 한다고 본다. 그러나 사립학교법 제26조의2에서 규정하는 사립대학 대학평의원회의 입법목적이 학교법인의 인사・학사・시설・재정 등의 사항에 대한 일방적인 결정권의 행사와 관련하여 '학교법인이 대학의 재정, 시설 및 인사 등의 영역에서 기본적인 윤곽을 결정하되, 대학구성원에서는 이러한 영역에 대하여 일정 정도 참여권을 인정'하기 위한 것[54].인 점과 상당히 다르다.

7 사립대학에서의 대학평의원회의 설립 취지가 국공립대학의 경우는 타당하지 않음

사립학교법 제26조의2에서 사립대학에 대학평의원회를 설치하도록 한 것은 사립대학 내의 민주적 의사결정 구조를 확보하고자 하는 취지가 있고 나름의 타당성을 인정할 수 있다. 즉, 사립학교법 제26조의2의 입법취지는 "대학평의원회를 통하여 대학구성원들이 의사결정에 참여한다는 것과 학교법인의 불투명하고 불공정한 대학운영과 부정비리를 시정한다"는 것[55].이다. 이러한 점은 헌법재판소 판례에서도 확인할 수 있다.

> "학교법인도 사립대학의 운영 주체로서 학교운영에 관한 자율적 결정권을 가지고 있으므로, 학교법인의 대학운영의 영역과 대학구성원에 의한 대학자치의 영역이 서로 겹칠 수 있고, 이 경우 양자의 기본권 사이에 충돌이 발생할 여지도 있다. 이와 같이 양 기본권의 보호영역이 중첩되는 관계에 있을 경우 어느 일방의 기본권을 우선하기보다는 실제적 조화의 관점에서 양자를 조정하는 방법을 도모하여야 할 것이다.
>
> 대체로 보자면, 대학 본연의 기능인 학술의 연구나 교수, 학생선발・지도 등과 관련된 교무・학사행정의 영역에서는 대학구성원의 결정이 우선한다고 볼 수 있으나,

54. 헌재 2013. 11. 28. 2007헌마1189 등.

55. 박순준, 「사립대학 평의원회 10년의 경험과 대학자율성」, 대학정책학회 등 주최, 『2018 대학평의원회 발전방향 연합학술대회 개정고등교육법상 대학평의원회, 이대로 좋은가?』(2018. 11. 23.), 22면.

학교법인으로서도 설립 목적을 구현하는 차원에서 조정적 개입은 가능하다고 할 것이고, 우리 법제상 학교법인에게만 권리능력이 인정되므로 각종 법률관계의 형성이나 법적 분쟁의 해결에는 법인이 대학을 대표하게 될 것이다.
한편, 대학의 재정, 시설 및 인사 등의 영역에서는 학교법인이 기본적인 윤곽을 결정하되, 대학구성원에게는 이러한 영역에 대하여 일정 정도 참여권을 인정하는 것이 필요하다."[56]

즉, 사립대학의 대학평의원회는 대학의 자율성을 보장하기 위하여 입법자가 형성한 제도이며, "대학 본연의 기능인 학술의 연구나 교수, 학생선발・지도 등과 관련된 교무・학사행정의 영역에서는 대학구성원의 결정이 우선"하는 것임을 확인하면서 "대학평의원회의 설치 목적, '심의' 내지 '자문' 권한만을 부여함으로써 학교법인 이사회의 결정권한을 제약하지 않는 점, 학교법인에 정관을 통한 자율적 형성의 여지가 부여되어 있는 점 등을 종합적으로 고려하면, 헌법의 명령인 대학의 자율성을 보장하는 일환으로 사립대학에 대학평의원회를 설치하도록 한 법 제26조의2 제1항이 학교법인의 사학운영의 자유를 침해하는 것으로 볼 수 없다"[57]고 하고 있다. 이러한 설시는 학교법인에 의한 의사결정에 대해 종래 교원 등이 아무런 권한을 가지지 못하였던 것을 대학평의원회를 구성・운영함으로써 법인의 의사결정 과정에 대학 구성원이 일정하게 관여할 수 있게 한 것은 헌법에 반하지 않음을 인정하고 있는 것이다.

이러한 법인의 결정권 견제 차원이라는 취지에도 불구하고 사립대학에서의 대학평의원회 경험은 그리 긍정적이지 않다. 학교법인이 대학평의원회의 구성과 운영에 관한 사항을 정관에 위임하게 함으로써 학교마다 규정이 '교묘하고 황당하게' 만들어져 대학평의원회가 아무런 구실도 하지 못하게 되었다[58]고 평가된다. 이처럼 사립대학에서의 경험이 부정적인데도 국회는 대학평의원회를 모든 국공립대학에서도 설치하도록 한 것이다. 더구나 당초 학교법인의 불투명하고 불공정한 학교운영과 부정비리를 견제한다는 취지에서 다양한 학교구성원의 참여를 보장하기 위하여 만들어진 "어느 하나의 구성단위에 속

56. 헌재 2013. 11. 28. 2007헌마1189 등
57. 헌재 2013. 11. 28. 2007헌마1189 등
58. 박순준, 앞의 글, 22면.

하는 평의원의 수가 전체 평의원 정수의 2분의 1을 초과하여서는 아니된다"는 부분의 문제를 제기할 생각도 못하였다고 한다.

또한 국·공립대학은 사립대학과 의사결정구조 자체가 크게 다르다. 국·공립대학에서 대학의 장이 전권을 행사하고 대학구성원이 이에 대해 아무런 견제도 할 수 없는 처지에서라면 고등교육법처럼 대학평의원회를 만들어 총장의 의사결정에 관한 일정한 통제의 장치를 법적으로 마련하는 것이 대학의 자치를 위하여 바람직하다고 할 수 있을 것이다. 그러나 국·공립대학의 경우는 이미 고등교육법이 규정하는 대학평의원회 수준 이상으로 학교 구성원이 다양하게 대학내 의사결정에 참여·통제할 수 있는 제도를 만들어 왔는데, 고등교육법 제19조의2에 의하여 이를 부정하는 결과가 되었다는 점에서 대학의 자율성을 극도로 침해하는 법률규정이라고 평가할 수 있을 것이다. 고등교육법 제19조의2는 사립대학과 국·공립대학의 차이나 현실을 제대로 파악하지 못한 상태에서 섣불리 의결된 법률조항이라고 볼 수 있다.

8 법체계적 문제

이 조항은 다른 법률조항과 체계적으로 조화롭다고 보기 어려운 점도 있다. 예를 들어, 교육공무원법 제24조 제3항에서는 대학의 장 후보자 선정 방법을 추천위원회 또는 해당 대학 교원의 합의에 의하여 정하도록 하고 있는데, 대학의 장 후보자 선정의 방법은 고등교육법 제19조의2에서 정하는 바 학칙의 제정이나 개정이 필요한 사항이고 교육에 관한 중요사항이 아닐 수 없다. 이러한 점에서 요즘 대학마다 대학평의원회 구성과 관련하여 직원이나 학생의 참여비율에 관하여 논란을 벌이고 있으면서도 학내의 주요한 쟁점이 될 수 있는 총장임용후보자의 선정방법에 관해서는 교원만에 의해 결정되도록 하고 있어 직원 등의 참여가 배제되어 있다. 이와 같이 교육공무원법에서 대학의 장 선임과 관련해서는 대학구성원 가운데 오로지 교원에 의하여 그 선정방법을 결정하도록 하고 있으면서도 고등교육법에서는 이와 대등한 비중을 가지는 대학의 사무에 관하여 대학구성원이 골고루 참여하는 대학평의원회의 심의를 거치도록 하고 있다. 법체계적으로 모순이라는 지적이 가능하다.

Ⅳ 대학평의원회 구성과 관련하여 제기되는 쟁점들

1 고등교육법 제19조의2에 따른 학칙 등 규범의 변화

고등교육법 제19조의2에 따라 학칙 등 학교규범의 변화가 예정되어 있다. 이와 관련하여 현재 몇 가지 문제되는 것이 있는데, 1) 대학의 의사결정과정에서 고등교육법상 대학평의원회의 심의 또는 자문 이외에 학내 기구인 교수회나 교수평의회의 심의 등을 별도로 요구할 수 있는가?, 2) 대학평의원회의 심의를 위하여 교수회나 교수평의회 등의 심의나 경유(거침)가 아니더라도 교수회나 교수평의회에 '의견조회' 또는 '의견제출요구' 등을 하는 것은 가능한가? 등의 문제이다.

고등교육법 제19조의2에 따라 심의 권한 또는 자문 권한을 가지는 대학평의원회가 구성된 뒤에도 교수회의 규정으로 또는 학칙에서 교수회 경유나 심의를 규정하는 규정이 있을 수 있다. 여러 대학에서 고등교육법 제19조의2에 규정되지 않은 사항에 대해 교수회의 심의권(또는 의결권)을 명시하고자 시도하는 경우도 볼 수 있다.

이러한 규정이 아무런 이의 없이 시행된다면 학내의 절차로서 자리 잡을 가능성도 있다고 생각된다. 그러나 교원 이외의 다른 구성원의 이의제기가 있을 가능성이 높고 이런 경우 법원의 판단을 받게 될 것인데, 총장이 교수회 정관에서 규정하듯이 대학평의원회 이외의 교수회 등 경유를 하지 않았다고 해도 총장의 권한행사 등이 효력이 없다고 하기는 어렵지 않을까[59] 생각된다. 다만, 대학평의원회 심의와 별개로 대학평의원회에서 교수회 등에 대해 의견제출요구권을 규정하거나 일정 사안에 대한 교수회의 의견제출권을 규정하는 것은 충분히 가능할 것으로 본다.

---

59. "대학자치에서 직원, 학생이 차지하는 이와 같은 지위에 더하여, 앞에서 본 총장 임명제도에 관한 입법 연혁 및 고등교육법이 교수회에 관한 직접적인 규정을 두고 있지 않고 고등교육법 시행령 제4조 제1항 제16호에서 '교수회가 있는 경우에는 그에 관한 사항'을 학칙에 기재하도록 하고 있을 뿐인 점 등을 종합적으로 고려하여 볼 때, 대학자치의 주체를 오로지 교원으로 한정함으로써 총장 후보자를 선정함에 있어 직원과 학생의 의사는 배제한 채 교원 또는 법률상 임의단체에 불과한 교수회의 의사를 우선시하여 그 동의가 없는 한 총장 후보자 선출을 위한 기존의 직선제 학칙을 간선제로 바꾸는 것이 허용되지 않는다고 하는 견해는 취할 바가 못 된다."(대법원 2015. 6. 24. 선고 2013두26408 판결 [학칙개정처분무효확인])

2 대학평의원회를 구성하지 못하면 학칙 등의 제 · 개정이 불가능한가?

교육부는 서울고등법원 2009. 12. 17. 선고 2009누1305 판결[재임용거부처분취소]을 인용하여 "자신의 정관을 제때에 개정하지 아니하여 대학평의원회를 구성하지 못한 것이 학칙의 제정 또는 개정에 관하여 대학평의원회의 심의를 거치지 못한 것을 정당화할 사유가 될 수는 없"다는 점을 강조하면서 대학평의원회를 구성하지 않으면 학칙의 제 · 개정조차 안 되는 것으로 보고 있다. 이는 대학에 대해 대학평의원회 구성을 압박하기 위한 것으로 판단된다.

교육부가 인용하고 있는 판례는 사립학교에서 교원의 재임용거부와 관련하여 "'학칙의 제정 또는 개정에 관한 사항'을 대학평의원회의 심의를 거치도록 규정하고 있음에도 불구하고, 당시 ○○대학에 대학평의원회가 구성조차 되어 있지 아니하여 그 심의 없이 이 사건 심사평정표를 제정한 것은 위법하다 할 것이므로, 이와 같이 위법하게 제정된 이 사건 심사평정표를 적용하여 이루어진 이 사건 재임용 거부결정은 역시 위법하다"고 한 1심[60] 판단을 근거로 하고 있다. 이 판결에서는 "교원인사위원회 또는 교무위원회는 대학평의원회와 설립근거, 구성원, 기능 등을 달리하여 전자가 후자를 대신할 수는 없"다고 하고 있다.

그러나 이 사건에 관하여 대법원은 다음과 같이 선고하였다.

> "원심이 확정한 사실관계와 기록에 의하면, 원고에 대한 이 사건 재임용심사에 적용된 이 사건 심사평정표는 피고보조참가인의 정관에 근거하여 이 사건 대학의 재임용심의사유를 구체화한 것으로서 2005년 개정 사립학교법 제53조의2 제7항에 규정된 학칙에 포함될 수 있으며, 이 사건 심사평정표가 고등교육법 제6조의 학교규칙이 아닌 이상 그 제정 과정에서 사립학교법 제26조의2 제1항에 따른 대학평의원회의 심의나 고등교육법 시행령 제4조가 정하는 학교규칙의 제 · 개정에 관한 절차를 거쳤는지 여부는 이 사건 재임용거부결정의 효력에 영향을 미칠 수 없다.
>
> 그럼에도 2005년 개정 사립학교법 제53조의2 제7항이 규정한 학칙은 반드시 사립학교법 제26조의2 제1항에 따른 대학평의원회의 심의를 거쳐야 한다는 전제에서 이

60. 서울행정법원 2008. 12. 16. 선고 2008구합25227 판결.

사건 재임용거부결정이 위법하다고 본 원심의 판단에는 사립학교법 제53조의2 제7항이 규정한 학칙의 해석·적용과 관련하여 법리를 오해한 위법이 있고, 이러한 위법은 판결에 영향을 미쳤음이 분명하다.(대법원 2011. 1. 13. 선고 2010두1835 판결 [재임용거부처분취소])

이러한 대법원 판례의 내용을 보면, A대학 교원재임용을 위한 심사평정표는 2005년 개정 사립학교법 제53조의2 제7항[61]이 규정하는 학칙에는 해당하지만 고등교육법 제6조[62]의 학교규칙(학칙)에 해당하지 않으므로 대학평의원회의 심의를 거쳤는지는 재임용거부결정의 효력에 영향을 미치지 않는다는 것이다. 이 사건 서울고등법원 판결은 교원재임용을 위한 심사평정표도 학칙에 해당한다는 전제에서 '학칙의 제정 또는 개정에 관한 사항'을 대학평의원회의 심의를 거치도록 규정하고 있음에도 불구하고, A대학에 대학평의원회가 구성조차 되어 있지 아니하여 그 심의 없이 이 사건 심사평정표를 제정한 것은 위법하다고 한 것과는 큰 차이가 있다.

대법원 판례는 대학평의원회가 설치되지 않아 대학평의원회의 심의를 거쳐야 하는 사항이 대학평의원회의 심의를 거치지 않았을 경우 그 효력에 대해 명확한 견해를 밝히고 있다고 할 수 없다. 다만, 당해 사안과 관련하여 심사평정표가 대학평의원회의 심의를 거쳐야 하는 학칙에 해당하지 않는다고만 판단하고 있을 뿐이다.

더구나 교육부의 해석을 따를 경우, 고등교육법 제19조의2 시행 이후 대학평의원회 규

---

61. 제53조의2(학교의 장이 아닌 교원의 임용) ⑦교원인사위원회가 제6항의 규정에 의하여 당해 교원에 대한 재임용 여부를 심의함에 있어서는 다음 각호의 사항에 관한 평가 등 객관적인 사유로서 학칙이 정하는 사유에 근거하여야 한다. 이 경우 심의과정에서 15일 이상의 기간을 정하여 당해 교원에게 지정된 기일에 교원인사위원회에 출석하여 의견을 진술하거나 서면에 의한 의견제출의 기회를 주어야 한다. <신설 2005. 1. 27., 2017. 11. 28.>
    1. 학생교육에 관한 사항
    2. 학문연구에 관한 사항
    3. 학생지도에 관한 사항
    4. 「산업교육진흥 및 산학연협력촉진에 관한 법률」 제2조제6호에 따른 산학연협력에 관한 사항
62. 제6조(학교규칙) ① 학교의 장(학교를 설립하는 경우에는 해당 학교를 설립하려는 자를 말한다)은 법령의 범위에서 학교규칙(이하 "학칙"이라 한다)을 제정하거나 개정할 수 있다. ② 학칙의 기재사항, 제정 및 개정 절차 등 필요한 사항은 대통령령으로 정한다.[전문개정 2011. 7. 21.]

정을 두기 위한 학칙의 개정도 효력을 갖지 못한다고 하게 되는 모순이 있으며, 예외적으로 대학평의원회 근거규정을 마련하기 위한 학칙 개정만 대학평의원회의 심의 없이 가능하다는 궁색한 주장을 할 수밖에 없게 되는 문제가 있다.

또한 아무런 경과규정이 없이 시행된 고등교육법 제19조의2에 따라 대학평의원회가 구성되지 않은 경우, 학칙 등의 제·개정이 대학평의원회의 동의를 받지 않은 채 공포·시행된다고 해도 이를 이유로 학칙의 제·개정 등이 당연히 무효라고 볼 수는 없을 것이다. 다만, 총장이 학내의 통제를 거부할 요량으로 대학평의원회의 설치를 방해하거나 설치를 위한 합리적인 노력을 하지 않은 경우, 또는 고등교육법 제19조의2 시행 이후 상당한 기간이 경과하였음에도 불구하고 구성을 위한 노력을 하지 않은 경우 등 특별한 경우를 제외하고는 대학평의원회의 심의를 거치지 않았다 하여 당연히 효력을 가지지 않는다고 보기는 어려울 것이다. 그러나 이러한 해석은 자칫 기존의 대학내 의사결정 또는 통제장치의 상실과 새로운 통제장치의 미비라는 상태에 처하여 대학의 장의 독단적 행정을 견제하지 못하는 상태에 처할 수 있는 위험도 있다.

Ⅴ 마치며

대학은 학문연구와 교육의 전당이다. 연구와 교육의 중심이 아무리 다원화되어간다고 해도 대학이 가지는 연구와 교육의 지위는 여전히 유지될 필요가 있다. 그리고 이러한 대학의 의사결정에서 교원은 핵심적인 위치에 있다.

대학 내의 의사결정과정에 교원뿐만 아니라 강사, 조교나 직원과 학생까지 참여하는 것이 바람직하다는 점을 부인하지 않는다. 오히려 장려되어야 할 것이기도 하다. 대학 내의 의사결정을 교원만이 독점할 수는 없기 때문이다. 이런 점에서 고등교육법에서 대학에 대학평의원회를 설치·운영하도록 하여 대학구성원이 다양하게 참여할 수 있도록 한 것은 대학 내 의사결정과정의 민주적 성격을 가지는 데 나름의 의미를 가진다. 그러나 그러한 참여를 위하여 논의와 결정의 대상이 되는 항목의 내용이나 성격과 무관하게 교원이 대학평의원회 구성원 수의 2분의 1을 초과하지 못하도록 한 것은 문제이다. 시설관리나 재정 등의 문제와 달리 교육과 연구의 문제는 교원이 최종적인 책임을 져야 할 사항이거니와 이에 상응하여 그에 대한 결정권을 가지는 것은 필연적일 수밖에 없다. 독일이나 프랑스의 예도 이러한 주장을 뒷받침한다.

고등교육법 제19조의2에서 대학구성원의 어느 하나의 주체에 속하는 위원이 평의원회의 정원의 2분의 1을 초과할 수 없도록 한 것은 교육과 연구에서 교원의 핵심적 또는 우월적 지위를 인정하는 대학의 자율성을 침해한다고 본다. 또한 교육의 전문성(헌법 제31조 제4항)에 비춰 봐도 교육전문가에 의한 교육의 내용과 방법의 결정이라는 원칙에 위반된다고 하지 않을 수 없다. 대학평의원회의 권한이 심의 또는 자문이어서 결정적이지 않으므로 대학평의원회의 구성에서 교원이 2분의 1을 넘지 못하는 것이 괜찮다고 생각할 수 있으나 이 규정으로 인하여 교원은 오히려 대학 내의 의사결정과정에서 과거에 비해 권한을 상당히 잃게 되었고 대학의 장의 그릇된 권한행사를 견제할 수 없는 지경으로 떨어지게 되었다. 대학의 자율은 대학의 장의 자율이 아니라 교원의 교육과 연구에 관한 자율성이 그 핵심에 있다.

현재 고등교육법 제19조의2에 대해서는 헌법소원심판이 진행중이다. 대학 내의 의사결정의 대상이 되는 모든 문제에 대해 대학평의원회의 구성방법이 문제라고는 할 수 없겠으나, 적어도 교육과 연구에 관한 사항에서마저 교원의 핵심적 지위가 부정되는 것은 헌법에 위반된다고 하지 않을 수 없다.

덧붙여 얘기하자면, 대학의 의사결정과정에서 점차 교원의 지위가 약화되고 있으므로 교원의 교육과 연구에 관한 지위를 보전하기 위해서는 노동조합의 조직에 대해서도 적극적으로 고려할 필요가 있다고 본다. 헌법재판소는 2018년 8월 30일 교육공무원 아닌 대학 교원의 단결권을 전면적으로 제한하는 교원의 노동조합 설립 및 운영 등에 관한 법률(2010. 3. 17. 법률 제10132호로 개정된 것) 제2조 본문은 헌법에 합치되지 아니한다[63]고 결정하였다. "대학 교원의 임금, 근무조건, 후생복지 등 교원의 경제적·사회적 지위 향상 등을 위한 단결권의 보장은 필요한 상황에 이르렀다고 보인다. 따라서, 이러한 상황에서 교육공무원이 아닌 대학 교원의 단결권을 전면적으로 제한하는 것은 필요 이상의 과도한 제한"이며, "임금, 근무조건, 후생복지 등 교원의 경제적·사회적 지위향상에 대해서까지 대학 구성원들이 대학의 자율성을 근거로 그 의사결정 과정에 참여할 수 있다고 보기는 어"려우므로 "교육공무원 아닌 대학 교원의 단결권을 전면적으로 제한하는 것

63. 헌재 2018. 8. 30. 2015헌가38 결정.

은 필요 이상의 과도한 제한"이라는 것이다. 고등교육법 제19조의2가 그대로 시행되어 대학내 의사결정구조에서 교원의 지위가 현저히 약화될 경우 노동조합이라는 형식의 조직이 어떠한 도움이 될 수 있을지에 대해서도 고민이 필요하지 않을까 생각된다.

참고문헌

국회 의안정보시스템 (http://likms.assembly.go.kr/bill/billDetail.do?billId=PRC_Z1Z9T0R3M2K6O1P6C1M6A5C6T8B1×5 검색일: 2019. 6. 10.)

국회 의안정보시스템 http://likms.assembly.go.kr/bill/billDetail.do?billId=PRC_O1N7M0 V5N 1P9V1H6P3O7A5G9G2A6O5 검색일: 2019. 6. 10.

국회 의안정보시스템 이동섭의원 등 제안 고등교육법개정법률안에 대한 심사보고서는 http://likms.assembly.go.kr/bill/billDetail.do?billId=PRC_O1N7M0V5N1P9V1H6P3O7A5G9G2A6O5(검색일: 2019. 8. 1.) 참조.

국회 의안정보시스템. http://likms.assembly.go.kr/bill/billDetail.do?billId=PRC_Q1O9S0Y3F2U6I1T6P3 ×2V5V3×9J4T3 검색일: 2019. 6. 10.

국회 의안정보시스템의 고등교육법 일부법률개정안(이동섭 의원 등 발의)http://likms.assembly.go.kr/bill/billDetail.do?billId =PRC O1N7M0V5N1P9V1H6P3O7A5G9G2A6O5

국회 회의록. 국회 의안정보시스템 http://likms.assembly.go.kr/bill/billDetail.do?billId =PRC_O1N7M0V5N1P9V1H6P3O7A5G9G2A6O5

경상대학교 대학평의원회, 「국립대학 발전을 위한 대학평의원회 운영에 관한 연구 결과 보고」, 2017.2.

국・공립대학교수회연합회, 『제21대 국교련 제4차 회장단 회의 자료집』(2019. 1. 17~18.)

강명원, 「프랑스대학의 평의원회: 구성과 권능, 책임에 관하여」, 대학정책학회 등 주최, 『2018 대학평의원회 발전방향 연합학술대회 개정고등교육법상 대학평의원회, 이대로 좋은가?』 자료집(2018. 11. 23.)

김두진, 「"독일 대학의 대학평의회: 대학법을 통해서 본 그 구성과 권한"에 관한 토론문」, 대학정책학회 등 주최, 『2018 대학평의원회 발전방향 연합학술대회 개정고등교육법상 대학평의원회, 이대로 좋은가?』 자료집(2018. 11. 23.)

김유경, 「독일대학의 대학평의회: 대학법을 통해서 본 그 구성과 권한 - 베를린 대학법을 중심으로 -」, 대학정책학회 등 주최, 『2018 대학평의원회 발전방향 연합학술대회 개정고등교육법상 대학평의원회, 이대로 좋은가?』 자료집(2018. 11. 23.)

김종성, 「대학자치와 국립대학의 거버넌스: 대학평의원회를 중심으로」, 『사회과학연구』(충남대 사회과학연구소) 제26권 제4호, 2015.

김철수, 헌법학신론(제21전정신판), 박영사, 2013.

박순준, 「사립대학 평의원회 10년의 경험과 대학자율성」, 대학정책학회 등 주최, 『2018 대학 평의원회 발전방향 연합학술대회 개정고등교육법상 대학평의원회, 이대로 좋은가?』(2018. 11. 23.)

성낙인, 헌법학(제19판), 법문사, 2019.

신봉기, 「독일 대학자치 제도와 우리나라 국립대법인화법안의 문제점」, 『법학논고』 제27집, 2007. 12.

채형복, 「프랑스 대학자치제도와 우리나라 국립대 법인화에 관한 법적 문제」, 『세계헌법연구』 제13권 제2호, 2007.

채형복, 「대학자치와 국립대학 평의(원)회의 제도적 개선 방안 - 교수평의(원)회에서 대학평의(원)회로」, 『법학논고』(경북대 법학연구원) 제35집, 2011. 2.

채형복, 「평의원회는 대학자치를 보장할까」, 교수신문, 2018.4.2.

표명환, 「대학자치와 대학구성원의 참여권 보장」, 『토지공법연구』 제66집, 2014.

한국대학신문 대학팀, 「평의원회 의무화 환영 …의결권 없어 실효성은 우려 - 고등교육법 개정 …국립대는 기존 교수 참여 비중 줄어 교수단체 등 반발 움직임」, 한국대학신문, 2017. 11. 12.

헌재 1992. 10. 1. 92헌마68, 76(병합) 결정

헌재 1997. 4. 24. 95헌바48 결정

헌재 2006. 4. 27. 2005헌마1047 결정

헌재 1992. 10. 1. 92헌마68 등 결정

헌재 2002. 3. 28. 2000헌마283 · 778(병합) 결정

헌재 1992. 10. 1. 92헌마 68 등 결정

헌재 2006. 4. 27. 2005헌마1119 결정

헌재 2013. 11. 28. 2007헌마1189 등 결정

헌재 2013. 11. 28. 2007헌마1189 등 결정

헌재 2013. 11. 28. 2007헌마1189 등 결정

헌재 2013. 11. 28. 2007헌마1189 등 결정

헌재 2013. 11. 28. 2007헌마1189 등 결정

헌재 2013. 11. 28. 2007헌마1189 등 결정

헌재 2013. 11. 28. 2007헌마1189 등 결정

헌재 2014. 1. 28. 2011헌마239 결정

헌재 2018. 8. 30. 2015헌가38 결정

대법원 2015. 6. 24. 선고 2013두26408 판결 [학칙개정처분무효확인]

서울행정법원 2008. 12. 16. 선고 2008구합25227 판결.

고등교육법 제19조의2에 대한 헌법소원심판사건(2018헌나872).

고등교육법 제19조의2 제1항 제4호등 위헌확인 사건(2018헌나872)에 관한 이해관계인 교육부 장관의 의견서, 2019.

BVerfGE 35, 79

http://gesetze.berlin.de/jportal/portal/t/yyq/page/bsbeprod.psml/action/portlets.jw.MainAction?p1=29&eventSubmit_doNavigate=searchInSubtreeTOC&showdoccase=1&doc.hl=0&doc.id=jlr-HSchulGBE2011pP60&doc.part=S&toc.poskey=#focuspoint 검색일: 2019. 6. 10.

https://www.legifrance.gouv.fr/affichCode.do?cidTe×te=LEGITE×T000006071191 검색일: 2019. 6. 10.

02

국립대학의 역할과 재정지원방안

문병효 교수(강원대학교))

I 서론

한국은 복지 지출이 OECD 회원국 가운데 멕시코 다음으로 두 번째로 적다. 한국의 출산율은 세계 최저이고 자살률은 세계1위이다. 양극화는 심화되고 있고 경제분야의 주력산업은 침체하고 있으며 중국 등 후발주자의 추월이 예정되어 있다. 비상시대라는 표현이[1] 괜히 나오지 않았다.

한국은 복지에 대한 투자가 적고 경제는 어려운 상황에서 국민들만 비정규직에 실업, 그리고 자영업자들과 서민들의 곤경은 더 해가고 있다. 한국은 복지에 대한 투자만 적은 것이 아니라 고등교육에 대한 정부 투자도 OECD회원국 중에서 꼴찌수준이다.

공급초과와 수요부족의 상황에 직면하여 우리의 대학들은 생존의 위기에 빠져 있다. 1990년대 이후 대학 수의 급격한 증가와 학령인구의 감소가 그 주된 원인이다. 이는 미래예측의 실패에 근거한다. 이에 따라 국공립, 사립여부를 불문하고 대학들은 구조조정으로 내몰리고 있다. 한국의 대학들은 대학운영의 상당부분을 등록금에 의존하고 있다. 학령인구감소는 등록금 감소로 이어지고 대학의 재정위기를 초래한다. 국공립에 비해 사립대학의 비중이 월등히 크고 고등교육재정투자가 OECD 회원국 가운데 하위권에 속하는

---

1. 장하준 교수 인터뷰, 중앙일보 2019년 2월 10일자.

우리의 경우는 더 심각한 문제이다.

문재인 대통령이 후보 시절 대학 체제 개편의 핵심으로 고등교육의 공공성 강화를 공약으로 제시하고 이를 실현하기 위해 국립대 네트워크화와 공영형 사립대를 100대 국정과제에 포함시켰다. 문재인 정부의 국정기획자문위원회가 2017년에 발표한 국정운영 5개년 계획은[2] 고등교육의 공공성 및 경쟁력 강화를 통한 고등교육의 질 제고 등을 내용으로 하고 있다. 이는 부분적으로 옳지만 많이 부족하다. 부분적으로만 옳다고 보는 것은 거점 국립대와 지역강소대학 집중육성을 통한 고등교육의 공공성과 경쟁력을 제고한다는 부분이다. 이와 같이 고등교육의 공공성과 경쟁력을 높이겠다는 목표는 적절하다고 할 수 있으나 목표만 설정되어 있을 뿐 구체적인 내용에 들어가서는 이를 담보할 방안도 부족하고 의지도 아직 확인되지 않고 있다.

이하에서는 우리 고등교육과 고등교육재정의 현실을 분석하고 해외의 사례를 참고로 하여 국립대학의 역할과 재정지원방안에 관하여 고민하여 보았다.

---

2. 문재인정부 국정운영 5개년 계획(국정기획자문위원회 2017년 7월)
 - 고등교육의 질 제고 및 평생 · 직업교육 혁신 (교육부)

과제목표

- 거점국립대 · 지역강소대학 집중 육성 등 대학의 공공성 · 경쟁력 강화
- 국가 직업교육 책임 강화 및 성인평생학습 활성화

주요내용

- (고등교육 공공성 강화)
 지자체와의 연계 강화를 통한 거점 국립대 집중 육성 및 지역 강소대학 지원 확대('18년~)
 - '19년부터 공영형 사립대 단계적 육성 · 확대 추진
- (대학 자율성 확대)
 대학 재정지원사업 전면 개편(일반과 특수목적 구분) 및 순수 기초연구 예산 약 2배 증액, 도전적 연구 지원 확대
 - 연구성과 집적, 융복합 기술사업화 등 미래 성장동력 실용화 지원

Ⅱ 한국고등교육의 현실

1 한국 고등교육의 현실

(1) 8:2의 현실

OECD 국가의 국공립과 사립의 비중이 8:2인데 비하여 우리의 국립과 사립대학의 비중은 2:8이다. OECD 국가의 고등교육 구조는 평균적으로 국공립대학과 사립대학 비율이 8:2인 반면 우리나라는 2:8이다. 이 같은 구조로는 공공성 확보를 기대하기 어렵다.[3].

(2) 서열화된 대학

2018 대학기본역량진단결과 구조조정대상 70%가 지방대이다. 대학 서열구조는 고착화되어 있다. 학령인구의 감소로 인하여 대학 구조개혁은 더 이상 미룰 수 없다. 관료들이 대학 구조개혁을 명분으로 획일화된 잣대로 대학을 평가하고, 모든 대학들이 평가 기준에 맞추어 움직인다면 대학은 더욱 획일화되고 서열화는 더 고착될 것이다.

2019학년도부터 대학 입학 정원이 대학 지원자보다 많게 되어 이른바 '역전 현상'이 발생한다(입학정원 50만7663명 > 지원자수 50만6286명). 2019학년도 입학 정원을 기준으로 2023년에는 대학 지원자수가 39만8157명으로, 10만명이 넘는 수가 부족하게 된다. 주로 지방대 중심으로 입학 정원 미달 사태가 나타날 것이고 이는 대학별로 심각한 재정난을 초래할 것으로 보인다.[4].

(3) 서울집중의 심화

2018년 기준으로 4년제 대학(일반, 교육, 산업)은 수도권 입학정원이 11만 6,480명(36.7%), 지방 입학정원이 20만 831명(63.3%)으로, 전체 대학의 수도권/지방 비중과 비슷하다. 그러나 서울지역 4년제 대학 입학정원 비중은 유독 높다. 전체 대학의 서울지역 비

---

3. 이윤배, 대학 구조개혁과 '한전 공대' 설립의 딜레마, 광주매일신문 2018년 8월 27일자.
4. 이윤배, 앞의 글 참조.

중은 18.1%인데 비해 4년제 대학 서울지역 비중은 22.8%에 달한다.[5]

(4) 사교육비 급증

학부모들이 비용을 전담하거나 등록금마련을 위해 학자금대출을 하거나 학생들이 알바전선에 뛰어들 수밖에 없는 구조 - 학부모와 학생을 착취하는 구조이다.

양극화가 심화되고 있는 현실에서 부유층은 문제가 없으나 가난한 부모들은 등록금을 마련하느라 또는 마련할 수 없어서 고통스러울 수밖에 없다. 교육이 부모의 재력에 의해 좌우되는 비중이 높다보니 대학이 현대판 신분제를 위한 기관으로 전락하고 있다. 사립대학의 비중이 높고 서열화된 대학체제로 인하여 대학졸업장이 좋은 직장 및 사회적 신분과 직결되기 때문에 국민들은 서열이 높은 대학에 입학하기 위하여 아무리 높은 비용이라도 기꺼이 지불하려고 한다. 이 과정에서 높은 비용을 지불할 수 있는 부모들은 자식에 투자할 수 있으나 비용을 지불하고 싶어도 지불할 수 없는 서민들은 자식을 높은 서열에 올려놓지 못하게 되고 이는 신분의 세습으로 이어진다. 부모의 사회경제적 지위가 자녀의 대학입학에 영향을 미치는 구조이다. 대학이 계층의 대물림수단으로 전락하고 있다. SKY대학의 70%가 금수저라는 보도는 'SKY캐슬'이 공고화된 현실을 보여주고 있다. 그러다보니 초등학교 때부터 각종 학원교육을 통하여 아이 교육 비용을 투입할 수밖에 없는 구조이다. 어릴 때부터 투자하지 않으면 좋은 대학에 갈 수 없고 좋은 대학에 가지 못하면 좋은 직장에 갈 수 없는 구조가 고착화되고 있기 때문이다. 이는 대학이 사회 신분획득의 토대가 되고 있다는 것을 의미한다.

부모의 관심이 온통 아이 대학 보내는데 집중되어 있다. 이는 사회구조적으로나 개인적으로도 큰 낭비를 초래하고 있다. 부모의 삶의 질도 낮아질 수밖에 없는 구조이다. 결국 교육은 복지의 문제로 귀결된다. 대학 서열구조를 바꾸지 않고는 이러한 문제들이 해결될 수 없다.

---

5. https://khei - khei.tistory.com/2291?category=332560 [대학교육연구소].

(5) 경쟁력저하 : 잃어버린 교육, 맥빠진 연구, 이름값 못하는 고등교육

가. 경쟁력이 높아졌나?

사립대학의 급증, 대학서열화와 대학의 서울집중심화를 통해 얻은 것은 무엇인가. 과연 대학경쟁력이 높아졌는지 알아보자. 교육부의 2019년 예산안 설명자료에 따르면 대학경쟁력은 오히려 떨어졌다. 국가경쟁력은 2011년 22위에서 2018년 27위로 떨어졌고 대학경쟁력은 2011년 39위에서 2018년 49위로 떨어졌다.[6]

나. SKY에 집중되어 있는 대학원생들

대학이 지나치게 서열화되어 있다 보니 SKY 대학과 서울에 있는 몇 개 대학에만 대학원생들이 몰려있다. 이른바 'SKY 캐슬' 현상은 입시를 다룬 드라마이지만 대학에 입학하고 나서도 학생들은 경쟁력을 잃는 구조이다.

대학원생없이 혼자 고군분투하는 교수들, 연구역량이 아직 갖추어지지 않은 학부생들을 데리고 연구를 할 수 밖에 없는 지방 국립대 이공대 등의 교수들의 딱한 현실은 질 높은 연구가 나올 수 없는 현 상황을 그대로 보여주고 있다.

SKY의 대학워생 현황과 석사, 박사과정 대학워 학생 수에 관한 통계는 한국의 대학들이 경쟁력을 갖지 못하는 이유를 잘 보여주고 있다. 통계청의 자료에 의하면 2018년 기준 석, 박사과정 대학원 재적학생 총수는 322,232명, 그 가운데 서울소재 대학의 대학원 재적학생수는 141,423명으로 거의 절반에 달한다. 그 가운데 국립대학의 대학원 재적학생수를 보면, 전국 총 104,368명인데 그 가운데 서울에는 19,897명이 있다. 서울을 제외하고 85,000명 가량으로 압도적 수가 지방소재 국립대의 대학원생이다. 반면 사립대의 경우를 보면 전국 총 214,868명 가운데 서울소재 사립대학 대학원생 수는 118,530으로 50%를 넘는 학생이 서울 소재 사립대학에 다니고 있다.

---

6. 교육부 예산담당관실, 2019년 예산편성방향 및 교육분야 예산사업 설명자료, (교육부, 2019년 교육부 예산안설명회 자료), 2018년 10월 16일, 18쪽.

표 2.1 대학원 학교 수 및 재적학생 수 (2018년 기준)

시도별	설립주체별	학교 수	대학원 대학 수	재적학생 수
전국 총계	계	1,198	45	322,232
	국립	234	2	104,368
	공립	10	-	2,996
	사립	954	43	214,868
서울	계	399	21	141,423
	국립	23	-	19,897
	공립	10	-	2,996
	사립	366	21	118,530

참고 통계청, 2018년 대학원 개황, 한국교육개발원 「교육기본통계」,

다. 실험자재가 부족한 대학, 투자하지 않는 대학

돈벌이에만 혈안이 된 대학들, 대학에 투자는 하지 않는 현실

예산부족으로 건물 등 하드웨어만 그럴 듯 갖추어놓고 소프트웨어는 형편없는 대학 현실. 실험용 의약품 부족으로 실험 횟수를 줄이거나 실험을 포기해야 하는 현실을 생각해 보자.

라. 기능을 잃어가는 도서관, 도서관 예산을 줄이는 대학들

대교연에서 내놓고 있는 자료에 의하면, 대학 장서의 수, 도서관 예산이 적은데다 그마저 줄이고 있다. 대학마다 구독수가 적다는 이유로 전자저널을 줄인다.

교수가 연구할 수 있는 여건을 마련해 주기는커녕 여건을 박탈하면서도 연구성과를 요구하는 모순된 대학행정은 무엇을 말하고 있나.

도서관 통계

우리나라 대학 도서관 도서 수는 외국 대학과 비교해 매우 열악하다. 2017년 기준 우리나라 도서 수 상위 5개교인 서울대(503만권), 경북대(337만권), 고려대(336만권), 연세대(326만권), 한양대(254만권)의 도서 수를 모두 합해도(1,756만권) 북미대학 1위인 하버드대(1,985만권) 도서 수에도 못 미친다. 우리나라 1위인 서울대 도서 수(503만권)는 북미대학 10위인 TEXAS대가 보유한 1,139만권의 절반에도 못 미친다.[7.]

우리나라 대학 도서관에 도서가 부족한 가장 큰 이유는 대학들이 도서관 예산을 적

게 편성하기 때문이다. 2013~2017년 단행본 구입비, 연속간행물 구입비, 비도서자료 구입비, 전자자료 구입비 등을 포함한 도서관 '자료구입비' 예산은 줄었으며, 전체 예산 대비 자료구입비 비율은 답보 상태에 머무르고 있다.[8]

국・공립대 도서관 자료구입비는 2013년 506억원에서 2017년 495억원으로 11억원(－2.2%) 줄었으며, 예산 총액 대비 자료구입비 비율은 2013년부터 1.1%에 머물다가 2017년 1.0%로 0.1%p 감소했다. 사립대 자료구입비는 같은 기간 1,615억원에서1,546억원으로 69억원(－4.3%) 줄었고, 예산 총액 대비 자료구입비 비율은 1%에도 못 미친다.

자료구입비 예산을 내역별로 살펴보면, 전자자료 구입비만 국・공립대 15.9%, 사립대 9.5% 늘고, 단행본 구입비, 연속간행물 구입비, 비도서자료 구입비는 크게 감소했다.[9]

학생 1인당 자료구입비는 2013년 11만 7천원에서 2017년 11만 8천원으로 1천원(0.9%)증가했다. 2014년 11만 3천원으로 감소한 이후, 매년 소폭 증가하여 2013년과 비슷한 수준이 됐다. 국・공립대는 2013년 12만원에서 2017년 12만 3천원으로 3천원(2.5%) 늘었으나, 전년도와 비교하면 5천원 감소한 수치다. 사립대는 2017년 11만 7천원으로 2013년과 차이가 거의 없었다.[10]

2 고등교육재정의 현황

(1) OECD 교육지표 2018[11]

- **학생1인당 공교육비**

OECD 교육지표 2018에 따르면 2015년 기준으로 학생 1인당 공교육비가 OECD 평균 15,656달러임에 비해 한국은 10,109달러로 5,500달러 가량이 낮다.

---

7. https://khei-khei.tistory.com/2261?category=332560 [대학교육연구소].
8. https://khei-khei.tistory.com/2261?category=332560 [대학교육연구소].
9. https://khei－khei.tistory.com/2261?category=332560 [대학교육연구소]
10. https://khei－khei.tistory.com/2261?category=332560 [대학교육연구소].
11. OECD 교육지표 2018은 OECD 회원국 35개국과 비회원국 11개국 포함 총 46개국을 조사한 교육지표임. 「OECD 교육지표」는 회원국들이 교육 기회를 확대하고 교육의 사회적 성과를 제고하는데 필요한 국제 비교자료를 제공하고 있어, 교육정책 수립 및 연구의 기초자료로 활용되고 있다.

• **GDP 대비 공교육비의 비중**

2015년 OECD의 통계자료에 의하면 우리나라 초중등에서 고등교육단계까지의 GDP 대비 공교육비 중 정부재원이나 민간재원의 비중은 OECD 평균보다 높은 것으로 나타나고 있다.

그러나 고등교육단계만 놓고 볼 때에는 정부재원비율이 OECD 평균보다 낮게 나타나고 있다. 고등교육단계에서 정부재원 비율은 OECD 평균이 1.1%이나 우리나라는 0.9%로서 OECD 평균에 미치지 못하고 있다.[12.]

(2) 정부예산의 구조 및 교육재정지출구조

• **고등교육 총예산**

교육부의 2019년 예산은 총 74조 9,163억, 그 가운데 고등교육예산은 10조 806억 원이다.[13.] 5,819억이 증액된 액수이다. 그 밖에 대학혁신지원사업에 5,688억, 국립대학 육성지원에 1,504억으로 704억 증가하였다. 이른바 '강사법' 시행으로 인한 강사처우개선비로, 대학 시간강사의 처우를 개선하기 위해 국립대학 시간강사 처우개선 예산을 71억 원 증액하고, 사립대학 시간강사 처우개선 예산 288억 원을 별도 추가 예산으로 반영하였다.

---

* 교육부의 예산 설명에 따르면, 대학 등록금 부담 경감을 추진하기 위해 약 4조 원의 예산을 확보하여 '맞춤형 국가장학금'을 학생 개개인에게 지급하기 위한 예산을 반영하였다. 국가장학금을 통해 등록금 절반 이상 지원 대상을 확대하고, 국가 근

---

12. 물론 고등교육단계에서 민간재원의 비율은 0.9%로 OECD 평균인 0.4%보다 높다. 이에 대해서는 교육부, 2019년 교육부 예산안설명회 자료, 2018년 10월 16일, 17쪽.

13. 고등교육 예산은 대부분의 대학가의 등록금 동결 등의 대학 재정의 어려움을 고려하여 2018년 대비 5,819억 원 증액된 10조 806억 원으로 예산을 확정. 대학의 자율 혁신을 통해 국가 혁신 성장의 토대가 되는 미래형 창의 융·복합적 인재 양성을 위한 대학 혁신지원 사업 지원 예산을 (2018) 4,447억 원→ (2019) 5,688억 원으로 증액하였고, 국립대학의 지역의 교육·연구·혁신의 거점으로서 지역상생 및 국가 균형 발전을 견인할 수 있도록 국립대학 재정 지원 예산도 확대. 국립대학 육성 지원 예산을 (2018) 800억 원 → (2019) 1,504억 원으로 증액. 한국대학신문 2019년.

로 장학금의 교내 근로 단가 인상 및 교외 근로 선발 인원 확대를 통하여 학생들의 고등 교육에 대한 교육적 비용 부담을 줄일 수 있도록 하였다. (* 교내 근로 시간당 단가 : (2018) 8,000원→ (2019) 8,350원(▲ 4.4%)/* 교외 근로 선발(예정) 인원 : (2018) 4.0만 명(추경 포함)→ (2019) 4.6만 명(▲ 15%)) 그리고 2022년까지 대학생 행복 기숙사 5만 명 확충(실입주 3만 명)을 위해 2019년 소요분을 반영하여 2019년도 64억 원이 증액된 1,180억 원을 반영하였다.

* 교육부 예산설명에 따르면, 고등교육 부문에서 '대학 지식 창출, 대학교육 자율적 혁신, 대학 학술 및 연구역량 강화'를 위한 지원 예산으로 체계적이고 적극적인 인문사회과학 탐구를 위한 '인문사회분야 기초연구 지원' 규모를 2018년 1,470억 원 대비 10% 증액한 총 1,617억 원의 규모로 확대하였다. 그리고 이・공계 분야에 대한 대학의 국가 연구개발(R&D) 성과 제고와 이・공학 학술 연구 기반의 온전한 구축을 통한 이・공학 연구의 핵심적 역량 강화와 이・공계 학과 대학교육 혁신을 위한 기초연구 지원 규모를 2018년(1,040억 원) 대비 109.3% 증액한 총 2,207억 원 규모로 예산에 반영하였다.[14]

(3) 고등교육예산

- **정부의 공교육부담비율**[15]

  - 4년제 대학의 경우 77.6%정도가 전체 수입의 3분의 1을 정부재정지원에 의존하고 있다.
  - 국공립대학의 경우 경상비가 치지하는 비율이 높고 학자금지원사업예산을 포함하게 되면 일반사업을 위해 예산을 사용할 여력이 현저히 제한되고 있는 실정이다.
  - 국가장학금 위주의 지원

    2019년도 고등교육예산 10조 가운데 4조 정도가 국가장학금이다.

    정부의 고등교육 재정지원에서 국가장학금이 차지하는 비율이 매년 증가하고 있

---

14. [출처] 교육부, 2019년도 교육부 확정 예산을 알아보아요!
15. 냉전구조를 타파하고 고등교육에 투자하는 것도 한 방안이다. 주한미군분담금(한미방위비분담금)의 규모와 비교해 보면 그 이유가 드러난다. 1조 389억원으로 타결됨. 유효기간도 1년. 그러나 이는 한미간의 외교, 힘의 관계, 정치적 상황 등에 의해 결정되는 문제이기 때문에 단기간에 해결하기는 어려울 것이다.

다. 2012년 시작된 국가장학금 제도의 지원 규모는 점차 확대되어 2017년 기준으로 연간 110만 명의 학생에게 4조여 원을 지원하고 있으며, 학자금대출을 통해 연간 62만 명에게 약 1조 8,000억 원을 지원하고 있다.[16.]

- 국가장학금의 지원 비중이 국공립에 비해 사립대가 4 - 5배 높음

  교육부의 2019년 국가장학금 지원 기본계획에서 제시하고 있는 아래 <표 2.2>에 따르면, 국가장학금 규모는 2019년 3조 6,051억원에 달한다. 이 가운데 국공립과 사립에 들어가는 재원규모의 차이는 거의 5배에 해당한다. 국공립대학의 경우 총 6천억 정도의 등록금 가운데 4,980억이 국가장학금으로 지원되고 사립대학의 경우 총 4조 6,931억의 등록금 가운데 2조 8,685억이 국가장학금으로 지원된다. 기타 국가재원 지원의 경우 총 19억 5,400만원인데 그 가운데 국공립대학에는 3,400만원이 지원되고 나머지 19억 1,700만원은 사립대학에 지원되고 있다. [17.]

아래 <표 2.2>는 교육부의 '18년 국가장학금 수혜자의 대학유형별 · 지역별 등록금 부담 경감률 현황을 나타내고 있으나 <표 2.2>의 제목을 국공립과 사립대학에 대한 국가장학금 등 국가재원의 비율로 바꾸어 편집하였다. 전체적으로 총 4조 1,469억여원이 장학금으로 쓰이고 있으나 그 가운데 5,533억만이 국공립대에 지원되고 나머지 3조 5,936억

표 2.2 국공립과 사립대학에 대한 국가장학금 등 국가재원의 비율

(단위 : 백만원)		등록금액 (A)	국가장학금 (B)	기타국가재원(C)	교외장학금 (D)	교내장학금 (E)	교내외장학금계 (C+D+E)	부담경감 계 (G)=B+C+D+E
전 체		5,295,594	3,366,563 (63.5%)	1,954	23,519	754,951	778,469	4,146,987 (78.2%)
설립유형별	국공립	602,483	498,019 (82.6%)	37	1,530	53,720	55,250	553,306 (91.8%)
	사립	4,693,111	2,868,545 (61.1%)	1,917	21,989	701,231	723,219	3,593,681 (76.5%)

참고 교육부, '19년 국가장학금 지원 기본계획.
· '18년 국가장학금 수혜자의 대학유형별 · 지역별 등록금 부담 경감률 현황

16. 한국장학재단 홈페이지 참조.
17. 교육부의 2019년 국가장학금 지원 기본계획.

여원은 사립대에 대한 지원으로 쓰이고 있음을 알 수 있다. 국가장학금의 4분의 3이 사립대에 대한 장학금 지원으로 쓰이고 있는 것이다.

3 방향상실, 용기없는 정부, 교육 복지부동

교육지표에서 무엇이 중요한지, 무엇을 투자해야 하는지 고민을 하고 있는지 알 수 없고 정부가 할 일을 제대로 하지 못하고 대부분을 사립대학들에 의존하는 듯하여 안타까울 따름이다. 최근 문재인정부가 24조 넘는 막대한 예산을 각 지역의 SOC에는 예타를 면제해가면서까지 투자하면서 고등교육에 투자하는 데는 돈을 아낀다. 도대체 뭐하자는 것인가? 오로지 대학을 줄세워 서열을 매기는 데에만 혈안이 되어 있을 뿐 각 대학의 특성을 무시한 채 서열화된 대학에 따라 평가하고 또다시 대학평가가 서열화를 부추기는 구조를 지속하고 있다.

4 왜곡된 자원배분구조

고등교육분야에서 서열화된 대학체제에서 상위권 대학에 진입하려는 경쟁이 매우 치열하고 자원배분구조 역시 심각하게 왜곡되어 있다.

- SKY에 집중된 구조
- 서울집중의 자원배분구조
- 사립대학에 대한 집중

이러한 경쟁적 서열구조와 왜곡된 자원배분구조로 인하여 대학뿐만 아니라 국가 전체적으로 비효율적인 구조를 고착화하고 있다.

Ⅲ 해외의 대학혁신사례

해외의 대학혁신 사례들이 모두 우리에게 도움이 되는 것은 아니나 우리도 참조할 만한 것은 참조할 필요가 있다. 최근 한국교육개발원(KEDI)에서 나온 대학혁신사례에 관한 간단한 브리프들은 미국 등 국공립대학들이 어떻게 혁신하고 있는지 잘 보여주고 있다. 이를 간략하게 정리해 보고 이 가운데 우리 국립대학의 역할과 관련하여 참고할 만한 사항들을 검토해 본다.

1 미국 포틀랜드 주립대학교(PSU)

- 제2차 세계대전 이후 제대군인을 위해 2년제 고등 교육 프로그램을 제공할 목적으로 1946년 "Vanport Extension Center"를 모태로 설립. 몇 차례의 캠퍼스 이동과 프로그램 확장 등을 통해 1969년 종합대학교로 승격. 오리건 주를 대표하는 대규모 연구 중심 대학으로 성장.[18]
- 2017년 기준으로 28,407 명의 학생들(5,901명의 대학원생 포함)과 211개의 학위과정(86개의 석사 과정과 37개의 박사과정 포함)이 있음.
- PSU의 혁신 프로그램 : 일반교육과정인 University Studies,[19] 대학 구성원들이 제안한 교육 프로그램의 개선 아이디어를 수렴・구체화한 reTHINK PSU 프로그램, 창업지원 센터인 PSU Business Accelerator(Spencer, 2015년 4월 29일).[20]
- 4년간의 일반교육과정은 각각의 과정을 담당하는 교수진이 주로 지도하지만 이와 함께 학생들은 동료 멘토링에 의해 도움을 받는 구조임. 1학년 연구과정에서는 3, 4학년으로 구성된 멘토들이 배정되고, 2학년 연구과정에서는 대학원생으로 구성된

---

18. U.S News & World Report 지가 선정한 2017년 가장 혁신적인 대학교 목록(2017 Most Innovative Universities)에서 퍼듀 대학교, 미시건 대학교와 함께 9위를 차지(US News Best Colleges, 2017).
19. Council for Higher Education Accreditation, US News & World Report, Colleges of Distinction 등의 기관들에 의해 여러 차례 우수한 프로그램으로 선정된 바 있음.
20. 2015년 the National Business Incubation Association로부터 「올해의 창업지원상(the Dinah Adkins Incubator of the Year Award)」을 수상.

멘토들이 배정되어 학생들의 연구 활동을 지원.

- 지역사회와의 협력을 강조 : 연간 400여개의 지역사회 기반 강의를 개설하고 있으며 110만 시간의 학생 봉사활동을 통해 2천6백80만 달러(USD)의 가치를 창출하고 있음. "지식이 지역사회에 기여하게 하자(Let knowledge serve the city)"라는 대학교의 미션을 바탕으로 2016년부터 향후 4년간 추구해야 할 전략적 목표로 (1) 학생의 성공 증진, (2) 교수학습 및 연구의 수월성 향상, (3) 지역사회와의 협력 확대, (4) 평등을 위한 노력 확대, (5) 장기적 안정성을 위한 혁신 추구를 설정(Strategic Planning Development Team, 2015).[21]

2 미국 퍼듀대학교(Purdue U)

- 1869년 존 퍼듀에 의해 설립된 공립대학교
- 특히 공대 및 농대 계통의 학과들은 전통적으로 주목할 만한 업적을 쌓아, 공대 대학원 프로그램은 미국 전체에서 8위에 올라있다. 퍼듀대학교에서 평판이 가장 높은 분야는 항공우주공학인데 '미국 최초'의 기록을 여러 개 보유하고 있다. 항공우주공학분야에서 최초로 비행훈련에 학점을 부여하였으며, 4년 과정 항공관련 학사학위를 수여했으며, 최초로 대학 부설 공항을 소유[22].
- 퍼듀 대학교의 혁신 프로그램들은 학교가 위치한 웨스트 라파옛 뿐만 아니라 인디애나 주의 여러 지역과 강한 지역적 연대를 맺고 있음. 대학이 지역산업을 선도할 수 있는 새로운 아이디어와 인력을 제공함으로써 지역 경제의 주체가 되어 지역적 지지를 얻고 혁신 프로그램의 성공에 공헌할 수 있는 지역 풍토 또는 문화를 창출하고 있음.[23]

---

21. 이상의 내용은 최원석, 대학교육혁신사례 - 포틀랜드 주립대학교, KEDI Brief, June 2017, Vol.02 참조.
22. U.S.News&WorldReport에 의하면 2017년 기준 퍼듀대학교는 미국 내 공립대학교 중 20위, 미국 내 전체 대학에서는 60위, 전 세계 대학들 중에서는 90위.
23. 이상의 내용은 박근영, 대학교육혁신사례 - 퍼듀대학교, KEDI Brief, July 2017, Vol.04 참조.

③ 벨기에 루벵대학교(KU Leuven)

- 1425년에 설립된 최초의 국립 카톨릭 대학.
- 총 16개의 단과대학. 크게 인문사회, 생물의학, 자연과학 및 공학의 세 분야로 나뉨. 각 단과대학은 학사학위, 석사학위, 박사학위 프로그램을 제공.
- 연구원 및 교수 2,500명, 재학생 46,000명에 달하며, 루벵에 위치한 메인 캠퍼스를 포함하여, 오스텐드, 브루제, 코르트리크, 겐트, 알스트, 브루셀 등 11개 도시에 15개의 캠퍼스.
- 재학생 중 52%가 대학원생인 연구 중심 대학. 연구 중심 성과 실용주의적 연구지향.[24]
- 루벵대의 연구지원은 연구자를 길러내는 교육활동이 특징. 연구중심 교육활동을 통해서 학부과정부터 학생들이 연구역량과 연구중심적 태도를 갖출 수 있도록 지도. 연구활동 역시 적극적으로 지원. 연구비가 꾸준히 증가. 2014년 연구지원비는 2013년 대비 2.03% 증가한 4억2,650만 유로. 대학 구성원의 연구결과가 연구 그 자체에서 그치지 않고 실생활에 긍정적인 영향을 미치고 지역경제 활성화에 중요한 역할을 할 수 있도록 지원함.
- 대학의 적극적인 연구 지원 및 혁신기술개발 지원, 연구기술의 특허 출원 및 지적재산권 등록지원, 기술이전 및 사업화 지원 등의 실질적 조력이 이루어지고 있음. 특히 1972년에 창설된 루벵대학교의 연구개발처의 역할이 중요. 전체 연구비의 3분의 1 이상이 연구개발처에서 조달되고 있음.[25]

④ 독일 드레스덴 공대((TU Dresden)

- 1828년 작센 기술학교에서 출발하여 종합대학으로 성장함.

---

24. 유럽 내 대학 중 가장 많은 특허권을 보유하고 있음. 로이터 선정 유럽 최고의 혁신적인 대학에 2016년, 2017년 연이어 1위를 차지하였고, 2016 - 2017년 기준 영국 타임즈 세계대학 랭킹 40위, QS 세계대학 평가 79위에 선정됨.
25. 박은경, 대학교육혁신사례 - 루벵대학교, KEDI Brief, August 2017, Vol.07 참조.

- 2016년 11월 기준으로 학생수 34,838명, 교직원 4,904명.
- 5대 선도분야 육성 : 건강과학 바이오의학, 바이오엔지니어링 분야/정보기술, 마이크로전자분야/스마트재료와 구조분야/에너지, 이동성, 환경분야/문화와 사회변화분야
- 학제간 융합연구, 연구기관간의 협동연구, 드레스덴 시의 집중적인 지원. 드레스덴 시가 과학기술연구소 등을 적극 유치하고 드레스덴 공대와 적극적인 산학협력, 연구분야 발전뿐만 아니라 공대생들의 고용문제해결과 지역경제 성장의 원동력이 되고 있음.[26]

5 중국 칭화대학교

- 1911년에 설립된 국립 종합대학.
- 2016학년도 기준으로 총 20개 단과대학, 3,395명의 교수진, 46,200명의 재학생(학부: 15,636명, 석사과정: 18,661명, 박사과정: 11,903명)으로 학부생보다 석・박사 대학원생이 더 많은 연구중심 종합대학.[27]
- 4차 산업혁명시대, 이를 주도하기 위해 이공계를 집중 육성함.
- 전자공학과 : 반도체산업의 육성을 위한 집중투자. 칭화대 전자공학과의 한 해예산은 한화로 약 720억 원 규모(2017년 기준). 교수는 100명 이상이고 270명의 학부생이 매년 입학. 연간 60명 이상의 박사를 배출. 입학하는 학부생 중 약 22% 이상의 학생이 연구자 및 교육자로 양성됨. 전자공학과 논문 수는 1992년부터 2014년까지 누적 2,300편으로 인용건수만 13,000건.
- 과학 인재 양성을 통한 첨단산업과 벤처기업 육성 : 칭화 과학기술원(Tsinghua University Science Park)
- 글로벌 경쟁력을 갖추게 된 주요 원동력: 중국 중앙정부의 과감한 행・재정적 지원, 대학 차원의 반도체분야와 같은 핵심 산업 육성, 기초산업훈련의 강화, 그리고 창업

---

26. 김현정, 대학교육혁신사례 - 드레스덴공대, KEDI Brief, September 2017, Vol.09 참조.
27. 전체 면적은 3.95km^2로 베이징대학(2.73km^2)보다 크고 서울 여의도(2.9km^2)의 1.4배 정도의 규모임. 칭화대는 'QS(Quacquarelli Symonds) 2018 세계 대학 평가' 결과 세계 4,854개 대학 중 25위, 'THE(Times Higher Education) 2017 아시아대학평가'에서 3위의 높은 순위를 차지하였음.

지원프로그램 적극적 실시 등.[28]

6 소결

한국교육개발연구원(KEDI)이 수행하였던 해외 대학교육혁신사례들 가운데 국공립대학들에 해당하는 대학들만을 선별하여 참고할만한 시사점을 도출해 보면 다음과 같다.

- 각 대학별 특성을 잘 살리고 있음.
- 비교적 짧은 역사에도 불구하고 혁신과 집중적인 재정지원을 통하여 세계적인 대학으로 성장함.
- 연구중심대학의 사례라고 할 수 있음. 연구중심대학은 석박사과정의 대학원생들이 인적 연구인프라를 구성. 학부생 수보다 대학원생 수가 많은 경우도 있음. 집중투자와 혁신를 통하여 세계적 경쟁력을 갖춤.
- 대학소재 지역과의 상생협력이 잘 이루어지고 있어 지역발전의 토대가 되고 있음. 연구기관들과의 연계협력 및 연구소나 지역소재 기업 등에 고용효과도 큼.
- 4차 산업혁명 등의 미래의 변화에 적극 대응하고 있음.
- 대학의 혁신과 경쟁력 향상이 대학의 발전뿐만 아니라 지역과 국가의 발전에 기여하고 학생들의 고용과 교수들의 경쟁력에 다시 피드백 되고 있는 선순환 구조를 갖춤.

Ⅳ 국립대학의 역할

1 고등교육법체계와 국립대학의 역할론

(1) 고등교육법체계에서 본 국립대학의 역할

현행 고등교육법은 고등교육을 실시하기 위하여 학교를 7개의 종류로 분류하고(제2조) 이를 다시 각 설립주체에 따라 국립, 공립, 사립학교로 구분하고 있다(제3조). 그러나

---

28. 이상의 내용은 김한나, 대학교육혁신사례 - 칭화대학교, KEDI Brief, August 2017, Vol.06 참조.

고등교육법과 그에 근거한 국립학교 설치령 어디에도 국립대학의 목적과 역할에 대한 내용은 없다. 다만 2015년 3월에 제정된 국립대학의 회계 설치 및 재정운영에 관한 법률(이른바 '국립대학회계법') 제1조에서 "이 법은 국립대학 재정 운영의 자율성과 효율성을 높여 국립대학의 공공성과 사회적 책임성을 확립하고, 나아가 학문 발전과 인재 양성 및 국가 균형 발전에 이바지함을 목적으로 한다"고 규정하고 있을 뿐이다. 이에 따라 고등교육 법체계상 유추해 볼 수 있는 국립대학의 역할 또는 목적은 "공공성과 사회적 책임성 확립, 학문발전과 인재양성 및 국가균형발전에 이바지함"이라고 할 수 있다.

국교련이 제안한 국립대학법안은 고등교육법체계에서 흠결된 국립대학의 목적과 역할에 대한 내용을 법안 제1조에 명시하고 있다는 점에서 진일보한 내용을 담고 있다. 동 법안 제1조는 "이 법은 국립대학의 설립 및 운영에 관한 사항을 규정함으로써 국립대학에서의 학문의 자유, 대학의 자치를 보장하고, 공공성과 사회적 책임성을 높여 학문을 발전시키고, 인재를 양성하며, 지역 간 균형 발전에 기여함을 목적으로 한다"고 규정하여 국립대학회계법의 목적과 대동소이하나 학문자유와 대학자치보장이 포함되어 있다는 점에서 차이가 있다.

세계인권선언 등의 국제적인 인권규범에서는 '고등교육의 기회균등'(「세계인권선언」 제26조)이나 '고등교육의 점진적 무상교육과 교육기회균등'(「경제적, 사회적 및 문화적 권리에 관한 국제규약」 제13조, 「교육상의 차별금지 협약」)을 규정하고 있다.[29]

(2) 국립대학의 역할론

고등교육을 둘러싼 사회, 경제적 환경의 변화에 직면하여 이에 대응하기 위한 국립대학의 역할론이 제기되고 있다. 국립대학의 경우 국민의 세금으로 이루어진 재원을 국가가 설립한 대학에 투입하는 것이므로 공적인 목적을 위해 설립된 국립대학은 그 목적에 기여하여야 한다. 사립대학의 경우도 공공의 이익이나 사회에 기여할 목적으로 설립될 수 있다. 그러나 사립대학은 설립주체인 법인의 자발적인 동기에 의하여 법인에 투여된 재원을 설립목적에 따라 투입하여 목적을 달성하는 구조를 가지며 법인 스스로 책임진다

29. 임재홍, 국립대학법 제정필요성과 주요내용, 대학과 정책 제2권 제1호(2018.4), 5쪽 이하.

는 점에서 국가가 책임을 지는 국립대학과는 다르다. 이와 같이 국립과 사립의 기본적인 차이로부터 국립대학에는 일정한 역할을 할 것이 기대되어 왔다. 그러나 최근에는 사회경제적 변화가 매우 빠르고 그에 대응하는 것이 어려워지고 있기 때문에 사회경제적 구조변화에 적극 대응하여야 한다는 차원에서 일정한 역할이 국립대학에 요구되고 있는 것이다.

그리하여 기초 및 순수학문분야 보호, 인재양성 및 고등교육 접근성 강화, 지역사회 기여와 같은 역할이 제시되기도 하고[30.] 교육・연구의 수월성 유지, 기초학문 보호 및 고등교육 공공성 확대, 지역균형발전의 선순환 핵심동력 제공, 계층이동 사다리 복원, 4차 산업혁명 선도적 대응 등 5대 역할로 설정하기도 한다.[31.]

위와 같은 국립대학 역할론에 따른 역할설정은 각자 나름의 정당성을 가지고 있다. 인재양성, 지역균형발전의 선순환구조, 고등교육접근성 강화 등은 - 과거나 지금이나 여전히 - 국립대학이 해야 할 적절한 역할이라고 할 수 있다. 그러나 고등교육위기를 극복하기 위하여는 이것만으로는 부족하다. 각 지역에 분포하고 있는 국립대학의 특성을 잘 살리고 경쟁력을 높여 국가균형발전과 선순환구조를 갖추는데 중점을 두는 것이 중요하다. 즉, 국가균형 내지 지역균형발전을 모색하면서도 국립대학이 소재한 지역과 잘 연계하여 시너지 효과를 가져올 수 있도록 특성을 잘 살림으로써 대학경쟁력을 최대한 끌어올릴 수 있도록 하는데 중점을 두는 것이 바람직하다.[32.] 그렇게 본다면 기초학문보호는 당연히 전제되는 것이고 국립대학의 역할을 기초학문보호로만 제한할 필요는 없어 보인다. 국립대학의 역할을 기초학문보호로 제한하게 되면 지역과의 연계나 4차 산업혁명에 대한 대응에 일정한 제약을 가져올 수도 있다. 그러므로 국립대학이 기초학문과 응용학문을 골고루 발전시킴으로써 지역사회와 연계하여 지역의 발전에도 기여하고 4차 산업혁명시

---

30. 이정미 외, 국립대학 네트워크 구축 방안 연구 - 거점 국립대학을 중심으로 - , 2017, 15쪽 이하.

31. 2018년도에 한국교육개발원의 용역으로 수행된 한 연구 - 고등교육공공성확보를 위한 국립대학 발전방향 - 에서는 고등교육위기에 대응하기 위한 국립대학의 역할을 위와 같이 5대 역할로 설정하고 있다.

32. 신재생에너지를 예로 들면, 각 국립대학의 신재생에너지 관련 학과의 연구에 대한 지원을 통하여 각 학과별 창의적인 목표와 과제가 주어질 수 있도록 한다. 이공대 - 신재생에너지 기술의 연구와 개발, 한경공학 - 환경과 재생에너지, 법학과 - 재생에너지 법제, 철학 - 재생에너지와 인류의 삶의 문제, 그밖에 문학 - 예술 - 수학 - 과학을 포함하여 에너지전환의 근본문제를 고민할 수 있다. 기타 배터리의 수명에 관한 배터리연구나 미세먼지 대책마련에 관한 연구 등도 특성화하고 지원할 수 있을 것이다.

대의 미래 산업발전에도 대응할 수 있도록 역할을 개방할 필요가 있을 것으로 보인다.

그러므로 고등교육법체계와 국제인권규범 등을 고려할 때, 국가재원을 투입함으로써 국립대학에 요구할 수 있는 역할을 다음과 같이 정리하되 사회경제적 구조변화에 대응할 수 있도록 개방적 여지를 주는 것이 필요하다. 다만 간과해서는 안 될 것은, 국립대학이 그러한 역할을 잘 수행할 수 있도록 경쟁력을 갖추어주는 것이 훨씬 중요하고 각 대학의 특성을 살려 경쟁력을 갖출 수 있는 여건을 마련하기 위한 적극적 재정투자가 요구된다는 점이다.

- 공공성과 사회적 책임성의 제고
- 학문발전
- 인재양성
- 국가균형발전
- 교육기회균등 및 접근성 제고

이렇게 다소 추상적으로 정해진 목표 또는 역할은 각 국립대학으로 하여금 각자의 특성에 맞추어 지역균형발전에도 기여하고 4차 산업혁명과 미래변화에도 대응할 수 있게 구체화함으로써 역할 수행을 하게 하면 된다.[33] 다만 국립대학의 역할은 사립대학과 비교하여 공공성과 사회적 책임이 더 강조된다는 점에서 차이가 있다.

국립대학의 역할 가운데 공공성과 사회적 책임을 높이는 것은 목적 내지 주된 역할이 될 것이고 학문발전, 인재양성, 균형발전, 교육기회균등 등의 역할은 공공성 및 사회적 책임성 제고의 내용으로 포괄될 수 있을 것으로 본다.

---

33. 예컨대, 해외 대학들의 사례로서, 애리조나 주립대(ASU)의 대학디자인팀(UDT)이 대학을 혁신적으로 설계하기 위해 설정한 8개 목표는 다음과 같다:
   - ASU의 사회, 경제, 문화적 자산 활용
   - 사회의 필요에 부응하는 변화 촉진
   - 지식을 활용하여 혁신을 이루는 창업가정신 강조
   - 사회에 영향력을 줄 수 있는 연구 수행
   - 개별 학생들의 성공을 위한 헌신
   - 학문간 지적 융합을 통한 지식 창조
   - 상호호혜적 파트너십을 통한 커뮤니티와의 연계
   - 글로벌 사회 참여

2 한국 고등교육 현실을 타파하기 위한 국립대학의 역할 검토

국립대학의 역할에서 초점을 맞추어야 할 것은 한국 고등교육의 현실 타파와 국립대학의 경쟁력 증대이다. 여기에 초점을 맞추어야 하는 이유는 공공성 확보와 사회적 책임성 제고, 미래 변화에 대응하는 등의 역할은 결국 한국 사회에서 8:2의 현실과 대학서열체제, 대학의 수도권집중 등 현실을 타파하고 대학이 경쟁력을 갖추도록 하는 데 달려있기 때문이다. 예컨대 국가와 사회의 경제와 문화발전은 무엇보다도 대학의 경쟁력의 주된 축인 인적요소에 크게 좌우된다. 대학에서 연구 및 교육을 담당하는 교수와 학생들의 경쟁력을 높일 수 있도록 인적 물적 투자를 적절히 하여야만 대학 경쟁력이 높아지고 이는 경제와 사회, 문화의 발전과 연계되어 선순환 구조를 이룰 수 있다. 또한 SKY 등 몇 개의 대학만으로 대학의 경쟁력이 생길 수 없다. 34.

그러므로 국립대학의 역할은 국립대학이 한국 고등교육의 현실을 타파하고 대학경쟁력과 국가경쟁력을 향상하기 위한 국가정책의 주요한 대안이 될 수 있다는 점에 초점을 맞추고자 한다.

- 고등교육의 질 제고, 대학 경쟁력 제고
- 고등교육 공공성 확대 : 사립과 국립의 비중 8:2를 5:5의 수준으로 장기적으로는 2:8까지도 가능하게끔 바꾸어 나간다(정부책임형 사립대학 또는 공영형 사립대학 포함).
- 서열화 완화를 위한 국공립대 역할강화
- 서울집중의 완화를 위한 지역 국립대학의 역할 강화 : 지역격차해소 및 국가균형발전

서울집중을 완화하기 위해서는 서울 소재 대학의 입학정원을 대학 입학인구감소에 비

34. 그 동안의 선행연구에 다르면, 경제성장에 인적자본은 주요한 요인으로 작동하며, 대체로 인적자본 형성은 경제성장과 양(+)의 관계를 갖는 것으로 분석되고 있으며 개발 초기 단계에는 초등교육과 같은 저학력에 대한 투자만으로 경제성장이 가능하나, 개발 단계가 높아질수록 고등교육과 같은 고학력에 대한 투자가 경제성장과 관계를 갖는 것으로 이해되고 있다. 다만, 고등교육재정과 관련한 기존 연구들은 교육재정과 경제성장간의 관계에만 초점이 맞춰져 있다는 점에서 한계가 있다. 이에 대한 지적 및 관련 연구에 대해서는 나원회・박진백, 고등교육의 경제성장 효과에 근거한 고등교육재정 방향에 관한 연구, 한국교육 제45권 제4호(2018), 351쪽 이하 참조.

례하여 단계적으로 줄이거나 지방대학을 차별하지 않는 합리적 대안이 필요하다. 지방의 경우 일부러 줄일 필요도 없다. 자연감소할 가능성이 크기 때문이다.

- 연구중심대학의 육성 : 대학원 중심, 경쟁력 확대

강사법의 문제도 같이 해결될 수 있다.

- 미래 변화에 대응 : 4차 산업혁명시대
- 고등교육 접근성 제고 : 반값등록금실현 등 교육불균등 해소, 계층간 사다리역할

복지의 문제로서 고등교육재정투자, 국립대학의 낮은 등록금, 정부의 재정투자를 늘려서 등록금을 낮추고 궁극적으로는 무상수준까지 갈 필요가 있다. 무상으로 하더라도 투자한 것보다 큰 경쟁력을 얻을 수 있고 이는 국가발전으로 이어질 수 있으므로 편익이 훨씬 크다.

학부모와 학생을 포함한 국민들의 삶의 질을 위한 고등교육투자가 되어야 한다.

국립대학의 역할은 고등교육 구조조정과 연계하여서도 검토할 필요가 있다.

* 최상위계층의 입학을 제한하고 다양한 계층이 골고루 입학할 수 있도록 하는 것도 중요한 문제.

예컨대, 서울대 학생의 70%가 국가장학금 지급 제외 대상인 최상위 계층임. 이런 특권계층을 왜 국가지원하여야 하는가. 국가세금을 투입하여 대학에 지원하는 데에는 국민들이 동의할 수 있는 공공의 목적에 부합하여야 한다. 35.

---

35. 서울대 · 고려대 · 연세대에 재학 중인 학생 중 저소득층 비율이 전국 대학의 재학생 비율보다 낮은 반면, 고소득층 비율은 약 2배 가까이 많은 것으로 드러났다. 김해영 더불어민주당 의원이 29일 한국장학재단으로부터 제출받은 '2018년 1학기, 서울대 · 고려대 · 연세대 재학생 소득분위 산출 현황'자료에 따르면, 이들 재학생 중 한국장학재단에 국가장학금을 신청해 소득분위가 산정된 학생 중 기초 · 차상위계층은 6%, 고소득층은 46%로 밝혀졌다.
2018년 1학기, 서울대 · 고려대 · 연세대 학생 소득분위는 △기초생활수급자 739명(3%) △차상위계층 682명(3%) △1분위 2054명(8%) △2분위 1496명(6%) △3분위 1395명(6%) △4분위 1269명(5%) △5분위 591명(2%) △6분위 123명(1%) △7분위 1810명(7%) △8분위 3066명(13%) △9분위 3987명(16%) △10분위 7243명(30%)로 집계됐다.
반면, 나머지 전국대학생 중 한국장학재단에 국가장학금을 신청해 산정된 소득분위는 △기초생활수급자 4% △차상위계층 4% △1분위 11% △2분위 8% △3분위 8% 등으로 위의 3개 대학보다 높은 비율을 나타냈다. 고소득층에 속하는 △9 · 10분위가 각각 13%, 12%로 상대적으로 낮은 수치를 기록했다. 김해

- 과학기술의 빠른 발전으로 인한 사회적 불평등의 심화와 고등교육의 역할[36].
- 재정지원을 통한 특성화사업의 허상: 지나치게 세분화된 학과, 무차별적이고 맹목적인 융합이 전문성약화를 초래할 수 있다, 이른바 '융합'학과의 증가
  어설픈 융합이 아니라 기초가 튼튼해야 한다.

국립대학의 역할과 미래 비전은 장밋빛으로만 치장되어서는 안 된다. 한국 고등교육현실에 토대를 두고 현실에 대한 분석에서부터 출발하여 원인을 진단하고 해결책을 찾아가는 데 초점을 맞추어야 한다.

다만 우려스러운 것은 대학의 역사는 권력에 대한 종속의 역사라는 점이다. 특히 국립대학의 경우 국가의 요구와 통제에 쉽사리 지배된다. 대학은 전통적으로 정치권력에 복종하여 왔었고 이제는 시장권력에 종속되어 가고 있다.[37] 대학은 권력에 대한 종속이 아니라 정치권력과 시장권력에 대하여 대등한 관계에서 요구할 것은 요구하고 50년, 100년 멀리 내다보고 대학경쟁력과 국가 사회 경쟁력을 위하여 무엇이 바람직한 것인지를 생각하여야 한다. 때로는 권력에 저항하고 투쟁할 때도 있을 것이다. 이는 학문연구와 교육을 본령으로 하는 대학의 본질의 문제이다. 대학자치는 그래서 필요한 것이고 이는 제도적으로 보장되어야 한다.

국립대학의 역할강화를 위하여 필요한 것

- 공공성
- 적극적인 투자와 지원
- 장기와 단기계획을 가지고 철저히 집중하여야 한다
- 정부의 고등교육투자의지와 실천
- 정치권력과 시장권력으로부터 자유로운 시민참여기구의 제도화 : 국가백년대계를 기획하고 실천하도록 함.

영 의원은 "계층 간 이동의 사다리가 되는 교육의 현장에 부모의 재력이 영향을 주는 현실"이라며 "교육부는 커져가는 부모의 재력이 대입에 미치는 영향에 대해 저소득층, 중위소득층이 소외되는 일이 없도록 해결방안을 모색해야한다"고 전했다. 한국대학신문 2018년 10월 29일자와 중앙일보 2019년 2월 22일자.

36. 김두환, 지능정보사회의 사회경제적 변화와 교육 : 고등교육을 중심으로, 사회와 이론 통권 제33집 (2018.11), 183 - 223쪽.

37. 김정인, 대학과 권력 - 한국대학 100년의 역사, Humanist, 2018.

결국 이는 국가의 역할 및 시민사회의 역할과 관련되는 것이고 이 모든 것은 민주주의의 문제와 직결되어 있다.

- 예컨대, 100인 철인위원회의 논의과정 : 끝장토론, 각자 주장들과 논거, 사례들 수렴
- 정기적으로, 자주, 주요 논점에 대하여 진지한 토론과 여론수렴과정, 과학적 논의 과정 필요함.
- 목표설정에는 각 대학과 교수들과 시민들의 의견을 수렴하는 과정
- 목표의 달성여부에 대한 점검 - 성과의 크고 작음을 따지지 말고 아무리 하찮은 것이라도 뭔가 성과가 있으면 인정해줄 필요가 있음.
- 자유롭게 토론하고 비판하고 교육 백년대계의 신념을 위하여 열심히 싸울 수 있어야 한다.

V 현행 고등교육재정에 관한 법체계와 안정적 재원공급의 필요성

1 현행 고등교육재정에 관한 법체계

(1) 헌법

현행 헌법은 대학의 재정에 관해서는 직접 규정하지 않고 다만 제31조 제6항에서 교육제도와 그 운영, 교육재정 및 교원의 지위에 관한 기본적인 사항은 법률로 정한다고 하여 교육재정에 관한 사항을 법률에 위임하고 있다.[38] 한편 헌법은 제31조 제4항에서 대학의 자율성을 규정하고 법률이 정하는 바에 의하여 보장됨을 정하고 있다.

38. 헌법 제31조
① 모든 국민은 능력에 따라 균등하게 교육을 받을 권리를 가진다.
② 모든 국민은 그 보호하는 자녀에게 적어도 초등교육과 법률이 정하는 교육을 받게 할 의무를 진다.
③ 의무교육은 무상으로 한다.
④ 교육의 자주성·전문성·정치적 중립성 및 대학의 자율성은 법률이 정하는 바에 의하여 보장된다.
⑤ 국가는 평생교육을 진흥하여야 한다.
⑥ 학교교육 및 평생교육을 포함한 교육제도와 그 운영, 교육재정 및 교원의 지위에 관한 기본적인 사항은 법률로 정한다.

(2) 고등교육법

법률차원에서는 고등교육법 제7조가 교육재정에 관하여 규정하고 있다. 특히 2016년 3월 2일 신설되어 2017년 11월 28일 개정된 고등교육법 제7조 제3항은 교육부장관이 전체 국가재정 중 고등교육 지원 비율 확대를 위한 5개년 기본계획을 수립하고, 이를 반영하여 매년 고등교육 지원계획을 수립하여 정기국회 개회 전까지 국회에 제출하도록 규정하고 있다.[39] 동 조항은 신설될 당시에는 종래 10개년 기본계획이었던 것을 5개년 기본계획으로 수정하였고 2년마다 고등교육지원계획을 수립하던 것을 매년 수립하도록 하고 국회상임위에 보고하던 것을 정기국회 전까지 국회에 제출하도록 시점을 명시하는 등 의무를 강화하였다. 이에 따라 고등교육 지원비율 확대가 예상되나 어느 정도의 수준으로 확대될지는 알 수 없다. 그리고 동법 제8조에서는 학술, 학문연구와 교육연구를 지원하기 위하여 실험실습비와 연구조성비, 장학금 등 필요한 조치를 취할 국가의 의무를 규정하고 있다.[40] 또 동법 제11조는 등록금 및 등록금심의위원회에 관하여 규정하고 수업료 및 그 밖의 납부금을 등록금으로 받을 수 있게 해놓기는 하였으나 각 학교가 등록금

---

39. 고등교육법 제7조(교육재정)
   ① 국가와 지방자치단체는 학교가 그 목적을 달성하는 데에 필요한 재원(재원)을 지원하거나 보조할 수 있다.
   ② 학교는 교육부령으로 정하는 바에 따라 예산과 결산을 공개하여야 한다. <개정 2013.3.23>
   ③ 교육부장관은 전체 국가재정 중 고등교육 지원 비율 확대를 위한 5개년 기본계획을 수립하고, 이를 반영하여 매년 고등교육 지원계획을 수립하여 정기국회 개회 전까지 국회에 제출하여야 한다. <신설 2016.3.2, 2017.11.28>
   ④ 교육부장관은 제3항에 따른 기본계획 및 지원계획을 수립할 때에는 대통령령으로 정하는 바에 따라 미리 관계 중앙행정기관의 장과 협의하고 지방자치단체의 장의 의견을 들어야 한다. <신설 2017.11.28>
   ⑤ 교육부장관은 제3항에 따른 기본계획 및 지원계획을 수립하기 위하여 필요한 경우에는 관계 중앙행정기관의 장 또는 지방자치단체의 장에게 관련 자료의 제출을 요청할 수 있다. 이 경우 자료의 제출을 요청받은 관계 중앙행정기관의 장 또는 지방자치단체의 장은 특별한 사유가 없으면 이에 따라야 한다. <신설 2016.3.2, 2017.11.28>
   ⑥ 교육부장관은 제3항에 따른 기본계획 및 지원계획을 수립하기 위하여 필요한 경우에는 교육재정 관련 실태조사를 실시할 수 있으며, 실태조사의 방법과 내용 등에 필요한 사항은 대통령령으로 정한다. <신설 2018.12.18>
   [전문개정 2011.7.21]
40. 고등교육법 제8조(실험실습비 등의 지급) 국가는 학술 또는 학문 연구와 교육 연구를 진흥시키기 위하여 실험실습비 · 연구조성비 · 장학금 지급 등 필요한 조치를 마련하여야 한다. [전문개정 2011.7.21]

의 인상률을 직전 3개 연도 평균 소비자 물가상승률의 1.5배를 초과하여 인상한 경우에는 교육부장관이 해당 학교에 행정적 · 재정적 제재 등 불이익을 줄 수 있도록 하여 등록금인상을 규제하고 제재까지 할 수 있도록 규정하고 있다.[41]

(3) 국립대학 회계설치 및 재정운영에 관한 법률

국립대학의 경우 반값등록금사태로 야기된 기성회비 반환소송을[42] 계기로 하여 2015년 3월 기성회비를 등록금에 포함하는 내용의 국립대학 회계설치 및 재정운영에 관한 법률이 제정되었다. 동법률은 제4조에서 국가 및 지방자치단체의 지원을 규정하면서 국가는 교육, 연구의 질 향상과 교육환경의 개선을 위하여 필요한 재정을 안정적으로 지원한다고 규정하고 종전의 각 국립대학의 예산, 고등교육예산 규모 및 그 증가율 등을 고려하여 인건비, 경상적 경비, 시설확충비 등 국립대학의 운영에 필요한 경비를 각각 총액으로 지원하여야 하고 지원금의 총액을 매년 확대하도록 하고 있으나 총액확대를 '노력하여야 한다'고 규정하고 있어 법적 구속력이 약하다.[43] 그러나 동 조항은 고등교육법 제7조 제

---

41. 고등교육법 제11조(등록금 및 등록금심의위원회)
   ① 학교의 설립자 · 경영자는 수업료와 그 밖의 납부금(이하 "등록금"이라 한다)을 받을 수 있다.
   ② 각 학교는 등록금을 책정하기 위하여 교직원(사립대학의 경우에는 학교법인이 추천하는 재단인사를 포함한다), 학생, 관련 전문가 등으로 구성되는 등록금심의위원회를 설치 · 운영하여야 한다. 이 경우 학생 위원은 전체 위원 정수(정수)의 10분의 3 이상이 되도록 한다. <개정 2011.9.15.> (중략)
   ⑦ 각 학교는 등록금의 인상률이 직전 3개 연도 평균 소비자 물가상승률의 1.5배를 초과하게 하여서는 아니 된다. <개정 2011.9.15>
   ⑧ 제7항에도 불구하고 각 학교가 등록금의 인상률을 직전 3개 연도 평균 소비자 물가상승률의 1.5배를 초과하여 인상한 경우에는 교육부장관은 해당 학교에 행정적 · 재정적 제재 등 불이익을 줄 수 있다. <개정 2011.9.15, 2013.3.23>
   ⑨ 삭제 <2016.3.2>
   ⑩ 제1항의 등록금의 징수, 제2항의 등록금심의위원회의 설치 · 운영 및 제8항의 행정적 · 재정적 제재 등 필요한 사항은 교육부령으로 정한다. <개정 2011.9.15., 2013.3.23> [전문개정 2011.7.21]
42. 대법원 2015. 6. 25. 선고 2014다5531 판결[부당이득금등] 국립대학의 기성회가 기성회비를 납부받은 것이 '법률상 원인 없이' 타인의 재산으로 이익을 얻은 경우에 해당한다고 볼 수 있는지 여부(소극).
43. 국립대학 회계설치 및 재정운영에 관한 법률 제4조(국가 및 지방자치단체의 지원)
   ① 국가는 국립대학의 교육 및 연구의 질 향상과 노후시설 및 실험 · 실습 기자재 교체 등 교육환경 개선을 위하여 필요한 재정을 안정적으로 지원하여야 한다.
   ② 국가는 종전의 각 국립대학의 예산, 고등교육예산 규모 및 그 증가율 등을 고려하여 인건비, 경상적

3항의 고등교육지원 비율 확대를 위한 5개년 기본계획 및 매년 지원계획의 국회 제출의무 규정과 결합하여 국회의 통제를 받도록 할 경우 정치적 구속력을 가질 수 있다.

(4) 사립학교법

국립대학과 함께 고등교육의 양대 축이라 할 수 있는 사립대학의 경우에는 사립학교법이 제28조 이하에서 기본 재산 등 재산의 관리 및 보호,[44] 회계의 구분 등을 규정하고 있다. 이에 따르면 학교법인의 회계는 그가 설치·경영하는 학교에 속하는 회계와 법인의 업무에 속하는 회계로 구분하며 학교에 속하는 회계는 이를 교비회계와 부속병원회계(부속병원이 있는 경우에 한한다)로 구분할 수 있고, 교비회계는 등록금회계와 비등록금회계로 구분하며, 각 회계의 세입·세출에 관한 사항은 대통령령으로 정하되 학교가 받은 기부금 및 수업료 기타 납부금은 교비회계의 수입으로 하여 이를 별도 계좌로 관리하여야 한다. 교비회계에 속하는 수입이나 재산은 다른 회계에 전출하거나 대여할 수 없다.[45] 사립대학의 재정지원의 문제에 관해서는 이 글의 범위를 벗어나므로 지면관계상

경비, 시설확충비 등 국립대학의 운영에 필요한 경비를 각각 총액으로 지원하여야 한다.

③ 국가는 제2항에 따라 각 국립대학에 지원하는 지원금의 총액을 매년 확대하도록 노력하여야 한다.

④ 지방자치단체는 해당 지방자치단체가 추진하는 사업과 관련하여 필요한 경우 국립대학에 재정 지원을 할 수 있다.

44. 사립학교법 제28조(재산의 관리 및 보호)

① 학교법인이 그 기본재산을 매도·증여·교환 또는 용도변경하거나 담보에 제공하고자 할 때 또는 의무의 부담이나 권리의 포기를 하고자 할 때에는 관할청의 허가를 받아야 한다. 다만, 대통령령이 정하는 경미한 사항은 이를 관할청에 신고하여야 한다. <개정 1990.4.7, 1997.1.13>

② 학교교육에 직접 사용되는 학교법인의 재산 중 대통령령이 정하는 것은 이를 매도하거나 담보에 제공할 수 없다. <개정 1964.11.10>

③ 「초·중등교육법」 제10조 및 「고등교육법」 제11조의 규정에 의한 수업료 기타 납부금(입학금 또는 학교운영지원비를 말한다. 이하 같다)을 받을 권리와 이 법 제29조제2항의 규정에 의하여 별도 계좌로 관리되는 수입에 대한 예금채권은 이를 압류하지 못한다. <신설 1999.1.21, 2008.3.14, 2016.5.29>

45. 사립학교법 제29조(회계의 구분)

① 학교법인의 회계는 그가 설치·경영하는 학교에 속하는 회계와 법인의 업무에 속하는 회계로 구분한다.

② 제1항의 규정에 의한 학교에 속하는 회계는 이를 교비회계와 부속병원회계(부속병원이 있는 경우에 한한다)로 구분할 수 있고, 교비회계는 등록금회계와 비등록금회계로 구분하며, 각 회계의 세입·세출에 관한 사항은 대통령령으로 정하되 학교가 받은 기부금 및 수업료 기타 납부금은 교비회계의 수입으로 하여 이를 별도 계좌로 관리하여야 한다. <개정 1999.1.21, 2011.7.25, 2013.1.23>

줄이기로 한다.

(5) 지방대학 및 지역균형인재 육성에 관한 법률

지방대학 및 지역균형인재 육성에 관한 법률은 제16조에서 국가와 지방자치단체가 지방대학의 교육・연구 여건의 개선을 위하여 교원 및 교육용・연구용 시설・설비의 확보에 필요한 지원을 할 수 있다는 점과 지방대학의 학술 또는 학문 연구와 교육 연구를 진흥시키기 위하여 실험실습비・연구조성비・장학금 지급 등 필요한 지원을 할 수 있음을 규정하고 있다.[46] 동 조항은 국가뿐만 아니라 지방자치단체도 지방대학의 육성을 위하여 투자할 수 있는 근거가 될 수 있으며 국공립대학과 사립대학을 구분하지 않고 지원의 근거가 될 수 있다는 점에서 바람직한 면이 있으나 '지원을 할 수 있다'고 규정하여

---

③ 제1항의 규정에 의한 법인의 업무에 속하는 회계는 이를 일반업무회계와 제6조의 규정에 의한 수익사업회계로 구분할 수 있다.

④ 제2항의 규정에 의한 학교에 속하는 회계의 예산은 당해 학교의 장이 편성하고 다음 각 호의 절차에 따라 확정・집행한다. <개정 2005.12.29, 2013.1.23, 2015.3.27>

1. 대학교육기관: 대학평의원회의 자문 및 「고등교육법」 제11조제2항에 따른 등록금심의위원회(이하 "등록금심의위원회"라 한다)의 심사・의결을 거친 후 이사회의 심사・의결로 확정하고 학교의 장이 집행한다.
2. 「초・중등교육법」 제2조에 따른 학교: 학교운영위원회의 자문을 거친 후 이사회의 심사・의결로 확정하고 학교의 장이 집행한다.
3. 유치원: 「유아교육법」 제19조의3에 따른 유치원운영위원회의 자문을 거친 후 학교의 장이 집행한다. 다만, 유치원운영위원회를 두지 아니한 경우에는 학교의 장이 집행한다.

⑤ 삭제 <2005.12.29>

⑥ 제2항에 따른 교비회계에 속하는 수입이나 재산은 다른 회계에 전출하거나 대여할 수 없다. 다만, 다음 각 호의 어느 하나에 해당하는 경우에는 그러하지 아니하다. <개정 2007.7.27, 2013.12.30>

1. 차입금의 원리금을 상환하는 경우
2. 공공 또는 교육・연구의 목적으로 교육용 기본재산을 국가, 지방자치단체 또는 연구기관에 무상으로 귀속하는 경우. 다만, 대통령령으로 정하는 기준을 충족하는 경우에 한한다.

⑦ 삭제 <2007.7.27>

46. 지방대학 및 지역균형인재 육성에 관한 법률 제16조(국가 등의 지원)

① 국가와 지방자치단체는 지방대학의 교육・연구 여건의 개선을 위하여 교원 및 교육용・연구용 시설・설비의 확보에 필요한 지원을 할 수 있다.

② 국가와 지방자치단체는 지방대학의 학술 또는 학문 연구와 교육 연구를 진흥시키기 위하여 실험실습비・연구조성비・장학금 지급 등 필요한 지원을 할 수 있다.

③ 국가 및 지방자치단체는 지역인재의 해당 지역 정착에 필요한 지원을 할 수 있다.

의무를 수반하는 기속규정이 아닌 재량규정으로 되어 있다는 점에서 한계가 있다.

(6) 국립학교설치령(대통령령)

1953년 4월 20일 제정된 이후 130회 개정된 국립학교 설치령은 국가가 설립・경영하는 학교의 설치・조직 및 운영 등에 관하여 필요한 사항을 규정하면서 제20조에서 학교운영에 필요한 경비는 국고에서 부담한다고 규정하고 있다. [47]

2 국립대학 재정지원방안과 관련하여 제기되는 문제들

- 설립자인 국가와 납세자인 국민, 국민주권의 원리
- 왜 국가세금이 투여되어야 하는가
- 국가의 재원 투입의 수준 및 투입기준
- 국가 재원투입의 방법
- 안정적인 재원투입

3 고등교육에 대한 안정적 재원공급의 필요성

국립대학에 대해서는 설립자로서 국가의 역할에 대한 고민에서 시작할 필요가 있다.[48] 대학의 경쟁력이 곧 국가경쟁력임을 인식하여야 한다. 또한 현재 한국 고등교육의 현실을 타파하기 위해서는 많은 노력이 필요하다. OECD의 국가들을 비교하더라도 특히 고등교육에 대한 공적재원의 투자가 필수불가결하다. 대학서열구조와 대학서울집중문제, 지역불균형 문제를 어떻게 풀 수 있겠는가. 결국은 장기간의 예산투입을 통하여 고등교

---

47. 국립학교 설치령 제20조(경비부담등) ① 이 영에 따라 설립된 학교의 운영에 필요한 경비는 국고에서 부담한다.

48. 설립자책임주의와 국가의 역할 :국립대학의 역할을 따지기 전에 먼저 따져야 할 것이 있다. 설립자인 국가는 무엇을 하여야 하는가. 국가가 국립대학을 설립해놓고 뭐하는 것인지. 대학을 통제하려고 하지말고 대학의 경쟁력을 높일 수 있는 방안을 고민하라. 대학의 경쟁력을 높이는 것은 곧 국가의 경쟁력을 높이는 것임.

육의 공공성을 높이는 것이 긴요하다.

Ⅵ 고등교육재정교부금법안과 국립대학재정지원

1 안정적인 재정지원 수단으로서 고등교육재정교부금

초중등교육의 경우 지방교육재정교부금을 통하여 안정적인 재원이 조달되고 있고 어느 정도 궤도에 있다. 그러나 고등교육의 경우는 국립대학의 경우도 열악한 예산으로 인하여 대학에서 교육과 연구가 적절히 이루어지지 못하고 있다. 사립대학의 경우도 규모가 큰 서울의 몇 개 대학을 제외하고는 재정적 곤란을 겪고 있는 것이 현실이다. 고등교육에서 공적재정부담을 늘리고 안정적으로 재정지원하기 위해서는 국가 세금의 일정 비율을 교부금으로 확보하여 이전해주는 방안이 법적으로 구속력있게 마련되어 있어야 한다.

2 2012년 한명숙의원 대표발의안

안정적 재정지원을 하기 위한 방안으로서 2009년 5월 8일 임해규의원의 고등교육재정교부금법안 등 몇 개의 법률안이 있으나 여기서는 2012년 5월 30일의 한명숙의원대표발의안을 본다. 동 법안에 따르면,

국내총생산(GDP)의 1.0%를 고등교육기관에 투자하기 위하여 내국세분 교부금의 교부율을 2013년 6.0%, 2014년 6.5%, 2015년 7.0%, 2016년 7.5%, 2017년 8.4%로 단계적으로 인상한다(안 제3조 제1항 및 부칙 제2조).

당해 연도의 내국세(목적세와 종합부동산세 및 다른 법률에 의하여 특별회계의 재원으로 사용되는 세목의 당해 금액을 제외한다) 총액의 1000분의 84에 해당하는 금액으로 한다. 교부금은 보통교부금·사업교부금으로 구분하여 교부하고 보통교부금과 사업교부금의 재원은 대통령령으로 정한다(안 제3조 제1항 및 제2항).

국립고등교육기관에 대한 보통교부금은 해당 고등교육기관의 인건비, 경상적 경비, 시설확충비 및 교육·연구발전을 위해 필요한 비용을 감안하여 매년 산정하여 교부한다.

제7조제1항에 따른 보통교부금협약을 체결한 국·공립고등교육기관과 학교법인이 설립·경영하는 사립고등교육기관에 대한 보통교부금은 보통교부금협약으로 정하는 금액을 해당 고등교육기관의 당해년도 재학생 수로 곱한 금액을 교부한다(안 제5조 제1항 및 제2항).

교육과학기술부장관은 고등교육재정교부금을 교부하는 경우에는 고등교육재정교부금의 교부를 신청한 국·공·사립고등교육기관의 장과 학생들로부터 받는 등록금의 상한에 관한 사항, 교부금의 사용내역을 교육과학기술부장관에 보고할 의무 및 회계감사에 관한 사항, 법인전입금의 규모 등을 포함한 "보통교부금 교부협약"을 체결하도록 함(안 제7조제1항).

3 고등교육교부금법안의 문제점

(1) 대학의 자율성 제한의 문제

동 법률안은 내국세 총액의 8.4%를 교부금으로 교부하는 것을 주된 내용으로 하여 보통교부금과 사업교부금으로 구분하고 보통교부금의 경우 대학과 교부금협약을 체결하는 방식을 규정하고 있다. 그러나 보통교부금협약으로 정하는 금액은 고등교육법 제11조의3에 따라 중앙등록금책정위원회가 정하는 당해연도 등록금표준액의 범위 내에서 대통령령으로 정하는 비율에 상당한 금액을 초과하여서는 안 되도록 한계를 설정하고 있고 보통교부금을 제외한 액수를 사업교부금으로 교부할 수 있도록 하면서 불명확한 개념을 사용하고 있을 뿐만 아니라 그 사유가 상당히 광범위하게 규정되어 있어[49] 자의가 개입할 소

---

49. 동 법률안 제6조(사업교부금의 교부) 사업교부금은 교부금 총액에서 제5조에 따른 보통교부금을 제외한 금액으로 하되, 다음 각 호의 사업에 교부한다.
   1. 고등교육기관의 다양화와 특성화를 위한 사업
   2. 고등교육기관의 지역간 균형발전을 위한 사업
   3. 고등교육기관의 교육여건 개선을 위한 사업
   4. 고등교육기관의 연구능력 제고를 위한 사업
   5. 고등교육기관 간 통·폐합 및 구조조정 촉진을 위한 사업
   6. 고등교육기관의 산·학협력을 위한 사업
   7. 고등교육기관의 해외교류사업을 위한 사업
   8. 기초학문 지원 육성사업

지가 크다. 사업교부금의 교부를 빌미로 하여 대학의 자율성을 제한할 가능성이 여전히 남아있는 것으로 보인다. 50.

그밖에 교육과학기술부 산하에 교부금심의위원회를 두도록 하고 있으나 그 구성에 관한 내용이 없다. 또한 교부금의 교부기준이나 교부방법 등에 관하여도 대통령령에 위임하고 있어 법률의 취지를 제대로 반영할 수 있을지 의문시된다.

(2) 교부금협약의 주체의 문제

한명숙의원 법안에서는 사립대의 경우에도 교부금협약의 신청주체가 될 수 있도록 규정하고 있으나 이에 관해서는 다음과 같은 문제가 제기될 수 있다. 즉, 사립대의 경우 국립대학과 대등한 지위에서 교부금협약의 신청 주체가 될 수 있는지 문제될 수 있다.51. 물론 사립대학의 경우에도 대학교육 및 연구의 공공성과 사회적 책임이 인정되고 학부모의 부담을 고려하여 재정지원을 할 수는 있을 것이나 이를 위해서는 전제조건이 충족되어야 한다. 먼저 사립대학 지원을 위해서는 국민들의 세금을 사학을 위해 사용하는데 대

9. 지역균형선발 및 계층균형선발 지원 사업
10. 그 밖에 고등교육 내실화를 위한 사업

50. 대학자율성에 관해서는 헌법이 규정하고 있다. 헌법 제31조
① 모든 국민은 능력에 따라 균등하게 교육을 받을 권리를 가진다.
② 모든 국민은 그 보호하는 자녀에게 적어도 초등교육과 법률이 정하는 교육을 받게 할 의무를 진다.
③ 의무교육은 무상으로 한다.
④ 교육의 자주성·전문성·정치적 중립성 및 대학의 자율성은 법률이 정하는 바에 의하여 보장된다.
⑤ 국가는 평생교육을 진흥하여야 한다.
⑥ 학교교육 및 평생교육을 포함한 교육제도와 그 운영, 교육재정 및 교원의 지위에 관한 기본적인 사항은 법률로 정한다.

51. 미래라이프대학 신설문제와 정유라 부정입학사건으로 문제되었던 이화여대의 경우 7500억의 적립금을 가지고 있는 것으로 분석되고 있다. 지난 19대 국회에서 국회 교육문화체육관광위원회 정진후 정의당 의원이 2013년 8월 전국 사립 4년제 153교와 사립 전문대 132교의 '교비회계 적립금'현황을 분석한 결과, 2012년 한 해 동안 4년제 사립대의 누적적립금은 8조339억원으로 전년대비 692억원 늘었다. 전문대의 경우 2조2813억원으로 191억 원이 증가했다. 이로써 2,4년제 대학의 누적 적립금 총액은 10조3152억원에 이른다. 누적적립금 최상위 대학은 이화여대인 것으로 나타났다. 이화여대의 적립금 총액은 7587억원으로 전국 사립대 중 1위를 차지했다. 이어 △홍익대 6276억원 △연세대 4792억원 △수원대 3244억원 △고려대 2844억원 △청주대 2812억원 △동덕여대 2474억원 △계명대 2270억원 △숙명여대 2036억원 △인하대 1591억원 순으로 나타났다. 이에 대해서는 한국대학신문 2013년 8월 29일자.

한 동의와 공감대가 필요하다. 국민들의 동의절차와 공감대 형성없이 국민들의 세금을 사립학교를 위하여 사용할 수는 없기 때문이다. 그리고 만약 대학과 교부금 교부협약을 체결하더라도 사립대학과 국립대학은 차이가 있을 수밖에 없으므로 국립대학과 사립대학의 특성을 고려하여 교부와 교부율 등 차이를 둘 수밖에 없을 것이다. 그 경우 어떤 기준에 의하여 어느 정도의 차이를 두어야 할지 구체적인 내용이 법안에 잘 드러나지 않고 있다. 또한 헌법상 대학에 대해서는 자율성을 보장하고 있는 것을 고려할 때 국가지원이 있게 되면 국가의 지도, 감독 등 개입이 따르게 될 것인데 이를 위해서는 재정에 대한 투명한 집행이 보장되어야 하고 이를 받아들이는 사립대학에 대해서만 지원이 가능할 것이다.

그리고 사립대학이 보통교부금을 교부받기 위해서는 몇 가지 넘어야할 장벽이 있다. 첫째는 대학은 초중등교육과 달리 의무교육의 대상이 아니라는 점이다. 헌법 국가가 국민들로부터 거두어들인 조세를 사립대학에 일반교부금으로 재정지원을 하는 예를 찾기 어렵다.

둘째, 사학의 설립은 설립주체인 학교법인이 스스로 설정한 교육목표와 재원을 가지고 자율적으로 운영되는 것이 원칙이다. 이 원칙과 합치할 수 있는지가 문제이다.

(3) 사학비리의 문제

교비횡령이나 각종 사학비리의 문제, 비리와 부패가 온존하고 있는 사학에 대한 교부금지원이 가능한가의 문제도 제기될 수 있다.[52]. 이에 대해서는 법안에 교부금협약신청을

---

52. 이와 관련하여 대학교육연구소 논평 및 보도자료, "교육부, 사립대학 민원 해결사 자청하나", 2016.10.11 교육부는 사립대학 법인들이 적극 노력할 수 있도록 하는 조치를 취해야 함에도 거꾸로 기준 수익률을 낮춰주는 어처구니없는 일을 추진하려 하고 있다. 더 기가 막힌 것은 현행 기준 수익률 '3.5%이상'은 교육부가 2004년 3월 기존의 '5% 이상'이던 것을 '은행의 저금리 기조가 정착되는 등 수익용기본재산의 수익율을 연간 5%이상으로 획득하는 것이 현실적으로 어렵'다는 이유로 낮춰준 것이다. 법은 지키라고 있는 것이다. 당초 「대학설립 · 운영규정」에 수익용기본재산 기준과 수익률 기준을 명시한 것은 그 정도 확보하고 수익률을 올려야 의미 있는 대학 운영비를 지원할 수 있다는 판단 때문이다. 그렇다면 교육부는 사립대학 법인에 관련 법을 지키라고 요구하고, 준수하지 않을 경우 강력한 제재를 가해야 한다.
그럼에도 불구하고 교육부는 사립대학 관계자들의 의견을 반영해 기준을 낮춰주는 엉뚱한 일을 저지르고 있다. 지난 3월 법인 소송 비용을 등록금에서 지출할 수 있도록 하는 내용의 사립학교법시행령 개정 추진([대교연 논평] 등록금으로 법인 소송 비용 내라는 교육부 참조)에 이어 또다시 이런 일을 벌이고 있는 것

거부할 수 있는 근거가 마련되어 있으나[53] 현재와 같이 교육부나 사학분쟁조정위원회가 제 역할을 하지 못하는 상황에서는 왜곡될 수 있는 가능성이 있다. 그리고 이와 같이 동 법률안 제7조 제2항의 거부사유에도 불구하고 제3항에서는 예외사유를 두고 있는데 이 사유도 또한 판단주체에게 매우 광범위한 판단의 여지를 부여하고 있다.[54]

(4) 설립자책임의 원칙의 문제

고등교육재정교부금법에 의하여 고등교육에 대하여 안정적인 재정이 지원된다면 고등교육의 공공성을 높이는데 상당한 기여를 할 것이라는 점에서 바람직한 면이 있으나 이를 추구하는데는 넘어야 할 산이 많다.

고등교육재정교부금법에 따라 사립대학교에 보통교부금으로서 재정지원을 하는데 가장 큰 장애물은 초중등교육과 달리 고등교육은 의무교육이 아니라는 점이다. 고등교육은 설립자가 자기 책임의 원칙에 따라 설립하여 운영하고 대학운영의 책임을 스스로 진다는 점에서 특징이 있다. 대학교육은 의무교육이 아니기 때문에 사립대학은 설립운영의 책임을 지는 법인이 스스로의 설립목적에 따라 재원을 투자하여 설립하고 그 스스로 운영에

이다.

53. 법률안 제7조(보통교부금 교부협약 등) ② 교육과학기술부장관은 다음 각 호의 경우에 제1항의 보통교부금 교부 신청을 거부할 수 있다.
  1. 고등교육기관의 경영이 부실한 경우
  2. 학교법인이 대통령령으로 정하는 금액 이상을 해당 고등교육기관 운영의 경비로 충당하지 아니한 경우
  3. 해당 고등교육기관의 최근 3년간 평균 재학생수가 매년마다 학교 규칙에서 정한 모집단위별 입학정원 전체의 50%에 해당되는 인원에 미달하는 경우
  4. 해당 고등교육기관의 내부 구성원 간 또는 법인 임원 상호간의 분쟁·소송 진행 등으로 이 법의 목적을 달성하기 어려운 경우
  5. 기타 대통령령이 정하는 교부금의 교부를 거절할 정당한 사유가 있는 경우

54. 동 법률안 제7조(보통교부금 교부협약 등) ③ 제2항에도 불구하고 사립고등교육기관을 설립·경영하는 학교법인이 다음 각 호의 사항을 교부금심의위원회에 제출한 경우에는 심의를 거쳐 교부금을 교부할 수 있다.
  1. 「사립학교법」 제29조의 규정에 따른 학교에 속하는 회계의 예산·결산·차입금 및 재산의 취득·처분과 관리에 관한 사항
  2. 대학평의원회의 심의를 거친 대학자율구조개선계획 및 이행 시기에 관한 사항
  3. 대학평의원회의 심의를 거친 대학 정상화 계획에 관한 사항
  4. 기타 교부금심의위원회가 정한 사항

대하여 책임을 지고 목적을 달성하는 구조를 가지고 있고 국립대학도 그 설립목적에 따라 설립자인 국가가 책임을 지고 설립목적을 달성하는 구조를 가지고 있다.

종교재단이 설립한 법인에 대한 지원은 헌법상 정교의 분리원칙에 따라 더욱더 제한될 수 있다. 정치와 종교는 분리되기 때문에 특정 종교재단이 설립한 학교법인에 대한 재정지원은 그 자체로 헌법에 반할 수 있기 때문이다. 그러므로 종교재단이 설립한 학교법인의 경우에는 국가지원이 가능하기 위해서는 일반 사립대학보다 더 많은 공공성이 요구될 수밖에 없다.

Ⅶ 고등교육의 패러다임 전환

1 소탐대실을 멈추자 - 발상의 전환

설립자인 국가와 교육부가 국립대학을 통제하려는 생각을 하지 말고 국립대학을 어떻게 활용할지를 생각하여야 한다. 발상의 전환이 필요하다.

교수를 지원하라는 얘기가 아니라 연구하는 대학을 지원하고 연구할 수 있는 여건을 마련해주어야 한다. 연구할 수 있는 인적, 물적 인프라를 구축해 주어야 한다. 미국이나 독일 등 선진 제 나라에서 대학의 경쟁력은 제대로 교육하고 연구할 수 있는 구조를 만들어준 데 있다. 연구할 수 있는 인적, 물적 요소가 갖추어지도록 투자와 혁신을 하여야 한다. 국가와 사회는 대학에 대하여 창의적인 교육이 가장 잘 이루어질 수 있도록 요구하고 있으나 한국의 대학에 그 전제조건이 잘 갖추어져 있는지에 대해서는 잘 모르고 있다. 우리 사회가 창의적이고 혁신적인 교육과 연구가 가장 잘 행해질 수 있도록 하기 위해서는 무엇을 해야 하는지부터 고민하여야 한다.

2 통제와 감독위주의 전근대적 교육철학을 버리자

국가가 대학을 통제와 감독의 대상으로 삼음으로써 국민을 통제할 수 있던 시대가 있었으나 이는 더 이상 새로운 시대조류와 맞지 않다.[55] 대학서열화와 서울로 집중되는 대학과 학생들, 그러면서도 대학의 경쟁력은 더 떨어지고 있는 한국 고등교육의 현실을 뼈

아프게 고민하여야 한다. 서열화로 얻을 수 있는 것은 소수의 특권과 특권을 유지하기 위한 틀일뿐이다. 누구든지 어떤 대학이든지 아이디어로 경쟁하게 하여야 한다. 수능성적이 우수한 학생들로 이루어진 특정대학부터 줄을 세우고 그 대학부터 지원을 하게 하는 제도는 자유롭고 창의적인 경쟁을 사라지게 만든다. 여러 사람의 아이디어가 필요한 시대이다. 한 사람의 아이디어가 중요하지만 사회발전은 여러 사람의 아이디어와 협력이 함께 할 때 더 잘 이루어질 수 있다.

3 투자하자

대학경쟁력을 갖추도록 하기 위한 투자를 늘려가야 한다. 고등교육에 대한 투자를 멈추지 말아야 한다. 대학경쟁력이 곧 국가경쟁력이고 국민들의 삶의 질을 높이는 복지의 초석이다. 혁신은 대학으로부터 나올 수 있다.[56] 대학의 경쟁력을 높여주면 대학은 국가의 경쟁력을 높여주고 사회구성원들의 삶의 질이 달라질 것이다. 확신을 가져야 한다. 이런 결과는 그냥 나오지 않는다. 국가가 고등교육을 위하여 적극 투자하여야 나온다.

---

55. 2006년 유럽평의회 의회가 채택한 "학문자유와 대학 자치에 관한 권고"(The Recommendation on Academic Freedom and University Autonomy)는 학문자유와 대학자치의 일반 원리를 재확인하고 있다. 이와 같이 유럽 국가들은 연구와 교육에서 어떠한 제한도 없는 학문자유와 대학 자치를 헌법적으로 보장함은 물론 법률을 통해서도 보장해야 한다는 인식을 공유하고 있다. 임재홍, 국립대학법 제정필요성과 주요내용, 대학과 정책 제2권 제1호(2018.4), 10쪽.

56. 혁신적 사고의 출발점 : 시간투자, 재원투자. 혁신적 사고, 창의적인 사고와 실천, 혁신적 사회분위기, 혁신산업 등.

Ⅱ

국립대학의 교원보수체계

03

국립대학 교수의 보수와 수당 체계에 대한 구조적 분석

강창동 교수[1]. (한경대학교)

I 글의 열기

미래 사회를 효과적으로 대비하기 위한 유능한 학문 후속 세대를 위해서라도 국립대 교수의 합리적 보수 수준은 매우 중요하다. 보수 수준은 사회적 지위를 나타내는 실질적인 지표이기 때문이다. 사립대 교수의 보수 수준 역시 국립대 교수의 보수 기준을 참고 활용하여 연동되어 있다. 국립대 교수의 보수 수준은 한국의 모든 대학 교수의 보수 기준이 되어 한국의 교육경쟁력을 선도하는 나침판 역할을 하고 있다.

국립대 교수의 보수 수준과 사회적 지위를 명확하게 보여주는 참고 지표가 공무원 호봉제다. 공무원 호봉제는 개인의 계급적 역할과 책임에 따른 보수 수준의 합리적 기준으로 활용된다. 호봉제가 중요한 것은 호봉 체계에 따라 주요 수당이 결정되기 때문이다. 사실상 공무원에게 호봉제는 보수의 핵심적인 준거가 된다. 공무원의 호봉제를 보면, 국립대 교수의 사회적 역할에 대한 정부 관료의 인식 단면을 알 수 있다.

현재 국립대 교수는 2011년 임용 교수를 대상으로 2012년에 성과급적 연봉제를 처음으로 적용하여 지금까지 지속하고 있다. 성과급적 연봉제는 호봉제를 바탕으로 하고 있

1. 이 글은 "강창동(2018). 국립대 교수와 타 직종 공무원의 호봉 · 수당 · 연봉 체계의 비교 연구. 「교육의 이론과 실천」. 23(1). 1 - 24."의 논문을 수정 · 보완하였음.

다. 신임교수의 초임연봉인 기준연봉이 호봉제에 의해 책정되기 때문이다. 즉 성과급적 연봉제는 외형상 연봉제를 추진하고 있지만, 그 이면에는 호봉제를 기반으로 하고 있다. 기본연봉은 「호봉(봉급)+각종 수당」으로 되어 있다. 성과급적 연봉제는 「기본연봉(봉급+수당(정근수당+정근수당가산금+관리업무수당(일반직 4급 이상)+명절휴가비)+성과연봉」으로 구성되어 있다. 성과급적 연봉제[2]에서 초임연봉의 기준연봉은 호봉제를 기반으로 하여 출발한다. 성과급적 연봉제는 '호봉제형 성과급적 연봉제'라고 할 수 있다. 호봉제를 이해하게 되면 국립대 교수의 보수 수준과 성과급적 연봉제의 재원 규모를 가늠할 수 있다. 호봉제는 국립대 교수의 사회적 지위 수준을 보여주는 직접적이며, 핵심적인 연봉 지표이다.

호봉제는 수당과 연봉에 직접적으로 연계되어 있다. 호봉을 중심으로 수당과 연봉이 책정되기 때문이다. 호봉과 수당 그리고 연봉을 타 공무원과 비교하면 국립대 교수의 법적인 계급적 지위를 추정하는 데 의미있는 시사를 준다.

Ⅱ 국립대 교수의 보수와 호봉 체계

1 공무원 보수 체계의 법적 의미

보수는 우리의 사회적 삶을 영위하는 생존권 기초 수단이며, 사회적 안정을 도모하는 핵심적 경제적 기반이다. 헌법 제10조 ①의 "모든 국민은 인간으로서의 존엄과 가치를 가지며, 행복을 추구할 권리를 가진다"라는 기본적 권리도 보수라는 기초적인 경제적 기반이 없으면 무의미해진다. 보수는 단순히 경제적 가치 이상으로 우리의 행복과 개인의 자유와 인권을 보호하는 사회적 가치의 방어막이다. 특히 현대사회에서 보수 수준은 개

2. 성과급적 연봉제가 도입되면서 신임교수의 기준연봉은 호봉제에 의해 책정되지만, 2013년부터는 근무연수를 기준으로 4단계를 나눈 '경력가급'이 호봉제를 대신하였다. 2018년부터는 경력가급을 2단계로 축소하여 '교육연구급'으로 변경하였다. 경력가급과 교육연구급은 기존 호봉제에서 명칭만 바뀌었을 뿐이다. 전체적으로 보면, 경력가급과 교육연구급은 호봉제의 수령 액수와 큰 차이가 없다. 경력가급과 교육연구급도 호봉제의 범위 내에서 만들어졌기 때문이다. 그래서 호봉제는 국립대 교수의 보수 수준을 가늠하는 매우 중요한 지표가 된다.

인적 삶의 지수뿐만 아니라 사회경제적 지위를 상징한다.

국립대 교수의 보수 지급 준거는 교육법의 보수 규정을 기반으로 한다. 교육공무원법 제34조(보수결정의 원칙)에는 "①교육공무원의 보수는 우대되어야 한다. ②교육공무원의 보수는 자격, 경력, 직무의 곤란성 및 책임의 정도에 따라 대통령으로 정한다."라고 되어 있다. 교육공무원법의 보수결정의 원칙은 자격, 경력, 직무의 곤란성과 책임 정도라고 간단히 언급되어 있으며, 노동의 질을 나타내는 전문성에 대한 논의는 자격과 경력이라고 우회적으로 표현되어 있다. 교육공무원법 제34조의 보수결정의 원칙은 정부 관료를 중심으로 이루어진 법률 체계로서, 현대사회에서 전문직의 기여도에 대해서는 매우 미흡하게 반영되어 있다.

실제 교육법에서 교육공무원의 보수 구성을 구체적으로 적시하고 있다. 공무원보수규정 제4조(정의)에서 "1. '보수'란 봉급과 그 밖의 각종 수당을 합산한 금액을 말한다. 다만, 연봉제 적용 대상 공무원은 연봉과 그 밖의 각종 수당을 합산한 금액을 말한다. 2. '봉급'이란 직무의 곤란성과 책임의 정도에 따라 직책별로 지급되는 기본급여 또는 직무의 곤란성과 책임의 정도 및 재직기간 등에 따라 계급(직무등급이나 직위를 포함한다. 이하 같다)별, 호봉별로 지급되는 기본 급여를 말한다. 3. "수당"이란 직무 여건 및 생활여건 등에 따라 지급되는 부가 급여를 말한다고 명시되어 있다.

공무원보수규정의 보수 구성은 「보수=봉급(호봉급, 기본급여)+수당」으로 규정되어 있다. 기본급여인 봉급이 보수 구성에서 직무의 곤란성과 책임 정도로 간단히 관료 중심으로 언급되어 있지만, 노동의 질을 나타내는 전문직의 역할에 대한 논의가 없다. 봉급이 중요한 것은 직접적인 공무원의 법적 지위를 상호 비교할 수 있는 호봉제로 구성되어 있기 때문이다. 일반직 공무원은 1급~9급까지의 계급별 호봉제로 구성되어 있어, 국립대 교수의 단일호봉제와 직접적인 비교가 가능하게 되어 있다. 국립대 교수는 단일호봉제와 일반직 공무원의 계급별 호봉제의 비교를 통해서 계급적 지위를 가늠할 수 있다.

② 국립대 교수의 호봉체계의 특징

국립대 교수는 정교수, 부교수, 조교수라는 직급으로 구성되어 있지만, 공무원의 계급별 호봉제와 달리 33호봉의 단일호봉제로 되어 있다. 국립대 교수의 직급은 단일호봉체계로 인해 행정적 구분에 불과한 상징적인 측면이 강하다. 국립대 교수의 기산호봉은 박사급인 정교수가 15호봉, 부교수, 장학관, 교육연구관은 12호봉, 조교수는 9호봉(과거의 전임강사는 7호봉임)으로 심지어 조교도 2호봉으로 되어 있다. 대학졸업자의 기산호봉은 정교수, 부교수, 조교수 모두는 5호봉으로 책정되어 있다. 여기서 중요한 점은 일반직 공무원은 대학졸업자로 구성되어 있어, 대학졸업자 수준에서 비교하면 실질적인 기산호봉의 혜택은 매우 적다고 할 수 있다.

특별한 경우를 제외하고는 박사급 대부분의 교수는 조교수로 출발하고 있어 기산호봉은 9호봉이라고 할 수 있다. 신임교수가 조교수로 시작되면 +8호봉이어서 굉장히 유리한 것처럼 보이지만 석·박사급 교수의 전문적 역할과 33호봉의 긴 단일호봉제로 구성되어 있어서 상대적인 실질적 혜택은 기대보다 낮게 구성되어 있다. 더욱이 호봉 급간이 적게 책정되어 있어서 실질적인 월급 수준은 더욱 낮아지게 되어 있다.

처음부터 조교수의 기산호봉인 8호봉을 1호봉으로 출발하면, 매우 깔끔하게 편성되어 간결한 구성체계를 가지는 것이 보기가 좋을뿐더러, 일반직 공무원의 호봉제와 비교해도 더욱 분명해 보일 수 있다. 사실상 호봉의 실질적인 혜택이 없으면서 의미 없이 기산호봉을 가산하여 9호봉으로 책정된 것은 대학교수의 봉급을 과장하기 위한 수단으로 볼 수밖에 없다. 그리고 호봉제에서 중요하게 다루어야 할 부분인 학력(學歷)과 경력의 산정 체계, 석·박사 기간의 과중한 기회비용(opportunity cost) 그리고 신임교수의 경력은 매우 낮게 책정되어 있다. 이 부분에서 국립대 교수는 일반직 공무원보다 구조적으로 매우 불리하게 산정되어 있거나, 제대로 인정받지 못하고 있다[3].. 이런 사실을 세밀하게 논의하면 다음과 같다.

첫째 호봉 산정에서 석·박사의 학력은 질적으로 불합리하게 구성되어 있다. 석·박사학위 졸업은 최소 4년에서 최대 이수 기간이 15년 정도라는 점에서 긴 시간이 필요하지만, 현행법은 5년만을 호봉 경력으로 인정하고 있다. 5년을 넘을 경우에는 호봉 산정에서 가산이 되지 않는다. 만일 15년이 걸릴 경우에는 구조적으로 호봉산정에서 최대 10호봉을 손해를 보고 출발하게 된다. 석·박사 5년은 행정상 학력 취득의 거의 최소 기간에

3. 아담 스미스는 보수의 지급 근거를 지금과 차이가 없을 정도로 ① 노동의 양, ② 노동의 힘든 정도, ③ 노동의 숙련과 창의력을 들었다. 강창동(2011)은 오늘날 다양한 직업 세계를 고려하여 보수의 지급 준거를 ① 노동의 양(load), ② 노동의 질인 전문성(speciality), ③ 노동의 생산성(productivity), ④ 노동의 힘든 정도인 곤란성(difficulty), ⑤ 노동의 위험성(risk), ⑥ 노동의 책임성(responsibility)을 들었다.

불과하며, 학력의 전문적 질을 거의 인정하지 않는 불합리한 체계이다.

둘째, 경력 측면에서의 호봉 산정도 신임교수에게는 매우 불리하게 구성되어 있다. 먼저 강사 경력의 호봉 산정은 매우 불합리하게 편성되어 있다. 1호봉을 인정받기 위해 한 학기 9시간의 강의 경력이 필요하다. 현실적으로 교수의 법정 시수인 9시간을 담당할 강사는 많지는 않다. 외국의 유명대학에서 학위를 받더라도 국내의 여건상, 매학기 9시간 이상의 강의를 하는 강사는 많지는 않다. 세계의 명문대학을 졸업하고 외국에서 거주하면서 한 호봉이라도 인정받기 위한 강의 경력 확보는 더욱 어렵게 된다. 결국 세계 최고의 전문적 수준을 지녀도 강의 경력으로 인한 호봉을 손해볼 수밖에 없게 되어 있다.

셋째, 석·박사 과정의 소모비용인 기회비용의 지출은 고려하지 않고 있다. 석·박사 학위를 받기 위해서는 오랫동안의 학문적 수련이 필요하고, 이 기간에 굉장한 긴장감과 압박감이라는 심리적 불안감을 느껴야 하며 동시에 엄청난 경제적 비용을 지출해야 한다. 대체로 일반직 공무원은 20대 초·중반에 안정적인 직업적 위치를 가지고 있지만, 한 가정을 책임져야 하는 30대의 석·박사 기간은 정상적인 소득을 포기하고 학비와 생활비를 지출해야 하는 이중적인 무거운 부담을 가지고 있다. 국립대 교수의 단일 호봉체계는 석·박사 기간의 기회비용이 주는 가중한 압박감과 위험성을 거의 고려하지 않고 있다.

넷째, 다른 직종에 비해 신임교수의 연령을 전혀 고려하지 않고 있다. 대학교수의 연봉이 외형상 많은 것처럼 보이지만 신임교수의 연령을 고려하지 않는 심리적 착시 현상에 불과하다. 신임교수의 연령은 대체로 40세를 넘기고 있다. 40세 이상이 되어야만 대기업의 신입사원의 연봉을 받을 수 있다는 것이다. 다음은 "교수신문"에서 조사한 연도별 신임교수의 연령이다.

다음 표를 보면 신임교수의 평균 연령은 점점 높아지고 있다. 2011년을 기점으로 신임교수의 평균 연령은 40세를 넘어가고 있다. 비록 경력교수가 타 대학으로 이전하여 신임교수로 포함된 경우는 있지만, 전체적으로 소수에 해당하므로 여전히 신임교수의 연령은 높다고 할 수 있다. 한국의 교수 노동시장의 경직성을 고려하면, 경력교수의 이동은 매우 미비한 수준이다. 설령 경력교수의 연령을 고려한다고 해도 순수 신임교수의 평균 연령은 40세 전후라고 할 수 있다.

표 3.1 연도별 신임교수의 평균 연령

연도	평균연령	인문	사회	공학	자연	농수산	의약학	예체능
2000년 상반기	36.6세	·	·	·	·	·	·	·
2003년 상반기	35.9세	·	·	·	·	·	·	·
2007년 하반기	39.9세	·	·	·	·	·	·	·
2008년 상반기	39.6세	·	·	·	·	·	·	·
2011년 하반기	40.5세	·	·		·	·		·
2012년 상반기	41.6세	·		·		·	·	·
2012년 하반기	39.6세	41.3세	41.8세	38.4세	·	42.7세	38.4세	37.2세
2014년 상반기	43.8세	46.4세	46.1세	43.1세	42.8세	44.8세	39.4세	43.0세
2015년 상반기	42.2세	42.6세	43.6세	40.9세	41.7세	43.8세	40.0세	41.4세
2015년 하반기	43.6세	45.8세	42.9세	49.8세	41.5세	40.0세	41.1세	43.9세

참고
- 경력교수도 이전하면 신임교수에 포함됨
- 2014년 상반기는 어문계열이 47.5세로 가장 높았지만, 편의상 제외하였음.
- 2015년 하반기, 공학 분야의 49.8세는 교육부의 재정지원사업으로 인한 산업협력단 채용과 관계가 있음

신임교수의 평균 연령이면, 다른 직종에서는 과장이나 부장급에 해당하는 고참 영역에 속하지만, 대학에서는 사실상 신참에 불과하다. 외형적인 신임교수의 연봉 수치를 보면 비교적 많게 보일지 모르지만, 신임교수의 평균 연령이 40세 이상이라는 것을 고려하면 심리적인 착시 현상에 불과하다.

첫째, 신임교수의 평균 연령이 40세 정도라면, 합리적인 비교를 위해서 40세 이상의 공무원을 포함하여 타 직종의 연봉과 국립대 교수의 연봉을 비교해야만 합리성을 높일 수 있다.

둘째, 교수가 되기 위해 소모해야 하는 경제적 기회비용과 필수적으로 겪어야만 하는 과중한 불안감이라는 심리적 기회비용까지 고려해야 한다. 그러면 국립대 교수의 연봉은 자연히 심각한 재고가 필요하게 된다.

3 공무원으로서 국립대 교수의 법적 지위의 모순

다음 표에서 국립대 교수와 일반직 공무원과 비교하면, 전임강사 6호봉 이하는 일반직 7급으로 규정되어 있다. 국립대 교수는 실질적으로 일반직 6급으로 시작되지만, 일

표 3.2 호봉 획정을 위한 공무원 경력의 상당계급 기준표

직종	상당계급 구분								
일반직	1급	2급	3급	4급	5급	6급	7급	8급	9급
군인	소장	준장	대령	중령	소령	대위:경감 중위:경위	소위, 준위	원사 상사 중사	하사
연구직 공무원	연구관 23년 초과재직	연구관 17년 초과재직	연구관 15년 초과재직	연구관 8년 초과재직	연구관으 로서 재직	연구사 5년 초과재직	연구사로 서 재직		
지도직 공무원		지도관 19년 초과재직	지도관15 년 초과재직	지도관 8년 초과재직	지도관으 로서재직	지도사 10년 초과재직	지도사 5년 초과재직	지도사 로서 재직	
초·중등 교원				24호봉 이하	18~23 호봉	14~17 호봉:경감 11~13 호봉:경위	9~10 호봉	4~8 호봉	3호봉 이하
대학교수 직급별		교수 (3년이상)	교수 (3년미만)	부교수	조교수	전임강사	전임강사		
대학교수 호봉별		대학 : 30호봉 이상	대학 : 24~29 호봉	대학 : 17~23 호봉	대학 : 11~16 호봉	대학 : 7~10 호봉	대학: 6호봉 이하		

· 자료: 교육법전편찬회 편(2017). 2017년 판 교육법전 Ⅲ. 서울: 교학사. 119, 319 - 320쪽. 재정리

반직 7급을 출발점으로 삼은 것은 정부 관료의 국립대 교수의 지위에 대한 인식을 극명하게 보여주고 있다. 국립대 교수는 단일호봉제라서 직급은 의미가 없다.

위의 표는 직급과 호봉을 부자연스럽게 편성하여 법적 지위로 규정하고 있다. 실제 전임강사(9 - 10호봉은 경감, 7 - 8호봉은 경위)는 일반직 6급으로, 조교수(11 - 16호봉)는 일반직 5급으로, 부교수(17 - 23호봉)는 일반직 4급으로, 정교수(24 - 29호봉)은 일반직 3급으로, 정교수(30호봉 이상)은 일반직 2급과 동일한 계급적 위치에 있다.

국립대 교수의 법적 지위를 추정하는 호봉과 직급은 매우 어색하게 놓여 있지만, 직급을 무시하고 호봉을 기준으로 보면 국립대 교수는 일반직 7급에서 출발하여 최고는 일반직 2급으로 규정하고 있다. <표 3.1>과 같이 거의 40세에 신임교수가 된다는 것을 고려하면 일반직 7급으로 출발하는 것은 매우 불합리하고 가혹한 규정이라고 할 수 있다. 국립대 교수는 적어도 우리 사회에서 최고 수준의 전문가며, 최고 수준의 학력으로 구성되어 있기 때문이다.

연령이 40세인 최고 수준의 전문가에게 기산호봉을 가산하여 일반직 6급으로 대우한다는 것은 매우 불합리한 인사체계라고 할 수 있다. 이러한 인사 규정에 따라 공무원 보수 규정에서 실질적으로 성과급적 연봉제 적용 대상의 일반직 공무원과의 연봉 비교를 보면 국립대 교수의 지위는 초라한 수준에 놓여 있다. 그리고 국립대 교수는 연구관보다 학력과 경력 그리고 전문적 경쟁력이 뒤지지 않음에도 불구하고, 연구관은 일반직 1급 수준에 있지만 정교수는 일반직 2급 수준으로 대우한다는 것은 객관적 근거가 없는 차별적 규정이라고 할 수 있다.

표 3.3 성과급적 연봉제 적용대상 공무원의 연봉 한계액표

(단위 : 천원)

구분	상한액	하한액
1급(상당) 공무원	107,972	71,972
2급(상당) 공무원	99,788	66,491
3급(상당) 공무원	92,766	62,317
4급(상당) 공무원	84,864	49,325
5급(상당)무원	69,972	33,397
6급일반임기제 공무원	66,274	33,390
7급일반임기제 공무원	55,740	26,748
전문임기제 공무원 가	-	56,338
전문임기제 공무원 나	70,041	46,670
전문임기제 공무원 다	57,243	40,657
전문임기제 공무원 라	50,220	35,823
국립대의 교원	-	25,542

· 자료: 교육법전편찬회 편(2017). 2017년 판 교육법전Ⅰ. 서울: 교학사. 854 - 856쪽. 재정리

위의 표를 보면 국립대 교수의 지위는 상당히 매우 낮게 편성되어 있다. 심지어 하한액을 보면 7급 일반임기제 공무원보다 못하며, 전문임기제 공무원 라군보다 많이 낮게 편성되어 있다. 위의 표에서 제시된 국립대 교수의 실질적인 출발 기준인 일반직 6급보다도 훨씬 낮은 수준에 있다. 따라서 <표 3.2>와 <표 3.3>의 국립대 교수의 법적 지위는 상당히 모순되게 규정되어 있다.

이러한 모순적 지위는 국립대 교수를 대하는 정부 관료의 숨은 인식을 잘 보여주고 있

다. 대신, 국립대 교수의 상한액은 외형상 무한대인 것처럼 책정하여, 성과급적 연봉제에서 국립대 교수의 업적 동기를 자극하는 유인가처럼 보이지만 꽃은 화려하지만 열매를 맺지 못하는 화이부실(華而不實)이라는 '빛 좋은 개살구'일 뿐이다. 이점은 국립대 교수의 성과급적 연봉제에 대한 「공무원보수규정」을 보면 알 수 있다.

> 국립대 교수의 연봉은 소속 국립대의 장의 연보수(봉급과 정근수당, 정근수당가산금, 명절휴가비 및 관리업무 수당을 포함한 연간 총보수액을 말한다)를 초과하지 않는 범위에서 책정하되, 이를 초과하여 책정할 필요가 있는 경우에는 소속 장관이 인사혁신처장과 협의하여 연봉을 달리 정할 수 있다.

「공무원보수규정」에서 외형은 화려하지만 보이지 않는 교묘한 관료의 벽을 두어 국립대 교수 연봉을 사실상 제한하고 있다. 국립대 총장의 순수 연봉은 학교의 규모와 개인의 경력에 따라 다르지만, 1억3천만원 정도로 추정하고 있다. 교육부가 요구하는 순수한 업적 평가에 의한 성과급적 연봉이 총장 수준의 연봉을 받으려면 현재의 성과등급 체제로서는 거의 어렵다고 볼 수 있다. 역으로 1만 5천명 정도의 국립대 교수 중에서 총장 연봉 수준을 받은 교수가 실제 몇 분인지를 묻고 싶다. 이점에 대해 교육부는 공식적으로 밝힌 적이 거의 없다. 현재의 성과 입직 시스템에서 총장 연봉 수준에 도달하기도 어려운 일인데도, 총장 연봉을 초과한다는 것은 감히 바라기 어려운 언감생심(焉敢生心)일 뿐이다.

표 3.4 일반직 공무원 성과상여금 지급기준액

(단위: 원)

1급	2급	3급	4급	5급	6급	7급
20호봉	20호봉	20호봉	20호봉	20호봉	20호봉	20호봉
6,470,400	5,835,600	5,280,900	4,659,100	4,100,800	3,525,600	2,997,500

* 국립대 교수의 성과연봉 기준액

- 일반공무원은 매년 임금 인상에 따른 성과상여금 지급기준액이 자연 상승됨
- 국립대 교수는 2017년까지 302만 원이며 구조적으로 인상할 수 없게 되어 있음
- 2018년부터는 123만 원(순수성과급이 아니라 호봉급에서 차감한 금액)을 가산하여 총 425만 원이 됨
- 자료: 교육법전편찬회 편(2017). 2017년 판 교육법전 Ⅰ. 서울: 교학사.

더욱이 교육부 장관과 인사혁신처장의 동의를 얻게끔 매우 까다로운 장치가 마련되어 있어, 국립대 교수의 무한대 상한액은 화중지병(畵中之餠)이라는 유명무실한 제도이다.

일반직 공무원은 성과상여금 지급기준액이 20호봉으로 정해져 있으며, 매년 임금 인상에 따른 자연 증가분이 이루어진다. 국립대 교수는 2017년까지 302만 원으로 고정되어 있어 자연 인상이 이루어지지 않고 있다. 특히 302만 원은 일반직 6.5급에 해당하는 성과상여금이다. 2018년부터의 123만 원의 증가분은 성과상여금이 아니고, 생존권의 기본 호봉급에서 차감한 금액으로, 지금까지 보기 힘든 제로섬 성과급제의 성격을 가지고 있다.

표 3.5 연도별 교육공무원의 성과상여금 지급기준액

(단위: 원)

구분	2015년	2016년	2017년	2018년
1급 상당 장학관	5,610,300	5,862,800	6,062,100	6,284,600
2급 상당 장학관	5,059,900	5,287,600	5,467,400	5,668,100
3급 상당 장학관	4,758,900	4,785,000	4,947,700	5,129,300
교장, 3 · 4급 상당 과장의 장학관(별표11 적용자)	4,009,600	4,190,000	4,332,500	4,491,500
교장, 3 · 4급 상당 과장의 장학관(별표12 적용자)	4,214,700	4,389,600	4,530,100	4,684,600
교감, 직위가 없는 장학관 (별표11 적용자)	3,485,100	3,641,900	3,765,700	3,903,900
교감, 직위가 없는 장학관 (별표12 적용자)	3,667,500	3,819,700	3,941,900	4,076,300
교사, 장학사, 연구사	3,007,100	3,215,600	3,324,900	3,446,900

* 별표는 「공무원 보수규정」

· 자료: 경기도교육청(연도별). 교육공무원 성과상여금 지급지침.

위의 표를 보면 국립대 교수의 성과상여금 기준액은 일반 교사보다 꽤 낮은 것으로 나타났다. 특히 장학관(사), 일반 연구관(사)보다 많은 차이를 보이고 있다.

Ⅲ 국립대 교수와 각급 공무원의 호봉체계 비교

1 국립대 교수와 일반직공무원의 비교

<표 4>를 보면 전체적으로 공무원으로서 국립대 교수의 계급적 지위가 확연하게 나타난다. 국립대 교수의 계급적 지위를 이해하기 위해서는 먼저 기본적인 공무원의 호봉급 체계에 대한 이해가 필요하다.

표 3.6 국립대 교수와 일반직 공무원과 호봉급 비교

(단위: 원)

구분	교수	6급 · 4등급	5급 · 4등급	4급 · 6등급	3급	2급	1급
1호봉	1,934,700	1,932,500	2,342,600	2,621,300	3,058,100	3,390,100	3,765,700
9호봉	2,481,500	2,710,500	3,178,200	3,521,800	4,012,700	4,430,500	4,898,000
23호봉	4,076,300	3,697,200	4,274,900	4,695,300	5,311,900	5,858,100	6,471,200
25호봉	4,380,600	3,787,400	4,368,600	4,791,100	5,407,400	5,950,600	
26호봉	4,532,600	3,828,800	4,411,400	4,829,800	5,448,400		
27호봉	4,684,600	3,868,300	4,446,900	4,865,600	5,486,600		
28호봉	4,836,500	3,901,300	4,481,100	4,899,800			
29호봉	4,952,100	3,932,300	4,512,500				
30호봉	5,068,000	3,962,900	4,543,000				
32호봉	5,299,000	4,017,800					
33호봉	5,414,800						
평균 호봉급	3,514,309	3,373,741	3,653,257	3,964,979	4,471,756	4,852,068	5,272,157

· 자료: 교육법전편찬회 편(2017). 2017년 판 교육법전Ⅰ. 서울: 교학사. 832 - 837쪽. 재정리.
· 조교의 봉급은 해당 국립대 교원 호봉의 봉급에서 116,700원을 뺀 금액으로 한다.

호봉급이 많다는 것은 전체 호봉 수가 적어야 하며 최고 호봉의 액수가 많아야 한다. 그 아래의 호봉급은 비례적으로 나누어지기 때문에 전체적으로 평균 호봉 액수가 높아진다. 이러한 대표적인 체제는 일반직 1급의 호봉급을 들 수 있다. 계급별 호봉제의 경우에, 호봉은 1년 단위로 높아지는데 승진이 되면 직급이 높아지면서 한 호봉이 낮아진다. 예를 들면 일반직 6급 17호봉이 일반직 5급으로 승진할 경우에는 16호봉이 되지만, 직급 상승으로 인해 호봉 액수는 더욱 높아진다. 전체적으로 보면 일반직 공무원은 직급 승진이 되면 호봉 수는 낮아지지만, 최고 호봉에 도달할 수 있게 되어, 자연히 가장 높은 수준의 월급을 받게 되어 있다.

계급별 호봉제와 달리 국립대 교수의 단일호봉제는 불리하게 구성되어 있다. 계급별 호봉제는 명확하게 구성되어 있지만, 국립대 교수의 경우에는 교수 직급은 존재하지만, 단일호봉제로 인해 그 차이가 모호하여 승진으로 인한 임금 상승을 제대로 인식하기 어렵게 되어 있으며, 직급에 대한 동기 부여에는 한계가 있다.

위의 표에서 국립대 신임교수는 일반직 6급으로 출발하지만, 23호봉이라는 상당히 오랫동안 일반직 6급 대우로 근무해야 한다. 계급별 호봉제와 비교하면, 결과적으로 20년 가까이 진급하지 못하게 되어 있다. 일반직 3급 대우는 30 - 33호봉이라는 4년을 대우받지만, 최고호봉인 33호봉은 일반직 3급의 최고호봉인 27호봉보다 아래인 25호봉에 있어 사실상 3급 대우에 미치지 못하고 있다. 여기서 중요한 점은 국립대 교수의 대다수 재직기간은 일반직 6급 대우를 받고 있으며, 30호봉이 넘어야 3급 대우를 받는다는 것이다.

전체적으로 보면 국립대 교수는 사실상 일반직 6급에 머물러 있어, 호봉급 대우에서 상당한 불이익을 받는 구조로 되어 있다. 구체적으로 위의 표에서 국립대 교수의 평균 호봉급을 비교해 보면 일반직 6급과 5급 사이에 있다. 국립대 교수는 5.5급에 해당한다고 할 수 있다.

또한 국립대 정교수 33호봉급과 일반직 2급 최고인 25호봉급의 차이는 535,800원이며, 일반직 1급의 23호봉급과 차이는 1,056,400원으로 꽤 많은 액수 차이가 나고 있다. 국립대 정교수와 일반직 1급의 학력과 경력 그리고 전문적 능력에서 어떤 객관적인 차이가 있는지 의문이 제기된다. 국립대 정교수의 65세 정년의 연륜에서 나오는 능력까지 고려하면, 이러한 차이에 대해 적어도 과학적이고 객관적인 증거가 필요하다. 결국 국립대 교수와 일반직 공무원의 봉급표를 비교하면, 국립대 교수의 능력을 전혀 고려하지 않은 일반직 공무원 위주로 되어 있다.

특히 교육법령의 「호봉 확정을 위한 공무원 경력의 상당계급 기준표」에서 정교수 30호봉 이상에게는 일반직 2급의 대우를 보장하고 있지만, 실제 호봉급에서는 일반직 3급 대우에도 못 미치고 있다. 이 점은 매우 모순적 규정이다. 그런데 역사적으로 보면 국립대 교수의 계급적 지위와 최고 호봉액은 낮지가 않았다. 구체적으로 살펴보면 다음과 같다(김병섭, 2018).

① 1949년 정부 수립 후 첫 보수표에 교원의 최고호봉은 감사원장과 도지사 그리고 소장 대응
② 1961년 군사 정변 이후, 교수 최고호봉은 일반직 1급과 준장과 대응
③ 1972년 유신 이후, 교수 최고호봉은 일반직 2급과 대령으로 분류
④ 1983년 교원 최고호봉은 일반직 1급 23호봉과 소장으로 분류
⑤ 1986년 교원 최고호봉은 일반직 2급과 동급
⑥ 1993년 교원 최고호봉이 처음으로 3급 24호봉에서 나중에 3급 22호봉으로 낮추어짐.

2 국립대 교수와 초 · 중등교원 및 연구직의 비교

국립대 교수의 지위 수준을 알아보기 위해서는 비슷한 직종의 봉급표와 비교하면 더욱 명확해진다. 국립대 교수와 비슷한 직종으로 초・중등교원과 연구직 공무원과 지도직 공무원을 선정하였다. 초・중등교원은 국립대 교수와 같이 교육계통에서 근무한다는 점을 고려했으며, 연구직 공무원과 지도직 공무원은 석・박사를 소유한 전문직종이란 점에서 공통점이 있기 때문이다.

<표 7>를 보면, 초・중등교원은 40호봉으로 구성되어 있으며, 연구관과 지도관은 32호봉으로 되어 있다. 연구사와 지도사는 36호봉이 최고호봉이다. 33호봉으로 되어 있는 국립대 교수와 큰 차이가 없어 보이지만, 내용으로 자세히 살펴보면 많은 질적 차이를 보인다. 구체적으로 살펴보면 다음과 같다.

첫째, 국립대 교수와 초・중등교원의 최고 호봉급에서는 불과 약 40만원의 차이밖에 없다.

둘째, 국립대 교수와 연구관과 지도관의 호봉급에 대한 비교다. 연구관의 최고 호봉급은 사실상 일반직 1급 수준에 해당하며, 지도관은 일반직 2급 수준의 대우를 받고 있다.

셋째, 국립대 교수와 연구사와 지도사의 호봉급에 대한 비교다. 연구사와 지도사의 최고 호봉급은 사실상 일반직 6급 수준을 받고 있다. 연구사와 지도사는 일반직 6급 수준의 봉급을 받고 있지만, 일정 기간이 지나면 거의 대부분이 연구관과 지도관으로 진급하기 때문에 큰 의미가 있는 것은 아니다. 연구사와 지도사의 호봉급 책정 중심은 연구관과 지도관의 호봉급에 있다는 것이다.

표 3.7 국립대 교수와 초 · 중등교원 및 연구직 공무원과 호봉급 비교

(단위: 원)

구분	교수	초 · 중등교원	연구직공무원		지도직공무원	
			연구관	연구사	지도관	지도사
1호봉	1,934,700	1,527,900	2,342,600	1,734,200	2,342,600	1,546,200
24호봉	4,228,500	3,232,900	5,505,000	3,667,700	5,187,100	3,522,500
32호봉	5,299,000	4,137,000	6,249,700	4,017,400	5,857,000	3,922,500
33호봉	5,414,800	4,255,300		4,054,300		3,960,600
34호봉		4,373,300		4,090,600		3,998,400
36호봉		4,609,200		4,160,800		4,071,500
39호봉		4,917,000				
40호봉		5,019,000				
평균 호봉급	3,514,309	3,015,853	4,450,034	3,198,689	4,259,616	3,028,400

· 자료: 교육법전편찬회 편(2017). 2017년 판 교육법전Ⅰ. 서울: 교학사. 834 - 837쪽. 재정리

③ 대학교수와 일반직공무원의 수당체계

보수는 호봉급인 월급과 수당을 합친 것이다. 보수에서 수당이 차지하는 비중은 클 수밖에 없다. 공무원의 전체 수당은 약 30여종이 된다. 구체적으로 살펴보면 ①상여수당에는 대우공무원수당, 정근수당, 정근수당가산금, 성과상여금이 있다. ②가계보전수당에는 가족수당, 자녀학비수당, 주택수당, 육아휴직수당이 있다. ③특수근무지수당이 있다. ④특수근무수당에는 위험근무수당, 특수업무수당, 업무대행수당, 군법무관수당이 있다. ⑤초과근무수당에는 시간외근무수당[4].(5급 이하), 야간근무수당, 휴일근무수당[5].(5급 이하),

4. 시간외근무수당(5급 이하)은 대다수의 교원에게는 해당하지만, 국립대 교수는 제외되어 있다. "공무원수당 규정"에 제15조 ②항에 따르면 시간외근무수당은 공무원마다 적용 기준이 약간은 다르지만, 매시간에 대하여 해당 공무원에게 적용하는 기준호봉의 봉급액 55%를 말하며, 이하의 209분의 1의 150%를 지급한다. ④항에 시간외근무수당에 지급되는 근무명령 시간은 1일에 4시간, 1개월에 57시간을 초과할 수 없다고 되어있다. 참고로 교감 · 장학관 · 교육연구관은 13,183원이며, 교사는 10,348원~12,340원이다.

5. 휴일근무수당(5급 이하)은 "공무원수당 규정" 제17조 ②항은 1에는 봉급기준액의 26분의 1의 150퍼센트를 지급해야 한다고 규정되어 있다. 그런데 국립대 교수는 관리업무수당에서도 제외되어 있다. 따라서 순수한 일반적인 학교업무(교수의 역할과 무관한 교육, 연구, 학생 지도를 제외한 학교업무)에 관한 국립대 교

관리업무수당[6].(4급 이상) ⑥실비변상수당에는 정액급식비, 직급보조비(모든 공무원), 명절휴가비, 연가보상비(1급 이하, 보상일수 20일 이내) 등이 있다. 이외에도 연구업무수당과 교직수당 및 교직수당 가산금 등이 있다.

위의 수당 항목에서 국립대 교수는 ②가계보전수당과 명절휴가비를 제외하고 거의 모든 수당을 보전받지 못하고 있다. 국립대 교수는 일반직 공무원과 달리 수당 종류도 많이 제한되어 있다. 특히 중요한 점은 국립대 교수는 특정직이라는 이유로 불합리하게 수당의 많은 부분을 때로는 법적 근거 없이 '지침'으로 제외하고 있다. 구체적으로 몇 가지의 예를 살펴보면 다음과 같다.

첫째, 국립대 교수의 초과근무수당을 전혀 인정하지 않고 있다. 연구라는 특수적 입장을 고려하여 야간에 근무할 수밖에 없는 교수라는 직업 위치를 제외하더라도, 교육법에 규정하는 교수 직무와 관련 없는 업무를 수행하여도 교육부는 학교 업무라는 법적 근거가 미약한 이유를 들어 응당히 지급해야 할 수당을 지도・감독하며 제한하고 있다. 대학마다 입장이 다르지만, 대학구조개혁 등과 같은 수많은 보고서를 작성하더라도 일반 시급 수준보다 낮은 수당 액수를 책정하고 있다.

그런데 "고등교육법 제15조 ②"에서 교원은 교육・연구・학생지도라고 명기하고 있다[7].. 교육・연구・학생지도를 제외한 이외의 활동은 국립대 교수의 본연의 임무가 아니라는 것이다. 엄격히 말하면 학교행정 보고서는 행정 직원이 작성해야 하지만, 어쩔 수

수는 휴일근무수당을 보장 받을 수 없는 법적인 공백이 있다. 소속 학교의 휴일근무수당에 대한 임의규정으로 인해 매우 낮게 수령해야 하는 불이익을 감수해야 하는 불합리한 입장에 있다.

6. 관리업무수당은 일반직 4급 이상이 고정적으로 지급받는 초과업무수당을 말한다. 연구직 공무원과 지도직 공무원은 월봉급액 7~8% 그리고 국립대 총장은 월봉급액의 9%를 지급하게 되어 있다. 관리업무수당을 보전받는 국립대 소속 교육공무원은 "공무원보수규정" 〔별표 13〕 10항의 가에 규정되어 있다. 구체적인 대상은 총장의 봉급을 받는 공무원과 부총장, 대학원장, 대학교의 학장・처장, 기획연구실장, 교양과정부장, 한국교원대학교 교수부장, 한국예술종합학교 원장・처장으로 되어 있다.

7. 고등교육법 제15조(교직원의 임무) ②항에 "교원은 학생을 교육・지도하고 학문을 연구하되, 필요한 경우 학칙 또는 정관으로 정하는 바에 따라 교육・지도, 학문연구 또는 … 산학협력만을 전담할 수 있다."라고 규정되어 있다. 국립대 교수의 임무는 교육・연구・지도에 한정되어 있다. 이 외의 학교업무는 교수의 본연의 업무에 위배되는 것이다. 예컨대 각종 학교보고서는 엄격한 의미에서 일반직의 임무다. 현실적인 상황에서 학교와의 계약에 의해 교수가 대행하는 업무이다. 학교보고서 연구비는 계약에 의한 정당한 노동의 댓가가 된다. 교수의 고유 임무를 제외한 모든 학교업무에 대한 수당은 법적으로 감사 대상이 될 수 없으며, 대학의 자율성이라는 견지에서 보면 위헌의 가능성이 있다.

없이 교수가 참여하는 것이 우리의 현실이다. 이로 인해 국립대 교수들은 엄청난 업무 부담의 피로감과 연구 활동을 저해 받고 있으며, 또한 보고서 작성의 시간적 손실로 인해 연구 프로젝트를 통한 금전적 보상에 대한 희생도 감수하고 있다. 그런데도 보고서 작성에 대한 보상에 대해 교육부는 법적 근거 없이 제한하거나, 최소의 금액을 지급하게 하고 있다. 이 점은 많은 논리적 모순을 안고 있다. 예컨대 교육부의 논리를 그대로 적용하면, 입학 관리는 교직원의 고유의 업무이므로 여기에서 파생되는 수당은 받지 말아야 한다. 이런 논리는 일반직 공무원에게도 동일하게 적용될 수 있다.

둘째, 직급보조비는 모든 공무원이 해당하지만, 국립대 평교수와 처장급 교수는 제외되어 있다. 아래 표를 보면, 모든 공무원이 직급보조비를 수령하게 되어 있지만, 국립대 평교수와 처장급 교수는 공무원의 신분임에도 불구하고 특별한 이유가 없이 제외되어 있어 불공정한 체계로 구성되어 있다. 장학관과 교육연구관은 학력과 경력 그리고 전문적 능력에서 보면 국립대 교수보다 계급적 지위가 높지 않음에도 불구하고 1급~3급 수준의 직급보조비를 받고 있다. 심지어 초・중등학교의 교장과 교감, 장학관과 연구관, 4~5급 교육공무원, 6급 연구사도 직급보조비 대상에 포함되어 있다.

교육법에 분명히 명시가 되어 있는데도 총장을 제외한 대다수 보직자들도 직급보조비가 오랫동안 지급되지 않고 있다. 직급보조비는 보직 수당인 월정직책급 수당과 명백히 다른 종류다. 보직자에게 직급보조비가 지급되지 않은 것은 명백한 실정법 위반이 될 수 있다.

구체적으로 교육부(2011: 34)의 「2011년도 예산 및 기금 운용계획 집행 지침(기획재정부・교육과학기술부)」에서는 "대학에서의 실제 운영상황에 대해, 총장을 제외한 대학 교원에게는 관리업무수당을 지급하지 않고 교수보직경비를 지급하며, 교수보직경비를 지급받는 교원에게는 관리업무수당, 직급보조비, 월정직책급을 지급하지 않는다"고 규정하고 있다. 관리업무수당을 비롯하여 직급보조비, 월정직책금 등을 지급하지 않는 것은 교육법에 정면으로 위배하고 있다. 일개 부서의 지침이 교육법을 무시하거나 상위법 역할을 하고 있다.

직급보조비를 보면 국립대 교수는 공무원의 기본적 권리를 보호받지 못하고 있다. 교육공무원법 제34조(보수결정의 원칙)에는 "①교육공무원의 보수는 우대되어야 한다"고 되어 있지만, 교육부는 국립대 교수에게 지침으로서 교육법을 제한하여 위법적인 차별을 자행하고 있다고 할 수 있다. 특히 아래 표에서 월액으로 되어 있는 직급보조비는 연봉에서 꽤 차이를 내는 액수란 점에서 중요한 수당이다.

표 3.8 직급보조비 지급 구분표(제18조 6의 관련)

일반직공무원	군인	경찰	교육 및 일반공무원	교수	월 지급액
장관(급)	대장			총장	1,240,000원
차관	중장	치안총감			950,000원
	소장			부총장	900,000원
1급 상당	준장	치안 정감	장학관 및 교육연구관 (1급 상당)	전문대학장	750,000원
2급 상당	대령	치안감	장학관 및 교육연구관 (2급 상당)		650,000원
3급 상당	중령	경무관	장학관 및 교육연구관 (3급 상당)	단과대학장	500,000원
4급 상당	소령	총경	교장, 장학관 및 교육연구관 (4급 상당)	학과장 (학장보)	400,000원
5급 상당	대위	경정	교감, 장학관 및 교육연구관	전문대학과장	250,000원
6급 상당	원사	경감	장학사, 교육연구사		155,000원
7급 상당	상사	경사	경사, 소방장		140,000원
8·9급 상당	중사	경장	경장, 순경, 소방교, 소방사		125,000원
기능10급상당	하사				115,000원

· 자료: 교육법전편찬회 편(2017). 2017년 판 교육법전Ⅰ. 서울: 교학사. 904쪽. 재정리.

셋째, 국립대 교수의 보직수당에 해당하는 직무수행경비(월정직책급 수당)는 국립대의 예산 내에서 처리하게 되어 있다. 직무수행경비는 업무추진비(판공비)와는 다른 지급 경비이다. 일반적으로 인건비 관련 수당은 정부가 지급하기로 되어 있다. 일반직 공무원의 경우, 아래 표를 보면 직책수행경비란 명목으로 거의 고정급으로 정부로부터 지급받고 있다. 그런데 국립대 교수의 보직 수당이며, 직무수행경비인 월정직책금을 2001년에 처음으로 국립학교설치령[8]에 대학의 예산 범위 내로 한정하고 있다. 대학의 예산 범위 내

8. "국립학교 설치령 제15조(월정직책급) 교수·부교수 또는 조교수가 겸직하는 경우에는 해당 대학 교수·부교수·조교수의 봉급·기말수당 및 정근수당 총액의 일정 비율을 기준으로 해당 연도에 계상된 예산의 범위 안에서 총장이 정하는 기준에 따라 보직 수행에 필요한 경비를 지급할 수 있다."라고 규정되어 있다.

에서 지급하게 되면, 작은 대학의 경우에는 예산의 압박으로 인해 겸직을 통해 보직 수를 줄이게 되어 행정 업무의 저해를 받을 수밖에 없다. 동일 노동에 동일 업무를 고려하면 불공정한 대우라고 할 수 있다.

넷째, 국립대 교수에게는 교육공무원법에 규정된 연구수당과 교직수당을 지급하지 않고 있다. 연구수당과 교직수당은 교육공무원법 "제35조(보수에 관한 규정) 1. 대통령으로 정하는 학교의 교원이나 학과를 담당하는 교원에 대한 특별수당에 관한 사항, 3. 연구수당에 관한 사항, 4. 교직수당에 관한 사항"으로 명시되어 있다. 이러한 규정에도 불구하고 국립대 교수는 제외되어 있다.

실제 "공무원수당 규정"의 [별표 11]을 살펴보면 '연구업무수당'에 대해 연구직 공

표 3.9 일반직공무원의 직책수행경비 지급 단가

직책 유형	기준액	비고
· 1급, 고위공무원단 가등급 중앙기관장	75만원	※갑 · 을 구분 기준
· 1급, 고위공무원단 가등급 보조기관	70만원	· 갑: 현원 6명 이상
· 2 · 3급, 고위공무원단 나등급 기관장	65만원	· 을: 현원 5명 이하
· 2 · 3급, 고위공무원단 나등급 보조기관 "갑"	60만원	
· 2 · 3급, 고위공무원단 나등급 보조기관 "을"	55만원	
· 복수직 3급 "갑"	50만원	
· 복수직 3급 "을"	45만원	
· 4급 기관장	40만원	
· 4급 보조기관 "갑"	35만원	
· 4급 복수직	15만원	
· 5급 복수직	15만원	
· 5급 보조기관	15만원	
· 6 · 7급 기관장	8만원	
· 6 · 7급 보조기관	5만원	

· 자료: 기획재정부(2017). 2017년도 예산 및 기금운용 집행지침. 183쪽. 재정리.

· 상기 지급단가에 표기되지 않은 직책수행경비는 2011년 예산에 의해 계상된 내역대로 집행한다. 다만, 국장급(월 55만원 이상 수령자)이상은 기관장이 직무상 소요를 감안하여 지급단가의 50% 범위 내에서 균등 또는 차등하여 추가 지급할 수 있다.

제6조 ⑥에 의하면 학과장도 보직에 해당하여 월정직책급을 받을 수 있다고 되어 있다.

무원은 월 85,000원, 5급 이상 또는 고위 공무원단에 속하는 별정직 또는 전문경력관은 월 25,000원이고 6급 · 7급 상당에는 월 15,000원을 받는다. 장학관 · 교육연구관은 5년 이상은 월 22,000원, 5년 미만은 월 37,000원이다. 장학사 · 교육연구사는 5년 이상은 월 17,000원이고, 5년 미만은 월 32,000원에 해당한다. 그리고 '교직수당'을 살펴보면, 교육장과 장학관(사) · 교육연구관(사) 그리고 고등학교 이하의 각급 학교에서 근무하는 교원은 월 250,000원을 지급하고 있다. 국립대 교수의 연구수당과 교직수당은 제외되어 있다. 이외에도 학급담임교원수당은 월 130,000원을, 원로교사수당(월 50,000원), 보직교사수당(월 70,000원), 교원특별수당, 실과담당수당, 보건교사수당, 영양교사수당 등의 각종 수당이 있다.

4 대학교수와 일반직공무원의 연봉체계

문재인 정부에 들어서 시급 기준이 7,530원으로 결정되자, 엉뚱하게도 공무원 보수수준에 대해서 여론이 관심을 갖게 되었다. '한국납세자 연맹'에서는 공무원 1인 평균 유지비용이 1억원이 넘는다고 하여 우리를 매우 어리둥절하게 하였다. 그런데 정부가 공식적으로 발표한 2017년도 공무원의 실질적 평균연봉은 기준소득월액 평균액인 510만원으로 계산한 연평균 소득은 6천120만원(과세소득, 세전)이다. 이러한 연봉 평균 소득에는 30개의 수당 중에 최소의 6개 수당(정근수당, 정근가산금, 관리업무수당, 명절휴가비, 직급보조비, 정액급식)만 공개되었다. 출산 보육수당, 연구보조비, 국외 근로소득, 비과세 학자금, 야간근로수당, 초과근무수당, 휴일근무수당, 연가보상비, 가계보전수당, 주택수당, 특수지근무수당, 위험근무수당 등의 24개 수당은 제외하였다. 연평균 소득 6천120만원은 평균의 함정에 빠질 수 있어, 공무원의 연봉체계를 왜곡할 수 있다.

<표 8>에서 제시한 평균연봉은 호봉급과 6개의 공통수당만을 포함했다. 제외된 24개의 수당에는 성과상여금이 포함되어 있다. <표 10>의 평균연봉은 상당히 축소될 수밖에 없다. 만일 24개의 수당을 포함하면, 위의 표에서 제시한 평균연봉 액수는 훨씬 높아지게 된다.

국립대 교수와[9] 비교하면, 일반직 5급 공무원이 20년이 지나 승진되어 2급18호봉이 될 경우의 평균연봉은 89,219,200원(6개의 수당만 포함)으로서 거의 정교수 연봉에 해당한다. 여기서 중요한 점은 일반직 5급이 20년이 지나면 추정하기 따라 40대 중반이어서

국립대 신임교수와 거의 비슷한 연령대에 놓이게 된다. 국립대 신임교수의 연봉과 비교하면 20년 근무한 2급 18호봉이 된 일반직 5급의 연봉은 압도적으로 큰 차이가 있으며, 성과상여금과 약 24개의 수당을 포함한다면 그 격차는 더욱 커지게 된다.

표 3.10 2015년 기준 일반직5급과 7급 승진 과정의 연봉 내역

(단위: 원)

구 분	일반직 5급			일반직 7급		
봉급월액 (기준금액)	10년 (4급10호봉)	20년 (2급18호봉)	30년 (1급23호봉)	10년 (6급10호봉)	20년 (5급19호봉)	30년 (4급28호봉)
	3,393,400	5,140,000	6,036,800	2,617,100	3,777,300	4,570,900
총지급액	58,931,150	89,219,200	104,362,300	41,302,820	59,517,660	77,763,350
봉급연액	40,720,800	61,680,000	72,441,600	31,405,200	45,327,600	54,850,800
정근수당	3,393,400	5,140,000	6,036,800	2,617,100	3,777,300	4,570,900
정근가산금	720,000	1,320,000	1,560,000	720,000	1,320,000	1,560,000
관리업무수당	3,664,870	5,551,200	6,519,740	-	-	4,936,570
명절휴가비	4,072,080	6,168,000	7,244,160	3,140,520	4,532,760	5,485,080
직급보조비	4,800,000	7,800,000	9,000,000	1,860,000	3,000,000	4,800,000
정액급식비	1,560,000	1,560,000	1,560,000	1,560,000	1,560,000	1,560,000
기타공통수당	-	-	-	-	-	-

· 자료: 한국납세자연맹(2017년 7월 19일). 보도자료. 재인용.

· 30개의 수당 중에 6개만 제공하고 있으며, 공무원 A씨는 성과상여금 1200만원이고, B씨는 900만원이고 C씨는 520만원을 받고 있어서 연봉을 전혀 예상할 수 없어서, 성과상여금은 제외되어 있다.

일반직 7급의 경우에도 20년이 지나면 5급 19호봉으로 평균연봉이 59,517,660원이

---

9. 국립대 교수와 일반직공무원 1급~5급에 적용되는 성과급적 연봉제의 연봉 개념은 교육법의 "공무원 보수규정"과 "공무원보수 등의 업무지침의 제4장 공무원 연봉업무 처리기준"에서 기본적으로 규정되어 있다. 성과급적 연봉 개념을 간단히 말하면「연봉=기본연봉+성과연봉」으로 구성되어 있다. 기본연봉은「봉급+수당(정근수당+정근수당가산금+관리업무수당(일반직 4급 이상)+명절휴가비)」을 의미한다. 2차년도부터는 "정책조정액(경력가급 혹은 교육연구급)"이 가산된다. 여기에 성과연봉을 포함하면 연봉이 된다. 연봉외 급여(가족수당, 시간외수당(관리업무수당 지급대상자 및 국립대 교원 제외)), 관리업무수당(국립대 및 전문임기제 가급의 경우), 자녀학비보조수당, 연가보상비, 직급보조비, 정액급식비, 특수근무지수당 등)는 기본연봉에서 제외된다. 교육법에 규정된 국립대 교수의 연봉 개념(성과연봉을 포함하여)은 일률적으로 고정되어 있어서 언론 발표와 달리 국립대들 사이에 사실상 큰 연봉 차이가 없다. 매년 언론에서 발표하는 국립대학들의 교수 연봉 역시 비슷한 체계로 구성되어 있어서, 구조적으로 국립대 간에 의미 있는 차이가 발생할 수가 없다.

된다. 여기에다 성과상여금과 수당을 합산하면 연봉 액수는 많아진다. 일반직 7급의 경우에도 국립대 신임교수의 평균연봉보다 많다고 할 수 있다. 심지어 일반직 9급이 20년이 지나서 6급 18호봉이 되면 평균연봉은 50,103,320 원이 되어, 제외된 24개의 수당을 포함하면 국립대 신임교수의 연봉을 훨씬 상회하게 된다. 이러한 연봉 산정이 타당성을 가지려면 각 직급의 일반직 공무원이 국립대 신임교수보다 학력과 경력 그리고 전문적 능력이 높다고 가정해야 한다. 객관적으로 국립대 신임교수가 일반직 공무원보다 이러한 능력들이 낮다고 할 수 없기 때문이다.

아래 표의 국·사립대학 교수의 평균연봉은 구조적으로 상당히 과장[10]되어 있다. 교육부는 연봉산정기준을 밝히지 않으며 매우 모호하고 객관적이지 않다. 연봉산정은 사전 합의에 의해 정해지는데, 교육부는 사후결과 정산에서 불필요한 내역을 포함하고 있다. 국·사립대학 교수의 평균연봉은 아래와 같다.

표 3.11 2015년 국·사립대학 교수의 평균연봉

구분	국·사립대학 연봉	국공립대학 연봉	사립대학 연봉
정교수	94,812,000원	91,071,000원	95,726,000원
부교수	75,761,000원	75,730,000원	75,767,000원
조교수	52,839,000원	64,289,000원	50,134,000원

· 자료: 2015년 염동열 의원의 국정감사 자료

구체적으로 국공립대학의 정교수 연봉은 9천107만 원, 부교수는 7천573만 , 조교수는 6천428만9천 원이다. 전체적인 평균연봉을 보면 20년된 일반직 5급과 큰 차이를 보이며,

---

10. 근로기준법 시행령에 따르면 임금은 통상임금과 평균임금으로 구분한다. 통상임금은 기본급 외에도 일률적이고 정기적이며 고정적으로 받는 직무수당, 직책수당, 기술수당, 면허수당, 위험수당, 벽지수당, 물가수당 등의 각종 수당을 포함한다. 통상임금에는 상여금이나, 연월차수당, 연장근로수당 등의 근로 실적에 따른 지급 여부와 지급이 달라지는 임금은 포함되지 않는다. 통상임금은 초과이익근무수당 등에 대한 가산금과 유급 휴가기에 지급될 임금의 산출 기준이 된다. 현행 근로기준법에는 연장근로, 야간근로, 휴일근로에 대한 통상임금의 50% 이상을 가산하여 지급한다. 통상임금은 일반적으로 연봉 산정의 기준이 된다. 평균임금은 통상임금에 상여금과 연월차수당 등과 비정기적 급여를 포함한 실질적 임금총액을 의미한다. <표 8>에서 일반적으로 연봉 산정의 기준이 되는 통상임금에서도 공무원 연봉 산정기준에서 정기적으로 지급되는 몇 개의 부분이 제외되어 있을 정도다. <표 9>의 국립대 교수 연봉산정은 평균임금뿐만 아니라 법정임금이 아닌 개인적 소득 등과 같은 불필요한 내역도 포함되어 있다.

특히 조교수의 연봉은 20년 된 일반직 5급과 비교가 되지 않은 정도의 간격이 있다. 국・사립대학 교수의 연봉이 상당히 열악한 위치에 있다는 것을 보여주고 있다. 더욱 심각하고 안타까운 사실은 이런 연봉마저 매우 부풀려 있다는 것이다. 그 이유는 다음과 같다.

첫째, 국・사립대학 교수의 평균연봉 산정에서 일정한 기준이 없어 모든 수당과 교수 개인의 수익도 연봉 산정에 적용되고 있다. 구체적으로 초과강의수당, 진료수당, 연구비(급여) 등의 모든 수당을 연봉에 포함하고 있다. 실제 의과대학의 경우 임상교수들이 '진료수당'과 인센티브를 포함하면 평균 연봉은 수천만 원이 치솟는다. 여기에 석좌교수 등이 특별채용돼 단기간에 고액 연봉을 받는 교수가 포함되면 평균값은 더 올라간다. 실제로 최고 연봉자를 기록한 가톨릭 의과대학의 한 정교수의 경우 진료수당이 더해져 올해 연봉이 6억 원(추정치)에 달했다(교수신문, 2015. 11. 2). 국・사립대학의 평균연봉 추정에서 가장 문제가 되는 것은 공무원들의 6개 수당과 달리 무차별적으로 모든 수당과 개인의 수익을 적용한다는 것이다. 교수 전체의 평균연봉은 상당히 과장될 수밖에 없다.

둘째, 국・사립대학 교수의 평균연봉 산정에서 '평균의 함정'에 빠지고 있다. 의과대학 교수의 연봉은 일반대학 교수보다 매우 높은 수준이다. 의과대학 교수의 연봉은 일반대학 교수의 평균연봉을 높이는 요인으로 작용하고 있다. 예컨대 성균관대 의대의 최고 연봉이 7억1천424만 원이며, 가톨릭의대는 5억 원대, 중앙대・연세대 3억 원대이다. 구체적으로 가톨릭의대의 정교수 평균연봉이 2억 원 이상이며, 부교수는 1억7천518만 원, 조교수는 1억4천909만 원이다(교수신문, 2015. 11. 2). 전체적으로 의과대가 있는 대학의 평균연봉이 높아질 수밖에 없다. 연봉산정 과정에서 의과대 교수의 연봉은 일반대 교수와 매우 다른 입장에 있기 때문에, 일반적인 교수의 평균연봉 산정에서 제외되어야 한다.

사실 국・사립대학의 평균연봉은 의미 있는 차이가 나지 않는다. 특히 국・사립대학 교수의 상당히 부풀려진 연봉도 일반직 공무원의 평균연봉보다 낮다는 것이다. 이러한 잘못된 연봉 산정을 바로잡기 위해서는 교육부의 연봉 산정 기준이 명확히 제시되어야 한다. 교육부는 국립대 교수의 연봉산정기준에 공무원과 확실히 다른 기준을 적용하고 있다.

Ⅳ 글의 닫기

일반직 공무원과의 계급별 호봉제를 비교해도, 국립대 신임교수는 일반직 6급으로 출발하지만, 23호봉이라는 상당히 오랫동안 일반직 6급 대우로 근무해야 한다. 국립대 교수의 일반직 5급은 24~26호봉이라는 3년만 대우받으며, 일반직 4급도 27~29호봉이라는 3년만 대우받는다. 일반직 3급 대우는 30~33호봉이라는 4년을 대우받지만, 최고호봉인 33호봉은 일반직 3급의 최고호봉인 27호봉보다 아래인 25호봉에 있어 사실상 3급 대우에도 미치지 못하고 있다. 국립대 교수의 평균 호봉급은 일반직 5.5급에 해당한다.

국립대 교수와 비슷한 직종인 초·중등교원, 연구관과 지도관을 비교하여도 불리한 위치에 있다. 국립대 교수의 역할과 사회적 역량보다 초·중등교원과 호봉급에서 불과 약 40만원의 차이밖에 없다. 또한 연구관의 최고호봉급은 사실상 일반직 1급 수준에 해당하며, 지도관은 일반직 2급 수준의 대우를 받고 있다.

국립대 교수는 공무원과의 수당 체계에서 사실상 많은 불이익을 받고 있으며, 모든 공무원이 받는 직급보조비는 제외되어 있다. 심지어 법적 근거가 미약한 교육부의 지도·감독으로 인한 제약으로 인해 수당에 대한 불이익을 감수하고 있다.

국립대 교수의 연봉수준은 일반직 공무원의 평균연봉과 비교해도 미흡한 수준으로 나타나고 있다. 6개의 수당으로 책정된 공무원의 평균연봉은 6천120만 원(세전)이다. 24개의 수당이 포함되면 일반직 공무원의 평균연봉은 더욱 높아질 것이다. 일반직 공무원은 20대 초·중반에 시작된다. 국·사립대학 교수의 평균연봉은 74,470,666 원으로 나타났다. 외형상 높게 보이지만, 국·사립대학 신임교수의 연령이 40세 이후라는 점, 학력과 경력 그리고 전문적 능력을 고려하면 매우 낮은 수준이라고 할 수 있다.

그리고 무엇보다 30개 정도의 수당 중에 약 6개의 수당만 포함된 일반직 공무원의 평균연봉은 매우 축소되어 있다. 국·사립대학 교수의 평균연봉은 상당히 과장되어 있다. 일반직 공무원과 달리, 국·사립대학 교수의 연봉산정기준은 매우 모호하고 객관적이지 않다. 원래 연봉산정은 해당 계약당사자 간에 사전합의에 의해 정해지는데, 교육부의 연봉산정은 사후결과의 정산에 의해 불필요한 모든 내역을 포함하고 있다. 국·사립대학 교수의 연봉은 일정한 기준 없이 모든 수당과 개인적 부수입 등이 포함되어 있어 상당히 부풀려져 있다. 실제 초과강의수당, 진료수당, 연구비(급여) 등의 수당을 연봉에 책정하고 있다. 의과대학 교수의 특별한 위치로 인한 연봉은 일반대학 교수보다 실제로 많은 차이가 있는데 이를 연봉산정에 포함하므로 평균의 함정에 빠지면서, 국·사립대학 교수의 평균연봉을 자연히 상당히 과장하여 언론에 발표하고 있다.

참고문헌

강창동(2011). “국립대 교수와 타 직종 공무원의 호봉체계 비교 연구”.『한국교육학연구』17(3), 5-28.

강창동(2014). 한국의 국립대와 사립대의 대학경쟁력 비교 연구. 『한국교육학연구』20(3), 301-323.

강창동(2015a).「국립대학 선진화 방안」의 정책 오류에 관한 연구. 『한국교육학연구』21(2), 5-39.

강창동(2015b). “정부의「대학구조개혁」정책에 관한 비판적 연구”.『한국교육학연구』25(12), 275-306.

강창동(2015c). “한국 고등교육 정책 동향 분석과 평가”. 한독교육학회・인하대학교 BK21+ 팀 공동학술대회.『글로벌시대 고등교육의 성찰과 전망』, 95-111.

교육법전편찬회 편(2017).『2017판 교육법전(Ⅰ・Ⅱ・Ⅲ)』. 서울: 교학사.

교육부(2010).『국립대학 교원 성과급적 연봉제 도입 및 운영 기본계획(안)』.

교육부(2011).『국립대학 교원 성과급적 연봉제 운영지침(안)』.

김광윤(1996). “사립대학교교원의 보수에 대한 연구: 실태조사 및 사례연구”.『경영학연구』25(4). 73-111.

김미란 외(2010).『대학교수 노동시장 분석』. 한국직업능력개발원. 기본연구 2010-21.

김병섭(2018). 대학교원 보수의 직종간 비교: 보수표의 연도별 변화를 중심으로. 미간행 유인물.

문병효(2014). 국립대학 성과연봉제도에 대한 법적 고찰. 강원대학교 비교법학연구소.『강원법학』41, 419-466.

손준종(2016). “성과를 위한 통치: 국립대학 교수 성과연봉제를 중심으로”.『교육사회학연구』26(4), 1-30.

오찬호(2015).『진격의 대학교: 기업의 노예가 된 한국 대학의 자화상』. 서울: 문학동네.

이석열・장덕호・변기용(2011). “국립대학 총액인건비 도입 방안 탐색 연구”.『교육행정학연구』29(1), 175-201.

장덕호 · 변기용 · 이석열(2011). “국립대학 교원 임용 및 보수체계 개선에 관한 연구: OECD 회원국과 비교를 중심으로”.『비교교육연구』21(4), 1-27.

채창균 · 김미란(2011). “대학교수 고용구조와 대학 간 이동”.『e-HRD Review』14(6), 1-28.

행정안전부정부조직관리정보시스템자료(2011).『전체 공무원 정원 분석표(2010. 12. 31 기준)』.

04

국립대 교원의 보수체계: 성과급적 연봉제 진행경과

김대중 교수 (충북대학교)

I 들어가기

국립대 교원의 보수체계는 2011년 이전까지는 일반 공무원과 마찬가지로 호봉제를 근간으로 급여를 받아왔다. 2010년 이명박 정부에서 당시 교육수석을 거쳐 교과부 장관에 임명된 이주호에 의하여 돌연 9개월 만에 졸속으로 호봉제를 성과연봉제로 전환하도록 하였다. 당시 총무처 급여 관련 부처도 반대가 있었으나, 선진화 방안의 일환으로 교수들의 업적 성과에 따른 차등 급여를 주장하면서 2011년 1월부터 신임 교원부터 단계적으로 도입되었으며, 2013년에는 비정년 교원에 대하여, 2015년 부터는 전체 정년교원에 대하여 전면 도입되었다. 2010년 가을 국교련을 중심으로 백범 기념관에서 전국교수궐기대회를 통하여 성과연봉제 반대 투쟁을 하였음에도 이를 저지하지 못하게 되었다. 박근혜 정부에 들어서서 이근면 인사혁신처장이 성과급적 연봉제를 임금피크제와 함께 도입 검토하면서 국교련 투쟁은 더욱 힘을 잃게 되었다. 2015년부터 국교련 지도부의 무능력으로 인하여 분열의 위기 속에서 거국련이 출범하여 초대 권진헌 상임회장을 비롯한 거점국립대 교수회장단을 중심으로 인사혁신처장을 만나 성과급적 연봉제에 대한 문제를 제기하여 하반기에 이르러 인사혁신처 - 교육부 - 교수회장단 대표들이 만나서 실무적으로 협상을 하였다. 누적식 제도의 폐지, 평가단위별 C등급 10퍼센트 강제하는 것은 매우 부당하다고 지적하여 비정년 교원에 대한 누적식을 하되, 정년 교원은 비누적식과 절대C 등급제에 대하여 합의하였다. 시간 관계로 구체적인 협의는 추후 보완하기로 하였다. 2016년부터 2017년 8월까지 2015년 전면 시행에 따른 문제 제기를 위하여 국교련 산하에 대학재정특별위원회를 중심으로 협상을 하였다. 2017년 상반기부터 교육부, 인사혁신처와 적극적인 협상을 통하여 문재인 정부에서 성과급적 연봉제에 대한 긍정적 입장에서 협의를 진행하였으며, 2018년에는 교육부와 인사혁신처 사이의 성과급적 연봉제 폐지 공문으로 인하여 인사혁신처 담당 부서의 협상을 하지 않겠다는 의지가 강하였다. 성과급적 연봉제 도입후 공무원 급여 인상분 이외에 경력가급, 성과가산기준액, 교육연구급에 대한 인상이 반영되지 않은 부분에 대하여 추가적으로 반영되어 지침이 개정되었다. 국립대 교원의 보수체계인 성과급적 연봉제에 대한 협의 경과와 반영 상황을 살펴보고자 한다.

Ⅱ 협의 과정

1 국교련 중심의 로또식 성과연봉제 저지 투쟁

2009년부터 로또식 성과연봉제 저지를 위한 투쟁을 국교련이 중심이 되어 여러 가지 형태로 저지 투쟁을 하여 왔다. 국회 헌정기념관서 문재인, 손학규, 조희연, 지병문 전남대 총장 등 저명한 인사들이 참여한 가운데 투쟁을 이어 왔지만, 이명박 정부, 박근혜 정부에서 일반 국민은 대학 교수 사회의 철밥통이라는 인식에서 귀를 기울이지 않고 9년의 세월을 보내야 했다. 이명박 정부에서 박근혜 정부로 바뀌고 야당의원의 국정감사에서 황우여 장관에게 성과급적 연봉제 폐지 약속을 받아냈지만, 박근혜 정부 이근면 초대 인사혁신처장은 국교련과 대화할 생각도 없이 기업 마인드를 내세워 임금피크제를 더 강화하는 안을 마련한 것이 2015년 정년 보장교원에 대한 전면 실시 지침이었다. 그러나 국교련은 한밭대 교수회장이 상임회장을 맡아 지도력을 잃고 국교련이 파행을 겪게 되면서 협상력을 잃게 되었다. 2015년 故 고현철 교수의 추모 열기 속에서 국교련이 다시 연합의 길을 걷게 되었다. 가을에는 전국교수대회를 여의도에서 개최하였음에도 불구하고 여야 국회의원의 무관심은 여전하였다.

② 거국련 중심 협상 과정

2015년 1월 정년 보장교원에 대한 '**성과급적 연봉제**' 전면 실시에 따른 후속 대책으로 거국련이 국회를 상대로 접촉을 시도하여 2015년 9월부터 인사혁신처 - 교육부 - 거국련 3자 대표간의 5차례의 협상을 진행하였다. 2016년 3월 16일 3개 주체간의 기본적인 협의사항을 합의하기에 이르렀다. 비정년/정년 교원에 대한 이원적 운영, 정년 보장교원에 대한 비누적식 성과급적 연봉제 실시, 최하위 등급에 대한 절대 최소기준 적용, 평가 단위 적용에 개별 대학이 자율적으로 기준 적용으로 완화, 2016년도에 한하여 정년 교원의 '**성과연봉 기준액**'을 425만원(경력가급을 성과급에 산입)으로 하여 지급, 성과급적 연봉제 전면 시행에 따른 기술적인 어려움으로 2016년부터 적용하고 문제점 도출시 추후 논의하기로 하였다.

③ 대학재정특별위원회 구성 및 위원장

- **제1대 위원장 : 김철수(전 제주대 교수회장, 2016년 9월~2017년 8월)**

김영철 국교련 상임회장 재임시 '**성과급적 연봉제**'의 폐지를 위한 특별위원회 필요성을 인식하여 기존 거국련 상임회장으로서 인사혁신처와 협상 파트너 역할의 경험이 있는 제주대 김철수 전 교수회장(제2대 거국련 상임회장)을 '**대학재정특별위원회**' 위원장으로 2016년 8월 정기총회에서 추대하였다. 2016년 공무원 보수규정이 통과되어 교육부와 인사혁신처 협의를 거쳐 실무지침을 확정하는 과정에서 여러 가지 문제점이 지적되어 2017년 2월 28일 대학재정특위 - 교육부 대학평가과와, 2017년 5월 25일 대학재정특위 - 인사혁신처 성과급여과(남주현 과장)와 협의를 하였다. 2016년 하반기부터 경상대 교수회에서 정책연구 결과 호봉 구간에 따라서 생애소득이 현저하게 감소함을 지적하며 구체적인 대안을 교육부에 제시하였다. 2017년 8월 31일 대학재정특위 - 교육부 대학평가과 - 인사혁신처 성과급여과 3자 협의에서 국교련 수정안과 인사혁신처 안을 가지고 상호 설명하고 정년보장 교원의 2016년 호봉구간에 따른 왜곡현상을 2017년 지급시 보정하기로 하였다. 경력가급의 폐지로 인하여 정년 보장 교원의 급여가 인상되지 않는 모순을 지적하여 이에 따른 대체로 '**교수연구급**'과 '**교수연구가급(1%범위)**'을 신설, 절대평가 C등급자에 대한 교수연구급 가산 제한제도 도입, 교수연구급 신설에 따른 2016년도 차액을 1회성으로 보전액 설정하기로 하였다. 문재인 정부 출범이후 인사혁신처의 우호적인 태도로 급진전을 이루었으나, '**성과급적 연봉제**' 자체의 폐지나 호봉제로의 회귀는 불가능하다는 입장을 피력하였다.

· **제2대 위원장 : 김대중(전 충북대 교수회장, 2017년 9월~2018년 8월)**

교수회에서 2016년 하반기부터 문제 제기로 시작된 협의에 일부 반발이 있어서 2017년 9월 20일 대학재정특위 - 교육부 대학평가과 - 인사혁신처 성과급여과 3자 협의를 열어서 경상대 노규진 회장이 직접 참석하여 8.31 협의에 대하여 확인하였다. 그러나 경상대 교수회 이선홍 정책국장은 반대 입장을 피력하였으며, 9월 22일 거국련 총회후 국교련 대학재정특별위원회 주관으로 1시간 30분간의 설명회와 토론회를 국교련 회장단에 설명하였다.

'**교육연구급**' 신설, '**교육연구가급**' 신설(1%범위), 절대평가 C등급자에 대한 교육연구급 가산 제한제도 도입, 교육연구급 신설에 따른 보전액 설정(17년도 1회성 보전)으로 교육부 요청으로 명칭 변경하기로 합의하였다.

2017년 9월 22일 2017년 제23차 거국련 총회후 대학재정특별위원회/국교련 공동회장단 참석하에 성과급적 연봉제에 대한 경상대 교수회(이선홍 정책국장)의 설명회와 토론회를 개최하였으며, 2017년 국교련 제2차 임시총회(9월 22일, 서울 교대)에 대학재정특별위원회 경과보고를 김철수 전위원장이 보고하였고, 김상표 상임회장이 만장일치로 협의 내용을 승인하였다.

4 대학재정특별위원회 '성과급적 연봉제' 협의 결과 보고

일　　시 : 2017년 9월 22일 (금요일) 오후 16:00 - 16:30

장　　소 : 서울교육대학교 전산교육원 교육공학실

협의내용 : 2017년 8월 31일 협의안에 대한 최종 검토

위 원 장 : 충북대 김대중 재정특위 위원장(거국련 상임회장)

전위원장 : 제주대 김철수 전 재정특위 위원장(전 교수회장, 전 거국련 상임회장)

위　　원 : 경상대 노규진 회장, 경상대 김봉준 교수(전문위원), 군산대 김상표 회장

(현 국교련 상임회장).

협상대상 부처 : 인혁처 성과급여과 남주현 과장, 윤지희 사무관, 이영규 주무관, 교육부 대학평가과 이해숙 과장, 조홍선 사무관(주무부서).

관련부처 : 기획재정부

참조사항 : **2017년 제23차 거국련 총회후** 대학재정특별위원회/공동회장단에 대한 성과급적 연봉제에 대한 경상대 교수회(이선홍 정책국장)의 반론 설명회와 토론회 개최하였다.

5 경과

2011. 1. 정부는 '공무원보수규정'에 대한 대통령령을 개정하여 성과연봉제를 국무회의에서 통과시킴으로서 일방적인 성과연봉제가 도입됨.

2011. 11. 3. 국립대학을 말살하는 MB정부 교육정책을 규탄하는 전국국공립대학 교수궐기대회를 800명이 참석한 가운데 서울 백범기념관에서 진행함.

2012. 3. 교과부에서 '국립대학 교원 성과급적 연봉제 운영지침'이 확정되어 각 대학에 시달됨.

2013. 1. 비정년 교원에 대한 성과급적 연봉제 전면 실시

2014. 국정감사에서 황우여 교육부 장관노 이 제도 개선(사실상 폐지)을 국회에서 약속?

2015. 1. 전체 국립대 정년 교원 성과급적 연봉제 전면 실시

2015. 박근혜 정부 이근면 인사혁신처장. 황우여 장관이 인사혁신처장에게 개선 요구하였으나, 장관 요구를 거부함

2015. 10. 23. 국회청원운동 이후 국회방문시 거국련 임원들과 인사혁신처장이 조우하여 누적식 성과급적 연봉제를 전교원에게 강행하겠다고 협박(권진헌 거국련 상임회장 증언)

2015. 11. ~교육부 - 인사혁신처 - 거국련 재협상 요구(새누리당 의원 주선)

2016. 3. 16. 3개 주체 기본적 협의사항 합의 (9월 이후 총 5차례 협의)

- 비정년/정년 교원에 대한 이원적 운영
- 정년 보장 교원에 대하여 비누적식 성과급적 연봉제 적용

- 최하위 등급에 대한 절대 최소 기준 적용 (이후 최소기준에 대한 강의시수 적용은 2017년부터 적용, 논문 평가 산입기간은 2016년도에 한 해 4년간 등 변경)
- 평가 단위 적용에 개별 대학이 자율적 기준 적용으로 완화
- 2016년도에 한하여 정년 교원의 '**성과연봉 기준액**'을 425만원(경력가급을 성과급에 산입)으로 하여 지급
- 성과급적 연봉제 전면 시행에 따른 기술적인 어려움으로 2016년부터 적용하고 문제점 도출시 추후 논의하기로 함.

2016. 7. 비누적식 성과연봉이 지급된 후 경상대 교수회 및 재정특위 검토 결과 성과연봉 기준액(302+123만원) 상향으로 인하여 기본연봉이 인상되지 않는 문제점(경력가급의 성과급여로 이전) 발견 → 그 결과로 생애소득 누적 손실발생하게 됨

2016. 9. 국교련 재정특위에서 인사혁신처와 교육부에 문제 제기, 3자 협상 요구

- 성과급적 연봉제 전면 시행에 따른 기술적인 어려움으로 2016년에 한하여 적용.

2017. 2. 28. 국교련 재정특위 - 교육부 대학평가과 협의

- 정년 교원에 대한 기본연봉 원상복구 요구
- 신개념 도입으로 새로운 계산식 대안 제시

2017. 5. 25. 국교련 재정특위 - 인사혁신처 성과급여과 (남주현 과장) 협의

- 새정부 출범에 따른 국립대 교원의 급여 체계 개선 요구, 교수에 대한 급여 안정화 요구, 대학의 자정 노력으로 경쟁력 회복중에 있으며, 추가 재원을 이용한 장기 성과자에 대한 인센티브도 필요하며, 경쟁보다 협동, 상생하는 대학 문화가 시급함을 설득
- '**교육연구가급**' 신설 제안, 새로운 계산식으로 돌파
- 공공기관의 성과연봉제 폐지에 따른 교원 급여 체계 근본적 개선 필요성 인식
- 호봉제 환원을 위하여 명분이 필요하다. 급여 삭감의사는 아님.
- 인혁처의 입장은 국립 대학 교원의 급여 수준을 향상시키는 방향으로 검토중

2017. 8. 31. 국교련 재정특위 - 교육부 대학평가과 - 인사혁신처 성과급여과 3자 협의

- 국교련 수정안과 인사혁신처안을 가지고 상호 설명하고 정년보장 교원의 2016년 호봉구간에 따른 왜곡현상을 2017년 지급시 보정하기로 함.
- '**교수연구급**' 신설, '**교수연구가급**' 신설(1%범위), 절대평가 C등급자에 대한 교수연구급 가산 제한제도 도입, 교수연구급 신설에 따른 보전액 설정(17년도 1회성 보전)

2017. 9. 20. 국교련 재정특위 - 교육부 대학평가과 - 인사혁신처 성과급여과 3자협의

- 8.31. 3자 협의시 인사혁신처(안)에 대한 경상대 교수회의 특정 년차(25~29년차 구간)의 보전액에 대한 추가적인 설명과 확인 요청이 있어서 마련됨.
- 경상대 노규진 회장, 김봉준 사무국장(전문위원)과 함께 인혁처, 교육부, 재정특위 위원장, 전 위원장이 모여 8.31 협의사항에 대한 추가 확인 및 생애 총소득이 줄지 않는 다는 것을 확인하였음. 다만 특정 년차의 경우 급여 상승폭이 적을 수 밖에 없다는 것을 양해하기로 함.
- 그럼에도 불구하고 경상대 교수회 이신홍 정책국장은 반대 입장을 피력하였으며, 9.22일 거국련 총회후 대학재정특별위원회에서 1시간 30분간의 설명회와 토론회를 통하여 국교련 회장단도 참석하여 설명을 하였음.
- '**교육연구급**' 신설, '**교육연구가급**' 신설(1%범위), 절대평가 C등급자에 대한 교육연구급 가산 제한제도 도입, 교육연구급 신설에 따른 보전액 설정(17년도 1회성 보전)으로 교육부 요청으로 명칭 변경하기로 함.

2017. 9. 22. 2017년 제23차 거국련 총회후 대학재정특별위원회/공동회장단 참석하에 성과급적 연봉제에 대한 경상대 교수회(이선홍 정책국장)의 설명회와 토론회를 개최하였으며, 2017년 국교련 제2차 임시총회에 대학재정특별위원회 경과보고를 김철수 전위원장이 보고하고, 김상표 상임회장이 만장일치로 협의 내용을 승인함.

2018. 3. 22. 교육부 회의실에서 거국련 - 교육부 대학정책 간담회를 갖고 고등교육법 재개정 청원, 총장, 학장 선출 개선 건의, 교연비 개선 및 국교련 대학재정특위 정책보고서를 전달하였음. 비정년 교원의 누적식에 대한 폐지, 교원 처우 개선 수당 신설 의견을 전달함.

2018. 3. 22. 인사혁신처를 방문하여 거국련 - 인사혁신처 성과급여과 남주현 과장을 비롯한 실무자 8명과 정책보고서 전달과 함께 비정년 교원이 누적식 폐지 건의와 재협상 요구, SA 등급의 비율을 대학의 자율에 맞겨달라는 정책건의를 전달함. 수당 신설에 대한 건의는 어렵다는 것과 호봉제로 전환은 어렵다는 입장을 전달받음.

2018. 5. 9. 국교련 제도혁신특위(1차회의, 4.19일) - 교육부 고등교육정책관실 제2차 간담회에서 10가지 국립대 현안 속에 성과급적 연봉제 폐지와 교육연구 및 학

생지도비(교연비) 제도 개선, 대학평의원회 구성 등에 대하여 폭넓은 의견을 교환함.(김규태 고등교육정책관, 최수진 국립대학정책과장, 김주영 서기관, 신민영 사무관)

2018. 6. 12. 국교련 제도혁신특위 - 교육부 고등교육정책관실 제3차 간담회는 2차에서 논의된 사항을 다시 한 번 지난 정부의 적폐 청산에 협조를 당부함. 가장 시급한 국립대 현안 속에 성과급적 연봉제 폐지와 교육연구 및 학생지도비(교연비) 제도 개선에 대한 가시적 성과를 위하여 국교련이 공문을 발송할 것이며 인혁처와 적극적인 협의시 협조할 것을 약속함. (이진석 고등교육정책실장, 김규태 고등교육정책관, 최수진 국립대학정책과장, 김주영 서기관, 조홍선 사무관, 신민영 사무관)

2018. 6. 15. 국교련 공동회장단 회의에서 제도혁신특위가 준비한 교원보수체계 개선에 대한 리플렛을 제작하여 배부하기로 함.

2018. 6. 26. 국교련 제도혁신특위 - BH 교육문화비서관과 교육부 현안에 대한 폭 넓은 의견을 교환하였음. 그중에 앞에서 언급한 주요한 세 가지 현안을 중점적으로 문재인 정부에서 해결하기를 원함. 교육부 김주영 서기관이 6월 29일(금) 인혁처와 실무협의 절차를 진행예정이라고 통보해 옴. (김홍수 비서관, 김홍순 행정관)

2018. 8. 9. 교육부 국립대학 발전방안 TF토론회에서 국립대학정책과 김주영 서기관을 만나서 부산대 박홍원 교수회장님과 함께 인사혁신처와 실무적 협의를 도출하도록 요구하였으며, 물가인상분을 반영하여 실질적 인상 방안을 협의하겠다는 의지를 표명함. 성과급적 연봉제 폐지나 명칭 변경 등은 하반기에 재협의하기로 의견을 모음. 교육연구급(181만원 또는 89만원), 성과연봉 기준액(비정년 교원 302만원, 정년 교원 425만원)의 물가 인상율 반영 계획을 밝힘. 이미 제도혁신 특위 실무협의 과정에서 경북대 이형철 회장, 경상대 권오현 회장과 함께 교육부 김주영 서기관이 협상 파트너로서 성의껏 협의에 임하고 있으나, 인사혁신처 성과급여과장이 바뀌고 나서 다소 미온적 태도를 나타내고 있다.

2019. 3. 15. 국교련 정책위원회 교원급여체계 개혁소위(김대중 위원장)를 열다. 연구수당과 교직(수) 수당을 대체할 대안을 경상대 이선홍 교수가 3월 29일 총회에서 발표하기로 함. 교연비의 일부를 연금에 산입하여 연금 증대방안도 고려

해 볼 만함. 교연비는 불법적이라는 입장도 피력함.

2019. 3. 29. 국교련 임시총회에서 정책위 소위 이선홍 교수가 '교원 보수체계 개선안'에서 연금손실에 대한 대안으로 교직수당과 연구수당을 지급하여야 하는 이유를 설명하다.

6 '성과급적 연봉제' 협의 결과

(1) 2017년 운영지침

- 정년보장 교원은 비누적식 제도 개선
- '**교육연구급**' 신설하여 매년 기본연봉 산입으로 기본연봉 자동 증가
  교육연구급이 매년 기본연봉에 산입(2016년 12월 31일 기준, 근무연수 31년 미만 1,810,000원, 근무연수 31년 이상 892,000원)
  2017년에 한 해 2016년도 기본연봉 보전액이 근무연수별 차등 산입
  2017년도 연봉 = 기본연봉(처우개선분 포함) + (교육연구급+보전액)(1+처우개선비율) + 성과급
- 정년 교원의 성과급 기순액 베타는 425만원유지
- '**교육연구가급**' 신설 - 1% 범위내에서 장기우수성과자 선발 교육연구급의 일정부분을 기본연봉에 가산
  - 2018년도부터 도입 예정
- 절대평가 C등급 2회시 **교육연구급 가산 제한제도** 도입
  - 2017, 2018년도 평가하여 2019년도부터 적용 가능
- **참고:** 비정년 교원은 2015년 타결된 방식인 누적식 적용으로 기본 연봉 매년 상승하며, 성과급 기준액 베타는 302만원임.

* 2017년도 급여 지급시에는 2016년도 성과급 지급시(2015년도 성과급) 호봉제의 '경력가급'의 산술평균값(123만원) 설정으로 인하여 정년 교원의 호봉구간별로 근무연수에 따른 가산액이 전혀 반영되지 않았다는 국교련 측의 요구를 1회성으로 보전하여 가산하여 지급

* 교원 개별 기여금 등은 각 교원 직급별 평균값으로 산정하여 공제하므로 성과급 차등과는 무관함.

* 성과기준액이 2015년 까지 302만원, 2016년은 425만원(302+123, 기본연봉액에서 성과가

산금으로 가져옴), 2017년은 425만원(기본연봉에서 가져오지 않음)으로 확정됨.

* 근가 호봉(2017년 기준 31년차)에 교원의 경우 2016년도 성과급 지급시(2015년도 성과급) 호봉제의 '경력가급'의 산술평균값(123만원) 적용으로 과다하게 지급한 금액을 회수하지 않음. (일부에서 이 부분에 대하여 회수하여 특정구간의 예산을 사용하자는 의견도 있으나, 인혁처 입장은 교원에 처우 개선을 위한 입장을 고수)

(2) 성과급적 연봉제

① 공무원 보수규정에 S, A, B, C의 비율은 SA를 30퍼센트 이내로 BC를 70퍼센트로, 10퍼센트 가감을 자율적으로 변경할 수 있다고 명시. 따라서 평가단위별로 교육부가 경직된 지침으로 50:50으로 정하지 않아도 된다는 것이 인사혁신처 입장임. 현재 B등급자가 80퍼센트 내외인 것을 약 90퍼센트 이상 되어 A등급과 차등급이 줄어듦.

② 비정년 성과급을 줄이고 복지로 돌리는 것을 고려해보자는 성과급여과장의 의견이 있었으나 상대적 박탈감을 최소화하는 노력을 강구하는 게 좋을 것 같음. 비균등 부분은 살리고 균등 분배의 성과급적 수당은 삭감하자는 게 기재부의 입장임.

참고 공무원보수규정[시행 2019.1.18.] [대통령령 제29478호, 2019.1.18., 일부개정]

제39조의2(국립대학 교원의 성과연봉 지급) ① 연봉제 적용대상인 국립대학 교원의 성과연봉은 국립대학의 장이 정하는 바에 따라 일정 기간 동안의 교육 · 연구 · 봉사 등의 업적을 평가하여 그 결과에 따라 차등 지급한다.

② 제1항의 업적평가를 위하여 필요한 사항은 교육부장관이 따로 정할 수 있다. 〈개정 2013.3.23.〉

③ 성과연봉은 대학별로 실시하는 성과평가 결과 평가 대상인원의 20퍼센트에 해당하는 최상위의 교원에게는 성과연봉 기준액의 1.5배 이상에서 2배 미만, 평가 대상인원의 30퍼센트에 해당하는 그 다음 상위의 교원에게는 성과연봉 기준액의 1.2배 이상에서 1.5배 미만, 평가 대상인원의 40퍼센트에 해당하는 그 다음다음 상위의 교원에게는 성과연봉 기준액 이하로 하여 각각 국립대학의 장이 정하는 금액을 지급하고, 평가 대상인원의 10퍼센트에 해당하는 그 밖의 교원에게는 지급하지 아니한다. **다만, 국립대학의 장은 필요한 경우 평가등급별 인원비율을 평가 대상인원의 10퍼센트 범위에서**

각각 더하거나 빼어 조정할 수 있다. 〈개정 2016.1.8.〉
④ 국립대학의 장은 성과연봉 기준액의 1.5배 이상에서 2배 미만의 금액을 지급받는 교원 중 해당 국립대학을 대표할 만한 탁월한 업적을 나타낸 교원을 선정하여 성과연봉 기준액의 2배 이상에 해당하는 금액을 지급할 수 있다.
⑤ 국립대학의 교원에 대한 성과연봉 기준액, 지급방법, 지급절차 및 그 밖에 성과연봉의 지급에 필요한 사항은 교육부장관이 기획재정부장관 및 인사혁신처장과 협의하여 정한다.
〈개정 2013.3.23., 2014.11.19.〉 [본조신설 2011.1.10.]

(3) 2018년 운영지침

- **정년보장 교원**은 비누적식 제도 개선
- '**교육연구급**' 신설하여 매년 기본연봉 산입으로 기본연봉 자동 증가
  교육연구급이 매년 기본연봉에 산입(2017년 12월 31일 기준, 근무연수 31년 미만 **1,872,000원**, 근무연수 31년 이상 **923,000원**) (3.41%인상)
  2017년에 한 해 2016년도 기본연봉 보전액이 근무연수별 차등 산입
  2017년도 연봉 = 기본연봉(처우개선분 포함)+(교육연구급+보전액)(1+처우개선비율)+성과급
- 정년 교원의 **성과급 기준액** 베타는 **4,395천원** (3.41%인상)
- 기본연봉액 처우개선율 적용: 최대 2.149%(2급상당) ~ 2.791%(2급이하) 적용됨
  「2018년 공무원보수 등의 업무지침」에 따라 2급상당과 2급미만을 구분하여 반영함, 부총장을 2급상당 이상으로 구분함.
- **신임교원 가산기준액** 인상으로 2016년 신임교원 차액을 소급하여 지급
- '**교육연구가급**' 신설 - 1% 범위내에서 장기우수성과자 선발 교육연구급의 일정부분을 기본연봉에 가산
  - 2018년도부터 도입
- 절대평가 C등급 2회시 **교육연구급 가산 제한제도** 도입
  - 2017, 2018년도 평가하여 2019년도부터 적용 가능
- **참고: 비정년 교원**은 2015년 타결된 방식인 누적식 적용으로 기본 연봉 매년 상승하며,

성과급 기준액 베타는 **3,123천원** (3.41%인상)

※ 향후 성과급적 연봉제에서 정년보장 및 비정년 교원의 등급 간의 격차를 줄이기 위하여 S와 A등급의 합을 현재 약 50퍼센트를 유지하는 대학의 지침을 자체적으로 조정 가능하므로 30퍼센트 이내로 줄여나가야 할 것이다. B등급 교원의 베타값(비정년 약 0.74, 정년 약 0.81 이하)이 매우 낮은 실정이라 이 문제 해결을 위하여 회장단들이 대학과 교육부에 지속적으로 개선을 요구하여야 할 것이다.

(4) 처우개선분 기준액 인상

가. (비정년 교원) '성과 가산기준액' 및 '경력가급' 인상

- '성과 가산기준액' : 581,000원('17) → 601,000원('18, 3.41%) → 618,000원('19, 2.82%)
- '경력가급' : 3.41% ('18), 2.82% ('19)

연도 \ 근무연수	1~18년	19~25년	26~30년	31년 이상
2017년도	1,048,000	1,538,000	1,009,000	311,000
2018년도	1,084,000	1,591,000	1,044,000	322,000
2019년도	1,115,000	1,636,000	1,074,000	331,000

나. (정년 교원) '교육연구급' : 3.41% ('18), 2.83% ('19)

근무연수 \ 연도	17년도	18년도	19년도
31년 미만	1,810,000원	1,872,000원	1,925,000원
31년 이상	892,000원	923,000원	949,000원

다. (비정년/정년 교원) '성과연봉 기준액' : 3.41% ('18), 2.80~2.82% ('19)

'12년부터 3,020천원으로 동결되어 '18년 일반직 공무원 처우개선율만큼 인상

구분 \ 연도	17년도	18년도	19년도
비정년교원	3,020,000원	3,123,000원	3,211,000원
정년교원	4,250,000원	4,395,000원	4,518,000원

라. '신임교원 가산기준액' 인상

('17년 신임교원) 「2018 공무원보수 등의 업무지침」에 기반영

근무연수	1~18년	19~25년	26~30년	31년 이상
17년 신임교원	1,685,000원	2,192,000원	1,645,000원	923,000원
18년 신임교원	1,732,000원	2,254,000원	1,691,000원	949,000원

('16년 신임교원) '17년 성과급적 연봉제 개선 협의 등으로 신임교원 가산금 인상이 이루어지지 않아 **소급**하여 **차액 지급**

근무연수	1~18년	19~25년	26~30년	31년 이상
금액(천원)	1,629	2,119	1,590	892
기존금액	1,577	2,052	1,540	864
차액(천원)	52	67	50	28

마. 정년 교원 (비누적식 연봉제)

2018년 기본연봉액 = ① 2017년 기본연봉액 + ② 인사혁신처장이 정하는 금액 + ③ 2018년 처우개선분

② **인사혁신처장이 정하는 금액** : 3.41% 인상 반영

(교육연구급)

근무연수 31년 미만 : **1,872,000원**

근무연수 31년 이상 : **923,000원**

(교육연구가급) : 18년 적용

교육연구급의 5~10% 가산하여 지급

③ **2018년 처우개선분 :「2018 공무원보수 등의 업무지침」** 적용 기준 마련

- 근무연수 10년 이상인 경우 : (① + ②) × 2.791%
  단, 2급(상당) 이상 직위(부총장)의 국립대 교원은 2.149%
- 근무연수 10년 미만인 경우 : (① + ②) × 개인별 근무연수에 따른 연봉 인상률

바. 비정년 교원 (누적식 연봉제)

2018년 기본연봉액 = ① 2017년 기본연봉액 + ② 2017년 성과연봉중 인사혁신처장이 정하는 금액 + ③ 2018년 처우개선분

② **2017년 성과연봉중 인사혁신처장이 정하는 금액**

- 2018년 **성과가산액** : 2017년 성과연봉 지급율(성과연봉/성과연봉기준액)에 성과가산기준액(601천원)을 곱한 금액
- 2018년 **경력가급** : 2017년 12월 31일 기준 근무연수에 따라 산정한 금액

참고 비정년 교원은 누적식 적용으로 기본 연봉이 매년 상승하며, 성과급기준액(베타)은 312.3만원임

③ **2018년 처우개선분** : (정년 교원)과 같음

사. 정년 교원 개선 사항

보수 수준 상향, 처우 개선 합리화, 고성과자 인센티브 제공 등을 위해 정년보장교원의 기본 연봉을 합리적으로 개선

[교육연구급] 신설 : 2017년부터 적용

[교육연구가급] 신설 : 장기적 연구를 수행하는 자 등에게 대학별 평가 대상 인원의 1% 범위내에서 교육연구급의 5~10% 가산하는 제도 ⇒ 2018년부터 적용

[절대평가 C등급자에 대한 교육연구급 가산 제한]

C등급 절대평가제의 취지를 고려하여 교원의 직무 책임성 확보하기 위하여 연속 2회 C등급을 받은 교원에게 교육연구급의 일정비율을 감액 ⇒ 2019년부터 적용

[제도 변경에 따른 보전액 가산] ⇒ 2017년에 한하여 적용

아. 평가 단위 설정

- 2016년부터 정년 보장 교원과 비정년 교원을 분리하여 평가
- 2016년부터 B등급에 해당하는 자에게는 성과연봉 지급액을 동일하게 함

(5) 2019년 운영지침

- **정년보장 교원**은 비누적식 제도 개선
- '**교육연구급**' 신설하여 매년 기본연봉 산입으로 기본연봉 자동 증가

  공무원 처우개선율 1.97% 인상 반영됨

  - 교육연구급이 매년 기본연봉에 산입(2018년 12월 31일 기준, 근무연수 31년

미만 **1,925,000원**, 근무연수 31년 이상 **949,000원**) (2.81%인상)

- 2019년 근무연수에 따른 가산 기준액 근무연수별 차등 산입
- 2019년 연봉= [1] 2019년 기본연봉+ [2] 2019년 성과연봉

가. 2018년 신규 임용교원

[1] 2019년 기본연봉액

= ① 2018년 기본연봉액 + ② 2019년 신임교원 가산금 + ③ 2019년 처우개선분

- **신임교원 가산금 인상**(임용 2차년도에만 적용) : 전년도 성과연봉 일부와 경력가급

  18년 미만 : 1,732,000 (2.79%)

  19년 이상~25년 미만 : 2,254,000 (2.83%)

  26년 이상~30면 미만 : 1,691,000 (2.80%)

  31년 이상 : 949,000 (2.82%)

나. 정년보장교원

[1] 2019년 기본연봉액

= ① 2018년 기본연봉액 + ② 인사혁신처장이 정하는 금액 + ③ 2019년 처우개선분

- 인사혁신처장이 정하는 금액 : 교육연구급과 교육연구가급

  31년 미만 : **1,925,000** (2.83%)

  31년 이상 : **949,000** (2.82%)

- 정년 교원의 **성과급 기준액**은 **4,518천원** (2.80%인상)
- '**교육연구가급**' 신설 - 1% 범위내에서 장기우수성과자 선발 교육연구급의 일정 부분을 기본연봉에 가산
  - 2018년도부터 도입
- 절대평가 C등급 2회시 **교육연구급 가산 제한제도** 도입
  - 2017, 2018년도 평가하여 2019년도부터 적용

다. 비정년 교원

[1] 2019년 기본연봉액

= ① 2018년 기본연봉액 + ② 2018년 성과연봉중 인사혁신처장이 정하는 금액 + ③ 2019년 처우개선분

성과가산기준액(**618천원**), **성과급 기준액**은 **3,211천원** (2.82%인상)

② 2018년 성과연봉중 인사혁신처장이 정하는 금액 : 2019년 성과가산액과 경력가급의 합으로 적용함

- 2019년 경력가급

  18년 미만 : 1,115,000

  19년 이상~25년 미만 : 1,636,000

  26년 이상~30년 미만 : 1,074,000

  31년 이상 : 331,000

7 2018, 2019년 산정연봉 비교 (충북대 B등급 성과 기준)

(1) 신규임용교원

- 2018년 대상인원 26명중 A등급 10명(1.2β), B등급 16명(13명 0.8461β, 3명 1.0β)
- 평가단위별 인원에 따라 1명일 경우는 1.0β임
- 2019년에는 대상인원 37명중 S등급 3명(1.5β), A등급 15명(1.2β), B등급 19명(13명 0.7352β)

(2) 비정년 교원의 평균 기본연봉액 비교

(단위: 만원)

호봉 \ 년도	2015	2016	2017	2018			2019		
	기본	기본	기본	기본	성과	산정	기본	성과	산정
15	4,242	4,229	4,453	4,634	237.6	4,871	4,771	250.5	5,022
20	4,939	5,205	5,287	5,469	237.6	5,706	5,666	250.5	5,917
25	5,819	6,097	6,274	6,756	237.6	6,993	6,748	250.5	6,999
29				7,496	237.6	7,733	7,658	250.5	7,909
30	-	6,968	7,545	-			-		

- 성과 B등급(0.7607β, 2018; 0.78β, 2019), 6월 1일자 승급 기준, '-'은 당해연도 없음
- 호봉 및 승급일자가 동일한 경우에도 연봉액이 상이할 수 있음.

(3) 정년 교원의 평균 기본연봉액 비교

(단위: 만원)

년도/호봉	2017			2018			2019		
	기본	성과	산정	기본	성과	산정	기본	성과	산정
30				7,503	355.2	7,858	7,670	363.7	8,034
근가1	7,770	510.0	8,280	8,082	355.2	8,437	8,242	363.7	8,605
근가5	8,233	510.0	8,743	8,558	355.2	8,913	8,698	363.7	9,062

- 성과 B등급(0.8137β, 2018; 0.805β, 2019), 6월 1일자 승급 기준
- 기본연봉액(재) : 전년도 기본연봉+교육연구급(923,000원)+
  처우개선분(2.791%, 2018년, 2급 미만 기준)
- 산정연봉액 : 기본연봉액(재)+성과연봉액(성과등급에 따른 산정액)

Ⅲ 마무리

국립대 교원의 급여체계는 2010년까지는 전통적인 공무원의 호봉제로서 같은 호봉의 교원 상호간에는 같은 급여를 받는 체계였다. 2011년 임용 신임 교원부터 적용하기 시작하여 2013년부터는 기존의 비정년 교원에게 전면 시행하기에 이르렀으며, 2015년부터는 정년 교원 모두에게 일괄 적용되는 성과급적 연봉제로 바뀌게 되었다. 호봉제에서 국립대 교원은 33호봉과 그 이후는 근가10에 해당하는 2개의 구간을 가지고 있었으나, 성과급적 연봉제에서는 교원 급여표에 33호봉까지만 제시되고 있다. 현재 시행되고 있는 성과급적 연봉제는 비정년 교원은 누적식이며, 정년 교원에게는 비누적식으로서 2원적 운영을 하게 되었다. 근본적으로 국교련이 주장하였던 것은 비정년 교원과 정년교원을 차별하지 않고 동일하게 호봉제로 환원할 것을 주장하였으나, 이를 관철시키지 못하였다. 성과급적 연봉제하에서는 등급(S, A, B, C)으로 나누어 매년 전년도 업적(교육, 연구, 산학협력 또는 봉사 등)을 평가단위별로 등급에 따른 성과기준액 범위에서 차등하여 지급하도록 하고 있다. 2015년 지급 지침에서 확정된 성과기준액은 당초 302만원으로 동일하였으나, 인사혁신처장의 명에 의하여 비정년 교원은 302만원의 누적식, 정년 교원은 425만원(302만원+기본 연봉액에서 가져온 123만원)으로 정하여 시행하게 되었는데, 2016년 전년도 성과에 따른 배분후에 국교련 회원교에서 시뮬레이션 결과 정년 교원은

호봉제의 경력가급에 해당하는 상당액이 성과기준액으로 빼앗기는 기현상이 발생하였으며, 비정년 교원 경우도 호봉 구간별 경력가급 급여 차액의 평균 오류라는 것이 지적되어 2017년 국교련 대학재정특위에서 집중적으로 교육부 - 인사혁신처를 상대로 시정을 요구하여 협상을 지속하여 2017년 8월경 현재의 지침을 협의하게 되었다. 2018년에도 교연비 폐지와 함께 호봉제로의 환원을 주장하는 한편 교육부를 상대로 2018년 지침을 조속히 마련해 주도록 요구하였다. 2018년 지침에는 그동안 공무원 급여체계 상 누락되었던 인상률을 모든 요소에 반영하게 되었다. 향후 교육부와 협의에서 평가단위별 평가등급의 퍼센트를 조정 가능한 범위에서 S+A등급을 30퍼센트 이내로 하고, B+C등급을 70퍼센트까지 각 대학의 장(총장)이 정할 수 있는 공무원 보수규정에 맞도록 지침에도 명확화가 필요하다. S와 A등급에서 각각 10퍼센트씩 감하여 B등급 이하에 각각 10퍼센트씩을 합하면 가능하며, 이러한 입장은 인사혁신처와 교육부 담당자와 확인한 바 있다. B등급 이하의 합이 현재는 최대 50퍼센트에 머물고 있으나, 공무원 보수규정 제39조의 2항을 개정하여 10퍼센트를 15퍼센트로 조정하여 최대 70퍼센트까지 할 수 있도록 조정할 필요가 있다. 현재 초·중등교원은 S, A와 B등급만이 있으며, 이도 2020년 이후 개인별 평가를 도입할 예정으로 있다. 교육공무원법 제34조 제1항의 "교육공무원의 보수는 우대되어야 한다."에 따라서 후속 법안이 마련되어야 하고, 이에 따라서 연구수당, 교직수당이 추가되어야 한다. 이를 위하여는 국립대법(안) 발의가 하루속히 이루어져서 국립대 교원에 대한 처우에 관한 구체적인 사항이 법률과 하위 법령에 명시되어야 하겠다. 평가에 대한 공정성을 확보하는 노력이나 평가에 대한 구체적인 연구성과 없이 성과급적 연봉제를 서둘러 도입하여 대학 사회가 과도한 경쟁만 부추켜 대학의 학문 자유는 심각하게 침해되는 상황이다. 대학 행정의 효율성 차원에서도 급여 배분 행정의 간소화 측면에서 전년도 급여를 다음 해 결정하여 지급하는 폐단과 함께 항상 늦게 지급하는 관행이 각 대학에서 이루어지고 있다. 고등교육 정책 당국자가 깊이 생각해 보아야 할 과제가 아닐 수 없다. 대학에는 성과급 차등이 아니더라도 연구 성과에 따른 제 인센티브 지급제도가 마련되어 있으며, 급여 이외에도 조기 승급제도도 운영되고 있다. 설령 조기 승급을 하여도 단일 호봉제적인 요소라서 승진이 아닌 이상 급여의 큰 상승은 전혀 기대할 수 없다. 정책 당국자는 성과급적 연봉제 제도에 대한 면밀한 추적 연구를 통하여 제도 보완과 함께 교원의 지위 향상과 자존감 회복을 위한 복지정책도 함께 다루어 주었으면 한다. 최근에는 2015년 국립대학 회계법에 의해 기성회계에서 지급 받아오던 급여성 경비를 '교연비'로 대체하여 많은 부작용과 오해를 불러일으키고 있다. 위에서 언급한 교직수당과 연구수당을 통합하여 지급하는 제도 보완이 필요하다고 생각한다.

참고문헌

교육부(2017). 「2017년 국립대 교원 성과급적 연봉제 운영지침」.

교육부(2018). 「2018년 국립대학 교원 성과급적 연봉제 운영지침」.

충북대(2018). 「2018년도 교원 성과연봉 책정 추진계획」.

교육부(2019). 「2019년 국립대학 교원 성과급적 연봉제 운영지침」.

충북대(2019). 「2019년도 교원 성과연봉 책정 추진계획」.

Ⅲ

국립대학 제도 개선

05

국립대학 재정위원회의 기능과 한계에 대한 고찰[1].

김태호 교수 (부산대학교)

국문초록

본 연구의 목적은 국립대학회계법에 따라 국내 국립대학에 설치된 재정위원회의 설치・운영에 관한 규정을 살펴보고, 재정위원회의 기능과 한계가 무엇인지 고찰하는 것이다. 재정위원회는 설치 규정에 의해 11명 이상, 15명 이하의 당연직위원과 일반직위원으로 구성되는데, 당연직위원은 총장이 원하는 인사로 임명할 수 있도록 하였다. 이는 재정위원회가 독립적이고 자율적인 기구로서 역할을 수행하는데 장애요인이 될 수도 있다. 또한, 예산 편성 당사자인 사무국장이 재정위원에 당연직위원으로 참여하고 있는데, 이는 재정위원회가 예산, 결산 심의 및 의결 기능을 제대로 수행하지 못하게 될 수도 있는 매우 중대하고 심각한 문제이다. 국립대학의 재정위원회는 대학의 예산 및 결산에 대한 심의 의결권을 가지고 있지만, 대학재정의 모든 사항이 국립대학회계법에 따라 결정되어 재정위원회가 독립적으로 할 수 있는 권한이 사실상 거의 없고, 국립대학의 예산, 결산에 대한 최종 승인권자인 교육부에 의해 통제가 이루어지고 있는 등, 현재의 재정위원회는 많은 문제를 안고 있다. 이에 본고에서는 프랑스나 핀란드 국립대학의 사례를 참조하여

1. 본 연구는 국립대학 발전 및 보수 체계 개선을 위한 특별위원회 연구 보고서에 발표된 원고를 수정 및 보완한 것이다.

우리나라의 국립대학과 국립대학의 재정위원회가 제 역할을 충실히 수행할 수 있도록, 국립대학에 대한 국가의 간섭이나 통제 없는 재정지원으로 국립대학의 자치 및 자율성을 보장하고, 대학 구성원들이 독립적이고 자율적으로 참여할 수 있는 재정위원회 운영 시스템을 구축할 필요가 있다고 제안하였다.

» 주제어: 국립대학회계법, 재정위원회, 사무국장의 역할, 대학평의회, 의사결정구조, 재정회계구조, 대학의 자율성

1 서론

본 연구의 목적은 국내 국립대학 내에 설치되어 운영되고 있는 재정위원회의 기능과 역할의 한계점에 대해 고찰하는 것이다. 국내 국립대학의 재정위원회의 한계에 대한 논의를 위해 해외 국립대학의 사례와 비교 고찰하고자 한다.

반값등록금 문제가 기성회비 반환 소송과 함께 사회적 이슈가 되자, 국공립대학의 기성회회계를 등록금과 함께 국고회계로 흡수시키자는 의견에 따라 「국립대학의 회계 설치 및 재정 운영에 관한 법률(약칭: 국립대학회계법)」[1]이 제정되었다. 국립대학회계법은 국립대학 대학의 재정 운영의 자율성과 효율성을 높여 국립대학이 공공성과 사회적 책임성을 스스로 확립하게 하고, 더 나아가 학문의 발전과 국가 인재 양성 및 국가의 균형 발전에 이바지할 수 있도록 하는 것이 이 법의 기본 제정취지이다. 이 법이 제정됨에 따라 국립대학의 재정운영에 관한 주요 사항을 심의하고 의결하도록 국내 모든 국립대학에 재정위원회를 설치하여 대학회계, 발전기금, 그리고 산단회계로 이루어진 대학의 모든 예산 및 결산에 관한 사항을 심의하고 의결하도록 하고 있다. 각 국립대학의 장은 매 회계연도[2]마다 대학의 세입 및 세출예산안을 편성하여 회계연도 개시 최소 40일전까지 해당 대학의 재정위원회에 제출하여야 하고, 재정위원회는 편성된 세입 및 세출예산안을 회계연도 개시 최소 10일전까지 심의 및 의결하도록 제도화하고 있다.

국립대학회계법은 국립대학 재정 운영의 자율성과 효율성을 높여 국립대학의 공공성

---

1. 법률 제13217호, 2015.3.13. 제정
2. 매 회계연도는 당 해 3월 1일에 시작하여 다음 해 2월 말일에 종료된다.

을 확립하고, 학문의 발전과 국가 인재를 양성하는데 이바지할 수 있도록 제정되었다. 하지만 국립대학회계법이 각 국립대학의 재정운영에 관한 거의 모든 사항을 규제하고 있어, 이 법의 원래 취지와는 달리 국립대학의 재정운영의 자율성과 효율성은 오히려 매우 낮아졌다는 것을 부인하기 어렵다. 대학에서 학문의 자유와 운영의 자율성은 대학 존립의 기반이다. 프랑스, 독일, 핀란드와 같은 유럽 선진국의 대학들은 학문의 자유와 대학 운영의 완전한 자율을 기반으로 세계적인 수준의 학문을 발달시키고, 인재를 양성하는데 기여하고 있다(김태호 2016). 반면, 우리의 경우는 헌법이 대학의 자율성을 보장하고 있음에도 불구하고 정부가 재정지원을 대학을 통제하는 수단으로 삼고 있어, 대학의 학문적 자유와 자율적 운영을 매우 어렵게 만들고 있다.[3]

본고에서는 국내 모든 국립대학에 설치된 재정위원회의 설치 근거와 그 기능 및 역할에 대해 먼저 살펴보고, 재정위원회의 한계가 무엇인지 유럽 대학의 사례와 비교하여 논의하고자 한다. 본 연구의 구성은 다음과 같다. 2장에서는 국립대학회계법과 재정위원회의 구성에 대해 논의를 제공하고, 3장에서는 재정위원회와 대학평의회의 예산심의 기능에 대해 논의하도록 하겠다. 4장에서는 재정위원회의 한계가 무엇인지 해외 대학의 사례와 비교하여 제시하도록 하겠다. 마지막으로 5장에서는 본 연구의 목적과 내용을 요약하여 제시하고, 한계와 보완점이 무엇인지 제시하는 것으로 연구를 마무리하도록 한다.

2 재정위원회의 설치 근거 및 구성

본 장에서는 국립대학회계법 제정에 따라 국내 모든 국립대학에 설치된 재정위원회의 설치 근거 및 위원회의 구성에 관하여 논의하도록 하겠다.

국립대학의 기성회비 반환 소송이 사회적 이슈가 되자, 국공립대학의 기성회계를 국고회계로 흡수시켜 운영하기 위해 「국립대학의 회계 설치 및 재정 운영에 관한 법률」이 제정되었고, 이 법에 따라 국내 모든 국립대학에 대학의 재정 · 회계에 관한 심의 및 의결기구로 재정위원회를 설치하여 운영하도록 규정하고 있다. 국내 모든 국립대학에 설치된

3. 대한민국 헌법 제31조 제4항, "교육의 자주성, 전문성, 정치적 중립성 및 대학의 자율성은 법률이 정하는 바에 의하여 보장된다."

재정위원회의 구성과 운영에 관한 세부사항은 모두 「국립대학회계법」 제8조에서 자세히 규정하고 있다. 이 규정에 따르면 재정위원회를 구성하는 위원의 수는 최소 11명 이상 최대 15명 이하로 할 수 있는데, 그 정수는 대학의 재정·회계규정으로 정하게 하고 있다. 재정위원회의 위원은 크게 당연직위원과 일반직위원으로 나뉘고, 일반직위원이 과반수이어야 한다. 재정위원회의 당연직위원은 대학의 재정·회계규정으로 따로 정하고, 일반직위원은 각 대학에 재직 중인 교직원 및 재학생, 해당 대학에 발전에 기여한 사람 또는 대학 경영에 필요한 전문성과 경험이 있는 사람들 중에서 재정·회계규정이 정한 추천 절차를 거쳐 대학의 장이 임명 또는 위촉한다. 대학의 교원, 직원, 그리고 재학생을 반드시 각각 2명 이상씩 포함해야 하는데, 대학의 장은 일반직위원이 될 수 없다.

국립대학 재정위원회의 설치 근거 및 위원회의 구성만을 보면 그 기능과 역할에 별 문제가 없어 보인다. 하지만 재정위원회의 당연직위원에 관한 모든 사항은 해당 대학의 장이 제정하는 「재정회계규정」에 전적으로 일임함으로써 대학의 장이 지명하는 사람을 당연직위원으로 임명하여 재정위원회를 임의로 구성할 수 있게 하고 있는데, 이것은 국립대학의 재정위원회의 역할과 기능적 한계를 여실히 보여주는 것이다.[4] 다음은 국내 거점 국립대학 재정위원회의 위원 구성을 보여주는 표이다.

표 5.1은 국내 9개 거점 국립대학 재정위원회의 당연직위원은 주로 각 대학의 장이 임명하는 대학본부의 주요 보직자로 구성되어 있음을 보여주고 있다.[5] 국내 국립대학의 경우 예산을 계획 및 편성하고 집행하는 역할은 사무국장과 대학본부 여러 부처에서 담당하고 있다(권오현 2019). 따라서 재정위원회의 당연직위원을 본부 주요 보직자로 구성하는 것은 대학의 예산을 심의하고 의결하는 심의·의결기구와 예산을 집행하는 집행기구가 명확하게 구분되고 있지 않음을 여실히 보여주는 것이며, 재정위원회가 예산을 심의하고 의결하는 본래의 기능을 제대로 수행할 수 있을지에 대한 의구심이 들게 하는 부

4. 서구 선진국의 경우와 달리 국내 국립대학의 의사결정구조는 오로지 총장 1인에게만 모든 권한이 집중되어 있어, 총장 1인에 의한 독단적 대학운영이 가능한 구조적 한계를 지니고 있다(김상무 2009, 변기용 외 2011, 이용일 외 2006, 이영환·김신복 2011, 황보은 2005, 황홍규 2010).

5. 거점 국립대학의 재정위원회가 처음 구성될 때 교육부 자료에 예시로 제시된 안을 대부분 그대로 받아들인 결과라고 판단된다.

표 5.1 국내 거점 국립대학의 재정위원회 구성(2019년 2월 기준)

	국립대학의 재정위원회 구성	
부산대	당연직(7)	대학원장, 교무처장, 학생처장, 기획처장, 사무국장, 산학협력단장, 사무국장, 기획재정국장(평의원회)
	일반직(8)	교원/직원/재학생/외부위원 각 2명
강원대	당연직(6)	교무처장, 기획처장, 교육지원처장(삼척), 도계총괄본부장, 사무국장, 재정위원장(평의원회)
	일반직(9)	교원/직원/학생 각 2명, 외부 3명
경북대	당연직(7)	교무처장, 학생처장, 기획처장, 대외협력처장, 산학연구처장, 사무국장, 교수회 부의장
	일반직(8)	교원/직원/학생/외부 각 2명
경상대	당연직(7)	교학부총장, 연구부총장, 대학원장, 학생처장, 산학연구처장, 기획처장, 사무국장,
	일반직(8)	교원/직원/학생/외부 각 2명
전남대	당연직(7)	교무처장, 학생처장, 연구처장, 기획조정처장, 학무본부장(여수), 사무국장, 평의원회 부의장
	일반직(8)	교원/직원/학생/외부 각 2명
전북대	당연직(7)	교학부총장, 교무처장, 학생취업지원처장, 산학연구처장, 기획조정본부장, 대외협력본부장, 사무국장
	일반직(8)	교원/직원/학생(학부/대학원)/외부 각 2명
제주대	당연직(7)	대학원장, 교무처장, 학생처장, 기획처장, 산학연구본부장, 사무국장, 교수회 부회장
	일반직(8)	교원/직원/학생/외부 각 2명
충남대	당연직(7)	교학부총장, 대학원장, 교무처장, 학생처장, 기획처장, 산학연구본부장, 사무국장
	일반직(8)	교원/직원/학생/외부 각 2명
충북대	당연직(7)	대학원장, 교무처장, 학생처장, 기획처장, 산학협력단장, 학장 대표, 사무국장
	일반직(8)	교원/직원/학생/외부 각 2명

분이다. 특히, 모든 거점국립대학에서 예산 편성의 당사자인 사무국장을 재정위원회의 당연직위원으로 임명하고 참여하게 하고 있는데, 이는 예산을 계획하고 편성하는 당사자가 본인이 제출한 예산안을 스스로가 심의하고 평가하게 하는 것으로 참으로 이해하기 어려우며, 재정위원회의 기능이 무력화될 수도 있음을 여실히 보여주는 매우 중대하고 심각한 상황이다.[6] 따라서 재정위원회가 그 역할을 제대로 수행할 수 있도록 재정위원회의

6. 2015년에 통과 된 국립대재정회계법에 따라 대학의 모든 재정은 각 대학이 자체적으로 세운 재정위원회에서 결정하는데, 이때 사무국장도 당연직위원으로 참여한다(김태호 2016). 재정위원회의 일반직위원 중 재학생위원은 재정위원회의 기능과 역할에 대해 관심은 많으나 대체로 전문성이 떨어지고, 임기가 1년으로

구성에 대한 즉각적인 대책 마련이 매우 시급하다.[7]

핀란드 헬싱키대학의 경우도 사무국장(Director of Administration) 제도를 도입하고 있다. 사무국장의 주요 업무는 총장이 대학 전반에 걸친 여러 업무를 원활 하게 수행할 수 있도록 행정적 지원을 제공하고, 대학 행정 업무가 비용측면에서 효율적이고, 효과적으로 이루어질 수 있도록 대학 행정을 책임지는 것이다. 언뜻 보기에 헬싱키대학과 우리나라 국립대학의 사무국장 제도가 비슷하게 보이지만, 사무국장의 인사권을 쥐고 있는 정부(교육부)의 눈치를 보게 되는 우리나라의 경우와는 완전히 다르다. 실제로 국립대학의 사무국장은 인사권을 가진 교육부의 눈치를 보느라 대체로 대학의 장이 아닌 국가(교육부)의 지시에 따라 움직이는 경향이 있다(김태호 2016).

국립대학 재정위원회 위원의 임기는 각 대학의 재정회계규정으로 명시하고 있는데, 일반직위원의 경우 교원, 직원, 그리고 외부위원의 임기는 2년으로, 재학생의 임기는 1년으로 제한하고 있다. 재학생위원의 임기를 다른 위원들처럼 2년이 아닌 1년으로 제한한 것은 재학생 대표인 학생회(장)의 임기가 1년인 것을 고려한 것이다. 외부위원은 1회에 한하여 연임될 수 있지만, 실제로 연임된 사례는 아직까지는 없는 것으로 파악되었다.[8]

국립대학 재정위원회의 구성과 그 기능과 관련하여서는 대학의 장에게 거의 절대적인 권한이 부여되는데, 이것이 대학의 민주적 운영을 저해하는 부정적 요인으로 작용할 수도 있다. 재정위원회는 대학 재정에 대한 일종의 '국회'의 역할을 담당하는 기구로서 그 중요성은 굳이 언급할 필요가 없을 정도로 매우 크다. 따라서 국립대학 재정위원회가 중요한 역할과 기능을 충실하게 수행할 수 있도록 재정위원회의 구성에서부터 대학의 장의 권한이 지금에 비해 대폭 축소되어야 할 것이다. 오히려 학내의 여러 구성원들의 다양한 의견을 대변하고 있는 대학평의회나 학칙 기구화된 교수(평의)회에 의해 더 많은 재정위원이 추천될 수 있도록 규정에 명시하고 제도화할 필요가 있다.

짧아 업무의 연속성도 떨어진다는 우려가 있다. 외부위원의 경우는 직종에 따라 전문성을 갖추고 있을지는 몰라도 대학의 구성원이 아니고, 주어진 업무의 양에 비해 지급되는 수당이 많지 않아 대학 재정의 예산 심의, 의결 과정에 얼마나 적극적으로 참여할 수 있을지 의구심이 생긴다.

7. "국립대학 사무국장은 교육부가 파견한 통감인가?" 국교련 성명서(2019년 5월) 참조

8. 재정위원회의 재정위원들 중에서 학생위원과 외부위원에게는 회의 참석 때마다 약간의 회의 참석 수당(매회 최대 15만원 이내)을 지급하고 있지만, 내부 다른 위원들에게는 일체의 수당을 지급하지 않고 있다.

위 표 5.1에 따르면 강원대학교를 제외한 8개 거점국립대학에서 당연직위원 7명과 일반직위원 8명으로 재정위원회를 구성하고 있다.[9] 모든 대학에서 사무국장이 재정위원회의 당연직위원으로 참여하고 있지만, 학교 구성원들의 의견을 대변하는 중요한 역할을 해 온 대학평의회(또는 학칙 기구화된 교수회) 임원을 당연직위원으로 구성하고 있는 대학은 부산대학교, 강원대학교, 경북대학교, 그리고 전남대학교의 4개 대학에 불과하였다. 이는 대학 재정 예·결산에 대한 심의 및 의결 과정이 대학 구성원 다수의 의견이 아닌 언제든 대학의 장과 같은 소수가 원하는 방향으로 진행될 수 있어 매우 우려가 되는 부분이다.

3 국립대학 재정위원회와 대학평의회의 예산 심의 기능

이번 장에서는 국립대학 재정위원회와 대학평의회의 예산 심의 기능에 대하여 논의하도록 하겠다. 먼저 국립대학회계법은 재정위원회의 기능을 다음 표 5.2에 제시된 내용과 같이 규정하고 있다.

표 5.2 국립대학 재정위원회의 기능

⑤ 재정위원회는 다음 각 호의 사항을 심의·의결한다. 다만, 제3호의 사항 중 「고등교육법」 제11조 제1항에 따른 등록금에 대해서는 같은 조 제2항에 따른 등록금심의위원회의 심의로 이를 대신한다.

1. 제5조 제2항에 따른 중·장기 재정운용계획에 관한 사항
2. 제11조 제1항에 따른 대학회계의 예산 및 결산에 관한 사항
3. 제11조 제3항 제1호부터 제4호까지의 규정에 따른 입학금 및 수업료 등(이하 "수업료등"이라 한다)에 관한 사항
4. 제28조에 따른 교육·연구비 등의 지급에 관한 사항
5. 주요 사업의 투자계획에 관한 사항
6. 재정·회계규정의 제정 및 개정에 관한 사항
7. 그밖에 재정 및 회계의 운영에 관한 주요 사항으로서 국립대학의 장이 심의를 요청하는 사항

⑥ 국립대학의 장은 제5항 제2호의 사항에 대한 심의·의결 결과에 반드시 따라야 하며, 그 외의 사항에 대한 심의·의결 결과는 최대한 존중하여야 한다.

⑦ 그밖에 재정위원회의 구성 및 운영 등에 필요한 사항은 교육부령으로 정한다.

재정위원회의 역할과 기능을 규정하는 국립대학회계법에 따르면 국립대학의 장은 국립대학회계법 제8조 제5항 제2호의 사항에 대한 심의·의결 결과에 반드시 따라야 하며, 그 외의 사항에 대한 심의·의결 결과는 최대한 존중하여야 한다고 하고 있다. 용어의 정의에 따르면 의결은 합의체의 기관에서 다수인의 합의에 따라 어떤 사안을 결정하는 것을 의미한다. 하지만 재정위원회의 의결 사항을 대학의 장이 그대로 따르게 하지 않고 '최대한 존중하여야 한다'고 규정하여 최종 의사결정권한은 여전히 대학의 장에게 부여하고 있어, 재정위원회의 의결 기능의 본래 의미에 전혀 맞지 않을 뿐 아니라 대학의 장의 권한을 지나치게 확대하고 있다. 뿐만 아니라 향후 국립대학의 재정위원회와 대학의 장 사이에 권한 분쟁이 일어날 소지도 충분히 있다.[9]

국립대학 재정위원회가 갖게 될 수 있는 또 다른 문제는 재정위원회와 대학평의회의 기능의 충돌이다. 「고등교육법시행령」 제 4조에 따르면 국립대학의 대학평의회가 대학의 예산 및 결산에 대한 심의권을 가질 수 있도록 규정하고 있고, 실제로 국내 대다수의 국립대학에서 대학평의회(학칙 기구화된 교수회, 교수협의회 포함)에 심의권을 부여하고 있는 상황이다. 하지만 국립대학회계법으로 인해 국립대학 재정위원회와 대학평의회의 기능이 일부 충돌하고 있는 실정이다. 실제로 일부 국립대학(예: 부산대학교)에서는 국립대학회계법이 재정위원회 이외 학내 다른 기구에서 대학의 예산과 결산을 심의하는 것을 금지하고 있고, 대학평의회가 예산을 심의하는 것은 행정상 중복된 절차라는 이유로 대학평의회에 대학 재정의 예산 및 결산에 대한 심의권을 부여하고 있지 않아, 학내 구성원 간의 갈등이 발생하고 있다.[10] 하지만 「고등교육법시행령」 제 4조가 대학평의회에 대학 재정의 예산 및 결산에 대한 심의권 부여를 법령으로 허용하고 있고, 대학평의회가 대학 재정의 자율적이고 효율적인 운영을 위해 그간 대학의 예산 및 결산에 대해 심의하는 국회적 기능을 충실히 담당해 온 것을 고려할 때 대학평의회가 이러한 역할을 계속해서 수

9. 국립대학 재정위원회의 심의 및 의결 기능에 대한 자세한 내용은 부록에 제시한 국립대학회계법을 참고할 것.
10. 부산대학교 직장협의회장 의견 참조(부산대학교 학내 게시판 게시 글)

행할 수 있도록 예산 및 결산에 대한 심의권을 부여하는 것은 조속하게 이루어져야 할 것이다. 또한 재정위원회 구성에 있어서도 대학평의회가 추천하는 위원을 반드시 포함하고, 오히려 현재의 수준보다 더 늘려 국립대학 재정의 자율적이고 효율적 운영을 도모하여야 할 것이다.[11.]

다음은 국내 각 거점국립대학교의 대학평의회의 예산심의기능 여부를 간략하게 비교한 표이다. 표 5.3에 따르면 경북대학교, 경상대학교, 전남대학교, 전북대학교, 그리고 충남대학 교 등 총 5개의 거점 국립대학에서만 대학평의회 또는 학칙 기구화된 교수회에 대학 재정에 대한 예산 심의 기능을 부여하고 있다. 부산대학교와 충북대학교의 경우 대학평의회에 심의권이 아닌 의견조회나 자문권을 부여하고 있지만 의견이나 자문 내용에 대한 실행 강제성이 없어서 그 실효성이 매우 작다. 강원대학교와 제주대학교의 경우는 교수평의회에 자문이나 의견조회를 구하지 않고, 오로지 재정위원회에 예산 및 결산에 대한 모든 권한을 부여하고 있다.

표 5.3 국내 거점 국립대학교 대학평의회의 예산심의 기능 여부

	대학평의회예산심의기능	비 고
부산대	×	예,결산에 대한 자문권
강원대	×	-
경북대	O	재정위원회 이전에 교수회 심의를 거침
경상대	O	재정위원회 이전에 대학평의원회 심의를 거침
전남대	O	재정위원회 이전에 대학평의원회 심의를 거침
전북대	O	재정위원회 이후에 대학평의원회 심의를 거침
제주대	×	-
충남대	O	재정위원회 이전에 교수회 심의를 거침
충북대	×	심의가 아닌 ‘의견조회’형식으로 대학본부에서 공문 발송

11. 부산대학교 재정위원회의 한 일반직 위원은 재정위원이 약 2주의 짧은 기간 동안 대학 재정에 관한 방대한 자료를 세세하게 살펴보고, 이를 심의하고 의결하는 것은 현실적으로 매우 어려운 일이라고 하였다. 오히려 대학평의회에서 자료를 사전에 살펴보고 심의하는 절차는 국립대학 재정위원회가 효율적으로 운영되기 위해 절대적으로 필요한 과정이라고 하였다.

4 국립대학의 재정과 재정위원회의 역할과 기능의 한계

이번 장에서는 국립대학의 재정과 재정위원회의 역할과 기능의 한계와 문제점이 무엇인지 유럽 선진국 국립대학의 사례와 비교 논의하도록 하겠다.

「국립대학회계법」은 국내 "국립대학 재정운영의 자율성과 효율성을 제고한다(제1조)"는 것을 가치 명분으로 내세우면서도, 현실은 '공공성'을 확보해야 할 국립대학의 재정을 오히려 매우 열악한 수준으로 치닫게 만들고 있다. 특히, 우리나라의 경우 국립대학에 대한 국가의 재정지원이 50%를 조금 상회하는 수준으로 일본 국립대학의 경우와는 비교조차도 되지 않는 매우 열악한 상황인데도, "국가는 국립대학의 교육 및 연구의 질 향상을 위하여 필요한 재정지원을 할 수 있다"(제4조 제1항)라는 극히 미약한 '보장'만으로 국가의 '책임'을 한정한 것은 국가가 '국립대학의 공공성을 폐기하였다'고 비판받아 마땅할 것이다.[12] 따라서 국립대학의 공공성 확보를 위해서는 대학 재정의 충실성과 재정 확충을 위한 명확한 방안을 국립대학회계법에 구체적 조항으로 명기하는 것이 반드시 필요할 것이다.

앞서 언급하였듯이 「국립대학회계법」이 제정됨에 따라서 각 국립대학에 설치된 재정위원회에 대학 재정의 예·결산에 대한 심의 및 의결권을 부여하고 있다. 대학 재정에 대한 심의 의결권이 재정위원회에 주어졌음에도 불구하고, 실제로 대학재정의 거의 모든 사항을 국립대학회계법으로 규제하고 있어 재정위원회가 자율적이고 독립적으로 결정할 수 있는 사안 또는 권한이 사실상 많지 않다. 즉, 대학 재정 운영의 거의 모든 사항이 국립대학회계법에 의해 통제되고 있는 상황이라고 해도 과언이 아닐 것이며, 이는 재정위원회의 역할과 기능이 매우 제한적임을 단적으로 보여주는 것이다(신경철 외 2007).

---

12. 핀란드 정부는 핀란드를 세계 수준의 지식 사회공동체로 개발하기 위해 다양한 연구개발(R&D) 프로젝트에 국가 전체 GDP의 약 4%를 투자하고 있고, 그 결과 대학교육의 질이 높아져 R&D분야에서 괄목할만한 성장을 이루어낼 수 있었다. 핀란드 대학이 우수한 교육을 제공할 수 있었던 것은 핀란드의 대학이 정부의 간섭이나 통제에서 완전히 벗어나 오로지 교육과 연구에만 집중하여 질 높은 교육을 제공할 수 있었기 때문에 가능했던 결과라고 평가되고 있다. 이것은 행, 재정적 지원과 연계하여 대학, 특히 국립대학의 운영에 직, 간접적으로 간섭하거나 통제하려는 국내의 상황과 크게 대비되는 점으로, 핀란드 대학의 사례가 국내 국립대학의 발전과 대학의 역할에 대해 시사하는 바가 무엇인지 생각해 볼 필요가 있다(김태호 2016).

국내 국립대학의 재정은 크게 대학회계, 산단회계, 그리고 발전기금의 세 종류로 구분되어 운용되고 있지만, 실제로는 대학의 모든 재정은 일단 대학회계로 편입되었다가 다시 지출되는 구조로 이루어져 있다. 우리나라에서는 국립대학 대학회계의 예산 및 결산에 관한 모든 사항이 교육부(국가)의 최종 승인을 받아야만 하는 구조로 되어 있어, 사실상 교육부(국가)가 국립대학회계법을 명목으로 국립대학 재정에 대한 철저한 감시와 통제를 하고 있다. 즉, 대학의 재정위원회가 교육부의 간섭이나 통제를 받지 않고 독립적으로 대학의 예산을 편성하고 집행할 수 있는 자율권을 갖고 있지 않다는 것을 의미한다. 이는 국립대학회계법과 재정위원회의 본래 설치 목적과는 다르게 대학의 존립 기반인 학문의 자유와 대학 운영의 자율성이 심각하게 침해되고 있는 것을 단적으로 보여주는 것이다.

유럽의 선진 국가인 프랑스와 핀란드 국립대학의 재정 및 의사결정구조에 대한 다양한 연구 사례를 살펴보면 우리나라와 달리 국가가 국립대학에 간섭이나 통제 없는 재정지원을 하여 대학 운영의 자치 및 자율성을 보장하고, 대학 구성원 스스로가 자율적이고 독립적으로 대학 재정의 계획 및 집행 과정에 참여하는 시스템이 대체로 잘 운영되고 있었다(김태호 2016, 이용재 2016). 예를 들면, 핀란드의 모든 국립대학은 교육부 산하에 있어 대학 운영에 필요한 전체 예산의 약 2/3 정도를 교육부에서 지원받아 운영되고 있음에도 불구하고, 교육과 연구 활동을 비롯한 학교운영상의 자율권은 철저하게 보장하고 있다(헬싱키대학교 김정영 교수 인터뷰). 핀란드 모든 국립대학의 운영은 임기 5년의 총장이 의장으로 있는 대학운영위원회(University Administrative Council)에서 전담하고 있는데, 이 위원회는 대학 운영에 필요한 주요 전략을 수립하고 대학의 각종 사업을 수행하는데 필요한 예산을 계획하고 집행하는 역할을 하고 있다(김태호 2016). 핀란드에서는 학문의 자유와 대학의 자율성이 절대적으로 존중되고, 정부는 대학에 재정적 지원은 하지만, 대학 운영에는 간섭하지 않는다는 것을 고등교육의 대원칙으로 삼고 있다. 즉, 핀란드에서 대학의 자율성은 대학이 존재하는 기본 토대이며, 대학이 교육과 연구를 수행할 수 있게 하는 기초가 되므로 정부는 대학이 발전할 수 있도록 여러 측면에서 적극적인 지원을 하지만, 대학의 자율을 절대적으로 존중하고 대학 운영에는 전혀 간섭을 하지 않고 있다(김정영교수 인터뷰, 김태호 2016).

핀란드의 모든 국립대학은 부족한 운영 예산을 충당하기 위해 다양한 곳에서 외부 지원금을 유치하고 있다. 이는 우리나라의 국립대학이 발전기금과 연구사업비 수주를 위해 대학 운영 예산을 충당하려고 하는 상황과 크게 다르지 않다. 다만, 핀란드 대학의 경우는 대학이 자체적으로 자산을 운용하여 낸 수익금을 대학 운영 예산에 포함시켜 자율적으로 사용할 수 있는 반면에, 우리나라의 경우에는 국립대학의 모든 수익금이 국가로 귀속되는 체계로 인해 대학의 수입금을 대학 운영 예산에 자율적으로 사용할 수 없는 한계가 있다. 한 마디로 국내 국립대학의 재정구조는 핀란드 국립대학의 경우와 달리 교육부에 전적으로 종속된 구조라고 할 수 있다.

프랑스 국립대학의 의사결정과 재정회계 구조도 핀란드 국립대학의 경우와 비슷하다. 프랑스 대학은 독립적인 학문연구와 교육활동을 위한 대학의 자율적 운영을 기본 가치로 견지하고 있어, 정부는 대학에 재정적 지원을 하지만 대학의 자율적 운영을 전적으로 존중하고 대학 운영에 간섭하지 않는 것을 대원칙으로 하고 있다. 프랑스 국립대학의 경우 독자적인 재정 활동이 가능하고, 대학의 의사결정체제와 집행체제는 국립대학으로서의 공공성을 확보하고 효율적인 의사결정이 가능하도록 법령에 의해 제도화되고 체계적으로 정비되어 있다(황보은 2005). 프랑스 대학은 최고 의사결정기구로 대학의 행정위원회(Conseil d'Administration)를 두고 있는데, 이는 국내의 대학평의회에 해당되는 의사결정기구이다. 대학 행정위원회는 대학의 다양한 그룹을 대표하는 사람들로 구성되며, 위원회의 장인 총장은 행정위원회가 심의하고 결정한 내용을 존중하고 대부분 수용하여 프랑스 국립대학은 민주적인 의사결정구조에 의해 운영되고 있다고 할 수 있다(이용재 2016).

핀란드와 프랑스와는 달리 국내 대학의 경우는 대학의 장인 총장이 재정위원회의 당연직위원의 대부분을 지명하여 총장 1인에 의해 재정위원회가 독단적으로 운영될 수 있는 문제의 소지가 있다(이용재 2016, 이용일 외 2006). 따라서 우리나라도 핀란드와 프랑스 국립대학의 우수 사례를 참고하여 국립대학 재정위원회에 재정 운영에 대한 완전한 자율성을 부여하여, 국립대학 재정의 효율적 운영이 가능하도록 해야 할 것이다. 이러한 과정을 통해서만 국립대학재정회계법의 제정 취지인 국립대학의 공공성이 확보되고, 국립대학이 국가에 이바지 할 수 있는 우수한 인재를 배출할 수 있는 대학으로 거듭날 수 있을 것이다. 이를 위해 국가도, 대학의 장도 재정위원회가 감시와 통제에서 완전히 독립하여 자율적으로 운영이 될 수 있도록 행정적, 재정적 지원을 아끼지 말아야 할 것이다.

국내 국립대학 재정위원회의 역할과 기능의 한계가 무엇인지 명확하다. 핀란드와 프랑스의 국립대학의 경우와는 달리 우리나라의 경우는 대학 의사결정 권한이 대학의 장인 총장 1인에게 집중되어 있어, 대학이 총장의 독단적인 결정에 의해 운영될 수 있는 위험적인 요인이 있다. 그럼에도 불구하고, 국립대학 재정위원회의 구성 및 재정위원의 임명과 위촉이 대학의 장인 총장에 의해 이루어지고 있어 재정위원회가 본래의 기능을 독립적이고 자율적으로 수행하지 못하고 자칫 총장의 거수기 역할을 하는 수준의 학내 기구로 전락할 수 있는 위험의 소지가 있다. 따라서 재정위원회가 대학의 자율적 재정운영을 위한 기구의 역할을 제대로 수행할 수 있도록 재정위원회의 구성 및 위원임명에서부터 총장의 권한을 대폭 축소하고, 오히려 대학의 다양한 구성원들의 의견을 대변하는 대학평의회(또는 학칙 기구화된 교수회)가 추천하는 학내 인사를 재정위원으로 추가해야 한다.

또한, 국립대학회계법에 따르면 국립대학의 장은 회계연도마다 세입・세출예산안을 편성하여 회계연도 개시 40일 전까지 재정위원회에 제출하여야 하고, 재정위원회는 세입・세출예산안을 회계연도 개시 10일 전까지 심의・의결하여야 한다. 이는 재정위원회의 위원이 방대한 양의 세입・세출예산안을 검토할 수 있는 실질적인 시간이 불과 2주 정도에 불과하여 재정위원회에서 위원들의 적극적인 역할을 기대하기는 사실상 매우 어렵다는 것을 방증하는 것이다. 따라서 대학평의회 또는 학칙 기구화된 교수회에 예산 심의 기능을 부여하는 것은 재정위원회가 그 역할을 다하기 위해서라도 꼭 필요한 것이다.

5 결론

반값등록금 문제가 기성회비 반환 소송으로 인해 국립대학의 회계 설치 및 재정 운영에 관한 법률(약칭: 국립대학회계법)이 제정되었고, 이에 따라 국내 각 국립대학에 대학의 재정을 관할하는 재정위원회가 설치되어 대학재정의 예산 및 결산에 관한 사항을 심의 및 의결하도록 하고 있다. 국립대학회계법은 본래 국립대학 재정 운영의 자율성과 효율성을 높여 국립대학의 공공성과 사회적 책임성을 확립하고, 더 나아가 국립대학이 학문 발전과 인재 양성 및 국가 균형 발전에 이바지하게 하는 것을 목적으로 제정되었다. 하지만 국립대학 재정운영에 관한 전반 사항을 법으로 지나치게 규제하고 있어 국립대학의 재정운영의 자율성과 효율성 확보라는 원래의 취지가 무색해지고 있는 실정이다. 이에 본 연구에서는 국립대학회계법에 따라 국내 각 국립대학에 설치된 재정위원회의 설치·운영에 관한 규정을 살펴보고, 재정위원회의 기능과 한계점이 무엇인지 고찰하고자 하였다.

재정위원회는 11명 이상, 15명 이하의 당연직위원과 일반직위원으로 구성되고, 일반직위원을 과반수로 하고 있다. 당연직위원에 관한 사항은 대학의 장이 제정하는 「재정회계규정」에 전적으로 일임함으로써 대학의 장이 원하는 인사를 당연직위원으로 임명하여 재정위원회를 구성할 수 있게 하고 있다. 실제로 국내 모든 거점국립대학에서 총장이 임명한 대학본부 주요 보직자가 당연직위원으로 참여하고 있어, 대학의 예산 심의·의결기구와 집행기구가 분명하게 구분되고 있지 않은 실정이다. 이는 재정위원회가 자율적이고 독립적으로 운영되지 못하고, 그 기능과 역할이 축소되어 자칫 총장의 거수기 역할을 하는 수준으로 전락할 가능성이 매우 우려가 되는 부분이다. 뿐만 아니라, 조사 대상의 모든 거점국립대학에서 대학 예산 편성의 당사자인 사무국장이 당연직위원으로 재정위원회에 참여하고 있는데, 이는 재정위원회가 대학의 예산과 결산에 대한 심의 및 의결 기능을 원활하게 수행할 수 없게 될 수 있는 매우 중대하고 심각한 문제이다. 따라서 국립대학의 재정위원회가 원래의 설치 목적에 맞게 자율적이고 독립적으로 운영되기 위해서는 그 구성에서부터 대학의 장인 총장의 권한을 대폭 축소하고, 대학 예산 편성의 당사자인 사무국장을 재정위원으로 임명하지 않는 과정을 통해 재정위원회의 역할과 기능을 명확하게 할 필요가 있다.

국립대학의 재정위원회가 대학 재정의 예, 결산에 대한 심의 및 의결권을 가지고 있지만, 대학 재정의 모든 사항이 국립대학회계법에 따라 결정되어 재정위원회가 독립적으로 할 수 있는 권한이 거의 없어, 사실상 국립대학의 예산과 결산에 대한 최종 승인권자인 교육부에 의해 대학에 대한 보이지 않는 감시와 통제가 이루어지고 있다. 따라서 유럽의 핀란드나 프랑스 국립대학의 경우처럼 국가의 간섭이나 통제 없는 재정지원을 통해 국립대학의 자치 및 자율성을 보장하고, 대학 구성원이 독립적이고 자율적으로 참여하는 재정운영 시스템을 구축할 필요가 있다. 예전처럼 대학평의회에 예산 심의 기능을 부여하는 것은 오히려 재정위원회가 그 역할을 다하기 위해서라도 반드시 필요하다.

무엇보다도 국립대학회계법의 제정 취지를 살리기 위해서는 유럽의 선진국인 핀란드와 프랑스, 이웃국가인 일본의 경우처럼 국립대학에 대한 간섭이나 통제가 없는 정부지원의 확대 조치가 우선적으로 이루어져야 할 것이다. 특히, 각 대학의 재정위원회가 편성한 예, 결산안에 대한 승인 여부를 교육부가 대학을 감시 및 통제하는 수단으로 삼지 말아야 할 것이다. 이러한 것들이 보장될 때 비로소 국립대학이 자율적이고 효율적으로 운영될 수 있을 것이며, 이것이 국립대학이 공공성과 사회적 책임성을 확립하고 학문의 발전과 인재 양성 및 국가 균형 발전에 이바지할 수 있게 하는 길이라 생각한다.

참고문헌

권오현, 2019. 국립대학 사무국장 제도의 변천 및 문제점과 개선 방안. 국립대학 발전 및 보수 체계 개선을 위한 특별위원회 연구 보고서. pp.89-113.

김상무. 2009. 독일 대학의 자율성 확대를 위한 개혁 동향의 비판적 고찰. 비교교육연구, 19권 3호, 272-302.

김훈호, 2014.「대학 재정지원 정책과 대학의 재정구조 분석」, 서울대학교 박사학위 논문.

김태호, 2016. 핀란드 국립대학의 의사결정과 재정회계구조에 대한 소고. 동서인문, 6호, pp. 243-272.

김태호, 2019. 국립대학 재정위원회의 기능과 한계. 국립대학 발전 및 보수 체계 개선을 위한 특별위원회 연구 보고서. pp.79-88.

변기용, 강현선, 권소연, 2011. 「국립대학 학내 거버넌스 변천과정분석」 한국교육학 연구 17권 1호, pp.121~155.

신경철, 김명진, 박환보, 2007. 「대학의 자율성에 관한 정부 및 대학 간의 인식 차이」, 교육행정학연구 25권 3호,pp.243~269.

이명균, 2007. 「대학의사결정구조개선방안연구」, 대학교육 제 147권, pp.117~122.

이영환, 김신복, 2011. 「선진국 주요 국공립대학법인의 지배구조 비교분석」, 행정논총 49권3호, pp. 223~250.

이용일, 윤종건, 이시우, 고전, 이명균, 이덕난. 2006. 대학 의사결정구조 개선 방안 연구. 정책연구 120집, pp. 213-217. 한국교원단체 총연합회.

이용재, 2016. 대학의 자유와 자율에 대한 성찰 - 부산대학과 파리대학 사례를 중심으로. 동서인문, 6호, pp. 217-242.

이영환, 김신복. 2011. 선진국 주요 국공립대학법인의 지배구조 비교분석, 행정논총 49권 3호, 223-250.

황보은, 2005.「국립대학 지배구조에 관한 비교연구: 한국과 프랑스 국립대학을 중심으로」, 교육인적자원부 국외훈련 보고서.

황홍규, 2010.「대학의 법적 거버넌스에 관한 비교 연구 - 일본, 미국, 독일 및 영국-」, 교육법학연구, 22권 1호, pp.199~234.

국립대학의 회계 설치 및 재정 운영에 관한 법률(약칭: 국립대학회계법). [시행 2016.1.1] [법률 제13217호, 2015.3.13. 제정]

핀란드 헬싱키대학 세계문화학과 동아시아학전공 김정영 교수 인터뷰. 2014년 12월 19일, 경희대학교 서울캠퍼스.

부록

국립대학의 회계 설치 및 재정 운영에 관한 법률(약칭: 국립대학회계법)
[시행 2016.1.1] [법률 제13217호, 2015.3.13. 제정]

제2장 재정위원회

제8조(재정위원회의 설치 · 운영) ① 국립대학에 재정 및 회계의 운영에 관한 주요 사항을 심의 · 의결하기 위하여 재정위원회를 둔다.

② 재정위원회의 위원은 11명 이상 15명 이하로 하고 그 정수는 재정 · 회계규정으로 정하며, 당연직위원과 일반직위원으로 구성한다. 이 경우 일반직위원을 과반수로 한다.

③ 재정위원회의 당연직위원은 재정 · 회계규정으로 정하고, 일반직위원은 다음 각 호의 사람 중에서 재정 · 회계규정으로 정하는 추천 절차를 거쳐 국립대학의 장이 임명 또는 위촉한다. 이 경우 일반직위원은 제1호에 따른 교원, 직원, 재학생을 각각 2명 이상 포함하여야 하며 해당 대학의 장은 일반직위원이 될 수 없다.

1. 해당 대학에 재직 중인 교원 · 직원 및 재학생
2. 해당 대학의 발전에 기여한 사람
3. 그밖에 학교경영에 필요한 전문성과 경험이 있는 사람

④ 재정위원회의 위원장은 일반직위원 중에서 호선한다.

⑤ 재정위원회는 다음 각 호의 사항을 심의 · 의결한다. 다만, 제3호의 사항 중 「고등교육법」 제11조 제1항에 따른 등록금에 대해서는 같은 조 제2항에 따른 등록금심의위원회의 심의로 이를 대신한다.

1. 제5조 제2항에 따른 중 · 장기 재정운용계획에 관한 사항
2. 제11조 제1항에 따른 대학회계의 예산 및 결산에 관한 사항
3. 제11조 제3항 제1호부터 제4호까지의 규정에 따른 입학금 및 수업료 등(이하 "수업료 등"이라 한다)에 관한 사항
4. 제28조에 따른 교육 · 연구비 등의 지급에 관한 사항
5. 주요 사업의 투자계획에 관한 사항
6. 재정 · 회계규정의 제정 및 개정에 관한 사항
7. 그밖에 재정 및 회계의 운영에 관한 주요 사항으로서 국립대학의 장이 심의를 요청하는 사항

⑥ 국립대학의 장은 제5항 제2호의 사항에 대한 심의 · 의결 결과에 반드시 따라야 하며, 그 외의 사항에 대한 심의 · 의결 결과는 최대한 존중하여야 한다.

⑦ 그밖에 재정위원회의 구성 및 운영 등에 필요한 사항은 교육부령으로 정한다.

제9조(회의록의 작성 및 공개) ① 재정위원회는 다음 각 호의 사항을 기재한 회의록을 작성하여야 한다.

1. 개의·회의중지 및 산회의 일시
2. 안건
3. 의사
4. 출석한 위원과 교직원의 성명
5. 표결수
6. 그밖에 위원장이 필요하다고 인정하는 사항

② 회의록에는 출석위원 전원이 그 성명을 알 수 있도록 자필로 서명하고, 그 회의록이 2매 이상인 경우에는 간(間)서명하여야 한다. 다만, 재정위원회는 출석위원 중 3인을 호선하여 회의록에 대표로 간(間)서명 또는 간(間)인하게 할 수 있다.

③ 회의록은 공개하여야 한다. 다만, 교육부령으로 정하는 사항에 대해서는 재정위원회의 의결로 공개하지 아니할 수 있다.

④ 그밖에 공개기간·절차 등 회의록의 공개에 필요한 사항은 교육부령으로 정한다.

제10조(결격사유) ①「국가공무원법」 제33조 각 호의 어느 하나에 해당하는 사람은 재정위원회의 위원으로 선임될 수 없다.

② 재정위원회의 위원이「국가공무원법」 제69조 각 호의 어느 하나에 해당하게 된 때에는 위원의 직에서 당연히 퇴직한다.

06

국립대학 사무국장 제도의 변천 및 문제점과 개선 방안

권오현 교수(경상대학교)

I 머리말

"국립대학 사무국장은 교육부가 파견한 통감같이 행세한다." 국립대학 교수들이 사무국장을 바라보는 부정적인 시선을 단적으로 드러내는 표현이다. 사무국장은 엄연히 각 국립대학에 소속된 직원으로 고등교육법에 따르면 교무(校務)를 총괄하고, 소속 교직원을 감독하는 총장의 명을 받아 업무를 수행해야 한다.[1] 하지만 현실은 그렇지 않다. 사무국장의 임용은 교육부 장관에 의해 이루어지며, 총장이 관여할 수 있는 여지가 없다. 사무국장에 임용되는 인사는 대부분 교육부 출신의 고위 관료로 총장의 명을 듣기보다는 교육부의 지시를 각 대학 총장들에게 전달하고 이행을 요구하는 역할에 충실한 경우가 많았다. 교육부는 사무국장들을 활용하여 국립대학을 통제해 왔으며, 사무국장 회의에서 교육부가 지시한 사항이나 결정된 내용이 국립대학의 운영에 실질적인 영향을 주고 있다. 이와 같은 상황은 분명히 대학의 자율성에 대한 침해이며, 국가 기관의 대학에 대한 간섭

1. 고등교육법 제15조(교직원의 임무) ① 총장 또는 학장은 교무(校務)를 총괄하고, 소속 교직원을 감독하며, 학생을 지도한다. 총장의 교무총괄권에 대해서는 총장전권형의 의사 결정 체제를 정당화하는 것이라는 비판이 존재한다. 교육부는 종래 일부 국립대학에서 대학평의원회나 교수평의원회 등이 실질적인 의결 기구의 역할을 수행하는 것에 대해 총장의 교무총괄권을 이유로 위법하다는 입장을 견지해 왔다. 하지만, 정작 교육부 관료 출신의 사무국장들은 교무총괄권을 인정하지 않고 총장의 명령이나 지시에 따르지 않는 행태를 보이는 경우가 많았다.

이라 할 수 있다.

사무국장 제도는 1953년 4월 20일 제정된 「국립학교설치령」에 따라 국립대학교에 사무국을 두고 사무국장에 "리사관 또는 서기관"을 임명하게 하면서 법제화되었다.[2] 이후 여러 차례 관련 법령이 개정되었지만, 사무국장의 역할은 기본적으로 큰 변화가 없었다. 국립대학 사무국장은 대학 행정 중에서 재무 관리, 시설 관리, 전문직을 제외한 모든 직원의 인사 관리 등 일반 행정 업무를 총괄하는 책임자로서 중요한 역할을 담당하고 있다. 대학의 효율적 운영과 발전을 위해서는 대학의 특성을 잘 이해하고 전문성을 가진 인물을 사무국장으로 임명하고, 안정적인 여건에서 최대한의 능력을 발휘하도록 하는 것이 필요하다. 그러나 실상은 그렇지 못한 경우가 많았다. 사무국장의 임명 방식과 절차, 보임 기간, 역할 등에서 많은 문제점이 지적되어왔고, 일부 대학에서는 사무국장이 물의를 일으키고 학내 갈등을 조장하는 등 오히려 대학 발전의 걸림돌이 되는 경우도 보인다. 과거 정부에서도 이러한 사무국장 제도의 문제점에 대해 인식하고 제도 개선을 약속하기도 했으나 결국 흐지부지되고 말았다.

현재, 대입 자원의 격감과 재정 악화 등의 위기 속에서 4차 산업혁명 시대를 대비해야 하는 상황에 비추어 볼 때, 대학의 재원과 시설을 적절히 관리하고 발전시킬 수 있는 역량을 가진 사무국장의 역할이 더욱 중요해지고 있다. 촛불혁명에 의해 탄생한 문재인 정부에서는 과거의 적폐인 사무국장 제도를 대학의 자율성을 보장하는 방향으로 근본적으로 개선해야 한다는 요구도 점차 고조되고 있다. 국립대학 사무국장 제도의 개선은 더 이상 미룰 수 없는 중요한 과제인 것이다. 따라서 이 글에서는 먼저 국립대학 사무국장 제도의 역사적 변천 과정을 살펴보고, 이어서 문제점과 개선 방안 등에 대해 검토하고자 한다.

---

2. 현행 국립학교설치령에 의하면 국립대학 중에서 교육대학과 전문대학에는 사무국을 두지 않고 대신에 총무과를 두어 총무과장이 사무국장과 동일한 업무를 수행하도록 하고 있다. 이 글에서는 양자의 차이를 구분하지 않고 사무국장 제도라는 용어로 포괄하여 다루었다.

Ⅱ 사무국장 제도의 역사적 변천 과정

국립대학 사무국의 위상과 사무국장의 직급, 임용 방식, 분장 사무 등에 대해 직접적으로 규정하고 있는 것은 「국립학교설치령」이다. 1953년 4월 20일 제정된 「국립학교설치령」 제9조에서는 “국립대학교에 사무국과 교학국을 둔다. 사무국장은 리사관 또는 서기관으로써 보하고 교학국장은 교수로서 보한다.”고 하여, 사무국장 제도가 처음으로 법제화되었다. 또한, 동령 제10조에서는 “사무국에 총무과와 경리과를 둔다. (중략) 총무과는 기밀, 관인관수, 인사, 문서, 법령례규, 통계, 직원의 후생과 타국과에 속하지 않는 사항을 분장한다. 경리과는 예산, 결산, 회계, 용도, 영선과 재산관리에 관한 사항을 분장한다.”고 하여 사무국장이 담당하는 역할이 인사 관리(교원을 포함), 재정 관리, 시설 관리 등 일반적인 행정 업무를 포괄하는 것임을 명시하고 있다. 그렇다면 이후 「국립학교설치령」 개정에 따라 사무국의 위상과 사무국장의 직급, 분장 사무, 임용 방식 등은 어떻게 변화하였는가?

1 사무국의 위상 변화

먼저 사무국의 위상 변화를 표로 제시하면 다음과 같다.

표 6.1 「국립학교설치령」 제 · 개정에 따른 사무국의 위상 변화

제 · 개정	부처의 순서
1953.4.20.	사무국 - 교학국
1959.1.13.	서울대(교무처 - 학생처 - 사무국), 기타(교학처 - 사무국)
1969.8.11.	교무처 - 학생처 - 사무국
1975.2.28	사무국 - 교무처 - 학생처
1985.2.28.	교무처 - 학생처 - 사무국
1991.2.28.	교무처 - 학생처 - 기획실 - 사무국
1992.3. 6.	교무처 - 학생처 - 기획연구실 - 사무국
2001.3. 2.	사무국과 별표 6의 범위 안에서 처 및 실 설치(분장 사무는 학칙에 정함)
2006.2.28.	사무국 · 행정본부(강원대학교 및 전남대학교)와 별표 6의 범위 안에서 처 및 실 설치(분장 사무는 학칙에 정함)
2008.2.14	사무국 · 행정본부(강원대학교 · 경북대학교 및 전남대학교)와 별표 6의 범위 안에서 처 및 실 설치(분장 사무는 학칙에 정함)

「국립학교설치령」이 처음 제정되었을 때 설치된 하부 조직은 사무국과 교학국으로 사무국이 선임 부서로서의 위상을 갖고 있었다. 1959년 1월 13일 개정에 따라 교학국의 명칭이 교학처(서울대학교는 교무처)로 바뀌었고 사무국 대신에 선임 부서가 되었다. 당시 교육과 연구, 학생에 대한 사무를 담당했던 교학처를 선임 부서로 한 것은 대학의 본질적인 임무를 고려한 조처였다고 생각된다. 1969년 8월 11일 개정에서는 국립대학교 전체에 학생처가 신설되면서 교무처, 학생처, 사무국의 순서로 하부 조직이 정비되었다.

하지만, 1975년 2월 28일 개정에서 사무국, 교무처, 학생처로 순서가 바뀌면서 사무국이 다시 선임 부서가 된다. 개정 당시의 시대적 상황은 재야 세력과 대학생 등에 의한 유신 헌법 철폐와 민주주의 회복을 요구하는 활동이 격렬하게 전개되고 있었다.[3] 정권 유지를 위해 대학에 대한 통제와 감시를 강화할 필요가 있었고, 그에 따라 사무국을 선임 부서로 개편한 것으로 보인다. 동 개정에서는 같은 맥락에서 학생처의 하부 조직을 종전의 장학과, 지도과에서 학생과, 후생과, 상담지도관으로 개편하였다. 상담지도관에는 교육연구관을 임명하였고 학생의 행사, 자치 기구의 운영과 과외 활동, 개별·집단지도, 상담, 취업 지도, 상벌 및 학생생활연구소에 관한 사항을 분장하도록 해 학생들에 대한 통제와 감시 역할을 담당하였다.[4]

사무국의 위상이 다시 바뀌게 되는 것은 1985년 2월 28일 개정에서이다. 국립대학교 하부 조직의 순서가 교무처, 학생처, 사무국의 순서로 환원된 것이다. 이것은 전두환 정부가 86아시안게임과 88올림픽의 성공적인 개최를 위해 1984년 이후 학원자율화 시행, 정치인 해금 조치 등의 유화 정치를 실시하는 가운데 대학에 대한 통제를 완화하는 조처의 일환으로 이루어진 것이라 해석할 수 있다.

1990년대 이후 신자유주의 정책이 본격적으로 도입되면서 대학 간의 경쟁이 치열해졌

---

3. 1974년 후반기에 들어 천주교 정의구현사제단 결성, 문학인 101인 선언 발표, 민주회복국민회의 결성, 동아일보 광고 투쟁 등이 이어지면서 박정희 정권의 위기감은 고조되었다. 이런 상황을 정면 돌파하기 위해 박정희 대통령은 1975년 2월 유신헌법 찬반과 대통령의 재신임 여부를 묻는 국민투표를 실시해 74.4%의 찬성률(79.8% 투표율)로 가결되었다. 하지만, 박정희 정권과 유신헌법에 반대하는 투쟁은 더욱 치열하게 전개되어 동아일보와 조선일보 기자 해직 사태, 연세대·서울대 등 서울시내 4개 대학 학생들의 교내 시위, 긴급조치 7호 발동과 고려대학교 휴교 사태, 서울대생 김상진 할복 사건 등이 이어졌다.

4. 상담지도관은 1980년 4월 17일 개정에 따라 장학담당관으로 바뀌게 되고 그 역할도 장학금 급여, 학생취업 지도·해외유학 및 여행, 학생저축 및 금고관리, 기타 장학에 관한 사항으로 변경된다.

고, 각 대학이 행정 조직을 융통성 있게 개편할 필요성이 대두되었다. 이에 따라 2001년 3월 2일 개정에서는 사무국을 제외한 나머지 처 및 실에 대해 정해진 숫자의 범위 내에서 각 대학에서 자율적으로 설치하고 그 분장 사무는 학칙으로 정하도록 규정하였다.[5] 이처럼 다른 처 및 실의 설치는 대학 자율에 맡기면서 사무국만은 법령으로 명시해 반드시 설치하게 한 것은 사무국을 통한 대학 통제의 의도를 의심하게 된다. 그리고 법령 조문에서 "사무국과 별표 6의 범위 안에서 처 및 실"을 둔다고 규정하여 사무국이 가장 앞에 제시되고 있지만, 사무국이 선임 부서의 위상을 가진 것이라고 보기는 어렵다. 현재 대부분 국립대학의 학칙에서 사무국은 교무처, 학생처, 기획처 다음에 배치되어 있다.

한편, 2006년 2월 28일 개정에서는 강원대와 전남대에 사무국 대신에 행정본부가 설치되었고, 2008년 2월 14일 개정에서는 경북대에도 사무국 대신에 행정본부가 설치되었다. 이와 같은 변화는 강원대, 전남대, 경북대가 각각 삼척대, 여수대, 상주대와 통합하게 되면서 대학의 행정 조직을 재정비하는 가운데 이루어진 것이다.

2 사무국장의 직급 변화

다음으로 국립대학 사무국장에 보임할 수 있는 직급의 변화를 표로 제시하면 다음과 같다.

「국립학교설치령」 제정 당시 국립대학의 사무국장은 리사관(이사관) 또는 서기관으로 임명하게 되어 있었다. 이와 같은 사무국장의 직급은 당시의 분류에 따르면 리사관은 2급, 서기관은 3급 갑류에 해당하는 것이다.[6] 현재의 기준으로 보면 리사관은 2급 또는 3급 공무원, 서기관은 4급 공무원에 해당한다고 얘기할 수 있다.

1962년 2월 17일 개정에서는 사무국장에 리사관 또는 행정부리사관을 임명하는 것으

5. 이와 같은 개정 사유에 대해서는 "국립대학의 행정조직을 감축하고 하부조직 및 부속시설 설치·운영의 자율성을 확대함으로써 대학의 고비용·저효율 구조를 개선하고 책임 행정 체제를 구축하며, 그 밖에 현행 제도의 운영상 나타난 일부 미비점을 개선·보완하려는 것임."이라고 설명하고 있다.

6. 1949년 11월 5일에 제정된 「공무원 임용령」에 의하면 일반직 공무원의 직급은 1급 공무원, 2급 공무원(이사관), 3급 공무원 갑류(서기관), 3급 공무원 을류(사무관), 4급 공무원(주사), 5급 공무원(서기)의 6등급으로 나누어져 있었다.

표 6.2 국립대학 사무국장의 직급 변화

제 · 개정	직급
1953.4.20.	리사관 또는 서기관
1962.2.17.	행정리사관 또는 행정부리사관
1975.2.28	이사관 또는 부이사관
1991.8.16.	이사관 · 부이사관 또는 서기관
2004.10.29.	이사관 · 공업이사관 · 시설이사관 · 부이사관 · 공업부이사관 · 시설부이사관 · 서기관 · 공업서기관 · 시설서기관 · 사서서기관 또는 임업서기관 *산업대학도 사무국을 총무과 대신에 설치
2006.2.28.	사무국장(이사관 · 부이사관 · 서기관 · 기술서기관) 행정본부장(부이사관 · 서기관 · 기술서기관 · 교육행정사무관 · 사서사무관 · 기계사무관 · 전기사무관 · 토목사무관 · 건축사무관 또는 전산사무관)
2006.6.30	사무국장(고위공무원단에 속하는 일반직공무원 · 부이사관 · 서기관 또는 기술서기관) 행정본부장(부이사관 · 서기관 · 기술서기관 · 교육행정사무관 · 사서사무관 · 기계사무관 · 전기사무관 · 토목사무관 · 건축사무관 또는 전산사무관)
2007.2.28.	사무국장(고위공무원단에 속하는 일반직공무원 · 부이사관 · 서기관 또는 기술서기관) 행정본부장(부이사관 · 서기관 · 기술서기관 · 교육행정사무관 · 사서사무관 · 공업사무관 · 시설사무관 또는 전산사무관)
2009.2.27.	사무국장(고위공무원단에 속하는 일반직공무원 · 부이사관 · 서기관 또는 기술서기관) 행정본부장(부이사관 · 서기관 · 기술서기관 · 행정사무관 · 사서사무관 · 공업사무관 · 시설사무관 또는 전산사무관)

로 바뀌게 된다. 이것은 1961년 4월 15일 「공무원임용령」의 개정에 따른 직급과 직종 구분의 변화를 반영한 것이다. 개정된 「공무원임용령」에서는 공무원의 직급을 1급을 제외한 2급부터 5급까지는 모두 갑류와 을류로 분류하고 있다. 그리고 2급 이하 일반행정직에 대해서는 행정이사관, 행정부이사관, 행정서기관, 행정사무관, 행정주사, 행정주사보, 행정서기, 행정서기보라는 명칭을 사용하였다.[7] 행정이사관은 2급 갑류, 행정부이사

---

7. 1급에 대해서는 별도의 명칭을 부여하지 않고 해당 직위만을 열거하였고, 일반행정직의 경우 2급 갑류는 행정이사관, 2급 을류는 행정부이사관, 3급 갑류는 행정서기관, 3급 을류는 행정사무관, 4급 갑류는 행정주사, 4급 을류는 행정주사보, 5급 갑류는 행정서기, 5급 을류는 행정서기보로 칭하였다. 일반행정직의 1급에 대해서는 1963년 5월 29일 개정된 「공무원임용령」에서 행정관리관이란 명칭을 부여하였다. 이와 같은 1 - 5급(갑류, 을류)의 체계는 1981년 5월 31일 개정된 「국가공무원법」에 따라 현재와 같은 1 - 9급의 체계로 개편되었다.

관은 2급 을류로 현재의 기준으로 보면, 각각 2급과 3급 공무원에 해당하는 것이다.

1975년 2월 28일 개정된 「국립학교설치령」에서 사무국장의 해당 직급 명칭은 다시 이사관 또는 부이사관으로 바뀌게 된다. 이것은 1970년 12월 31일 개정된 「공무원임용령」에서 행정관리관, 행정이사관, 행정부이사관, 행정서기관에 대해 "행정"이란 용어를 삭제해 관리관, 이사관, 부이사관, 서기관으로 변경한 것을 반영한 것으로 명칭 이외에 실질적인 직급상의 변화는 없었다고 할 수 있다.

1991년 8월 16일 개정에서는 사무국장에 임용될 수 있는 직급을 이사관·부이사관 또는 서기관으로 변경하였다. 이렇게 개정한 이유는 같은 날 개정 시행된 「지방교육행정기관직제」에서 서울특별시 및 부산직할시 교육청 이외의 각 시도교육청 관리국의 국장을 서기관으로 보하게 한 것에 따른 것이다. 결과적으로 국립대학 사무국장의 직급이 낮아지면서 교육부 관료 내의 위상도 종전보다 격하된 것이라 할 수 있다.

한편, 2004년 10월 29일 개정에서는 사무국장에 종전의 이사관, 부이사관, 서기관 이외에도 공업이사관, 공업부이사관, 공업서기관, 시설이사관, 시설부이사관, 시설서기관, 사서서기관, 임업서기관도 보임할 수 있도록 바뀌었다. 이에 대해서는 법령의 개정 이유에서 "직렬 간의 교류를 활성화하고 이공계 출신자의 보직 범위를 확대하기 위하여 종전에는 국립대학의 사무국장 및 산업대학·교육대학 및 전문대학의 총무과장을 이사관·서기관 등 행정직렬로만 보임하도록 하던 것을 시설이사관·공업서기관 등 건축직렬이나 기계직렬 등의 직렬로도 보임할 수 있도록"하였다고 설명하고 있다. 이처럼 국립대학 사무국장에 행정직렬이 아닌 대학 행정과는 무관한 건축이나 기계 등 타 직렬의 공무원도 임용할 수 있도록 함으로써 전문성이 결여된 인사가 이루어질 가능성이 높아지게 되었다.

2006년 2월 28일 개정에서는 사무국장에는 이사관, 부이사관, 서기관, 기술서기관을, 행정본부장에는 부이사관, 서기관, 기술서기관, 교육행정사무관, 사서사무관, 기계사무관, 전기사무관, 토목사무관, 건축사무관 또는 전산사무관을 보임할 수 있도록 바뀌었다. 2005년 5월 26일에 개정된 「공무원임용령」에서 2급 내지 4급 공무원의 직급 및 직렬이 통합된 것을 반영한 것이다.[8] 그에 따라 대학의 2급 공무원은 이사관으로, 3급 공무원은

8. 이와 같은 통합의 이유에 대해서는 개정 사유에서 다음과 같이 설명하고 있다. (1) 현재는 직군·직렬별로

부이사관으로, 4급 공무원은 서기관·기술서기관 등으로 통합되었다. 그런데 여기서 주목되는 것은 통합으로 인해 대학의 규모가 커지게 된 전남대, 강원대, 경북대에 파견하는 행정본부장의 직급이 다른 국립대학의 사무국장보다 낮게 되어 있는 점이다. 그 이유에 대해서는 개정 사유 등에서도 명확하게 제시되지 않고 있다.

2006년 6월 30일 개정에서는 사무국장에 보임할 수 있는 직급 중에서 이사관을 삭제하고 대신에 고위공무원단에 속하는 일반직 공무원으로 바뀌었다. 2006년 6월 12일 제정된 「고위공무원단 인사규정」에 의해 고위공무원단 제도가 도입된 것에 따른 후속 조치였다. 그에 따라 실·국장급 직위의 계급을 삭제하고 실·국장급 공무원의 정원을 고위공무원단에 속하는 공무원의 정원으로 변경하는 등 관련 조항들이 변경된 것이다. 국립대학 사무국장에 보임할 수 있는 고위공무원단 직위의 직무 등급은 2006년 7월 18일 제정된 「국립의 각급 학교에 두는 공무원의 정원 중 고위공무원단 직위의 직무등급의 표시 등에 관한 규칙」에 의해 최하 등급인 "마등급"으로 정해졌다.[9] 2008년 12월 31일 「직무분석규정」의 개정에 따라 고위공무원단의 직무 등급이 종전의 5등급에서 2등급(가등급, 나등급)으로 바뀌게 되면서, 국립대학 사무국장에 보임할 수 있는 고위공무원단 직위의 직무 등급은 "나등급"으로 정해졌다.[10]

한편, 2007년 2월 28일과 2009년 2월 27일 개정된 「국립학교설치령」에서는 행정본부장에 보임할 수 있는 직급에 대해 약간의 수정이 이루어진 정도에 그치고 있다. 이후 개정에서는 주목할 만한 변화가 없다.

인사관리가 이루어지고 있어 관리직공무원의 능력과 실적이 뛰어나더라도 그에 적합한 직위에 승진 또는 전보인사를 할 수 없는 경우가 많은 바, 2급 내지 4급공무원의 직군·직렬을 통합하여 이러한 문제를 해소하려는 것임. (2) 직군·직렬별로 다양하게 나뉘어져 있는 2급 내지 4급공무원의 직급을 2급공무원은 이사관으로, 3급공무원은 부이사관으로, 4급공무원은 서기관·기술서기관 등으로 통합함. (3) 관리직공무원을 능력과 실적에 따라 적재적소에 효율적으로 인사관리할 수 있을 것으로 기대됨.

9. 2016년 7월 1일부터 시행된 「직무분석규정」(2006. 6. 12.제정)에 의하면 고위공무원단의 직위 등급은 가등급부터 마등급까지의 5개 등급으로 나누었다.

10. 2018년 12월 31일 개정된 「직무분석규정」에 따라 종전의 가등급에서 마등급까지 5단계로 세분화된 고위공무원단 직무등급이 가등급과 나등급은 가등급으로, 다등급, 라등급, 마등급은 나등급으로 바꾸었다. 가등급은 실장급, 나등급은 국장급에 해당하는 직위이다. 이에 따라 2008년 2월 29일 제정된 「국립의 각급 학교에 두는 공무원의 정원에 관한 규정 시행규칙」을 2008년 12월 31일 개정하여 국립대학 사무국장에 보임할 수 있는 고위공무원단의 직위 등급을 나등급으로 바꾸었다.

③ 사무국장의 분장 사무 변화

「국립학교설치령」에서 국립대학 사무국장의 분장 사무에 대해 별도로 명시한 것은 2001년 3월 2일 개정부터이다. 그 이전에는 사무국에 소속된 과와 분장 사무만을 제시하였다. 사무국장이 사무국을 총괄하는 책임자라는 점을 생각할 때, 사무국의 분장 사무는 바로 사무국장의 업무에 해당한다고 할 수 있다. 사무국장의 분장 사무 변화를 표로 제시하면 다음과 같다.

표 6.3 「국립학교설치령」에 명시된 사무국장의 분장 사무

제 · 개정	분장 사무
1953.4.20.	총무과: 기밀, 관인관수, 인사, 문서, 법령례규, 통계, 직원의 후생과 타국과에 속하지 않는 사항, 경리과: 예산, 결산, 회계, 용도, 영선과 재산관리에 관한 사항
1968.8.5.	서울대[총무과 · 계획조사과 · 경리과 · 관리과와 종합시설과] 기타 국립대[총무과; 보안 · 인사 · 관인관수 · 문서관리 · 법령 · 례규 · 기본운영계획 · 심사분석 · 통계 기타 타과의 주관에 속하지 아니하는 사항, 경리과; 예산 · 결산 · 회계 · 년금 · 물품관리 · 재산관리 및 영선에 관한 사항]
1980.6.20.	총무과: 보안, 관인관수, 문서관리, 교내 우송제도의 운영, 인사관리 및 연금, 법령 및 예규, 기본운영계획의 작성 및 심사분석, 비상계획 및 민방위, 기타 국내 다른 과와 처의 주관에 속하지 아니하는 사항 경리과: 예산, 결산 및 회계, 물품 및 재산관리, 시설, 설비 및 영선 건축과: 건축 및 토목의 설계 · 공사 및 공사감독, 설비를 제외한 건축물의 내부설계 · 공사 및 공사감독, 공사용 각종 자재관리 설비과: 전기 · 기계 기타 내부설비에 관한 설계 · 공사 및 공사감독에 관한 사항 *참고: 건축과 및 설비과는 충남대학교에 한한다.
1981.2.28	총무과: 종전과 동일. 경리과: 예산, 결산 및 회계, 물품 및 재산관리 시설과: 외곽시설 및 내부설비에 관한 설계 · 공사 및 공사감독, 시설 · 설비물의 영선, 공사용 각종 자재관리
1982.2.15.	총무과 분장 사항에서 인사관리 중 교원의 인사관리를 제외(→교무처 교무과 이관)
1991.2.28.	총무과 분장 사항에서 기본운영계획의 작성 및 심사분석 삭제(→기획실 신설 및 이관)
2001.3.2.	「국립학교설치령」 별표7 사무국장 또는 총무과장의 사무 분장: 보안, 관인관리, 직원인사, 급여, 문서관리, 법무, 자체검사, 예산편성 및 집행관리, 회계 및 결산, 국유재산 및 물품관리, 각종공사 및 시설관리, 직장예비군 및 민방위대원 관리, 비상기획, 그 밖에 학교의 장이 정하는 사항

처음 제정된 「국립학교설치령」에서는 사무국에 총무과와 경리과를 두도록 하고, 총무

과의 분장 사무로는 “기밀, 관인관수, 인사, 문서, 법령례규, 통계, 직원의 후생과 타국과에 속하지 않는 사항”, 경리과의 분장 사무로는 “예산, 결산, 회계, 용도, 영선과 재산관리에 관한 사항”을 담당하도록 하였다. 총무과에서 분장하는 사무 중에서 인사는 직원뿐만 아니라 교원의 인사까지도 포함한 것이었다.

1968년 8월 5일 개정에서는 서울대와 기타 국립대학을 구분하여 서울대에는 사무국에 총무과, 계획조사과, 경리과, 관리과, 종합시설과를 두도록 하고, 기타 국립대학에서는 종전처럼 총무과와 경리과를 두도록 하였다. 여기서 주목되는 것은 총무과의 분장 사무에 기본운영계획과 심사분석을 추가한 것이다. 대학의 전반적인 운영 계획과 성과 평가 등의 기획 업무를 총무과에서 담당하도록 명시한 것이다.

1980년 6월 20일 개정에서는 충남대학교에 한하여 사무국에 총무과와 경리과 이외에 건축과와 설비과를 두도록 하고, 경리과의 분장 사무 중 시설, 설비 및 영선에 관한 사항을 건축과와 설비과에서 담당하도록 하였다. 이어서 1981년 2월 28일 개정에서는 모든 국립대학의 사무국에 시설과를 신설해 외곽시설 및 내부설비에 관한 설계·공사 및 공사감독, 시설·설비물의 영선, 공사용 각종 자재관리에 관한 사항을 분장하도록 하였다.

1982년 2월 15일 개정에서는 총무과에서 분장하고 있던 교원의 인사 관리 업무를 교무처의 교무과에서 담당하도록 하였다. 교원과 직원에 대한 인사 관리 업무가 처음으로 분리된 것이다. 1991년 2월 28일 개정에서는 총무과의 분장 업무에서 기본운영계획의 작성 및 심사분석이 삭제되었다. 이것은 국립대학의 하부 조직에 기획실을 신설하여 “대학 발전 및 학사운영에 관한 종합계획의 수립, 기획위원회의 운영, 대학운영에 관한 심사분석 및 평가, 홍보, 각종 교육통계의 작성 및 관리”에 관한 사항을 분장하도록 했기 때문이다.

2001년 3월 2일 개정에서는 국립대학의 행정 조직이 전면적으로 재정비되었다. 각 국립대학이 정해진 범위 내에서 자율적으로 처 및 실을 설치하고, 사무국과 각 처·실에 속하는 과 및 담당관도 정해진 범위 안에서 자율적으로 둘 수 있게 하였다. 하지만, 사무국장의 업무에 대해서는 별표 7에서 “사무국장 또는 총무과장의 사무 분장”이라 하여 “보안, 관인관리, 직원인사, 급여, 문서관리, 법무, 자체검사, 예산 편성 및 집행관리, 회계 및 결산, 국유재산 및 물품 관리, 각종 공사 및 시설 관리, 직장예비군 및 민방위대원 관리, 비상기획, 그 밖에 학교의 장이 정하는 사항”을 담당한다고 명시하였다. 각 처장과 실장의 분장 사무는 학칙에 따라 자율적으로 정하게 하면서 사무국장의 분장 사무만은 법령으로 명시하여 대학의 자율성을 제한한 것이다. 이 때 규정된 사무국장의 사무 분장 사항은 여러 가지 시대적 상황의 변화에도 불구하고 현재까지 전혀 바뀌지 않고 있다. 특히, 국립대학교의 기성회계가 폐지되고 대학회계로 전환하면서 2015년 6월 11일 제정된 「국립대학의 회계 설치 및 재정 운영에 관한 법률 시행규칙」의 제3조(사무의 분장)에서도 "국립대학의 회계 설치 및 재정 운영에 관한 사무의 분장은 「국립학교설치령」 별표 7에 따른다."고 하여, 사무국장이 대학회계의 예산 편성 및 집행 관리, 회계 및 결산에 대한 사무 분장을 독점하도록 규정하고 있다.

4 사무국장의 임용 방식 변화

1952년 8월 16일에 개정된 「공무원 임용령」에 따르면 2급(이사관) 이상 공무원의 전보는 소속 장관 또는 국무총리의 제청으로 대통령이 행하며, 3급(갑류=서기관, 을류=사무관) 공무원의 전보는 국무총리가 소속 장관의 내신에 따라 하도록 되어 있었다. 요컨대, 당시 국립대학 사무국장의 임명은 교육부장관의 제청 또는 내신에 의해 대통령 또는 국무총리가 하도록 되어 있었던 것이다. 국립대학의 장은 4급 공무원(현행 6급 공무원)의 임용권만을 갖고 있었다.

1981년 5월 31일 개정된 「국가공무원법」에 따라 현재와 같은 1 - 9급의 체계로 개편되면서, 국립대학의 장은 5급 공무원의 전보권과 6급 이하 공무원의 임용권을 위임받게 되었다. 현행 「공무원임용령」에 따르면 국립대학교 총장은 교육부 장관의 위임을 받아 대학의 4급 및 5급 공무원(이에 상당하는 전문임기제공무원 및 시간선택제전문임기제공무원을 포함한다)의 전보권과 6급 이하 공무원(이에 상당하는 전문임기제공무원, 시간선택제전문임기제공무원 및 한시임기제공무원을 포함한다)의 임용권을 행사할 수 있다. 1987년 3월 27일 개정된 「공무원임용령」에 의해 4급 공무원의 전보권까지 위임 범위가 확대된 것이다. 이와 같은 위임 규정은 3급 이상 공무원에 대한 전보권과 5급 이상 공무원에 대한 임용권은 총장이 전혀 행사할 수 없다는 것을 의미한다. 따라서 기본적으로 국립대학 사무국장의 임용은 교육부 장관의 전보에 의해 이루어진다.[11] 대학의 일반 행정을 총괄하는 막중한 임무를 가진 사무국장의 임용에 해당 대학의 의사가 반영될 여지가 없는 것이다.

예외적인 것은 2000년부터 본격적으로 도입된 개방형직위제도에 의해 일부 국립대학의 사무국장에 대해 개방형 직위제가 적용되고 있는 것이다. 개방형 직위에 대한 특례에 따라 사무국장이 임용되는 대학의 수와 해당 대학에 대해 정한 법령은 「국립학교설치령」, 「국립의 각급 학교에 두는 공무원의 정원에 관한 규정」, 「국립의 각급 학교에 두는 공무원의 정원에 관한 규정 시행 규칙」으로 바뀌어 왔다. 그것을 표로 제시하면 다음과 같다.

표 6.4 개방형 직위에 대한 특례에 따른 사무국장 임용 대학의 변화

시기	해당 대학	명시 법령
2000.2.28.	사무국장 중 2인은 계약직	국립학교설치령,
2004.3.5	해당 조항 삭제	국립학교설치령
2006.6.30.	사무국장 중 1개 직위는 계약직	규정
2010.2.26.	강원대, 충북대, 창원대 [계약직]	시행규칙
2011.2.28.	강원대, 창원대 [계약직]	시행규칙
2011.12.28.	강릉원주대, 강원대, 군산대, 충북대 [계약직]	시행규칙
2014.1.21.	사무국장 중 4개 직위 [임기제]	시행규칙
2015.11.30.	강릉원주대, 강원대, 목포대, 안동대 [임기제]	시행규칙
2016.2.29.	강릉원주대, 강원대, 목포대, 부경대 [임기제]	시행규칙
2016.4.28.	강릉원주대, 강원대, 부경대 [임기제]	시행규칙
2018.9.5.	강릉원주대, 강원대, 한국교원대 [임기제]	시행규칙

2000년 2월 28일 개정된 「국립학교설치령」에 따라 국립대학의 사무국장 중 2인은 계약직으로 임용하도록 하였지만 2004년 3월 5일 개정에서는 해당 조항이 삭제되었다. 2006년 6월 30일 개정된 「국립의 각급 학교에 두는 공무원의 정원에 관한 규정」에서는

11. 최준렬은 이것을 순환형 임용 제도라고 부르고 있다. 순환형은 본부(교육부)에서 대학에 보임을 하거나, 대학에서 본부로 보임하는 경우, 또는 대학과 대학 간에 보임을 하는 인사제도이다. 순환형 임용 제도의 장점으로는 다음 2가지를 들고 있다. 첫째, 외부의 인사를 영입함으로써 새로운 경영기법을 배울 수 있는 기회를 확대하게 된다. 둘째, 중앙과 지방의 연계를 촉진시켜 국가의 시책을 원활하게 전달하고 집행할 수 있으며, 국가의 정책과 의지를 잘 반영하여 학교를 관리하고 발전시켜 나갈 수 있다. 단점으로는 다음 3가지를 지적하고 있다. 첫째, 순환형 임용제도는 보임자를 선정할 때 보임해야 할 기관의 의지가 반영되는 제도적 장치가 없다는 점이다. 둘째, 사무국장의 인사이동 기간이 안정적이지 않다. 셋째, 사무국장을 순환 보직하는 과정에서 전문성이 고려되지 않고 있다.(최준렬 외, 『국립대학 인사 운영체제 개선방안 연구』, 공주대학교 교육연구소, 2010.7.13., pp.53 - 56.)

사무국장 중 1인을 계약직으로 임용하도록 하였다.

2010년 2월 26일 개정된 「국립의 각급 학교에 두는 공무원의 정원에 관한 규정 시행규칙」에서 개방형 직위를 1개에서 3개로 확대하였다. 국립대학의 경쟁력을 강화한다는 명분에 의한 것이다. 2011년 2월 28일 개정된 시행규칙에서는 다시 2개 대학으로 줄어들었지만, 2011년 12월 28일의 개정에서는 4개 대학으로 늘어나게 된다. 그 이유는 2011년 9월 23일 구조 개혁 대상으로 지정된 5개 국립대학(강원대와 충북대, 강릉원주대, 군산대, 부산교대)에 대해 개방형 직위로 사무국장과 총무과장을 임용한다는 방침에 따른 것이다. 2014년 1월 21일 개정에서 개방형 직위로 임용하는 사무국장을 계약직에서 임기제로 바꾸었고, 현재까지 3－4개의 대학을 개방형 직위로 임용하고 있다. 특히 2018년 2월 1일 공고된 개방형 직위 중 강릉원주대학교 사무국장 직위는 경력개방형직위로 민간 출신만 지원할 수 있게 하였다.[12] 일반적으로 개방형 직위의 임용 기간은 2년으로 하고 근무실적이 우수한 경우 3년의 범위 내에서 연장이 가능하도록 되어 있다.

한편, 2006년 7월 1일부터 시행된 「개방형직위 및 공모직위의 운영 등에 관한 규정」에 따라 공모직위제가 도입되면서 일부 국립대학에서 2년 임기의 공모직위로 사무국장을 임용하게 되었다.[13] 현재 나라일터 홈페이지에 수록된 개방형 공모 직위 지정 현황 자료 및 채용 정보에 제시된 공모직위제에 의한 사무국장 임용 대학의 변화를 표로 제시하면 다음과 같다.

---

12. 경력개방형직위는 개방형 직위 중 민간의 경험과 전문성을 적극 활용할 수 있는 분야를 중심으로, 각 부처가 지정한 일부 직위에 대해 민간출신을 임용하는 직위를 말한다.

13. 공모직위제는 효율적인 정책수립 및 관리를 위하여 필요하다고 판단되는 직위에 당해 기관 내부 또는 외부의 공무원 중에서 공개모집에 의한 선발시험을 거쳐 직무수행조건을 갖춘 최적격자를 선발하여 임용하는 제도를 말한다.(나라일터 홈페이지 참조: https://www.gojobs.go.kr/)

표 6.5 공모 직위제에 의한 사무국장 임용 대학의 변화

시기	해당 대학
2011.7.31.	강릉원주대, 경북대, 전북대, 한국교원대
2011.12.31.	창원대, 부경대, 한국교원대
2013.12.31.	창원대, 부경대, 공주대
2015.12.31.	창원대, 부경대, 공주대
2016.12.31.	창원대, 공주대, 군산대
2017.9.20.	공주대, 전북대
2018.6.	안동대

이상에서 살펴본 것처럼 일부 국립대학의 사무국장 임용에서 개방형 직위제와 공모 직위제가 도입되고 있지만, 그 숫자는 미미한 수준에 그치고 있다.[14] 더군다나 최근 들어서는 오히려 그 수가 줄어드는 추세에 있으며, 임용 대학도 일부 특정 대학에 치우친 경향성을 보이고 있어 문제점으로 지적할 수 있다.

Ⅲ 사무국장 제도의 문제점 및 개선 방안

1 비정상적인 임용 방식과 부적절한 행태

국립대학 사무국장 제도에 대해서는 오랫동안 많은 문제점이 지적되고 있다. 가장 큰 문제점으로는 사무국장의 비정상적인 임용 방식과 부적절한 행태 등을 들 수 있다.

---

14. 최준렬은 개방형 직위제와 공모 직위제에 의한 임용 방식을 공모형 임용 제도라고 부르고 있다. 공모형은 사무국장을 공모하여 시험과정을 거쳐 선발한 뒤 보임하게 하는 인사제도이다. 개방형 직위는 공모의 범위를 공무원뿐만 아니라 일반인에게까지 확대한 임용방법이고, 공모 직위는 공모의 범위를 공무원으로 한정하되 부처를 경계를 터서 개방하는 임용제도이다. 공모형의 장점으로는 다음 3가지를 들고 있다. 첫째, 대학의 수요를 반영하여 사무국장을 임용한다는 점이다. 둘째, 임용의 범위를 개방하여 타 부처나 민간인에게 까지 기회를 확대하였다는 점에서 우수한 인재를 사무국장으로 임용할 수 있는 기회를 제공하고 있다. 셋째, 임기를 규정하였다는 점이다. 임기가 규정됨으로써 그 기간 동안 소신 있게 일할 수 있으며, 사무국의 직원도 안정되게 일할 수 있는 구조를 마련하였다. 공모형 임용제의 문제점으로는 모든 대학이 공모형으로 임용하는 것이 아니라는 점과 공모형으로 임용된 후에도 계약된 기간을 충실하게 지키지 않는다는 점을 들고 있다.(최준렬 등, 위의 책, pp.56 - 58.)

먼저, 임용 방식의 문제점에 대해서는 최준렬 등의 연구보고서(『국립대학 인사 운영체제 개선방안 연구』)에서 다음과 같이 지적하고 있다.

"첫째, 사무국장을 임용하는 과정에서 대학의 요구가 반영되지 않고 있다. 대학이 처한 상황과 과제를 해결하기 위해 필요로 하는 인재를 대학이 초빙하거나 임용하여야 하는데 그러지 못하고 있다.

둘째, 대학의 사무국장을 임용하는 과정에서 임용의 원칙이나 절차가 명확히 제시되지 않고 있다. 임용하는 경우 총장의 동의나 추천 등의 절차, 임용 후 재임 기간 등의 원칙이 없기 때문에 임의적으로 임용되는 경우가 많다.

셋째, 대학 사무국장 임용에 전문성이 충분히 배려되지 못하고 있다. 사무국장으로 임용되는 인사의 경력과 전문성이 대학의 업무와 연계가 잘되지 않기 때문에 전문적 경영을 하는데 어려운 요인이 되고 있다.

넷째, 보임 기간이 짧은 경우가 많아 사무국 경영을 안정적으로 하는데 어려움이 있다. 보임 기간은 대학에 따라, 사무국장의 개인에 따라 차이가 있지만 5개월 이하, 10개월 이하를 근무한 경우가 적지 않아 대학 경영을 안정적으로 하는데 어려운 요인이 되고 있다."[15]

이와 같은 임용 방식의 문제점은 현재도 여전히 개선되지 않고 있다. 2016년 현재 인사 발령 상황을 분석한 결과에 따르면 국립대 사무국장 42명 중 37명(88%)이 교육부 본부 출신 공무원인 것으로 나타났다.[16] 37명 중 14명은 고위공무원(1・2급)이며, 12명이 3급(부이사관)이었다. 국립대 사무국장 제도가 교육부 본부 출신 공무원의 인사 적체 해소책으로 활용되고 있는 것이다. 승진한 교육부 본부 출신 공무원이 잠시 거쳐 가거나 퇴직을 앞둔 공무원이 쉬어가는 자리가 되고 있다는 비판도 제기되고 있다. 사무국장의 짧은 보임 기간도 여전한 문제이다. 2012년부터 2017년 3월 말까지의 5년간 국립대 사무국장 인사 현황에 따르면 총 135명(28개 대학) 중 33%인 45명(2017년 발령자 6명 제외)의 임기가 1년이 안 되는 것으로 나타났다.[17] 특히 이 기간에 교원대・안동대・전북

15. 최준렬 외, 위의 책, pp.58 - 59.

16. 조선일보 2016년 9월 1일자 보도.

대는 7명, 경상대·금오공대·목포대·목포해양대·부산대는 6명이 교육부 출신 사무국장으로 임명되었다. 보임 기간이 평균 10개월에도 미치지 못하고 있다.

국립대학 사무국장 자리는 비리·물의 인사의 도피처로도 활용되고 있다. 한국교원대의 경우, 2015년에는 서해대학교로부터 뇌물수수 혐의를 받고 있던 김재금 전 대변인을 사무국장으로 전보하였다가 이틀 후 구속되는 사태가 발생했다. 2017년 3월에는 교육부가 박성민 전 역사교과서 정상화 추진단 부단장을 한국교원대 사무국장으로 임명해 교수협의회와 학생회, 총장까지 반발하여 14일 만에 인사를 철회했다. 교육부의 비정상적인 사무국장 인사로 해당 대학만 피해를 보게 된 것이다.

한편, 교육부가 파견한 통감처럼 행세하는 일부 국립대학 사무국장들의 부적절한 행태에 대해서도 많은 비판이 제기되고 있다. 직원들에 대한 갑질, 총장의 지시 불복종, 대학의 기존 의사 결정 방식 무시 등이 대표적인 사례이다.

최근 A국립대학에서는 사무국장이 막말과 고성으로 직원의 인권을 무시하고 승진 인사를 지연했다는 등의 문제가 제기되어 해당 사무국장이 교체되는 사태가 발생하였다. B국립대학의 사무국장은 수 개월간 일과시간 전 운전기사가 운행하는 관용차로 수영장을 다니는 등 개인적인 용도로 관용차를 사용해 감봉 3개월의 징계 처분을 받기도 했다.[18] 이와 같은 일부 사무국장들의 대학 직원에 대한 갑질 행태는 직원 인사 등과 관련해 사무국장이 막중한 권한을 행사할 수 있다는 점에서 기인한다. 교육부 본부에서 파견되어 온 사무국장의 경우, (실제 여부와는 별개로) 직원들의 승진이나 전보 등에 큰 영향력을 행사할 수 있다고 여겨지기 때문에 직원들은 총장보다도 사무국장의 눈치를 더 보게 되는 것이다.

일부 사무국장들은 총장의 지시조차 제대로 듣지 않고 다른 보직자들과도 갈등을 빚는 등 문제를 일으키기도 한다. 최근 모 국립대학에서는 사무국장이 대학평의원회에서 추가경정예산안 심의를 받으라는 총장의 지시를 듣지 않고 연가를 낸 채 잠적해버린 사태가 발생하였다. 그에 따라 할 수 없이 총장이 직접 종이 문서에 사인하여 추가경정예산안의 심의안을 상정하는 웃지 못할 상황이 전개되었다. 특히 예산 편성과 조정 등의 권한을

---

17. 매일경제 2017년 5월 1일자 보도.
18. 매일경제 2017년 7월 25일자 보도.

두고 사무국장과 기획처장 간에 갈등이 발생하는 대학도 적지 않다. 이와 같은 문제는 근본적으로 총장이 사무국장에 대한 인사권을 전혀 행사할 수 없기 때문에 발생한다. 더군다나 총장의 입장에서는 예산 확보 등을 위해 교육부의 눈치를 볼 수밖에 없기 때문에 교육부 본부에서 파견한 사무국장이 자신의 지시를 제대로 따르지 않아도 별다른 조치를 취할 수 없는 것이 현실이다.

「국립대학의 회계 설치 및 재정 운영에 관한 법률」의 제정과 고등교육법 제19조 2의 신설(대학평의원회 설치 등) 등에 따라 일부 사무국장들이 교수평의회나 기존 대학평의원회의 권한을 무시하는 사례도 발견된다. 대학회계가 도입되면서 일부 국립대학 사무국장들은 「국립학교설치령」의 별표7에 제시된 사무국장의 사무 분장 규정을 이유로 예산 편성 등이 자신의 고유 권한이라 얘기하며 대학회계의 대학평의원회 심의를 받지 않으려 하고, 기획처의 예산조정권도 인정하지 않으려고 하는 등의 태도를 보여 학내 갈등을 초래하기도 했다.

더욱 심각한 문제점은 국립대학 사무국장이 교육부가 대학을 통제하기 위한 첨병의 역할을 수행하고 있다는 것이다. 단적인 사례는 교육과학기술부가 2010년 국립대학 사무국장을 중심으로 '국립대학선진화 추진단'을 구성하고 소위 '1단계 국립대학 선진화 방안'을 수립한 것이다. 국립대학의 자율성을 침해한 정책 입안에 사무국장들을 동원한 것이다. 2011년에는 총장직선제 폐지 등의 국립대 구조 개혁을 독려하기 위해 교육과학기술부의 국장들을 경북대와 전북대의 사무국장으로 임명하기도 했다.[19] 한편, 2015년 「국립대학의 회계 설치 및 재정 운영에 관한 법률」의 제정에 따른 대학별 규정 마련과 관련해서는 교육부가 사무국장에게 '대학별 재정 회계 규정 예시안'을 송부하여 교육부의 안을 관철하도록 하였다. 사무국장 제도가 교육부의 왜곡된 정책을 관철하고 대학을 통제하기 위한 수단으로 악용되어 온 것이다.

2 근본적인 제도 개선의 필요성

국립대학 사무국장 제도의 개선 필요성에 대해서는 교육부에서도 인식하고 개선 방안

---

19. 한국대학신문, 2011년 11월 23일자 보도.

을 강구한 바 있다. 2005년 9월 21일 당시 김진표 부총리 겸 교육인적자원부 장관은 교수・시민・경제・언론계 인사 10여 명으로 구성된 '대학운영체제 개선 협의회'에 참석해, 정부 조직처럼 운용되는 국립대의 한계 등을 지적하며 "국립대 사무국장으로 교육부 직원이 파견되는 것은 분명 잘못된 것"이라는 입장을 밝힌 바 있다.[20] 교육부 소속 직원이 국립대의 사무국장이 될 경우, 국립대가 교육부로부터 자율성을 확보하기 어렵다는 지적이었다.

2010년 4월 8일 교육과학기술부는 「인사제도・운영 선진화 방안」을 발표하여 국립대학 사무국장 제도의 개선을 약속하였다. 이에 따르면 교육부 공무원들이 국립대학으로 발령받아 근무하다가 다시 교육부로 돌아가는 순환보직 대상을 점차 줄여 2012년에는 완전히 없앤다는 것과 국립대 총장에게 사무국장 후보자의 추천권을 줘 복수를 추천하면 교과부 장관이 이를 반영해 적임자를 최종 임용한다는 것을 약속하였다.[21]

한편, 교육과학기술부가 2010년 9월 28일 발표한 『국립대학 선진화 방안 – 운영체제 효율화를 통한 국립대학 경쟁력 강화 –』에서도 사무국장 임용 시에 대학의 요구가 반영되지 않는 등의 문제점을 인정하고 사무국장 임용제도의 개선을 천명한 바 있다. 교육과

---

20. 교수신문 2005년 9월 21일자 보도.

21. 이와 관련해 경상대학교 교수회는 2015년 3월 27일 국민신문고를 통해 교육부에 다음과 같이 질의하여 답변을 받은 바 있다. [질의 내용] 2010년 4월 8일 교육과학기술부가 '인사제도・운영 선진화 방안'을 발표하여, 2012년까지 교과부와 대학 간 순환 전보를 전면 폐지하고, 국립대 총장에게 사무국장 후보자를 복수 추천하게 한다고 밝힌 바 있다. 이 방안은 폐지되었는가? 폐지되었다면 그 이유는 무엇인가? [답변 내용] '인사제도・운영 선진화 방안(교과부, '10.4월)' 상의 '교육부와 대학 간 순환전보 전면 폐지'는 '대학별 법인전환 완료시' 추진하겠다는 내용이며, '대학 총장에게 사무국장 후보자 추천권한 부여'는 '개방형・공모직위의 확대', '중앙부처간 국장급 인사교류 확대' 등 인사운영 환경의 변화에 따라 추진하기 어려운 상황임을 알려드립니다. 이와 같은 교육부의 답변 내용은 납득할 수 없는 것이다. "'교육부와 대학 간 순환전보 전면 폐지'는 '대학별 법인전환 완료시' 추진하겠다는 내용"이라는 답변은 '인사제도・운영 선진화 방안'에서 제시된 이유("문제성 있는 교육공무원들이 국립대학으로 발령받아 해당 대학의 로비스트 역할을 하는 등의 병폐를 개선")와는 전혀 무관한 것으로 법인화와 관계없는 인사 개혁 방안이었다는 점에서 적절하지 못하다. 그리고 총장의 사무국장 후보자 추천 권한 부여에 대해 '개방형・공모직위의 확대'와 '중앙부처간 국장급 인사교류 확대' 등으로 인해 어렵다는 것도 부적절한 답변이다. 먼저, 대학총장이 사무국장을 공모하여 뽑게 한다면, 개방형・공모직위의 확대 방안이 될 수 있다. 그리고 전문성이 요구되는 대학의 사무국장 자리를 중앙부처간 국장급 인사 교류의 대상으로 삼는 것도 심각한 문제가 존재한다. 실례로 우정사업본부에서 인사 교류 대상이 되어 모 국립대학에 근무하였던 사무국장의 경우 대학의 시스템과 제도 등을 제대로 이해하지 못하고 독단적으로 행동하여 구성원들과 잦은 갈등을 빚었던 적이 있다.

학기술부는 사무국장 임용제도의 개선 방안으로 대학 총장에게 사무국장 후보자 추천권을 부여하여 사무국장 임용 시 총장의 의견을 반영하고, 필요시에 대학 총장이 '제한적 직위 공모제'를 통해 추천 대상자를 선발하거나 교과부가 추천 후보자 명단을 대학에 제공하는 방안 등을 제시하였다. 그리고 사무국장의 전문성 및 대학 경영의 안정성 제고를 위해 최소 재임 기간(예: 2년)을 설정하여 운영하는 방안도 제시하고 있다. 하지만, 사무국장 임명제도 개선 약속은 결국 지켜지지 않았다. 당시 교육과학기술부는 국립대학교 사무국장 제도 개선에 대한 약속은 지키지 않고, 국립대학에 대해 총장직선제 폐지, 성과급적 연봉제 실시, 학장 임명제 실시 등 소위 선진화 방안을 일방적으로 강요하였던 것이다.

그 이후 교육부 차원에서 사무국장 제도를 개선하겠다는 방침을 밝힌 적은 없다. 문재인 정부에 들어와서도 교육부가 오랜 적폐인 사무국장 제도를 개선하려는 의지를 전혀 보이지 않고 있다. 2018년 3월 국교련에서는 교육부에 대해 국립대학 적폐 청산의 일환으로 사무국장 제도를 개선하도록 요구하였으나 아무런 반응이 없다. 국립대학의 자율성을 확보하고 경쟁력을 강화하기 위해서는 사무국장 제도라는 적폐를 청산하고 근본적인 개선을 해야 한다.

무엇보다 국립대학 사무국장의 임용 방식이 근본적으로 개선되어야 한다. 최준렬 등은 사무국장 임용 제도의 개선 방안으로 "대학의 요구를 반영하는 사무국장 임용(총장의 사무국장 등의 내신권 활용 또는 총장의 추천권), 순환 보직의 원칙 수립(담당 업무의 특수성과 업무 수행 상 필요한 경우 등), 전문성과 연계된 사무국장 임용, 임기가 보장되는 기준 정립(특별한 경우를 제외하고는 2년 정도의 임기 보장), 순환형 보직 축소와 공모형 보직 확대" 등을 제시한 바 있다.[22] 하지만, 이와 같은 방안만으로는 현재의 사무국장 제도를 근본적으로 개선하기에 한계가 있다. 사무국장의 임용 권한을 총장에게 위임하여 대학이 자율적으로 필요한 인물을 사무국장에 임명할 수 있도록 바꿀 필요가 있다.

이와 관련해 국교련은 국회에 제출한 국립대학법안(2017.12.29.)에서 국립대학 사무국장 제도의 문제점을 해결하기 위한 방안으로 다음과 같은 조항을 제시한 바 있다.[23]

---

22. 최준렬 등, 위의 책, pp.59 - 61.
23. 이와 같은 조항을 만든 이유에 대해서는 다음과 같이 설명하고 있다. "국립대학 경영의 중추적 역할을 담당하는 사무국장을 대부분 교육부 직원으로 임명해 왔는데, 사무국장 임용시 대학의 요구가 반영되지 않고, 사무국장의 평균 보임 기간이 짧아 안정적 대학 경영에 애로가 있어 이를 수정하기 위한 것임"

> 第36조(대학의 행정조직) ① 대학에 교무처, 학생처, 기획처를 두고, 그 설립목적을 달성하기 위하여 필요한 조직을 둔다. 총장은 교원 중에서 처장을, 교원이나 직원 중에서 행정조직의 장을 임명한다.
>
> ② (생략)
>
> ③ 대학에 사무처장을 둔다. 사무처장은 보안, 관인관리, 문서관리, 법무, 자체감사, 예산의 집행관리, 국유재산 및 물품관리, 각종공사 및 시설관리, 직장예비군 및 민방위대원 관리, 비상기획, 그 밖에 총장이 정하는 사항을 담당한다. 총장은 교원이나 고위공무원단에 속하는 일반직공무원・부이사관・서기관 또는 기술서기관 중에서 사무처장을 임명한다.

요컨대, 사무국장 대신에 사무처장을 두고, 총장이 교원이나 고위공무원단에 속하는 일반직공무원・부이사관・서기관 또는 기술서기관 중에서 사무처장을 임명하도록 하자는 것이다. 그리고 사무처장의 담당 업무는 「국립학교설치령」 별표 7에 제시된 사무국장의 사무 분장 사항과 비교할 때, 직원 인사, 급여, 예산 편성, 회계 및 결산의 내용이 삭제되어 있다. 직원 인사와 예・결산 편성 등과 관련해 사무처장이 행사하는 권한을 없앰으로써 현재 사무국장들이 보이고 있는 부적절한 행태가 어느 정도 개선될 수 있을 것이다. 하지만, 보다 근본적인 개선을 위해서는 사무국장이 담당하는 사무 분장에 대해서도 다른 부서와 마찬가지로 대학이 학칙으로 자율적으로 정할 수 있도록 하는 것이 필요하다.

Ⅳ 마지막에

국립대학 사무국장 제도는 국립대학의 대표적인 적폐라고 할 수 있다. 지금까지 국립대학 사무국장은 대학 발전에 도움이 되기보다는 오히려 정부가 대학을 감시하고 통제하기 위한 첨병 역할에 더 충실하였다. 유신 체제 아래에서 사무국장은 국립대학의 선임 부서가 된 사무국의 책임자로 독재 정권 유지를 위해 대학을 통제하고 감시하는 역할을 담당하였다. 이명박・박근혜 정권에서 국립대학을 통제하기 위해 강행한 "국립대학 선진화 방안"의 입안과 실행에도 사무국장들이 동원되어 하수인 역할을 하였다. 대학의 경쟁력 강화를 위해 다른 행정 조직은 자율적으로 개편하도록 하면서도 사무국의 설치와 사무국장의 분장 사무에 대해서만은 법령으로 규제하여 대학의 자율성을 침해하고 있다. 사무국과 사무국장 제도가 대학을 국가적, 관료적인 통제 아래에 두기 위한 마지막 보루라는 점을 단적으로 보여 준다.

현재와 같은 국립대학 사무국장 제도가 대학 발전에 도움이 되지 않는다는 점은 비정상적인 임용 방식과 부적절한 행태를 보아도 분명하다. 건축이나 기계 등 직렬 출신의 공무원, 타 부처에서 인사 교류 대상으로 온 공무원, 교육부 본부 등에서만 근무해 대학 경험이 없는 공무원 등 대학 행정에 대한 이해와 전문성이 부족한 인물을 사무국장에 임명하기도 했다. 사무국장 자리가 승진한 교육부 본부 출신 공무원이나 퇴직을 앞둔 공무원의 휴식처, 비리나 물의를 일으킨 공무원들의 도피처 등으로 활용되는 경우에도 대학 발전은 기대하기 어렵다. 사무국장들이 대학 발전을 위해 노력하기보다는 한시라도 빨리 더 나은 보직으로 가기 위해 교육부의 눈치만 살피거나, 퇴직할 때까지 무사안일하게 시간만 보내기 때문이다. 이처럼 국립대학 사무국장들은 대학 행정에 대한 전문성이 부족하고 대학 발전을 위해 헌신적이지도 못하면서도, 자신들의 분장 사무에 지나지 않는 직원 인사나 예·결산 등에 대해 마치 독점적인 권한을 가진 것처럼 행동하고, 총장의 명은 무시할지라도 교육부의 지시는 충실하게 따르는 그릇된 행태를 보여왔다. 요컨대 지금의 국립대학 사무국장 제도는 제도적인 면에서나 실제 운영의 면에서 반드시 청산하고 개선해야 할 적폐라고 할 수 있는 것이다.

국립대학 사무국장 제도를 어떻게 개선할 것인가에 대한 해답은 명료하다. 국립대학의 총장에게 사무국장의 임명권을 부여해 대학이 자율적으로 유능하고 필요한 인물을 사무국장으로 선발하게 하고, 사무국장의 담당 업무도 대학의 학칙으로 자율적으로 정할 수 있게 하면 된다. 그를 위해서는 교육부가 국립대학 사무국장의 인사에 더 이상 관여하지 말고 사무국장의 분장 사무에 대한 법령도 철폐하여, 대학의 자율성을 보장하도록 요구할 필요가 있다.

Ⅳ

국립대학 육성

07

국립대학법의 제정 필요성

임재홍 교수(한국방송통신대학교)

I 서론

지난 2017년 대선을 앞두고 전국국공립대학교수회연합회(이하 '국교련'으로 약칭)는 국립대학법 제정을 목표로 하여 일련의 사업을 진행하였다. 주요한 사업을 들어보면 다음과 같다. 2016년 7월 12일 <고등교육법체계 확립을 위한 「대학법」 제정을 제20대 국회에 바란다>는 주제로 국회에서 교육문화체육관광위원회(이하 '교문위'로 약칭)와 공동으로 공청회를 개최하면서 국립대학법의 필요성을 설명하고 공유했다.[1] 이날 발표는 교육부와 정치권(여・야당)의 지지를 받았다. 2016년 10월 20일 대학정책학회 창립심포지움에서도 국립대학법의 입법 필요성이 재차 강조되었다.[2]

---

1. 이날 발제에서 필자는 영국과 미국의 '극단적인 신자유주의 고등교육정책'과 유럽국가들의 '유연한 신자유주의 고등교육정책'을 개념적으로 구분하였다. 그리고 '극단적인 신자유주의 고등교육정책'의 폐해를 지적하면서 고등교육정책을 입안할 때 유럽국가들의 '유연한 신자유주의 고등교육정책'을 참조할 것을 제안하였다. 그것은 '극단적인 신자유주의 고등교육정책'으로 인해서 고등교육의 본질과 가치가 극단적으로 부정되었기 때문이다. 반면 유럽국가들의 '유연한 신자유주의 고등교육정책'은 고등교육의 본질과 가치로 ① 학문자유와 대학자치의 강조, ② 국가의 공적 책임, 그리고 ③ 대학의 사회적 책임을 들고 있다. 이러한 원리의 발견은 우리나라 고등교육정책에도 시사하는 바가 크다. 임재홍, "「국립대학법」 제정의 필요성과 주요내용" (전국국공립대학교수회연합회, 고등교육법체계 확립을 위한 「대학법」 제정을 제20대 국회에 바란다, 국회의원회관 제3간담회실, 2016. 07. 12.), 23 - 24면 참조.
2. 이날 발제에서 필자는 대학자치의 확립과 재정자율의 확보를 위해서 「국립대학법」 제정이 필요하다고 주장

국교련은 이를 계기로 2016년 12월부터 2017년 2월까지 국립대학법의 내용을 논의하기 위한 정책포럼을 4회 개최하였다.[3] 그리고 국교련은 "국립대학법 기초위원회"를 설치하여 2017년 4월 7일부터 7월 6일까지 6차례의 회의를 거쳐 「국립대학법(안)」을 만들었다. 그리고 3번에 걸쳐 국립대학 구성원들의 의견수렴 절차를 거쳤다.[4] 현재는 입법청원 절차를 거쳐서 국회에서 논의가 시작되고 있다.

이 과정에서 대통령선거가 있었고 문재인 후보가 대통령에 당선되었다. 국교련과 사교련은 대통령 선거 전인 2017년 4월 18일에 더불어민주당 문재인 대통령 후보와 "대학의 정상화와 발전을 위한 대학정책 협약서"를 체결하였다. 모두 6개항인데 그중 제1항에 국립대학법 제정을 포함시켰다.[5] 2016년 4월부터 시작된 국립대학법 제정을 위한 법안을 마련하였다.

교육부도 국립대학법 제정의 필요성에 대해서는 공감하고 있다. 그래서 교육부는 국립대학의 발전에 이해관계가 있는 단위가 모두 참여하는 국립대발전협의회를 2018년 4월 1일에 구성하였다.[6] 또한 국립대발전협의회에서 논의할 사안을 연구하는 조직으로 국립대학 육성방안 공동연구 T/F도 만들어졌다.[7]

했다. 대학자치의 확립을 위해서는 국립대학의 법적 지위 보장, 대학의 자치와 국가감독권의 조화, 대학자치기구의 설치, 의결기구로서 대학평의원회의 설치 등을 제시했다. 재정자율의 확보를 위해서는 현행 「국립대학의 회계 설치 및 재정 운영에 관한 법률」의 문제점을 지적하면서 「고등교육재정교부금법(안)」의 제정 혹은 「국립대학법(안)」의 제정 필요성을 제기했다. 임재홍, "대학정책 결정구조의 전환: 국가교육위원회 논의를 중심으로" (대학정책학회, 대학과 정책 제1호, 2017. 3. 31.), 50면, 61 - 62면.

3. 각 정책 포럼의 주제는 국립대학자치(제1차 정책 포럼, 2016년 12월 1일), 국립대학재정(제2차 정책 포럼, 2016년 12월 23일), 국립대학회계와 국립대연합체제(제3차 정책포럼, 2017년 1월 13일), 국립대학 총장선출과 국립대학운영원리(제4차 정책포럼, 2017년 2월 3일) 등이다.

4. 전국국공립대학교수회연합회와 국회 교육문화체육관광위원회는 "국립대학법 제정을 위한 현황과 과제"(1차는 2017년 8월 10일 국회, 2차는 2017년 10월 27일 부산대, 3차는 2017년 11월 10일 전남대)를 공동 주최했다.

5. 제1항의 내용은 다음과 같다. 제1항 "방만한 교육법체계를 정비하기 위해 국립대학법 등 관련 법률의 제·개정을 추진한다."

6. 이 위원회에는 국공립대총장협의회, 국공립대학교수회연합회, 교육부, 국공립대교무처장협의회, 거점국립대기획처장협의회, 지역중심국립대기획처장협의회, 국공립사무국장협의회, 전국대학노동조합 국공립대본부, 국가교육회의, 지역발전위원회, 교육부 정책자문위원회가 모두 참여하였다. 협의회의 논의 대상에는 "국립대 법령 및 운영체제 개선"에 관한 내용이 포함되었다.

7. 이 T/F는 국립대학의 중·장기 비전 수립, 국립대 운영 관련 법령 및 행·재정적 제도 개선, 대학 네트워크

이러한 노력에도 불구하고 국립대학법 제정 논의는 중단되어 있는 상황이다. 오히려 국립대학법과 상충되는 내용의 「고등교육법」[8]이 2017년 11월 9일 개정되면서 교육부와 국립대학 교수회간에는 대학평의원회 설치를 둘러싸고 오히려 갈등이 증폭되고 있다. 개정 「고등교육법」은 대학운영에 대해서 전혀 고민의 흔적이 없었기 때문이다.

이런 교착된 상황을 해결할 수 있는 방안 중의 하나가 국립대학법의 제정이라고 본다. 이를 위해서 먼저 대학은 어떠한 철학에 기초하여 운영되어야 하는지를 살펴본다(Ⅱ.). 그리고 국립대학법 제정의 필요성과 주요 내용을 다룬다(III.).

Ⅱ 대학운영원리와 국립대학법

1 고등교육과 대학의 운영원리

(1) 국제규범과 고등교육

역사적인 발전과정을 통해 고등교육과 대학운영의 기본 원리로서 '학문자유와 대학자치의 보장', '교권의 획립' 등이 일반적으로 받아들여졌다. 국제적인 인권규범을 보면 '고등교육의 기회균등'(「세계인권선언」 제26조), '고등교육의 점진적 무상교육과 교육기회균등'(「경제적, 사회적 및 문화적 권리에 관한 국제규약」 제13조, 「교육상의 차별금지 협약」)을 정하고 있는데, 그 정도는 추상적이지 않을 수 없었다.

구축 등 정책방안 마련을 위하여 준비되었다. T/F에서는 김명동외, 고등교육 공공성 확보를 위한 국립대학의 발전 방향 (한국교육개발원 용역보고서, 2018)과 임재홍외, 국공립대 경쟁력 강화를 위한 제도 개선 방안 (한국교육개발원 용역보고서, 2018) 등 두 권의 용역보고서를 제출하였다. 두번째 보고서에서는 국립대학법 초안을 부록에 싣고 있다.

8. 이 개정 「고등교육법」은 종래 「사립학교법」에 규정되어 있던 대학평의원회를 도입하여 사립대학뿐만 아니라 국공립대학까지 설치를 강제하는 내용을 담고 있다. 이 법안은 국민의당 이동섭 의원이 발의한 부분이다. 긍정적인 측면이 없는 것은 아니나, 상당히 많은 문제점을 담고 있다. 자세한 것은 임재홍, "국립대학 거버넌스와 대학 자율성 - 고등교육법 제19조의2를 중심으로" (한국헌법학회/한국비교공법학회/한국국가법학회/대학정책학회/대학정책연구소/전국국공립대학교수회연합회/한국사립대학교수회연합회 주최, "개정고등교육법상 대학평의원회, 이대로 좋은가?", 2018년 11월 23일, 한국방송통신대 역사관 2층 강당)을 참조하라.

(2) 볼로냐 프로세스와 고등교육

볼로냐 프로세스는 출범 당시에는 유럽의 소수국가만이 참여하였다.[9] 그러나 현재는 유럽외의 국가들도 포함하여 48개 국가[10]가 참여하는 세계적 규모의 협의체가 되었다. 이렇게 다수 국가들이 참여하게 된 것은 경제의 글로벌화로 인한 것도 있겠지만, 볼로냐 프로세스의 논의가 고등교육이 지향해야 할 평균적 기준을 찾는 작업이라는 신뢰가 있기 때문이다.

1970년대 후반 이래의 변화된 고등교육환경까지도 감안하여 대학운영원리를 찾으려고 노력한 것이 볼로냐 프로세스의 대학운영원리라고 본다. 그것이 바로 ① 학문자유와 대학자치, ② 국가의 공적 책임(공공성), 그리고 ③ 대학의 사회적 책임이다(임재홍, 2017). 이것은 유럽의 많은 국가들이 인정하고 있는 대학운영원리이다. 이들 원칙들은 국가가 어떠한 대학 정책을 펼 때 반드시 고려되어야 할 가치라고 본다.

2 유럽국가와 볼로냐 프로세스의 사례를 통해 본 국가, 사회와 대학의 관계

(1) 학문자유와 대학자치의 보장

대학은 지식의 생산과 보급을 통하여 정치, 경제, 사회, 문화 등 모든 영역에서 발전에

---

9. 유럽 대학들의 통일안이 처음 제시된 것은 1998년 유럽연합의 프랑스, 독일, 이탈리아, 영국의 교육부 장관들이 소르본에서 공동 성명(“유럽 대학 교육 구조의 조화를 위한 공동 성명”)을 발표한 때부터였다. 소르본 선언을 구체화하고 확장한 것이 볼로냐 선언이며 이때에 유럽의 29개 국가의 교육부장관들이 합의를 했다.

10. 여기에는 1999년부터 참여한 국가로서 Austria, Belgium, Bulgaria, Czech Republic, Denmark, Estonia, Finland, France, Germany, Greece, Hungary, Iceland, Ireland, Italy, Latvia, Lithuania, Luxembourg, Malta, the Netherlands, Norway, Poland, Portugal, Romania, Slovak Republic, Slovenia, Spain, Sweden, Switzerland, United Kingdom이 있다. 2001부터 Croatia, Cyprus, Liechtenstein, Turkey, 2003년부터 Albania, Andorra, Bosnia and Herzegovina, the Holy See, Russia, Serbia, “the former Yugoslav Republic of Macedonia”가, 2005년부터 Armenia, Azerbaijan, Georgia, Moldova and Ukraine가 2007년부터 Montenegro, 2010년 카자흐스탄, 2015년 벨라루스가 참여하고 있다(https://en.wikipedia.org/wiki/Bologna_Process). 국가이외에 국제조직도 자문단체로 참여하고 있다. European Commission, Council of Europe, European University Association, EURASHE, ESU, European Students’ Union(former ESIB), UNESCO - CEPES, ENQA, Education International Pan - European Structure, UNICE 등이다.

기여한다. 이 점을 중시하여 대학은 학문의 자유를 누린다. 전통적으로 학문자유는 연구 주제를 스스로 정하고, 외부 통제 없이 연구하고, 자신의 관점에서 학생들을 가르치는 권리로서 인정되고 있다(Polanyi, 1998). 이 학문자유를 보장하기 위하여 대학에는 자치와 자율이 보장되고 있다. 이러한 사고는 최초의 대학이라 할 수 있는 볼로냐대학이나 세계 대학의 전형이 된 훔볼트대학에서 채택되었고 유지되고 있다.

가. 대학 헌장

오늘날에도 학문자유와 자치의 보장은 대학의 핵심가치로 인정되고 있다. 훔볼트대학 창립 900년을 기념하여 채택된 대학 헌장(Magna Charta Universitatum)[11]은 대학의 기본원칙으로서 "대학은 자율적 기관"일 것, "교육과 연구는 모든 종류의 정치 권력이나 경제적 압력으로부터 도덕적이든 학문적이든 독립"일 것을 천명하고 있다(기본원칙 1).[12]

나. 볼로냐 프로세스와 "학문자유와 대학 자치에 관한 권고"

유럽국가들도 1999년 볼로냐 선언을 통해 유럽국가 대학들의 국제경쟁력을 높이기 위한 방안들을 수용하기 시작했다. 볼로냐 프로세스[13]는 국제화라는 상황에서 유럽 차원의 동합 고등교육 시스템을 확립하는 것이 목표이었다. 그런데 이는 신자유주의적 경생정책을 일부 수용하여 유럽 대학의 경쟁력을 높이는데 목적이 있었다.

---

11. 대학 헌장은 대학의 전통을 축하하고 유럽 대학 상호간의 결속을 도모하기 위해 채택된 문서이다. 그렇지만 이 문서는 대학에 대한 보편적인 영감이며, 세계 모든 대학에 개방되어 있다. https://en.wikipedia.org/wiki/Magna_Charta_Universitatum.

12. 이 문서는 1986년 이탈리아의 볼로냐 대학이 제안하여 지금까지 88개 국가의 889개 대학이 서명했다. http://www.magna-charta.org/magna-charta-universitatum. 우리나라에서 서명에 참여한 대학은 없다. http://www.magna-charta.org/magna-charta-universitatum/signatory-universities

13. '볼로냐 프로세스'는 1998년 소르본느 대학에서 프랑스, 영국, 독일, 이탈리아의 교육부장관들이 유럽 차원에서 고등교육체계의 통합을 약속하였다. 그리고 1999년 볼로냐 회의에서 소르본느 합의를 받아 들여 2010년까지 '유럽 고등교육 공간'을 창설하기 위한 프로그램 즉 볼로냐 프로세스에 합의했다. 핵심적인 내용은 범유럽 차원에서 21세기형 시민을 육성하는 것, 학생과 교원의 자유로운 이동을 가능하게 하는 것, 유럽 고등교육 수준을 높여 국제적인 경쟁에 대비시키는 것 등이다. 그리고 구체적인 정책으로 ECTS(European Credit Transfer and Accumulation System)를 도입하여 학점 교류와 합산을 인정하는 것, 학생과 교사의 자유로운 이동을 촉진하는 것, 고등교육의 질 관리를 위해 대학평가를 도입하는 것, 학위 시스템을 표준화하는 것 등이다.

이 과정에서 대학에 자율을 부여한다는 논리도 나타나는데, 여기서의 자율이란 우리나라와 마찬가지로 "대학자치적 의미의 자율"이 아니라, "기업적 의미의 자율"[14]이었다. 그래서 수업료를 받을 자율 혹은 산학협동의 자율, 학생선발의 자율과 같은 것이었다. 물론 이러한 영미식 자율은 사회적 저항으로 인하여 뿌리내리지 못했다.

반면 전통적 의미의 학문자유와 대학 자치는 볼로냐 프로세스에서 일관되게 강조되고 있다. 2006년 유럽평의회 의회[15]가 채택한 "학문자유와 대학 자치에 관한 권고"(The Recommendation on Academic Freedom and University Autonomy)는 대부분 대학헌장에 기초하여 4항에서 학문자유와 대학자치의 네 가지 일반 원리를 재확인하고 있다.

4-1. 연구와 교육에서 학문의 자유는 어떠한 제한도 없이 표현과 행위의 자유, 정보 보급의 자유, 연구수행과 지식과 진리전달의 자유를 보장해야 한다.

4-2. 대학의 제도적 자율은 전통적이고 현재에도 본질적이라 할 수 있는 문화와 사회에 대한 대학의 임무에 대한 독립된 의무의 표명이어야 한다. 즉 지적으로 유익한 정책, 좋은 거버넌스, 효율적인 관리 등

4-3. 학문 자유와 대학 자치에 대한 침해는 언제나 지적 붕괴를 야기했고, 결과적으로 사회, 경제적 침체로 연결되었다는 것을 보여준다.

4-4. 만약 대학이 상아탑에 안주하면 고비용과 손실이 야기되고, 대학은 사회의 요구를 교육하고 발전시켜야 함에도 불구하고 그 요구를 충족시켜 주지 못하게 된다. 대학은 근본적인 문제를 해결하는데 기여할 만큼 가까이 사회에 근접해 있어야 한다. 그러나 비판이 가능하고 장기 관점을 취할 정도로 충분한 거리를 두고 있어야 한다.

이 네 가지 원리에 대해서는 대학헌장과 거의 일치하는 내용이며, 이미 학문적 차원에서 결정된 것을 지지한 것으로 평가하는 입장도 있다(Education International, 2007). 그

---

14. 영어로 표현하면 Self Governance이다. Governance란 stakeholder(투자자 혹은 이해당사자)의 이익을 최대한 반영하는 관리체계를 말한다. 따라서 대학이 영리법인대학이라면 Governance는 투자자의 이익을 올리는 관리체계가 되는 것이다. 그러나 국공립대학이라면 이해당사자는 모든 국민이므로 국민에게 이익이 되는 국립대학의 관리 의미가 될 것이다.

15. 유럽평의회 의회는 유럽평의회의 두 개의 법정기관 중 하나이다.

러나 대학헌장이 전통적 의미의 학문자유와 대학 자치를 강조한 것이라면, "학문자유와 대학 자치에 관한 권고"는 변화된 사회(신자유주의적 흐름)을 일부이지만 수용하고 있다. 바로 이 점 때문에 학문자유와 대학자치가 침해될 위험성이 있게 된다.

이 점을 감안하여 국가는 대학의 자치(autonomy)를 보장하기 위해 헌법적, 법적 보장 체계를 만들어야 할 추가적 책임이 있다. 이런 기본적인 원칙이 광범위하게 인식되어 있지만, 국가는 개입의 유혹에서 자유롭지 못하기 때문에 지속적으로 법적 보장을 위한 노력은 반복되어야 한다. 그래서 법령으로 학문자유와 대학 자치를 보장하는 것도 공적 책임의 한 내용이 된다(Sjur Bergan, 2005).

(2) 공적 책임

가. 프라하성명

볼로냐 프로세스에서 자주 언급되는 내용 중의 하나가 바로 고등교육에 대한 국가의 공적 책임이다. 볼로냐선언(1999), 프라하성명(2001년), 베를린성명(2003년)에서 유럽의 교육장관들이 고등교육은 "공적 책임"이라고 언급했다. 이것은 전통적 가치의 재확인의 의미를 갖는다. 특히 프라하성명에서는 고등교육을 '공공재(public good)'로 간주해야 하고, 공적 책임의 영역으로 보고 있다.[16.]

프라하성명을 둘러싸고는 많은 논란이 있다. 그중 고등교육이 공공재인지 여부가 논란의 중심[17.]에 있고, 공적 책임이라면 그 책임의 본질과 책임이 적용되는 범위는 어떻게 되는가 하는 것이다. 이를 규명하기 위하여 유럽평의회(Council of Europe)는 고등교육 운영위원회(Steering Committee for Higher Education and Research, CDESR)의 주도

16. They supported the idea that higher education should be considered a public good and is and will remain a public responsibility (regulations etc.), …

17. 컨퍼런스에서 고등교육의 공공재성에 대해서는 일단 부정적인 의견이 많았다. 예를 들면 "고등교육에 대한 광범위한 접근이 대부분 유럽국가에서의 고등교육 정책의 토대이지만, 제한 없이 자유로운 접근이 현실적으로 보장되고 있지는 못한 점", 또는 서비스 거래에 관한 일반협정(GATS)에 고등교육이 포함되어 있어 고등교육은 거래가 가능한 상품일 수 있다는 것을 지적한다(Sjur Bergan, 2005). 또한 공공기관의 비효율성(의사결정 과정의 취약점, 자치권의 부족), 공공기관의 공정성 부족을 이유로 들기도 한다(Luc Weber, 2005). 이러한 입장에서는 프라하성명에서 공공재이자 공적 책임이라고 언급한 것은 고등교육이 공공재가 아닐지도 모른다고 장관들이 우려했기 때문이라는 것이다(Sjur Bergan, 2005).

로 고등교육의 공적 책임[18]의 진정한 본질과 범위를 확립할 목적으로 컨퍼런스를 열었고 그 결과가 단행본((Luc Weber and Sjur Bergan(eds), 2005)으로 발간되었다.

나. 유럽평의회 컨퍼런스

이 컨퍼런스에서 주제 발제를 한 Luc Weber는 공적 책임의 정당화 논거로 ① 환경변화, ② 수준 높은 고등교육과 연구의 필요성, ③ 고등교육기회의 균등한 분배, ④ 고등교육과 연구 부문의 질적 수준의 보장 필요성, ⑤ 헌법과 법률적 구조의 중요성을 들고 있다.[19]

정당화 논거로 주목할 필요가 있는 것이 고등교육의 유형적(개인 차원의)[20], 무형적(사회가 누리는) 효과이다. 특히 국가적 차원에서, 지식은 노동과 자본만큼 중요한 생산요소이고, 우수한 노동력은 성장을 촉진하기 때문이다. 더욱이 높은 교육수준은 타인에 대한 배려와 존중이라는 가치를 증가시키고, 문제를 보다 이성적으로 해결할 수 있도록 해주기 때문에 사회적, 문화적 수준까지 향상시킨다(Luc Weber, 2005). 시장논리로는 이런 무형적 효과를 창출하지 못한다. 따라서 이론적으로는 시장이 개인의 교육수요를 충족시킬 수 있다고 하더라도 외부경제효과가 있기 때문에 고등교육에 대한 공적 책임이 더 중요해진다. 이런 무형적 효과를 강조하면 정치적 가치판단에 따라 무상교육에 접근할 수도 있게 될 것이다.[21]

다. 공적 책임의 본질과 범위

그런데 유럽에서 공적 책임의 본질이 무엇인지에 대해서는 논란이 있을 수 있다. 종래 복지국가 하에서 고등교육은 공공재로 인식되었다. 그러나 현재 유럽에서는 고등교육의 공공재성을 부정하는 경향이 있다. 이런 맥락에서 공적 독점이나 무상제공 여부는 논란

---

18. 여기서의 공적 책임에는 고등교육(기관)과 연구에 대한 국가의 공적 책임뿐만 아니라, 고등교육과 연구기관들(내외부의 구성원과 이해당사자)의 사회에 대한 공적 책임도 포함한다(Luc Weber, 2005).
19. Luc Weber, 32 - 36쪽. 영국이나 미국에서 고등교육에 대한 보조를 줄이고 그 만큼 개인에 그 책임을 전가했던 사유가 유럽에서는 오히려 공적 책임의 논거로 작용하고 있는 것도 볼 수 있다.
20. 개인에게 고등교육은 수입을 증가시키는 최상의 선택이고, 최고의 실업보험이다.
21. 프랑스의 공적 역무(public service)는 무상으로 제공되고 분배되어야만 한다는 정치적 함의를 가지고 있다(Luc Weber, 2005).

중에 있다.

그런데 정치학적 의미는 별론으로 하고, 경제학적 의미에서 고등교육의 공공재성을 일부 예외적인 경우를 제외하고는 인정하지 않는 것이 일반적인 흐름으로 보인다. 그리고 이를 대신하는 공적 책임은 그 범위가 여전히 모호하였다. 여기서 미묘한 차이가 생길 수 있다. 볼로냐 프로세스를 추진하는 각 국가들은 앞서 본 유럽 차원의 통합 고등교육 시스템의 확립과 더불어 이를 계기로 하여 교육비를 감축하려는 의도를 가지고 있었다. 특히 고등교육에 대한 재정부담이 클수록 그 유혹은 강했다. 그리고 이러한 의도는 누가 정부를 운영하는 권한을 가지게 되었는지에 따라 외부로 나타나기 시작했다.

볼로냐 프로세스의 시행과 더불어 유럽국가들도 신자유주의를 받아들이기 시작하였다. 예를 들어 독일의 경우 고등교육기관의 다양화(법인화 포함[22].), 대학등록금제 도입, 대학의 학생선발권, 엘리트 대학의 인정[23]. 등 종래의 독일 대학제도[24].와는 거리가 먼 여러 제도와 관행들이 도입되었다. 특히 법인화된 대학들의 거버넌스구조는 종래의 대학자치 모델(정교수모델 혹은 그룹대학모델)로부터 총장에 의한 경영모델로 변경되었다.[25].

---

22. 노르트라인 - 베스트팔렌주 대학법은 자치행정을 수행하는 단일한 사단법인으로서의 대학을 규정했다. 노르트라인 - 베스트팔렌주의 대학들은 원칙적으로 국가의 적법성감독만 받으며, 전체예산(Globalhaushalt)을 독자적으로 집행하며, 독립적으로 대학교수를 포함한 구성원들을 임명하며, 마지막으로 연방주와 협상한 목표를 어떻게 달성할 것인지에 대해 독자적으로 결정한다. 재단법인대학모델은 2002년 니더작센주 대학법에 도입되었고, 특별법의 형식으로 헤센주의 프랑크푸르트대학과 브란덴부르크주의 비아드리나유럽대학에도 도입되었다(Ingwer Ebsen/김봉철역, 2011).

23. 독일대학의 국제적 신인도를 제고하고, 바닥에 떨어진 교육을 재건하고자 연방정부가 내세운 대학정책이 바로 '엘리트 대학을 통한 수월성 제고와 학문영역에서 그러한 수월성을 가능하게 해 줄 수 있는 네트워크 구성'이다. 연방교육부 장관인 Bulmahn(SPD)은 2004년 초 '브레인 업(Brain up), 독일이 최우수 대학교를 찾는다'라는 제하에 엘리트 대학 구상을 내 놓았다. 이 구상의 배후에는 세계적으로 가장 뛰어난 고급두뇌를 유인하는 최우수 대학을 만들어 세계화의 흐름에 동참하는 한편, 독일의 우수 두뇌들이 보다 나은 조건을 찾아 미국이나 영국으로 떠나는 것을 막고자 하는 의도가 숨어있다. 이 구상은 전체 대학들 가운데 일정한 경쟁을 거쳐 우선 5개 대학교를 선정한 후 2006년부터 매해 2억 5천만 유로를 지원하며, 2010년까지 추가로 약 12억 5천만 유로를 투입한다는 거대한 기획이다. 평등을 최고의 가치로 표방해왔던 독일 대학 교육정책에서 자유경쟁의 원리를 도입한 것은 일대 사건으로 기록될 만하다(조상식, 2010).

24. 독일에서 대학과 국가의 관계를 보면, 가능한 한 국가는 교육에 대한 지원이란 공적 역할에 대해 뚜렷한 의식을 갖되 학문의 독립성과 자유를 인정하며, 어떠한 요구를 하기 보다는 보호하고 육성해야 함을 강조했다. 이렇게 학문의 독립성과 자유가 인정되는 속에 대학이 자신의 목적에 충실할 때 더 높은 차원에서 국가의 목적이 충족될 것이라고 설정한다(한귀용, 2010).

25. 대학이사회(Hochschulrat)가 설치되고, 대학이사회의 구성과 임명에 대해서는 연방 주에서 권한을 행사한

그리고 등록금도 도입되었다. 1999년 여름 학기부터 바이에른 주에서는 두 번째 학위 취득 학생에 대해 500유로의 수업료를 징수하기 시작했고, 1999년에 베를린, 니더작센, 바덴-뷔템베르크에서는 입학과 등록 수수료로서 100마르크(50유로)의 행정 수수료가 도입되었다. 이미 1997년 바덴-뷔템베르크에서는 장기 학생에 대한 1,000마르크의 수업료 도입 법안을 통과시켰다.[26.] 학교마다 액수에는 차이가 있지만 가장 비싼 대학도 한 학기에 최대 500유로(약 73만원)를 넘지는 않았다. 더불어 학자금 대출과 장학금 제도도 확충되었다.

이런 상황은 프랑스에서도 재연되었다. 프랑스 대학개혁은 사르코지정부에서 단행되었다. 물론 그 이전부터 논의는 시작되었다. 2003년 5월에 '대학의 현대화 법안'이 제시되었다.[27.] 2007년에 확정된 대학개혁안과 "대학의 자율과 책임에 관한 법률(LRU)"은 교육예산 집행권을 대학에 맡기고[28.] 산학 협동을 허용하는 자율화 정책, 유럽의 다른 대학들과 학생 교류를 자유롭게 할 수 있도록 하는 공동학위제와 학제 개편이 있었다. 이중 자율화가 특히 문제인데 그것은 대학의 학생 선발권과 등록금 인상도 염두에 두고 있었기 때문이다.

다. 대학이사회는 대학총장의 선출과 임명에 있어서 중요한 역할을 하게 된다. 대학총장단은 단과대학들, 특히 교수들과 목표협약을 체결하고, 그 성과에 따라 성과급이 결정된다. 단과대학 중심의 자치권이 대학의 총장단에 넘어간 것이다. 대학은 일정 정도의 자율권을 행사하게 될지 몰라도 기본적인 지배구조는 위로부터의 상향식 모델로 변경되어 버렸다. 대학이사회는 대학평의회와의 합의적 공동협력을 통해 대학총장을 선출하고 임명하게 된다(Ingwer Ebsen/김봉철역, 2011).

26. 대외적으로 대학의 국제경쟁력의 추락, 국가의 책임하에 대학간 서열없이 안정되게 유지되어 오던 독일의 공교육 체제의 문제점을 들기도 한다(손승남, 2005).

27. 대학의 자율성을 확대하는 이 개혁안은 대학생과 교수들의 강한 반발에 부딪쳐 결국 무산되었다. 따라서 최근 수년간 프랑스 대학제도의 유일한 큰 변화는 유럽 내에서 각기 다른 학위들을 조화시키고 대학들간에 학점교류를 가능하게 하기 위해 유럽연합 차원에서 추진된 이른바 LMD(학부 3년, 석사 2년, 박사 3년으로 통일)라고 부르는 대학과정 개혁뿐이었다(이기라, 2007).

28. 프랑스에서는 대학교육과 관련해 크게 두 가지 차원의 문제들이 자주 지적되어 왔다. 우선 프랑스는 다른 선진국들에 비해 대학교육에 투자를 적게 하고 있다는 것이다(GDP의 1.1%, OECD 평균은 1.7%). 학생 수에 비추어본다면 이 뒤처짐은 더욱 명백해지는데, 1년 동안 대학생 한 명에게 투자되는 비용이 OECD 평균 9천유로가 넘고 미국이 2만 유로에 이르는데 비해 프랑스는 8천유로를 조금 넘기는데 그친다. 이러한 프랑스 대학교육의 재원 부족은 초등, 중고등 교육을 보다 중시하는 프랑스 교육전통에 기인한다(이기라, 2007).

라. 공적 책임 확립을 위한 사회적 노력

이러한 독일과 프랑스의 신자유주의 수용 정책은 사회의 저항에 직면하게 된다. 2009년 진행된 사회적 저항[29]은 우리나라 반값등록금 운동이상으로 강력했다.[30] 독일은 결국 고등교육의 공적 중요성을 감안하여 다시 교육비를 무상으로 하는 정책을 펴기에 이른다. 독일 대학은 2014년부터 대학 전면 무상교육 체제로 복귀했다.[31] 이러한 분위기의 변화로 말미암아 주립대학의 자율화정책 역시 더 이상 진행되지는 않았다.

프랑스에서도 상황은 독일과 비슷하게 전개되었다. 사르코지가 추진하려는 대학 개혁의 본질은 대학에 학생 선발권과 등록금 징수권을 부여하는 것이었다. 2007년 그러나 교육부가 최종 발의한 "대학의 자율과 책임에 관한 법률(LRU)(안)"에는 두 조항이 빠졌다. 교수와 학생의 반발에 부딪혀 "5년 동안 대학이 자율적으로 결정한다"라는 단서 조항을 달면서 절충했다.

2009년 2월부터 사르코지 정부의 교육개혁안에 반발하는 대학생 및 교직원 등의 시위가 계속되었다. 대학의 비용절감을 위한 구조조정과 민간재원 유치 등을 골자로 2007년에 확정된 대학개혁안을 전면 철회할 것을 요구하면서, 부분 혹은 총파업 중인 대학은 전국의 83개 국립대학 가운데 절반 이상인 50여개 대학에 이르렀다.[32] 결국 사회적 저항

---

29. 2009년 11월 까지 약 50여개 대학교에서 학생들이 강의실을 점거하고 가두시위를 벌였고, 11월 17일에는 전국 41개 도시에서 8만 5천여 명이 가두시위를 벌이기도 했다. 11월 24일 즈음에는 독일 전역의 대학교 총장들이 모두 라이프치히에 모여 대학총장회의를 열었는데, 그곳 회의장을 점거하기도 했다. 등록금 징수 폐지 말고도 학・석사(BA・MA) 학제로의 전환 반대, 수업환경 개선, 입학정원제 폐지 등 각종 요구사항이 있었다.

30. 많은 대학생들이 이에 반대하며 거리와 법정에서의 투쟁을 벌였다. 이런 저항은 1960년말 교육 평등권 사상과 학생들의 등록금 폐지 운동 등에 힘입어 1970년대 무상교육 시스템이 자리 잡았던 전통과 연관이 있다.

31. 독일 연방헌법재판소가 2012년 11월 등록금소송에서 등록금 과잉 징수는 위헌이라는 결정을 내렸다. 그 영향으로 다수 주에서 등록금 무상으로 정책을 선회하기 시작한 것이다. 2006년 겨울학기부터 등록금 제도를 부활시켰던 노르트라인-베스트팔렌 주의 경우에는 4년 만인 2010년 겨울학기부터 등록금을 철폐했다. 원래 이 지역은 대학 등록금 납부를 주장하는 야당이 세력을 잡고 있었는데, 2010년 선거에서 여당이 큰 지지를 얻어 의원들이 대폭 물갈이되면서 대학 등록금이 없어지게 된 것이다. 참세상 http://baljeon.nodong.net/×e/596940, 레이디경향 2012년 1월호 <http://lady.khan.co.kr/khlady.html?mode= view&code=11&artid=201201201630501>

32. 연합뉴스, "프랑스 대학가 휴업사태 언제 끝나나", 2009.5.5.

과 2012년 사회당 출신의 프랑수아 올랑드 대통령 취임으로 신자유주의 정책의 급격한 수용은 일단 부정되었다.[33]

현재 프랑스 대학의 등록금은 학사 181유로(한화 27만원/1년), 석사 250유로(한화 37만원/1년), 박사 380유로(한화 57만원/1년) 정도이다. 이러한 비용은 우리나라의 1/30 정도로서 학비 때문에 고등교육을 포기할 일은 없다. 이는 국가가 공적 책임을 강화하였기 때문에 가능했다.[34]

마. 루벤 성명[35]

유럽고등교육권역 구축과 고등교육에 적용할 공통적 기준과 지침을 설정하는 작업은 오랜 시간을 두고 이루어졌다. 1998년 소르본느 선언부터 시작해서 2001년 프라하, 2003년 베를린, 2007년 베르겐, 2008년 런던 성명을 거쳐, 2009년 벨기에 루벤에서 공동선명을 발표하기에 이른다.

루벤 성명에서 고등교육의 중요성을 다음과 같이 표현하고 있다. "우리에게 직면한 도전을 성공적으로 해결하고 문화적 · 사회적 발전을 끌어내기 위해 고등교육이 얼마나 중요한 역할을 하는지 우리는 잘 알고 있다. 그러므로 우리는 최우선으로(utmost priority) 고등교육분야에 공적 투자(public investment)를 고려하고 있다."

이러한 최우선 순위의 공적 지원의 이유는 고등교육이 사회적 필요에 대응하기 위한 것인데 이는 권력과 자본의 욕구에 직접 대응하는 방식은 아니다. "우리는 유럽고등교육권력의 목표를 위해 최선의 노력을 다 할 것이다. 이는 고등교육이 공적 책임(public responsibility)이며 모든 고등교육기관은 각자의 다양한 사명에 따라 사회의 다양한 요구

---

33. 2013년 7월 프랑스에서는 고등교육에 관한 개혁 법안이 의회에서 통과되었다. 주된 내용은 대졸 학위자 비율을 50%까지 확대하는 것, 고등교육 연구 분야 예산을 2.2% 증액, 연구 투자 및 재정 지원, 산학연 확대, 혁신 기업 창업 지원 등 연구 분야에 대한 경쟁력 강화 정책, 프랑스 대학과 연구소들의 국제적 경쟁력 강화를 위해 학생, 연구원, 교수 교환 제도를 확대하는 것 등이다(최지선, 2013).

34. 프랑스 고등교육 연구부 자료에 따르면, 프랑스 정부는 2012년에 총 287억 유로(약 38조513억 원)를 고등교육에 지출했다. 이는 고등교육 비용의 70%를 충당하는 규모이며, 지난 30년간 50%가 향상되는 추세다. 프랑스 학생들은 물론이고, 학생 비자를 받은 외국인 학생에게는 주택 보조금도 지급한다(하지율, 2016).

35. Communiqué of the Conference of European Ministers Responsible for Higher Education, Leuven and Louvain-la-Neuve, 28-29 April 2009.

를 즉각적으로 대응한다는 목표이다. 고등교육기관이 필요한 자원을 확보해야 한다고 인식하는 이유는 다음의 목적을 이룰 수 있도록 하는 데 있다: 민주사회에 능동적인 시민을 길러내고, 향후 직업을 준비하고 자기계발을 이룰 수 있으며, 더욱 폭넓고 심화된 지식을 함양하고, 연구와 혁신을 촉진시키는 것이다. 고등교육 시스템과 정책 개혁은 대학자치(institutional autonomy), 학문자유(academic freedom), 사회적 평등(social equity)이라는 유럽식 가치 안에서 자리매김하도록 꾸준히 계속되어야 한다. 이를 위한 학생과 직원들의 참여가 절실히 요구된다."

(3) 대학과 사회의 관계(대학의 사회적 책임)

가. 국민 교육권의 보장

고등교육과 연구기관들(내외부의 구성원과 이해당사자)은 사회에 대해서 공적 책임을 진다. 고등교육기관은 능력이 있는 사람들 누구나 교육하고, 정치, 경제, 사회, 문화 발전을 통해 더 나은 사회에 공헌할 수 지식을 확장해 나감으로써 사회에 우선적으로 공헌해야 한다.[36]

나, 대학의 사회적 책임과 대학평가

볼로냐 프로세스는 유럽내 학위과성의 표준화를 추구했고, 이는 LMD제제도 완성되었다. 이에 따라 볼로냐 프로세스의 회원국들도 이에 따라 학제를 변경하게 된다. 예를 들어 독일의 경우에도 학석사제도를 도입하였고 학부나 석사과정의 설치는 반드시 인증을 받도록 했다. 연방정부는 주정부들과 협력하여 대학총장회의 관할의 "프로젝트Q"를 통해 다양한 평가제도를 개발하고 전유럽차원의 평가기준을 만들어 2007년부터 적용하기 시작하였다.

고등교육의 질 관리를 위해 대학평가를 하는 나라가 많다. 볼로냐 프로세스에서도 고등교육의 질관리를 위해 대학평가의 필요성을 말한다. 볼로냐 프로세스는 대학 교육 품

---

36. 이런 고등교육과 연구기관의 공적 책임은 다양한 함의를 가지고 있다. 예를 들어 사회적 배경과 무관한 교육접근기회, 반칙과 부패의 척결, 특히 생명과학 연구에서 연구 윤리에 대한 경외심 등이다(Luc Weber, 2005).

질을 보증하기 위해 국가인증제도를 도입하였다.

고등교육과 연구의 질 문제가 중요해지고 있고, 이에 따라 고등교육에 대한 질적 통제가 요구되고 있다. 특히, 경제, 사회, 문화발전을 위한 고등교육의 중요성을 고려해보면, 고등교육과 연구 공급의 질적 통제가 불가피하다(Luc Weber, 2005).

기본적으로, 국가는 주로 소비자로서 학생을 보호하고 또한 "대학"이란 단어를 보호하기 위한 최소한의 기준을 분명히 하기 위해 개입할 수 있다. 이는 법적으로 보면 자격인정(Licensing recognition) 또는 인증(accreditation)이 될 것이다. 고등교육기관에 대한 평가의 어려움을 감안하면, 국가는 규제비용이 불균형적으로 많이 소요되거나, 결과가 자의적이어서도 안되고, 결과가 너무 모호해도 안된다. 모든 인간행동이 그러하듯 100% 실현가능(feasibility)한 것은 없다. 따라서 판단에 대한 책임의 일부는 이러한 기관을 선택한 개별 학생들에게 맡겨줘야 한다(Luc Weber, 2005).

Ⅲ 국립대학법의 제정 필요성과 주요 내용

(1) 헌법 정신과 가치의 실현

헌법 제31조 제4항은 "교육의 자주성・전문성・정치적 중립성 및 대학의 자율성은 법률이 정하는 바에 의하여 보장된다."고 규정하고 있다. 또한 헌법 제22조 제1항은 "모든 국민은 학문과 예술의 자유를 가진다."고 규정하고 있다.

대학은 지식의 생산과 보급을 통하여 정치, 경제, 사회, 문화 등 모든 영역에서 발전에 기여한다. 이 때문에 대학은 학문의 자유를 누리고, 이 학문자유를 보장하기 위하여 대학에는 자치와 자율이 보장되고 있다. 그런데 우리 헌법은 이러한 대학의 자율을 법률이 보장하도록 하고 있다.[37] 그러나 이러한 헌법가치를 구체화하는 법률은 없었다. 오히려

37. 대학자치와 자율을 현행 헌법처럼 "법률이 정하는 바에 의하여" 보장하는 경우, 법률이 없으면 보장되지 않게 되고, 설령 법률이 있는 경우에도 입법자의 입법형성권이 헌법에 반하는 형태로 법률이 제정・개정되는 경우도 많다. 따라서 "법률이 정하는 바에 의하여"라는 표현을 삭제하여 대학의 자치가 헌법상 보장되는 것으로 해야 한다. 이번 청와대가 추진하고 있는 헌법 개정안 제23조 제2항은 이런 내용을 포함하고 있다. 제23조 ② 대학의 자치는 보장된다. 자세한 내용은 다음을 참조하라. 임재홍, "대한민국헌법 교육조

법령에 의하여 헌법 가치가 부정되고 사문화되고 있다. 예를 들면 국립대학의 설치근거는 대통령령(「국립학교 설치령」, 「한국방송통신대학교 설치령」 등)으로 규정되어 교수 등 대학구성원이 대학자치에서 배제되고 있다.

심지어 헌법에서 규정한 대학의 자율이 기관자치로서의 자율이 아니라, "기업적 의미의 자율"로 오해되는 경우도 많았다. 대표적인 것이 1995년 5・31교육개혁안 이래 지속적으로 추진된 신자유주의 고등교육정책이다. 이 입장에 서면 우리나라 고등교육의 경직적인 대학운영 체계가 모든 문제의 출발점이 된다.[38] 이에 대한 해결책으로 국공립대학을 사립대학으로 변화시키는 자율화정책을 펴야 하고, 더불어 대학집행부에 강력한 리더쉽을 부여하면서 책무성을 강화시키기 위해서 재정보조를 점차적으로 줄이고, 국립대학 회계제도를 도입할 것을 주장한다.[39] 또한 사립대학의 경우에는 지배구조를 개선하면서 동시에 사립대학에 대한 규제, 예를 들면 대학의 설립・운영, 학부나 학과의 운영, 등록금 책정에 대한 규제를 풀어야 한다고 주장한다.[40]

신자유주의 고등교육정책에서 말하는 자율은 헌법상 규정한 학문의 자유(제22조 제1항)를 보장하기 위한 대학자치, 대학의 자율성(제31조 제4항)과 외관상 유사할 뿐이지, 그 내용은 완전히 상이하다. 신자유주의 고등교육정책에서 말하는 자율은 국가규제로부터의 자유 즉 탈규제를 말한다. 이 자율의 주체는 '사립 혹은 사립화된 대학', '영리를 추구하는 기업으로서의 대학'을 전제한다. 그래서 일반 사기업이 경제활동의 자유를 누리듯이 대학의 기업적 활동, 영리활동에 장애가 되는 공적 규제를 철폐하겠다는 것이

항의 새로운 구성 - 개헌논의에 붙여" (한국방송통신대학교 법학과, 「인권법연구」 제4호, 2018. 1. 5.), 36 - 37면.

38. 이 부분을 잘 보여주고 있는 것이 다음 보고서이다. 박정수, 지식기반사회의 고급인력 양성을 위한 고등교육 개혁방안 (한국직업능력개발원 용역보고서, 2003.).

39. 국립대학 이사회 제도의 도입과 국립대학 조직 인사의 자율 확대를 제안하고 있다. 이주호, "제2단계 고등교육 개혁의 구상" (박정수, 지식기반사회의 고급인력양성을 위한 고등교육 개혁방안, 한국직업능력개발원, 2003), 7 - 8면.

40. 예산의 편성 집행 결산을 총장이 이사회의 의결을 거쳐 집행하도록 하고 이와 더불어 등록금 수준의 결정이나 수익사업 등에 대하여도 총장이 이사회의 자문이나 의결을 거쳐 결정할 수 있도록 함으로써 국립대학들도 다양한 재원을 발굴하고 재정 구조를 다원화하도록 유도하는 동시에 개별 대학의 교육과 연구의 성과를 나타내는 지표들을 개발하고 이에 근거하여 예산을 배분하는 체제를 강화하자고 한다. 이주호, 위의 글, 8면.

다.[41] 박근혜정부의 고등교육 종합발전 방안(2013년 10월)에서 말하는 대학자율도 같은 맥락에서 사용되었다. 따라서 이러한 오해가 발생하지 않도록 명확히 규율할 필요성도 있다.

(2) 국가와 국립대학의 올바른 관계 설정

해방 이후 대학은 국가의 필요에 의해 만들어졌고, 대학과 학문은 국가에 종속되어 있었다. 이를 반영한 것이 현행 고등교육법제이다. 대학은 영조물이고, 총장은 대학 내의 유일한 의사결정권자이다. 이 총장에 대한 임명권은 오랜 기간 대통령에 있었다. 위로부터 완벽하게 국가가 국립대학을 지배하는 구조이었다.

이러한 구조 하에서 '극단적' 신자유주의 고등교육정책의 도입이 가능했다. 신자유주의는 자유주의와 달리 권력을 동원해서 고등교육영역에서 시장의 도입과 경쟁을 강요한다. 신자유주의 대학정책은 고등교육에 대한 국가의 재정책임을 줄이고 나아가 고등교육영역에서 자본이 돈벌이를 할 수 있도록 해주는 것을 목적으로 하고 있다. 이러한 목적 달성을 위해 대학에 인위적으로 경쟁을 강요하고 산학협력이란 미명하에 돈벌이를 유도한다. 신자유주의정책에 대한 저항도 있었지만, 대학자본주의현상은 정착되어 가고 있다.

'극단적' 신자유주의 고등교육정책은 시장과 경쟁원리의 도입 말고도 그에 상응하는 대학지배구조를 강제한다. 극단적 신자유주의는 기업경쟁력 강화를 위해 산학협력을 잘하는 대학이미지를 도입했다. 교수들은 기업과 국가발전에 복무하는 기능적 인간으로 지위가 격하되기 시작했다. 총장의 역할도 달라진다. 대학자치와 자율의 대표자가 아니라 기업인 대학을 효율적으로 관리할 수 있는 사람이길 강제당하기 시작했다. 총장선출방식도 교수나 대학구성원의 직선이 아니라 임명제에 가까운 총장추천위원회 방식으로 변경

41. 5·31이후부터 박근혜정부까지 대학자율화 명목으로 추진되었던 정책들을 보면 대학설립과 운영의 자유(대학설립과 운영에 대한 규제 완화), 통폐합 등 학과운영의 자유, 산학협력의 자유, 학교기업운영의 자유, 교원인사의 자율성(비정규직의 일반화) 등이다. 그리고 이런 정책의 연장선상에서 영리법인의 대학설립과 운영의 자유도 검토되었었다. 자세한 것은 다음을 참조하라. 임재홍, "대학 구조조정과 공공적 대학체제 수립을 위한 법 제도 개선방안 연구 - 정부책임형 사립대학을 중심으로 -" (국회의원 유은혜 주최, 대학체제 개편토론회: 대학구조조정과 공공적 대학체제 수립을 위한 법 제도 개선방안 - 정부책임형 사립대학을 중심으로 -, 2013. 09. 11일, 국회 의원회관 제1세미나실), 13 - 19면.

을 강요한다.[42]

총장직선제는 대학민주화의 상징이었던 만큼 총장선거제 폐지에 대한 국립대학의 저항은 강했다. 그러나 이명박정부의 교육과학기술부는 대학에 대한 행·재정적 불이익의 부과 등 각종 수단을 동원하여 총장직선제를 폐지하고, 대학을 관료지배에 종속시켰다. 박근혜정부에서 벌어진 대학의 권력종속현상[43]도 이러한 맥락에서만 이해될 수 있다.

학문과 대학이 국가에 종속되어 있는 구조를 고쳐야 한다. 그 출발은 바로 학문자유와 대학자치를 보장하는 것이다. 전통적 의미의 학문자유와 대학 자치는 유럽 국가와 대학에서 일관되게 강조되고 있다. 2006년 유럽평의회 의회가 채택한 "학문자유와 대학 자치에 관한 권고"(The Recommendation on Academic Freedom and University Autonomy)는 학문자유와 대학자치의 일반 원리를 재확인하고 있다. 예를 들면 연구와 교육에서 어떠한 제한도 없는 학문의 자유, 대학의 제도적 자율 보장 등이 그러하다.[44] 심지어 신자유주의적 압력을 우려하여 헌법적으로 보장함은 물론 법률을 통해서도 보장해야 한다는 것이 유럽 국가들의 인식이다.[45] 그래서 법령으로 학문자유와 대학 자치를 보장하는 것도 공적 책임의 한 내용이 된다.[46]

---

42. 임재홍, "대학 총장선출제도를 둘러싼 갈등과 대안의 모색" (한국방송통신대학교 법학과「인권법연구」제2호, 2016. 2.24.), 5면.

43. 최순실 - 박근혜 게이트에서 지식인 부역자가 유달리 많았다. 다수의 대학교수가 기소되고 처벌받았다. 교수는 지식인이자 가르침을 주는 교육자이기 때문에 돈과 권력에 굴복해 사익을 챙기는데 일조했다는 것은 심히 부끄러운 일이다. 그러나 지난 이명박정부와 박근혜정부 9년을 돌아보면 이런 사건이 우연이기보다는 필연일지도 모른다는 생각이 든다. 대학을 상업화시키고 돈을 최우선시 하도록 만든 대학정책의 귀결일지도 모르기 때문이다.

44. Education International, "Protecting and Defending Academic Freedom: Report on Current Situation" (VIth International Higher Education and Research Conference, 2007), 2면.

45. Luc Weber, "Nature and scope of the public responsibility for higher education and research" (Luc Weber and Sjur Bergan(eds), The public responsibility for higher education and research, Council of Europe Publishing, April 2005.), 36면.

46. Sjur Bergan, "Higher education as a "public good and public responsibility": what does it mean?" (Luc Weber and Sjur Bergan(eds), The public responsibility for higher education and research, Council of Europe Publishing, April 2005.), 17면.

(3) 국립대학의 설립과 운영을 규정하는 기본 법률의 필요

현재 고등교육을 규율하는 법률로는 「교육기본법」, 「고등교육법」, 「교육공무원법」, 「국립대학 회계법」 등 여러 법률이 있다. 대학의 설립 및 운영을 규율하는 법령으로는 대통령령인 「국립학교 설치령」, 「한국방송통신대학교 설치령」 등이 있고, 설립 및 운영기준을 정한 것으로 「대학설립·운영 규정」이 있다. 나아가 국립대학법인의 운영을 규율하는 법률로 「국립대학법인 서울대학교 설립·운영에 관한 법률」, 「국립대학법인 인천대학교 설립·운영에 관한 법률」, 「울산과학기술원법」 「한국과학기술원법」 「광주과학기술원법」 등이 있다. 그러나 법인으로 운영되는 국립대학을 제외한 나머지 국립대학의 설립과 운영을 규율하는 법률은 없다. 따라서 국립대학의 설립과 운영을 규정하는 기본 법률로서 「국립대학법」을 입법할 필요가 있다.

국립학교의 설치 근거가 대통령령으로 되어 있는 것은 기본적으로 국립대학을 영조물로 보기 때문이다. 나아가 국립대학법인의 경우도 영조물법인의 법적 성질을 가지고 있다. 법적 성질이 영조물이나 영조물법인인 경우 기본적으로 대학의 구성원이나 구성원의 자치가 도출되지 않는다. 따라서 국립대학의 법적 지위를 단순한 영조물 혹은 영조물 법인이 아니라, 자치행정권을 갖는 법률상의 독립적 주체(공법상 사단)로 설정해야 한다. 즉 대학은 공법상의 법인이고, 동시에 국가기관의 이중적 지위로 규정해야 공공성과 대학자치의 확보가 가능해진다.

국립대학의 공공성과 자율성을 구체적으로 규정하고 그에 따라 구성원의 법적 지위를 명확히 할 필요가 있다. 국립대학의 공공성을 강화하기 위해서 국립대학재정의 공적 부담원칙을 명확히 하는 조항을 두고, 학문자유와 대학자치의 구체적 내용도 법률에 담겨야 한다. 「국립대학 회계법」이나 「국립학교 설치령」은 대학에 대한 교육부의 개입을 너무 광범위하게 인정하여 대학자치가 침해되고 있다. 「고등교육법」은 대학의 의사결정권을 총장에게만 부여하여 대학구성원의 참여를 원천적으로 배제하고 있다. 이를 변경하여 대학구성원이 모두 참여하여 공동으로 의사를 결정할 수 있는 방식으로 변경할 필요가 있다. 이를 위해서는 선행적으로 교수회·직원회·학생회 등 대학자치조직을 법제화하고, 대학의 최고 의결기구로서 대학평의회를 구성하도록 해야 한다.

나아가 우리나라 국가와 사회의 발전, 그리고 초중등교육 및 고등교육의 상생적인 미래를 위해서 서열화된 대학체제를 개편하고 대학입시의 혁신을 위해 국립대학의 사회적 책무를 규정할 필요가 있다. 고등교육의 고질적인 병폐인 대학서열화를 완화하고, 국공립 대학의 발전을 도모할 수 있는 국공립대 연합체제(한국국립대학교육협의회)를 구성할 수 있는 법적 근거의 마련이 시급하다. 한국국립대학교육협의회는 대학유형별로 학생 선발을 단순화·표준화·공정화하고, 커리큘럼을 공유할 수 있는 방안을 모색할 수 있는 법적 책무를 담당해야 한다.

국립대학법의 주요 내용

(1) 국립대학법의 구성 원리

고등교육과 이를 담당하고 있는 대학의 운영원리가 어떠해야 하는지 확립된 기준은 없다. 역사적인 발전과정을 통해 고등교육과 대학운영의 기본 원리로서 '학문자유와 대학자치의 보장', '교권의 확립' 등이 일반적으로 받아들여졌다. 국제적인 인권규범을 보면 '고등교육의 기회균등'(「세계인권선언」 제26조), '고등교육의 점진적 무상교육과 교육기회균등'(「경제적, 사회적 및 문화적 권리에 관한 국제규약」 제13조, 「교육상의 차별금지협약」)을 정하고 있는데, 그 정도는 추상적이지 않을 수 없었다.

이러한 추상성을 극복하고 1970년대 후반 이래의 변화된 고등교육환경까지도 감안하여 대학운영원리를 찾으려고 노력한 것이 볼로냐 프로세스의 대학운영원리라고 본다. 그것이 바로 ① 학문자유와 대학자치, ② 국가의 공적 책임(공공성), 그리고 ③ 대학의 사회적 책임이다.[47]

이 세 가지 원리를 반영하여 만들어진 국교련의 「국립대학법(안)」은 총8장과 부칙 4개 조항으로 구성되어 있다.[48] 특히 제1조 목적에서는 이들 원리를 반영하여 구성하였다.[49]

---

47. 임재홍, "대학정책 결정구조의 전환: 국가교육위원회 논의를 중심으로", 46 - 47면.
48. 제1장 총칙[제1조~제6조], 제2장 국립대학의 권리와 책임[제7조~제12조], 제3장 국립대학의 의사결정과 운영기구[제13조~제36조], 제4장 국립대학의 재정과 회계[제37조~제65조], 제5장 한국국립대학교육협의회와 국립대학평가원[제66조~제86조], 제6장 국립대학 대학평의회연합회와 국립대학 간 업무협조[제87조~제89조], 제7장 국립대학의 설립과 운영의 기준[제90조~제91조], 제8장 공립대학 적용의 특례[제92조~제93조], 부칙[제1조~제4조].
49. 이하에서 인용하는 법률안의 조항은 입법청원한 국교련의 「국립대학법(안)」에 따른다.

제1조(목적) 이 법은 국립대학의 설립 및 운영에 관한 사항을 규정함으로써 국립대학에서의 학문의 자유, 대학의 자치를 보장하고, 공공성과 사회적 책임성을 높여 학문을 발전시키고, 인재를 양성하며, 지역 간 균형 발전에 기여함을 목적으로 한다.

(2) 대학의 법적 지위

제5조(국립대학의 법적 지위) 국립대학은 국가기관인 동시에 학사・연구・재정 등 대학운영에 관하여 독립된 권리와 권한을 행사하고 의무를 부담하는 공법인으로 한다.

독일 「대학기본법」은 대학의 법적 형식에 대해서 "대학은 대체로 공법상의 법인이고, 동시에 국가기관이다."고 규정하고 있다(동법 제58조). 이는 「베를린주 대학법」 등 여러 주에서도 비슷한 규정을 두고 있다. 「국립대학법(안)」도 국립대학이 공법인임을 명확하게 규정하고 있다.

국립대학이 반드시 공법상 법인격을 취득해야 독립적인 법주체가 되는지는 논란의 여지가 있지만, 개별 법률 조항을 통해 대학구성원의 자치를 규정하면 대학자치가 가능하다. 따라서 "국립대학이 독립된 권리와 권한을 행사하고 의무를 부담"한다는 내용을 포함시키면 가능하지만, 해석상 논란의 여지를 줄이는 측면에서 국립대학이 공법인임을 규정했다.

(3) 학문자유와 대학자치

가. 학문자유의 보장

제7조(학문과 예술의 자유) 국가는 국립대학과 그 구성원에게 다음 각호의 학문과 예술의 자유를 보장하여야 한다. 1. 연구의 자유와 그 결과를 공표할 자유 2. 교수의 자유 3. 의견 표현과 학습의 자유 4. 예술 창작과 표현의 자유

이 조항은 헌법 제22조의 학문자유를 보다 구체적으로 보장하는 의미를 갖는다. 독일 「대학기본법」 제4조도 독일 「기본법」 제5조 제3항 제1문장의 규정으로 보장된 기본권의 향유를 확보하는 차원에서 규정하고 있다. "학문자유와 대학 자치에 관한 권고"(The

Recommendation on Academic Freedom and University Autonomy, 2006년 유럽평의회)도 "연구와 교육에서 학문의 자유는 어떠한 제한도 없이 표현과 행위의 자유, 정보 보급의 자유, 연구수행과 지식과 진리전달의 자유를 보장해야 한다."고 규정하고 있다(권고 4-1).

나. 대학의 자치

제8조(대학의 자치) ① 국립대학의 자치는 보장된다. ② 국립대학은 다음 각호의 사항에 대해서 자치권을 갖는다. 1. 대학에서의 의사결정 2. 학칙의 제정 등 학사운영 3. 대학의 인사 4. 대학재정의 편성과 운영 5. 대학시설의 관리와 운영 6. 이외에 대학의 자치를 보장하기 위하여 필수불가결한 사항 ③ 국립대학의 구성원은 의사결정기구에 참여하고, 단체의 대표자를 선출하고 참여할 권리를 갖는다.

대학 헌장(Magna Charta Universitatum)은 대학의 기본원칙으로서 "대학은 자율적 기관"일 것, "교육과 연구는 모든 종류의 정치 권력이나 경제적 압력으로부터 도덕적이든 학문적이든 독립적"일 것을 천명(기본원칙 1)하고 있다. "학문자유와 대학 자치에 관한 권고"(The Recommendation on Academic Freedom and University Autonomy, 2006년 유럽평의회)도 "대학의 제도적 자율은 전통적이고 현재에도 본질적이라 할 수 있는 문화와 사회에 대한 대학의 임무에 대한 독립된 의무의 표명이이야 한다."고 선언하고 있다(권고 4-2).

다. 대학자치기구의 법적 지위 보장 규정

제15조(대학자치조직의 구성과 운영) ① 대학구성원은 대학의 자치에 참여하고 공동으로 의사결정에 참여할 권리를 갖는다. ② 대학구성원은 교수회, 학생회, 강사회, 조교회, 직원회 등 자치조직을 구성할 자유를 갖는다. ③ 자치조직의 종류와 명칭, 구성 및 운영 등에 필요한 사항은 학칙으로 정한다.

대학구성원이 스스로 자치조직을 구성할 수 있는 권리의 확보가 대학자치의 기본적인 전제이다. 독일의 대학은 1960년대 후반 대학분쟁을 통하여 법제상이나 기구상으로 크게 변모했다. 다수의 란트에서 대학법이 제정되었고, 대학자치기구에 교원뿐만 아니라 조교, 강사, 학생의 대표참가도 일반화되었다. 독일 「대학기본법」은 구성원 규정(동법 제36조),

협치의 일반 원칙(동법 제37조), 지금은 삭제되었지만 대학 구성원 집단의 선출 원칙(동법 제39조) 등을 규정하고 있다.

라. 대학의 의사결정기구

제16조(대학평의회의 지위) 국립대학에 최고 의사결정기관으로 대학평의회를 둔다.

제17조(대학평의회의 권한) ① 대학평의회는 다음 각 호의 사항을 의결한다. 1. 대학발전계획의 수립 2. 이 법 또는 다른 법령에서 대학에 위임된 학칙의 제정 또는 개정 3. 재정・회계규정 4. 총장후보자의 선출방식 결정 5. 주요 보직자의 임명동의 6. 대학 조직의 설치, 폐지와 변경 7. 대학 교육과정의 운영 8. 대학 예산안의 확정 및 결산 심사 9. 그 밖에 총장과 재적 평의원의 4분의 1 이상이 대학 운영상 중요하다고 인정하여 의결을 요구하는 사항 10. 제4호부터 제9호까지 직접적으로 관련이 있는 규정의 제정과 개정 ② 대학평의회는 재적 평의원 과반수의 출석과 출석 평의원 과반수의 찬성으로 의결한다. 다만 제1항 제3호의 경우에는 재적 평의원 3분의 1 이상의 발의에 의하여 재적 평의원 과반수의 찬성이 있어야 한다.

제18조(대학평의회의 구성) ① 대학평의회는 교수・학생・직원 등을 대표하는 평의원으로 구성한다. ② 대학평의회에 대학자치조직이 참여하는 범위는 각 자치조직의 역할, 책임 등에 따라 정해진다. ③ 대학평의회에 의장과 부의장을 두며 그 구성・운영 등에 필요한 사항은 학칙으로 정한다.

대학은 더 이상 교수들만의 왕국은 아니다. 오히려 대학구성원의 민주공화국이 되어야 한다. 이런 점에서 대학구성원들이 모두 참여하는 중앙합의제 의결기구로서 대학평의회의 설치는 대학자치의 핵심이다. 따라서 대학평의회는 교원, 직원, 학생 및 기타 구성원이 각각 하나의 집단을 구성하고 각 구성원집단을 대표하는 방식으로 구성되어야 한다.[50]

다만 대학평의회의 구성은 정치적 민주주의의 원리보다는 대학의 역할과 성격에 맞추

---

50. 독일 「대학기본법」은 제39조는 "중앙합의제기관 및 전문부 회의에 있어서 구성원집단의 대표는 개개의 구성원집단에 의하여 자유, 평등 및 비밀의 선거에 의하여, 또한 일반적으로 개인선거와 결합된 비례대표제선거의 원칙에 따라 선출한다"고 규정한 바 있다. 하지만 이 조항은 현재 삭제되었다.

어 전문성의 원리가 강조되어야 한다. 대학은 교육과 연구가 주된 사명인 만큼 이 역할을 담당하고 있는 교원들이 예외적인 경우(예를 들면 교수평가 등)를 제외하고는 적어도 과반의 투표권을 갖도록 할 필요가 있다. 더불어 남성과 여성의 적절한 대표성이 추구되어야 한다.

대학평의회의 권한은 대학의 학사운영과 관련된 중요 사항이 포함되어야 한다. 다만 총장 선정과 관련해서는 별도로 분리해서 규정하는 방안도 생각해 볼 수 있다.[51]

(4) 국가의 공적 책임과 투명한 재정·회계

가. 국가의 재정책임

제41조(국가의 재정책임) ① 국가는 국립대학의 교육 여건을 개선하고 연구의 질을 향상시키는데 필요한 재정을 안정적으로 지원하여야 한다. ② 국가는 국립대학의 유형, 국립대학들 사이의 형평성, 경제발전협력기구 회원국가의 고등교육예산 규모 및 그 증가율, 대학생 1인당 교육비용 등을 고려하여 국립대학의 운영에 필요한 경비를 총액으로 지원하여야 한다. ③ 제2항의 재정교부의 기준과 방식, 절차에 대해서는 다른 법률로 정한다. ④ 지방자치단체는 해당 지방자치단체가 추진하는 사업과 관련하여 필요한 경우 국립대학에 재정 지원을 할 수 있다.

국가가 국립대학의 재정을 책임지는 것은 설립주체로서 당연한 책무이다. 그럼에도 이를 명확하게 제도화한 법령은 없다. 법령에서 "이 영에 따라 설립된 학교의 운영에 필요한 경비는 국고에서 부담한다."(「국립학교 설치령」 제20조), "교육재정을 안정적으로 확보하기 위하여 지방교육재정교부금 등에 관하여 필요한 사항은 따로 법률로 정한다."(「교육기본법」 제7조), "국가와 지방자치단체는 학교가 그 목적을 달성하는 데에 필요한

---

51. 대학총장은 대학을 대표하는 지위에 있는 만큼 모든 대학구성원들이 참여할 필요가 있다. 또한 투표권 행사에서도 교수들만이 절대적 다수의 지위를 가질 이유도 없다. 유럽의 대다수 국가에서 여전히 교원들의 참여비율이 압도적이기는 하지만 직원이나 학생의 참여비율을 50%까지 인정하는 사례도 생겨나고 있다. 예를 들면 오스트리나, 덴마크, 노르웨이의 경우 교수가 50%, 비교수 구성원들이 50%까지 참여하는 경우가 있다. Institutional Management in Higher Education, Education Policy Analysis (OECD, 2003), 74면.

재원(財源)을 지원하거나 보조할 수 있다.”(「고등교육법」 제7조), “국가는 국립대학의 교육 및 연구의 질 향상과 노후시설 및 실험·실습 기자재 교체 등 교육환경 개선을 위하여 필요한 재정을 안정적으로 지원하여야 한다.”(「국립대학의 회계 설치 및 재정 운영에 관한 법률」제4조 제1항), “국가는 종전의 각 국립대학의 예산, 고등교육예산 규모 및 그 증가율 등을 고려하여 인건비, 경상적 경비, 시설확충비 등 국립대학의 운영에 필요한 경비를 각각 총액으로 지원하여야 한다.”(「국립대학의 회계 설치 및 재정 운영에 관한 법률」 제4조 제2항), “국가는 국립대학법인 서울대학교의 안정적인 재정 운영을 위하여 매년 인건비, 경상적 경비, 시설확충비 및 교육·연구 발전을 위한 지원금을 출연(出捐)하여야 한다.”(「국립대학법인 서울대학교 설립·운영에 관한 법률」 제30조)와 같은 조항들을 두고는 있다. 그러나 이들 조항은 선언적 의미 밖에는 없다.

대학에 대한 국가의 재정 출연(경상비 혹은 보조금 등 포함)은 관련 법률에 의하여 그 구체적 액수가 규정되어 있으면 문제가 없다. 그러나 그러한 근거가 없으면 재정을 책임지는 행정기관에 의하여 결정되게 된다. 따라서 예산의 편성, 심의 과정에서 언제든지 삭감되고 그 결과 부족한 재정 출연이나 지원으로 귀결될 수 있다. 따라서 구체적 근거가 확보되어야 한다. 물론 「국립대학법(안)」 제41조도 그러한 ‘구체적 근거 조항’이 되지는 못한다. 그럼에도 이러한 조항을 두는 것은 ‘다른 법률로 정’할 수 있도록 함으로써 그러한 ‘구체적 근거 조항’을 포함하는 법률을 만들 수 있는 가능성을 열어두기 위함이고, 근거조항에서 고등교육재정 규모를 알 수 있는 기준을 제시하기 위함이다.

나. 대학회계의 운영 원칙

제46조(대학회계의 운영 원칙) 국가와 국립대학은 대학회계를 운영함에 있어 다음 각 호의 사항을 준수하도록 노력하여야 한다. 1. 대학의 재정·회계 자율의 보장 2. 소득이나 지역 등에 따른 차별 없이 균등하게 교육받을 권리의 보장 3. 학생 및 학부모 부담의 최소화 4. 교육 및 연구 역량의 강화 5. 재정건전성의 확보 6. 건전하고 투명한 예·결산의 운영

「국립대학 회계법」은 복식부기를 도입하여 재정·회계의 투명성을 높였다. 나아가 동법은 대학회계의 운영 원칙으로 ① 재정건전성의 확보, ② 학생 및 학부모 부담의 최소화, ③ 교육 및 연구 역량의 강화, ④ 소득이나 지역 등에 따른 차별 없이 균등하게 교육

받을 권리의 보장을 들고 있다. 이런 점은 장점으로 평가할 수 있다. 문제는 대학의 재정 자율에 대해서는 언급이 없다는 점이다. 오히려 관료주의적 통제가 강화되었다.[52]

「국립대학법(안)」은 대학회계의 제일 중요한 운영 원칙으로 '대학의 재정・회계 자율의 보장'을 규정하였고, 대학의 자율을 과도하게 침해하는 「국립대학 회계법」상의 조항들을 삭제했다.

다. 국립대학 교육여건 개선

제91조(국립대학 교원 확보기준의 특례 등) ① 국립대학은 편제완성 연도의 학생정원을 전임교원(교수, 부교수 및 조교수) 1인당 학생수(학부 기준) 20인의 범위 안에서 전임교원을 확보하여야 한다. 이 경우 계열별 학생정원을 합한 학생정원이 500명(대학원대학 및 장애인만을 입학대상으로 하는 대학의 경우에는 200명) 미만인 경우에는 그 정원을 500명(대학원대학 및 장애인만을 입학대상으로 하는 대학의 경우에는 200명)으로 보되, 계열별로 학생정원을 환산하는 방법은 대통령령으로 정한다. 대학유형별로 계열별 최소 기준은 다음 각 호와 같다. 1. 인문・사회 20명 2. 자연과학 15명 3. 공학 15명 4. 예・체능 15명 5. 의학 5명 ② 원격대학의 설립과 운영 기준에 대해서는 다른 법률로 정한다.

국립대학 교원 확보기준에 대해서 특례 조항을 둔 것은 「대학설립・운영 규정」의 문제점 때문이다. 주지하다시피 우리나라는 국립대학이건 사립대학이건 교육여건이 부실하다. 이러한 부실의 원인을 제공하는 것이 「고등교육법」, 「고등교육법 시행령」 그리고 「대학설립・운영 규정」이다.

대학의 설립・운영기준은 중요한 것임에도 불구하고 「고등교육법」은 구체적인 규정을 두지 않고, 대통령령에 백지 위임하고 있다(동법 제4조). 위임을 받은 「고등교육법 시행령」도 다시 별도의 대통령령으로 정한다고 규정하고 있을 뿐이다(동시행령 제2조). 그리고 「대학설립・운영 규정」이 백지위임을 받아 설립과 운영의 기준을 정하고 있는데, 이 기준을 맞추지 못하는 부실한 교육기관에 대한 규제 조항이 없다. 바로 여기서부터 우리

52. 임재홍, "박근혜정부의 대학정책에 대한 비평" (민주법학 제65호, 2017.11.1.), 18 - 21면.

나라 고등교육기관의 부실이 시작된다.

우리나라 고등교육기관의 부실을 막기 위해서는 「대학설립·운영 규정」을 폐지하고 그 내용을 법률로 격상시켜야 한다. 또한 부실한 교육기관에 대한 규제 조항을 신설해야 한다. 「국립대학법(안)」 제91조는 국립대학의 교육여건을 개선하기 위한 권고 조항의 성격이 강하다. 그럼에도 이런 규정을 두는 이유는 국립대학 교육여건의 개선이 국가의 책무임을 강조하는 의미이다.

(5) 대학의 사회적 책임

가. 국립대학의 사회적 책임

제12조(국립대학의 사회적 책임) ① 국립대학은 양질의 교육·연구 환경을 조성하고, 학생의 교육비 부담을 최소화할 수 있는 장학·복지 정책을 수립·시행하여야 한다. ② 국립대학은 기초학문 등 필요한 분야의 지원·육성에 관한 정책을 수립·시행하여야 한다. ③ 국립대학은 학생을 선발할 때 성별이나 소득·지역에 따른 차별 없이 균등하게 교육받을 권리를 보장하고, 초·중등교육이 교육 본래의 목적에 따라 운영되는 것과 국가 균형발전을 도모하도록 하는 방안을 함께 강구하여야 한다. ④ 국립대학은 제3항에 따른 학생의 선발과 교육, 장학 등의 계획 및 결과를 매년 국회와 교육부장관에게 제출하여야 한다. 자세한 내용은 대통령령으로 정한다.

국립대학은 지식의 생산과 보급이라는 본질적 성격으로부터 오는 사회적 책임을 부담한다. 고등교육기관은 능력이 있는 사람들 누구나 교육하고, 정치, 경제, 사회, 문화 발전을 통해 더 나은 사회에 공헌할 수 지식을 확장해 나감으로써 사회에 우선적으로 공헌해야 한다.[53] 물론 재정을 책임지는 국가에 대한 책임이나 교육권을 갖는 국민들에 대한 책임도 고려하지 않을 수 없다.

---

53. 이런 고등교육과 연구기관의 공적 책임은 다양한 함의를 가지고 있다. 예를 들어 사회적 배경과 무관한 교육접근기회, 반칙과 부패의 척결, 특히 생명과학 연구에서 연구 윤리에 대한 경외심 등이다. Luc Weber, "Nature and scope of the public responsibility for higher education and research" 30면.

그런데 서열화된 대학체제를 가지고 있는 우리나라에서 대학의 사회적 책임의 하나로서 강조되는 것이 서열체제를 완화할 수 있는 제도의 시행이다. 대입제도를 단순하고 공정하게 시행할 수 있는 기반을 마련하는 것은 국립대학의 사회적 책임이며, 입시 문제 해결을 위해서 노력하는 단위로서 국립대학교육협의회 설치의 필요성이 있게 된다.

나. 국립대학교육협의회와 입시 문제 해결을 위한 노력

제66조(국립대학교육협의회의 설치) ① 국립대학 간의 협조를 통하여 공공성을 높이고 사회적 책임성을 실현하기 위하여 한국국립대학교육협의회(이하 "교육협의회"라 한다)를 둔다. ② 교육협의회는 법인으로 한다. ③ 교육협의회의 회원은 국립대학의 총장으로 한다.

제67조(국립대학교육협의회의 기능) ① 교육협의회는 다음 각 호의 기능을 가진다. 1. 국립대학의 학생선발에 관한 협의 2. 국립대학의 기관인증평가 3. 국립대학의 재정지원책 및 그 조성방안 4. 국립대학의 기초학문육성, 교육과정 운영 및 교수법 개선의 협의 5. 교육부장관이 위탁하는 사업의 수행 6. 대학 교직원의 연수 7. 그 밖에 국립대학 간 협조에 관한 업무의 시행 ② 교육협의회는 제1항 제1호의 업무를 수행할 때, 교육수준의 상향표준화를 통한 대학서열의 해소와 국민 부담의 경감을 위하여 신입생 모집과 교육과정 운영에서 상호협조 할 수 있는 방안을 모색하여야 한다. ③ 제1항 제2호의 기관인증평가업무를 수행하기 위하여 교육협의회에 국립대학평가원을 둔다. ④ 교육협의회는 대학교육의 중요 사항에 관하여 교육부장관의 자문에 응하거나, 교육부장관에게 건의할 수 있다.

우리나라 고등교육과 대학의 문제는 상당히 많지만, 첫째로 지적할 수 있는 것이 서열화된 대학체제의 문제이다. 서열화된 대학체제와 학벌사회는 초중등교육을 입시위주 경쟁교육으로 왜곡시키고 있다. 특히 대학교육여건은 부실함에도 대학서열화는 더 극심해지고 있다. 대학운영경비에 해당하는 사교육비, 엄청난 해외유학송금비용도 대학서열화로 인한 부정적 사회현상으로 지적할 수 있을 것이다.

대학서열체제를 일거에 타파하는 것은 매우 어려운 일이다. 서열화된 대학체제에 인기 있는 전공을 중심으로 한 서열체제까지 더 심해지고 있다. 대입시의 경쟁압력이 치열해지면서 대학입시까지도 복잡해지고 있다. 이러한 부정적 현상을 타파하기 힘들다면 적어도 완화시키기 위한 노력이 필요하다. 국립대학연합체제(혹은 국공립대 통합네트워크)의 구상은 우리나라 대학의 극단적 서열화를 막고 초중등교육의 정상화를 위해서 제기된 것이다. 국공립대연합체제를 형성하고 대학입시의 단순화, 학생 공동선발의 제도화는 대학 서열체제를 완화시키는데 기여할 것이다.

Ⅳ 마치며

우리나라 대학의 역사도 거의 70여년에 이른다. 그럼에도 교육여건은 부실하고 사립대학 위주로 구성되어 교육공공성도 제대로 갖추어져 있지 못하다. 고등교육과 대학 때문에 국민들이 겪는 고통은 이루 말할 수 없다. 사교육비 때문에 국민들의 등이 휘고, 학생들은 선행교육과 입시경쟁교육에 지쳐 있다. 이제 대학체제와 대학입시를 근본적으로 혁신해야 하는 상황이다. 이를 제대로 수행하지 못한다면 국가와 사회의 앞날을 장담할 수 없는 상황이다.

대학의 체제 개편과 대학 입시 혁신에서 반드시 고려해야 할 것이 있다. 바로 학문자유와 대학자치의 보장이다. 부끄럽게도 우리 대학들은 국가에 종속된 구조에서 벗어나 있지 못하다. "학문 자유와 대학 자치에 대한 침해는 언제나 지적 붕괴를 야기했고, 결과적으로 사회・경제적 침체로 연결되었다"는 유럽평의회의 지적("학문자유와 대학 자치에 관한 권고)은 과거의 이야기가 아니다. 지금도 적용되는 진리이다.

이 글에서 제안한 국립대학법의 입법은 국가의 품격을 올리고, 미래교육을 준비하는데 있어서 필수적인 요소라고 본다. 고등교육의 공공성과 대학자치의 수준이 높을수록 지식의 공공성이 강조될 것이다. 교육과 지식의 공공성이 확보되어야 정치적 민주주의의 발전, 공정하고 혁신적인 경제발전, 인권과 평화가 보장되는 사회와 문화의 발전이 가능하다. 교육의 자주성과 공공성은 고등교육에도 적용되어야 하며, 법적・정책적으로 보장되어야 한다.

우리 대학의 역사에 비해 늦었지만 자치적이고 민주적인 대학법의 일환으로 국립대학법의 제정을 위한 논의가 활발해지기를 기대해 본다.

참고문헌

김명동외, 고등교육 공공성 확보를 위한 국립대학의 발전 방향 (한국교육개발원 용역보고서, 2018).

박정수, 지식기반사회의 고급인력 양성을 위한 고등교육 개혁방안 (한국직업능력개발원 용역보고서, 2003.).

이주호, "제2단계 고등교육 개혁의 구상" (박정수, 지식기반사회의 고급인력양성을 위한 고등교육 개혁방안, 한국직업능력개발원, 2003.).

임재홍, "「국립대학법」 제정의 필요성과 주요 내용" (전국국공립대학교수회연합회, 고등교육법체계 확립을 위한 「대학법」 제정을 제20대 국회에 바란다, 국회의원회관 제3간담회실, 2016. 07. 12.).

임재홍, "국립대학 거버넌스와 대학 자율성 - 고등교육법 제19조의2를 중심으로" (한국헌법학회/한국비교공법학회/한국국가법학회/대학정책학회/대학정책연구소/전국국공립대학교수회연합회/한국사립대학교수회연합회 주최, "개정고등교육법상 대학평의원회, 이대로 좋은가?", 2018년 11월 23일, 한국방송통신대 역사관 2층 강당).

임재홍, "대학 구조조정과 공공적 대학체제 수립을 위한 법 제도 개선방안 연구 - 정부책임형 사립대학을 중심으로 -" (국회의원 유은혜 주최, 대학체제 개편토론회: 대학구조조정과 공공적 대학체제 수립을 위한 법 제도 개선방안 - 정부책임형 사립대학을 중심으로 -, 2013. 09. 11일, 국회 의원회관 제1세미나실).

임재홍, "대학 총장선출제도를 둘러싼 갈등과 대안의 모색" (한국방송통신대학교 법학과 「인권법연구」 제2호, 2016. 2.).

임재홍, "대학정책 결정구조의 전환: 국가교육위원회 논의를 중심으로" (대학정책학회, 대학과 정책 제1호, 2017. 3. 31.).

임재홍, "대한민국헌법 교육조항의 새로운 구성 - 개헌논의에 붙여" (한국방송통신대학교 법학과, 「인권법연구」 제4호, 2018. 1. 5.).

임재홍, "박근혜정부의 대학정책에 대한 비평" (민주법학 제65호, 2017.11.1.).

임재홍외, 국공립대 경쟁력 강화를 위한 제도 개선 방안 (한국교육개발원 용역보고서, 2018).

홍일선(역), “대학판결 - 제1재판부 1973. 5. 29. BVerfGE 35, 79 - ” (한림법학 FORUM 제 18권).

Education International, “Protecting and Defending Academic Freedom: Report on Current Situation” (Education International, VIth International Higher Education and Research Conference, 2007).

Institutional Management in Higher Education, Education Policy Analysis (OECD, 2003)

Luc Weber, “Nature and scope of the public responsibility for higher education and research” (Luc Weber and Sjur Bergan(eds), The public responsibility for higher education and research, Council of Europe Publishing, April 2005.).

Sjur Bergan, “Higher education as a “public good and public responsibility”: what does it mean?” (Luc Weber and Sjur Bergan(eds), The public responsibility for higher education and research, Council of Europe Publishing, April 2005.).

08

공유형 네트워크 활성화를 통한 국립대 발전 방안

김영석 교수 (경상대학교)

I 들어가며

정부는 국정과제 52 - 1 '고등교육 공공성 및 경쟁력 강화'의 하위 목표로 다음과 같이 국립대 육성 방안을 제시하고 있다.

국정과제 52-1 : 고등교육 공공성 및 경쟁력 강화

- 지자체와의 연계 강화를 통한 거점 국립대 집중육성 및 대학의 자율혁신 지원('18~)
- 국공립대 간 기능별(연구 · 교육 · 직업 중심), 중점 분야별 특화 지원을 통해 국공립대 네트워크, 혁신강소대학 네트워크를 중장기적으로 구축

그리고 이러한 국정과제의 실현전략으로 교육부는 2018년부터 '국립대학육성사업'을 실시하고 있다. 교육부는 국립대학 육성사업의 추진 배경으로 다음 세 가지를 제시하고 있다(교육부 2018.3).

① 국가 균형발전을 견인하는 국립대학의 역할 강화 요구 증대
② 국립대학의 교육 · 연구여건 등 개선을 위한 투자 약화
③ 국립대학의 공적 기능 강화를 위해 설립 목적 및 지역 여건 등 국립대학의 특성을 고려한 지원 확대 필요

국립대학육성사업은 과거 국립대를 '혁신'의 대상으로 규정했던 '국립대학혁신지원사업(이하 PoINT 사업)'의 연장선상에 있지만 몇 가지 점에서 기존의 사업과 차별화된다. 우선 '경쟁기반 재정지원 사업의 운영으로 인한 국립대 고유의 공적 기능 위축'을 사업 시행의 근거로 제시하여 국립대의 차별화된 기능과 역할을 인정하고 이를 보호 및 지원의 대상으로 규정하고 있다(교육부 2018). 또 재정지원방식에도 있어서 대학의 자율성을 강조하는 '일반재정지원'의 형식을 취했다. 즉 전체 국립대학(39교)을 대상으로 재정지원이 이루어졌으며, 대학의 중・장기 발전전략에 따른 지원(사업기간 2년→5년), 사업비 편성・운영의 자율화, 성과관리에 있어서 대학별 자율지표의 설정 등과 같이 포괄적 지원에 따른 자율적 사용・집행의 방식을 취했다. 그리고 2019년에는 사업비가 800억에서 1,504억으로 대폭 확대되었다.

그러나 이러한 정책 목표 및 수단의 차별화에도 불구하고 소기의 결과(outcome)가 초래될 수 있을지에 대해서는 쉽게 낙관하기 어렵다. 우선 지난 5.31교육개혁 이후 국립대는 꾸준히 '비중 축소', '재정기반 약화' 등 어려움을 겪어 왔으며, 그 결과 교육여건 및 연구여건에 있어 수도권 주요대학이나 특수목적대학들에 비해 상대적으로 크게 약화된 상태이다. 국립대학 육성사업에 많은 예산이 배정되었지만 단기적으로 성과를 산출해야 하는 재정지원사업의 특성상 근본적 차원에서 대학 경쟁력을 강화하는 데는 여러 가지 한계에 노출될 수밖에 없다. 그럼에도 재정지원사업의 성격 및 형태가 단기간에 바뀌기 어렵다는 점을 감안하면 현재의 사업을 중심으로 국립대 발전전략을 모색할 수밖에 없다. 본고에서는 국립대학육성사업의 주요 항목인 네트워크 활성화에 주목하여 국립대 발전전략을 모색해보고자 한다. 즉 대학 간 연계를 통해 연구 및 교육여건의 열악함을 극복하고 장기적으로 건전한 고등교육 생태계를 조성할 수 있는 방안으로 국립대를 중심으로 한 공유형 대학 네트워크에 대한 구상을 제시하고자 한다. 이를 위해 우선 국립대학육성사업 및 기존 재정사업의 쟁점을 살펴보고 대안으로서 공유형 대학네트워크에 대해 논의한다.

Ⅱ 국립대학의 현황 및 기존 재정사업의 한계

1 국립대학의 현황

1995년 이후 역대 정부는 국립대의 공적 기능을 인정하기보다 대학 간의 자율 경쟁을 강조하는 기조를 유지해 왔으며, 그 결과 국립대는 '비중 축소,' '재정기반 약화' 등 여러 가지 어려움을 겪어 왔다. 예를 들어 5.31교육개혁 이후 국립대의 비중은 표 8.1에서 보는 바와 같이 꾸준히 감소해 왔다.

표 8.1 1990년대 이후 대학 수 및 학생 수 증감 현황 - 설립별

(단위 : 명, %)

연도	대학 수					학생 수 (재적학생 수)				
	국공립		사립		합계	국공립		사립		합계
	대학수	비율	대학수	비율		학생수	비율	학생수	비율	
1990	54	22.4	187	77.6	241	322,736	22.5	1,109,185	77.5	1,431,921
1995	54	17.8	250	82.2	304	408,310	21.5	1,489,565	78.5	1,897,875
2000	61	17.5	288	82.5	349	511,502	18.5	2,258,698	81.5	2,770,200
2005	59	16.4	301	83.6	360	552,286	18.9	2,374,336	81.1	2,926,622
2010	50	14.5	295	85.5	345	536,617	18.2	2,414,665	81.8	2,951,282
2015	49	14.5	288	85.5	337	530,720	18.3	2,363,685	81.7	2,894,405
증감(B - A)	10교		196교		206교	494,140명		2,336,073명		2,830,213명
배수(B/A)	1.3배		3.1배		2.6배	14.5배		24.8배		22배

· 주) 고등교육법상 설치된 일반대학, 산업대학, 교육대학, 전문대학 기준

· 자료: 대학알리미, 재적 학생 현황.

국립대가 고등교육 생태계에서 차지하는 비중의 축소는 재정 측면에서도 지속되어 왔다. 표 8.2에서 보는 바와 같이 전체 고등교육 예산에서 국립대 예산이 차지하는 비율이 2000년대 들어 61%에서 29.3%에 이르기까지 꾸준히 감소하여 2015년에는 29.3%까지 하락하였다.

표 8.2 국사립 재정현황(단위: 억원)

연도	고등교육예산(A)	국립대예산 (B)	사립대예산 (C)	국립대비율 (B/A)	사립대비율 (C/A)
'00	24,097	14,728	3,594	61.1	14.9
'01	25,210	14,804	5,874	58.7	23.3
'02	26,133	14,596	6,072	49.9	23.2
'03	28,986	16,853	7,910	58.1	27.3
'04	30,287	17,777	4,098	58.7	13.5
'05	33,108	17,805	9,494	53.8	28.7
'06	33,925	18,265	13,694	53.8	40.4
'07	35,759	19,752	14,905	55.2	14.7
'08	48,247	21,450	17,679	44.5	36.6
'09	53,106	21,422	22,209	40.3	41.8
'10	50,467	21,336	27,185	42.3	53.9
'11	50,131	21,860	29,661	43.6	29.2
'12	56,838	20,126	39,028	35.4	68.7
'13	55,928	22,056	41,358	39.4	73.9
'14	80,124	23,485	46,791	29.3	58.4
'15	89,823	26,351	56,074	29.3	62.4
평균	42,156	19,542	21,602	47.1	51.2
증가율	372.8%	178.9%	1,560%	-	

• 출처: 반상진(2016)

이러한 재정 축소의 결과 대학별 여건도 상대적으로 열악한 상태에 놓이게 되었다. 표 8.3에서 보듯이 비교적 여건이 양호한 거점 국립대를 기준으로 보더라도 학생 1인당 교육비가 수도권 사립대에 비해 턱없이 부족한 것을 알 수 있다. 서울대에 비교할 경우 1/3 수준 밖에 되지 않는다. 이는 첫째 낮은 등록금 수준으로 교비수입이 적은데다 정부의 운영비 지원이 지속적으로 축소된 점, 둘째, 재정지원사업의 수혜가 사립대학에 편중된 점을 이유로 들 수 있다.

표 8.3 주요대학과의 재정 및 교육비 현황 비교

구 분	국립대 (9개교)	수도권 사립대 (5개교)	서울대	포스텍	카이스트
등록금	4,147천원	8,385천원	5,962천원	5,580천원	6,866천원
학생1인당 교육비	15,544천원	22,682천원	42,156천원	85,338천원	62,838천원
재정지원사업 수혜금액	111,309,380천원	209,530,825천원	541,717,693천원	134,003,601천원	225,470,893천원

· 자료: 대학알리미(2017년 기준)

재정지원의 축소된 결과로 교육여건과 연구여건 역시 상대적으로 열악해졌다. 우선 전임교원 확보율의 측면에서 사립대학에 비정규직 교원의 비중이 상대적으로 높다는 점을 감안하더라도 국립대의 교원확보율은 절대적인 수치에 있어서 열악하며 이는 그만큼 국립대 교원의 강의·업무 부담이 크다는 것을 말해 준다.

그림 8.1 2015~2017년 국립대 교원 확보 현황(재학생 기준)

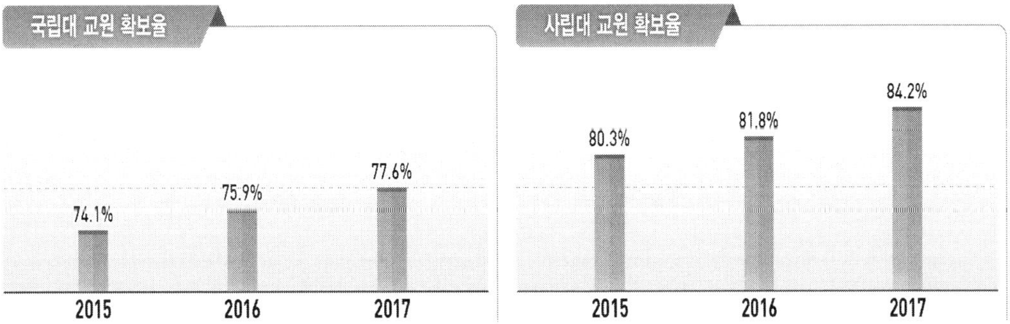

· 출처: 김명동 외 2018: 29

또 연구여건의 측면에 있어서도 국립대의 여건이 상대적으로 열악하다는 점을 아래 자료를 통해 확인할 수 있다. 아래 표에서 보듯이 연구기반을 사실상 가늠하는 전임교원 1인당 대학원생 수와 연구비가 매우 낮다. 그럼에도 불구하고 양적인 측면에서 국립대학에서 상대적으로 우수한 연구 성과가 산출된 것은 이례적이라 할 수 있다.

표 8.4 주요 대학 연구여건 및 논문 게재실적 (2016년 공시 기준)

구 분	국립대 (9개교)	수도권 사립대 (5개교)	서울대	포스텍	카이스트
학부대비 대학원생수 비율(%)	37.38	64.96	114.03	184.10	255.62
전임교원1인당 대학원생수(명)	6.61	9.29	8.38	10.04	16.16
전임교원 1인당 연구비(천원)	94,944	161,965	221,824	479,910	406,448
기술이전 계약 실적(건)	96	86	127	29	61
국내전체(등재지+기타)(건)	0.70	0.56	0.43	0.11	0.14
SCI급(건)	0.52	0.81	0.95	1.38	1.14
논문1편당 평균 피인용 횟수(회)	4.22	4.73	4.82	2.95	3.05

· 출처 : 이정미 외, 2017: 56~58

2 국립대 재정지원사업의 쟁점과 과제

고등교육 재정사업의 시행과정에서 성과관리가 일반적으로 이루어져 왔음에도 불구하고 특정한 정책이 '성공'했다는 평가를 받는 경우는 매우 드물다. 성과관리는 보통 정책목표의 달성여부를 점검할 수 있는 성과지표의 개발과 재정 투입 이후 지표별 성과를 점검하는 이원적 과정으로 설계되는데 재정 투입이 목표한 효과를 실제로 거두었는지 확인하기가 매우 어렵다. 예컨대 PoINT 사업의 전신인 '국립대학운영성과목표제' 사업의 경우 먼저 성과지표를 개발하는 연구(서민원 · 백정하 2012)가 진행되었고, 이에 따라 정책이 시행된 이후 정책의 성과를 평가하는 연구(김미란 2014)가 수행되었다. 전형적인 '투입 - 산출' 구조의 실증주의적 정책평가가 이루어진 셈이다.

'국립대학운영성과목표제'는 총장의 리더십을 지원하기 위해 재정투입을 하면 학생만족도 제고와 같은 성과가 산출될 것이라고 가정하였다. 그러나 성과(Outcome)가 발생한 양상을 살펴보면 이 가정이 검증되었는지 확인하기 어렵다. 예컨대 정책의 중요 성과로 가정된 재학생 교육만족도의 경우 대체적으로 서울소재 대학이 광역시나 기타지역 소재 대학에 비해 만족도가 유의하게 높았으며, 권역별로 충청과 호남권 소재대학교의 만족도는 준거집단인 서울소재 대학교보다 높은 반면, 강원과 영남, 제주권 소재대학교의 만족도는 준거집단인 서울소재 대학교보다 유의하게 낮은 경향을 보였다(김미란 2014). 마지막으로 학교규모에 따른 만족도를 살펴보면, 대체적으로 재적학생수가 5천~1만 명 미만인 대학과 1만~2만명 미만인 대학의 경우 준거집단인 5천명 미만 대학에 비해 만족도 점수가 유의하게 높은 경향을 나타낸 반면, 2만 명 이상의 대학의 경우 준거집단인 5천명 미만 대학에 비해 만족도 점수가 유의하게 낮은 경향을 보였다. 즉 정책 목표를 나타내는 성과로 상정된 '재학생 만족도'는 국립대학운영성과목표제에서 중시했던 총장의 리더십보다는 지역과 학교의 규모에 따라 다르게 나타났는데 어느 지역 혹은 어느 규모의 대학에서 어떤 리더십이 작동해서 서로 다른 결과가 초래되었는지에 대해서는 확인하기 어렵다.

이후 PoINT 사업이 시행되었지만 앞에서 살펴본 바와 같이 그 기간 동안 재정, 교육, 연구의 측면에서 국립대의 여건이 상대적으로 약화되어 왔다. 물론 이러한 결과가 PoINT 사업이 초래한 것이라고 볼 수는 없지만, 특정 사업은 그 사업 자체보다는 오히려 그 정책이 시행되는 거시적 환경에 따라서 상반되는 결과가 산출될 수도 있다는 것을 잘 보여주는 사례라 할 수 있다. 그리고 구체적으로 PoINT 사업이 어떤 결과를 초래했는지를 판단하기에 충분할 정도의 실증적 자료 역시 축적되지 않았다.

국립대학육성사업은 PoINT 사업의 연장선상에 있지만 정책 환경의 측면에서 어느 정도 차별화된다. 즉 국립대의 차별화된 기능과 역할을 인정하고 국립대를 보호 및 지원의 대상으로 규정하고 있다(교육부 2018). 국립대학육성사업의 주요 목표는 표 8.5에 제시된 공통지표를 통해 확인할 수 있다.

즉 교육여건, 연구성과, 고등교육기회균등, 지역사회발전기여, 기초학문보호육성, 국제화역량강화를 추구하기 위해 대학별로 사업을 시행하여 예컨대 학생 1인당 교육비, 전임교원 연구실적, 지역인재 및 기회균형모집비율, 학문후속세대 지원, 해외 기관 및 대학간 교류를 확대하겠다는 것이다. 그러나 지표를 통해 확인할 수 있듯이 제시된 발전 목표들이 가시화 또는 계량화될 수 있는 성과의 형태로 구체화됨으로써 각 대학의 입장에서는 장기적 투자보다는 당장에 성과를 내기 쉬운 사업에 집중하게 될 가능성이 있다. 정부재정지원사업의 특성상 단기간에 가시적인 성과를 제시하지 못할 경우 이 사업의 타당성에 대한 심각한 문제제기가 이루어질 수 있으며 자칫 사업비 규모의 축소 및 재정지원방식(Block Funding)의 변화로 이어질 수도 있기 때문이다.

결국 국립대학육성사업이 국립대의 공공성 강화 및 경쟁력 강화라고 하는 두 마리의 토끼를 성공적으로 좇기 위해서는 지표화할 수 있는 단기적 · 가시적 성과 이외에도 교육

표 8.5 국립대학육성사업 공통지표

공통	주요내용	산출식	비고
교육여건	학생 1인당 교육비	총교육비 / 재학생수 · 총 교육비 = 대학회계+발전기금회계+산학협력단회계 +도서구입비+기계기구매입비	정보 공시
연구성과	전임교원 등 1인당 연구 실적	(연구재단등재(후보)지 + SCI급 및 SCOPUS 학술지) / 교원 수 * 전임교원, 연구교수(비전임) 포함	정보 공시 + 자체 조사
고등교육 기회균등	지역인재 및 기회 균형 모집 비율	(기회균형모집인원+고른기회대상 모집인원+사회적배려대상모집인원) / 총 모집인원(정원내·외 포함)	정보 공시
지역사회 발전 기여	국립대학 간 기능·분야별 네트워크 활성화 대학 - 지역사회 간 연계·협력사업 실적	▸국립대학 간 연계·협력 사업 실적 - 자원공유 건수 - 공동 교육프로그램 건수 - 공동 연구 건수 - 공동 사업 건수 ▸지역사회 연계·협력 사업 실적 - 공동 교육프로그램 건수 - 공동 연구 건수 - 공동 사업 건수 * 협력기관 범위: ① 국립대 ② 사립대 ③ 산업체 ④ 지자체 및 공공기관	자체 조사
기초보호 학문 육성 (거점대)	기초보호학문분야 후속세대 (대학원생, 신진연구인력 등) 양성	▸단기: 1~3년 - 기초보호학문분야 대학원생 1인당 장학금 - 기초보호학문분야 신진연구인력(연구교수 등) 연구비 지원 ▸중·장기: 3~5년 - 기초보호학문분야 대학원생 논문 건수 - 기초보호학문분야 신진연구인력(연구교수 등) 연구비 지원	자체 조사
국제화 역량 강화 (거점대)	해외 기관 및 대학 간 교류실적	▸해외 기관 및 대학과의 공동 연구 건수 ▸학생 글로벌 역량강화 프로그램 운영 건수	자체 조사

및 연구 환경의 개선 및 제도개선과 같은 장기적 차원의 기반 조성 작업이 병행되어야 한다. 사업의 시행과 제도 및 여건 개선이 별도의 과정을 통해 추진되기보다 본 사업의 시행을 통해 제도 및 여건 개선을 추동할 수 있는 방안이 모색될 필요가 있다.

한편 국립대학육성사업에서 강조되고 있는 네트워크 활성화 지표에도 관심을 가질 필요가 있다. 표 8.5에서도 볼 수 있듯이 공통지표에 국립대학 간 기능·분야별 네트워크 활성화가 제시되어 있고 또한 거점 국립대의 경우 거점 국립대간, 거점국립대와 지역 대학 간의 네트워크를 구축하는 사업비를 별도의 계획서 평가를 통해 배분하고 있다. 네트워크 활성화 방안의 평가 기준은 표 8.6과 같다.

표 8.6 네트워크 활성화 방안에 대한 평가기준

구분	지표	배점
목표	네트워크 구축 목표의 타당성	5
내용	네트워크의 실현 가능성	10
	네트워크의 지속가능성 및 확장 가능성	10
	네트워크 추진 계획의 적절성 및 구체성	20
성과	네트워크의 효과성	5
계		50

네트워크 활성화 사업은 크게 국립대학 간 연계・협력과 지역사회 연계・협력으로 구분할 수 있는데 최근에는 국립대학 간 연계뿐만 아니라 국립대학과 지역 내 사립대학과의 연계까지 확산될 전망이다. 당초 학계와 시민사회를 중심으로 논의되어 온 국립대학 네트워크 사업은 국립대 공동입시 및 공동학위를 염두에 두고 제시된 구상이지만(김영석 2017), 현재 국립대학육성사업의 틀에서는 자원공유 및 공동 연구・교육의 차원에서 실현될 전망이다. 네트워크 활성화 사업은 구체화될 경우 국립대의 위상강화 및 고등교육 생태계의 변화를 기대할 수 있다는 점에서 적극적인 실현전략에 대한 논의가 필요하다.

Ⅲ 공유형 대학 네트워크 체제 구축을 통한 발전 전략

1 공유형 대학 네트워크 체제의 필요성

한국의 고등교육 생태계는 국립대학과 사립대학의 역할 미분화, 대학 별 학과개설 현황의 유사성, 연구중심대학과 교육중심대학의 미분화, 전문대학과 일반대학의 유사성을 주요 특징으로 한다. 이렇듯 대학 간의 특성이 구분되지 않고 모든 대학이 대형화・종합대학화 되는 경향은 우리나라와 같이 사립대학의 비중이 상대적으로 높은 미국, 일본 등의 고등교육체제와 대비하더라도 예외적 현상이라 할 수 있다. 표 8.7에서 보는 바와 같이 미국, 일본의 경우 공립대학은 대형화되는 경향이 있으며, 사립대학은 소형화 되는 경향이 있지만, 한국의 경우 설립 유형별 학교규모에 상대적으로 차이가 적은 편이다.

표 8.7 미국, 일본, 한국 고등교육기관 비교(자료 업데이트)

(단위 : 대학수, 명)

구분		미국	일본	한국
전체	계(A)	4,236	1,227	360
	4년제	2,530	702	202
	2년제	1,706	525	158
국립	계	…	113	49
	4년제	…	100	43
	2년제	…	13	6
공립	계	1,720	125	10
	4년제	634	76	2
	2년제	1,086	49	8
사립	계	2,516	989	301
	4년제	1,896	526	157
	2년제	620	463	144
인구수(B)		291,587,000	127,546,000	47,041,434
인구 대비(B/A)		68,835	103,949	130,671

・출처 : 안민석 의원실, "고등교육 재구조화 및 부실대학의 합리적 개선 방안" 2009 국정감사 정책자료집

이렇듯 대학 간 기능별 특성화가 이루어지지 못하고 모든 대학이 대형・종합대학으로 환원되어 온 이유로 획일적 대학평가 체제를 들 수 있다. 기존의 대학평가체제 하에서는 대형・종합대학이 생존에 유리했다는 것이다. 그러나 학령인구 감소로 인한 대학구조개혁이 지속될 경우 모든 대학이 대형・종합대학 체제를 유지하기는 어렵다. 제1주기 구조개혁이 시작된 이래로 정원 감축 결과를 살펴보면 지역별로는 수도권이 7.0%, 지방 12.7%, 유형별로는 대학 7.7%, 전문대학 15.3%, 규모별로는 3천명 이상 5.9%, 1천~2천명, 13.2%가 감축되어 지방, 전문대, 중소형 대학을 중심으로 구조개혁이 진행되어 오고 있음을 알 수 있다(표 8.8 참조).

표 8.8 2013년 대비 2018년 규모별 정원 변동 현황

구분		3천명이상	2천~3천명	1천~2천명	250~1천명	250명 미만	합계
대학	2013년(a)	135,324	86,862	94,816	20,572	3,790	341,364
	2018년(b)	127,310	80,209	84,884	19,343	3,332	315,078
	감축인원 (c=b - a)	- 8,014	- 6,653	- 9,932	- 1,229	- 458	- 26,286
	감축률(c/a)	- 5.9	- 7.7	- 10.5	- 6.0	- 12.1	- 7.7
전문대학	2013년(d)	0	89,782	86,991	21,639	1,167	199,579
	2018년(e)	0	77,159	73,007	17,795	1,069	169,030
	감축인원 (f=e - d)	…	- 12,623	- 13,984	- 3,844	- 98	- 30,549
	감축률(f/d)	…	- 14.1	- 16.1	- 17.8	- 8.4	- 15.3
합계	2013년(A)	135,324	176,644	181,807	42,211	4,957	540,943
	2018년(B)	127,310	157,368	157,891	37,138	4,401	484,108
	감축인원 (C=B - A)	- 8,014	- 19,276	- 23,916	- 5,073	- 556	- 56,835
	감축률(C/A)	- 5.9	- 10.9	- 13.2	- 12.0	- 11.2	- 10.5

· 출처: 대학교육연구소(2018)

향후 구조개혁이 지속될 경우 지방대학을 중심으로 대학 규모의 소규모화가 진행될 것으로 예상된다. 그러나 소규모 대학의 경우 학과 개설의 다양성을 유지하기 어렵고 따라서 교양교육 등 교육과정의 다양성을 유지하기 어려울 수 있다. 소규모 대학은 교양교육, 도서관 이용 등과 같이 개별 대학 차원에서 구비하기 힘든 교육자원을 대규모 거점대학과 연계 · 공유하지 않을 경우 자체 생존이 어려워질 수 있다. 지역 거점대학의 입장에서도 지역의 소규모 대학 없이 독자적으로 생존하기는 매우 어렵다. 자체적으로 모든 교육자원을 제공할 수 없을 뿐만 아니라 다양한 교육수요를 하나의 기관에서 떠맡게 될 경우 교육의 질관리, 연구의 특성화 측면에서 경쟁력을 상실할 위험이 매우 크다.

미국의 역사학자 Steven Mintz는 고등교육의 미래를 선도할 15가지 혁신 내용 중 하나로 대학간 파트너십을 꼽았다(Minz 2013). 즉 한 대학에서 모든 교육자원을 제공할 수 없기 때문에 대학 간에 교육자원을 공유하여 학생들에게 다양한 대학에서 제공하는 서비스에 유연하게 접근할 수 있도록 하는 대학간 네트워크가 미래 대학의 '현실'이 될 것이라는 전망이다. 이러한 대학간 공유 체제는 대학 간 서열화가 진전되고 대학 재정의 빈익

빈 부익부 현상이 가속화되는 상황에서 대학들이 불가피하게 선택할 수밖에 없는 생존전략이 될 것이라고 한다. Mintz는 특히 대형 주립대학의 역할을 중시하였는데, 소형 사립대와의 연계를 통해 다양한 요구의 학생 집단에 유연하게 대응할 수 있도록 역할과 체질을 변화시켜야 한다는 것이다. 이러한 전망은 이미 현실화되고 있으며, 미국의 경우 지역거점 주립대학과 소규모 대학 간에 학점교류가 이루어지고 있다. 서울지역에서도 온오프라인 학점교류를 내용으로 한 공유대학 플랫폼 사업이 진행 중이며, 국립대학 육성사업을 계기로 거점 국립대를 중심으로 한 대학간 자원 공유 및 학점교류를 내용으로 한 공유형 대학네트워크 구축 사업이 일부 시행되고 있다.

비단 지역내 연계뿐만 아니라 전국단위의 학문단위별 연계도 적극 모색될 필요가 있다. 개별 대학차원에서 세계적 수준의 대학으로 도약하는데 한계가 있기 때문이다. 예컨대 하버드 대학의 1년 운영경비가 47억 달러(5조 3천억 원)에 이르며 중간정도의 주립대학(예: 조지아대학)의 운영예산이 17억 달러(1조 9천억 원)에 이르는 반면 서울대학은 각종 재정집중에도 불구하고 1조 2천억 원(산단회계 포함)에 불과하다. 즉 세계적 수준의 고등교육 경쟁력을 갖추기 위해서는 대학 간 협력이 절실한 상황이라 할 수 있다.

2 추진 방향

향후 추진될 공유형 대학 생태계는 다음과 같은 방향에서 모색될 수 있다.

(1) 국립대학과 사립대학의 건전한 역할 분담 및 특성화를 추진한다.

현재 국사립 대학 간 계열별 학과수를 살펴보면 국립대학의 경우 상대적으로 공학의 비중이 큰 반면 사립대(특히 수도권)의 경우 인문사회의 비중이 매우 높다(표 8.9 참조). 국사립 간에 있어서 작지만 의미 있는 역할 분담이 이루어지고 있음을 볼 수 있으며, 향후 대학 간 역할 분담의 방향을 암시해준다고 할 수 있다.

이러한 고등교육 생태계를 유지·발전시켜 갈 경우 국립대학의 경우 고비용·국가전략 분야를 중심으로 특성화될 수 있으며, 사립대학의 경우 교양교육, 직업교육 등 학생 진로 맞춤형 특성화를 추진할 수 있을 것이다. 국립대학의 경우 교육수요는 적지만 장기적 차원에서 보호가치가 뚜렷한 분야를 유지하는 기능도 담당하며, 고비용이면서도 의료·교육 등 지역 주민의 복지에 핵심적인 분야, 지역산업의 혁신에 핵심적인 분야를 중

표 8.9 대학 설립 유형별 계열별 재학생 현황(4년제 일반대학교)

구 분	재학생 수 (명)	인문·사회		자연과학		예체능		공학	
		학생 수 (명)	비율 (%)	학생 수 (명)	비율 (%)	학생 수 (명)	비율 (%)	학생 수 (명)	비율 (%)
국공립대	297,851	93,317	31.3	68,754	23.1	19,191	6.4	113,523	38.1
비수도권 국립대	276,873	87,793	31.7	67,347	24.3	14,718	5.3	103,949	37.5
수도권/사립대	564,655	271,086	48.0	77,317	13.7	71,319	12.6	140,427	24.9
비수도권 사립대	565,667	250,088	44.2	116,918	20.7	67,431	11.9	125,218	22.1

· 주: 국립대는 국립대 법인 및 교대를 제외한 28개교, 수도권 사립대는 수도권 소재 65개 사립대, 비수도권 사립대는 비수도권 소재 89개 사립대

· 자료: 대학알리미 통합비교 검색자료(2017년 기준)

심으로 특성화하는 반면 사립대학의 경우 한국형 리버럴 아트 칼리지, 한국형 커뮤니티 칼리지, 소규모 연구중심대학, 진로직업특성화 대학 등 다양한 형태로 분화·특성화될 수 있도록 정책 방향을 설정할 필요가 있다.

(2) 대학 간 연계를 통한 연구 및 교육의 수월성을 확보한다.

대학 간 경쟁체제는 연구 및 교육의 수월성을 확보하는데 크게 도움이 되지 못했다. 경쟁적 재정지원사업 및 업적평가체제에도 불구하고 교육여건이나 연구여건은 여전히 세계적 수준에 도달하지 못하고 있으며, 대학 간 편차도 문제가 된다. 대학 내 성과경쟁은 질이 담보되지 않은 연구의 양적 확대를 초래했으며, 각종 교육재정사업에도 불구하고 수업의 내실화 및 국제적 수준의 졸업의 질을 확보하지 못하고 있다. 지역 내 연계뿐만 아니라 전국 단위의 학문분야별 연계를 통해 국제적 수준의 교육 및 연구의 질적 기준을 확보할 필요가 있다.

우선 개별 교수들 간의 공동연구, 연구소/학과들 간의 공동연구, 온라인 콘텐츠의 공동개발, 학과별 학문분야별 공동 인증, 학점 교류 등의 방안이 모색될 수 있다. 이러한 방안들 역시 국립대학육성사업을 통해 시범적으로 운용되고 있다. 나아가 대학간·학문분야별 연계를 통해 국제적 수준의 교육인증 기준 및 연구업적평가 기준을 마련할 필요가 있다. 이를 위해 먼저 공동교육혁신센터 설립을 통해 학문분야별로 교육과정과 졸업생의 역량을 표준화할 필요가 있다. 교수 연구업적에 있어서도 단위 성과풀 내에서의 의미 없는 양적 경쟁을 지양하고 국제적 수준의 연구 업적평가 기준을 수립할 필요가 있다. 이를

통해 연구업적평가체제를 획기적으로 개선할 필요가 있다.

대학원 교육에 있어서도 국립대학 간 연계가 필요하다. 연계의 필요성은 대학의 규모가 말해준다. 예를 들어 미국의 대표적 주립대학인 UCLA 사회학과의 경우 정규 전임교수만 39명이지만 한국의 대표적 거점 국립대 사회학과 전임교수는 6명에 불과하다. 이는 개별 학생에 대해 선진국 수준의 지원을 제공한다고 하더라도 '규모'의 문제로 인해 학생의 교육적 경험은 한정될 수밖에 없다는 것이다.

표 8.10 사회학과 교수수 비교(전임교원 기준 2018년)

대학	UCLA	서울대	부산대
교수수	39	15	6

결국 규모의 문제와 교육과정 다양성의 문제는 공동 학위 프로그램을 통해 해결할 수밖에 없다. 그 사례는 유럽의 에라스무스 문두스 프로그램을 통해 확인할 수 있는데(표 8.11 참조), 국제적 수준의 교육과정 및 학위의 질 기준을 설정하고 이러한 수준의 교육과정을 운영하기 위한 단위를 2~3개 대학이 참여하는 공동학위 프로그램으로 확대하는 것을 주요 내용으로 한다. 이를 통해 개별 대학원생에게 국제적 수준의 Coursework을 이수하게 하고 국제적 수준의 학위 기준을 적용할 필요가 있다.

표 8.11 Erasmus Mundus 공동 학위 프로그램

개요	고등교육 기관의 국제적 콘소시움을 통한 학업 프로그램
장학지원	EU가 주관하여 매년 학생선발을 통해 장학지원
수학 장소	프로그램 참여 국가 최소 두 곳에서 수학(파트너 국가도 가능)
수학 기간	석사: 60, 90, 120 ECTS((European Credit Transfer and Accumulation System) 학점, 최소 12개월에서 최대 24개월 박사: 3년
지원 자격	전 세계 대졸자, 석사학위 소지자
수여 학위	공동 학위 또는 개별 학위 선택 가능
장학 혜택	학비, 도서관 및 실험실 비용, 보험, 체제 및 교통비, 지원자의 75%가 수혜

• 출처: http://www.em-a.eu/en/home.html

(3) 대학 간 연계를 통한 학생 진로 탐색이 용이하도록 학사 운영을 유연화한다.

한국의 경우 대학서열화 및 수도권 집중화로 대학 간 편입이 제한되어 왔다. 정부는 편입학 정원을 1999년 이후 축소하여 왔으며, 따라서 편입학에 의한 학생 이동이 경직되어 있다. 2015년 기준 국내 대학의 편입생 수는 전체 재학생(1,783,100명) 대비 약 4% 정도(68,241명)에 불과하다(배상훈 외 2016). 국내 4년제 재학생을 대상으로 한 조사 결과에 따르면 1순위 선호 학과에 진학한 학생이 58.5%, 2순위 선호 학과에 진학한 학생이 30.9%, 3순위 이하의 선호 학과에 진학한 학생이 10.6%라고 한다. 비록 1순위 선호 학과에 진학한 학생수가 많지만 40%이상의 학생이 2순위 이하 선호학과에 입학한 것으로 나타나 학생 진로 탐색에 어려움을 겪는 학생들이 적지 않다고 할 수 있다. 반면 개별 대학 차원에서는 다전공 이수를 장려하는 움직임이 벌어지고 있는 것은 바람직한 현상으로 볼 수 있다(최보금 2015). 편입학 제도가 경직되게 운영되어 온 점을 감안하여 대학 간 학점 교류를 통해 다전공 운용의 범위를 학교 간 차원으로 확대할 필요가 있다.

다전공 이수의 범위를 대학 간으로 확대한 참조 사례로 미네소타 대학의 Inter-College 학사 프로그램(Inter-College Program Bachelor's Degree)을 들 수 있다. ICP로 대학에 지원한 학생은 크게 세 가지 경로를 선택할 수 있는데, 2전공 트랙, 3전공 트랙, 테마형 트랙이 그것이다. 2전공 트랙은 전공별로 심화과정에서 20학점을 이수해야 하며, 심화과정 10학점을 추가로 선택 이수해야 한다. 3전공 트랙은 주전공 영역에서 심화 20학점, 부전공 2 영역에서 각각 심화 12학점, 추가선택 6학점을 이수해야 한다. 마지막으로 테마형 트랙을 선택한 학생들은 40학점의 심화 과정을 최소 3개 전공 2개 대학에서 이수해야 하며 추가 10학점의 선택심화과정을 이수해야 한다. 이수 과정은 선택한 주제 영역과 일관성을 유지해야 한다. 유럽에서도 학생의 진로를 주제로 하여 이수 교육과정을 조직하고 이를 여러 대학에서 수강하는 모듈형 교육과정이 널리 확산되고 있다.

또한 대학 간 공동 교육과정 운영의 사례로 미국 오리건 주의 대학 간 학점 교류를 참조할 수 있다. 미국 오리건 동부 지역에 소재한 블루마운틴 커뮤니티 칼리지(BMCC)와 트레져 밸리 커뮤니티 칼리지(TVCC), 동오리건대학(EOU)이 연계하여 기초단계 과목 수강을 상호간에 허용하고 있다. 취득 학점은 이후 오리건대학에 편입시 인정된다. 또 오리건 주의 커뮤니티 칼리지들은 오리건 주립대학과의 협약을 통해 일정 조건에 부합한 학생들에게 양 대학에 동시 등록이 가능하도록 입학허가를 준다. 이 학생들은 양쪽 캠퍼스에서 수강을 하게 되며 이후 오리건 주립대학 학위를 받는다.

Ⅳ 결론

5.31교육개혁이후 한국의 고등교육의 핵심과제는 양적 확대를 어떻게 질적인 성숙으로 전환할 것인가에 두어져 왔다. 정책설계자들은 대학교육의 대중화가 경쟁을 통해 고등교육의 질을 높일 것이라고 기대했지만 결과는 정반대로 나타나고 있다. 학령인구 감소에 따라 정부가 적극적으로 대학정원 감축에 개입하지 않으면 안 될 상황이 초래된 것이다. 그 과정에서 대학 간의 빈익빈 부익부 현상은 심화되어 왔으며 편중된 재정지원의 혜택을 받은 대학들도 여전히 세계수준에 미치지 못하고 있다.

대학 간 경쟁을 통해 세계적 수준의 질을 확보할 수 있다는 5.31 교육개혁의 기본가정은 근거를 상실했다. 오히려 세계적인 추세는 그 반대쪽으로 향해가고 있다. 아무리 좋은 여건을 갖춘 대학이라도 단일 대학이 고등교육 수요자의 모든 요구에 부응할 수 없다는 점에서 공유형 대학네트워크 체제는 미국과 유럽을 중심으로 확산되어 가고 있다. 이는 MOOC을 비롯한 각종 온라인 콘텐츠가 대학교육과 경쟁하는 시대에 개별대학 차원에서 대응할 수 있는 수단이 점차 고갈되어가고 있는데서 비롯된 현상이다. 교육의 수혜자들이 네트워크형 대학교육이 제공하는 다양한 교육적 자원에 쉽게 접근할 수 있게 함으로써 고등교육의 생존전략을 모색해야 하는 상황이 도래한 것이다.

한편 이러한 고등교육의 변화 모색은 개별 피교육자들이 학벌 경쟁과 같은 소모적 활동이 아닌 자기실현적 학습활동에 매진할 수 있도록 기반을 조성하는 작업과 병행되어야 한다. 학벌 체제가 유지되는 한 고등교육의 수요자들은 대학교육의 결과보다 진입단계의 서열인 학벌을 더 중요시할 수밖에 없다. 졸업의 질을 엄격히 관리하는 세계적인 수준의 질관리 체제를 도입하지 못하는 이유도 학생 개개인에게는 대학교육을 열심히 받는 것보다 학벌을 위시한 취업 스펙을 쌓는 것이 더 중요한 현실 때문이다. 결국 국립대 발전이 꼭 필요한 이유도 국민 모두가 대학교육에 쉽게 접근하여 양질의 교육을 받을 수 있도록 하는 교육의 기회균등을 실현하기 위함이다. 또 이는 국립대가 입시개혁과 학벌 해소와 같은 국가적 숙원과제를 해결하는데 선도적 역할을 해야 함을 의미한다.

국립대학육성사업은 국립대의 고유한 기능과 가치를 국가 차원에서 인정했다는 점에 중요한 의의가 있다. 그러나 앞에서도 언급하였듯이 이 사업이 소기의 목적을 달성하기 위해서는 거시적이고 장기적인 차원의 환경조성이 필요하다. 예를 들어 국립대의 실질적 교육 여건 개선을 위해서 국제적인 수준의 전임교원 확충이 필요하다. 교수들이 과중한 강의 및 학생지도 부담에서 해방될 수 있을 때 비로소 연구경쟁력은 물론 교육경쟁력도 높아질 수 있다. 나아가 소모적 경쟁을 강조하는 업적평가 및 보수 체계가 개선되어야 하며 국립대의 운영비 지원 확충을 통해 적어도 서울 주요 사립대 수준의 교육 여건을 마련할 필요가 있다. 장기적으로는 서울대 수준의 재정지원이 뒷받침되지 않을 경우 지역균형발전은 물론 교육의 기회균등이라는 헌법 정신을 실현하는 것이 요원해 질 수밖에 없다. 당장에는 국립대가 담당해야 할 공적 기능을 실질적으로 충족시킬 수 있는 제도적인 개혁이 필요하다. 예를 들어 국립대법 제정을 통해 국립대의 공적인 기능을 명시하고 이를 수행하기 위한 국가의 책임을 명확히 해야 한다.

참고문헌

교육부 (2018). 『국립대학 육성사업 기본계획(안)』. 서울: 교육부

김명동 외 (2018). 『고등교육 공공성 확보를 위한 국립대 발전방안』. 서울: 한국교육개발원. 2018.

김미란 (2014). 『국립대학 운영 성과목표제 평가방안 개발 연구(CR2014-10-1)』. 서울: 한국교육개발원.

김영석 (2017). 국립대 네트워크의 의의와 쟁점. 『교육비평』 39. 77-94.

대학교육연구소 (2018). 『국립대학법 제정을 위한 연구』, 서울: 전국공무원노동조합・대학노동조합.

반상진 (2016). 국립대학회계재정법 제정에 따른 국립대학의 재정 변화와 회계운영의 쟁점과 개선 논의. 『교육행정학연구』 34, no. 2. 147-170.

배상훈 외 (2016). 대학 편입생의 학습 참여 분석. 『한국교육문제연구』 34(3) 41-66

서민원 외 (2012) 『국립대학 운영 성과목표제 평가방안 개발 연구』. 교육과학기술부.

이정미 (2017). 『국립대학 네트워크 구축방안 연구』. 서울: 고등교육정책연구소.

임재홍 외 (2018). 『국공립대 경쟁력 강화를 위한 제도개선 방안』. 한국교육개발원 연구보고서. 서울: 한국교육개발원 2018.

최보금 (2015). 대학생의 다전공 이수 경험이 학부교육에 주는 시사점. 『교육과정연구』 33(4). 19-40.

Mintz, S. (2013. July 23). The future is now: 15 Innovations to watch for. The chronicle of higher education.

V

강사법

09

강사법과 대학 강사문제의 해결을 위한 제언

최인철 교수(경북대학교)

1 강사법으로 바라본 시간강사 제도와 한국 대학의 문제점

대학 시간강사의 법적지위 보장과 처우 개선을 주된 내용으로 하는 강사법 개정안이 8년 동안 우여곡절을 겪으며 네 차례나 유예된 후 이제 2019년 8월 시행을 앞두고 있다. 강사법의 근본적 취시는 분명 강사들의 처우를 개선하고 대학 교육의 질을 높이는데 있는 것이 분명하다. 하지만 실상은 이 강사법이 오히려 강사들을 대량해고의 위기로 몰아넣고 있을 뿐 아니라 대형 강좌의 증설 및 전임교원의 시수 확대에 따른 대학교육의 부실화 우려만을 증폭시키고 있는 것이 사실이다.

최근 발표된 교육부의 통계도 위에서 언급한 바를 잘 보여주고 있다. 교육부에 따르면 2019년 4월 1일 기준으로 대학 강의 수가 2018년 1학기보다 6,655개 줄어들었다. 또한 소규모 강좌의 수가 줄고 대형 강좌의 수가 증가한 것도 동일한 맥락에서 이해되어야 하는 부분이다. 대학들이 강사법의 본래의 취지를 살려 강사의 신분적 불안과 경제적 어려움을 해소해주고 대학교육을 정상화시키기는커녕 늘어날 재정압박의 위기에서 벗어나려고 선제적으로 대응하고 있는 것이다.

이러한 문제점들은 단순히 강사법 시행을 앞둔 관계 당국 혹은 대학의 부적절한 대응의 문제점으로 보아서는 안 된다. 한국에서 대학 강사 문제점의 시발점도 그리고 지금

강사법을 둘러싸고 벌어지고 있는 문제점들도 궁극적으로는 우리나라에서의 고등교육에 대한 방치 혹은 대학에 대한 몰이해에서 비롯되고 있기 때문이다. 대학 교육은 나라의 경쟁력을 좌우하는 한 나라의 근간을 이루는 요소이다. 그러나 대학에서 어떤 교육을 통해 훌륭한 인재를 육성시킬 것인가의 문제가 의미 없어지는 나라에서 어떻게 대학교육에 막대한 재원을 투여할 수 있겠는가? 어떤 대학에 입학해서 그 대학의 간판을 이용해 출세할 것인가가 교육의 전부인 것처럼 되어 있다 보니 국민도 국가도 막상 그 대학 교육의 내용에 대해서는 무관심하고 그러한 상황에서 시간강사 문제와 같은 한국대학의 치부들이 생겨나는 것이다.

본 고에서는 강사법의 경위와 내용에 대해 살펴보고 강사제도를 바람직하게 운영하기 위해서는 어떠한 모습을 갖추어야 하는가에 대해서 중점적으로 논의할 것이다. 하지만 현행 강사법은 강사문제의 해결을 위한 노력의 시작이지 그 끝이 아니다. 따라서 본 고를 통해 전달하고자 하는 바는 오히려 좀 더 이상적인 강사제도의 모습에 있다. 즉, 대학의 본질에 부합하는 강사제도는 어떠한 모습을 갖추어야 할 것인가에 대해 살펴봄으로써 향후 지속되어야 할 강사제도의 개혁에 하나의 방향을 제시하는 노력을 더하고자 하는 것이다.

(1) 강사의 법적 지위와 관련한 강사법의 필요성

강사법의 핵심 내용 중 하나가 강사를 교원의 범주에 포함시킴으로써 시간강사에게 교수와 마찬가지로 교원의 지위를 부여하는 것이다. 강사들은 1977년 고등교육법상 교원의 범위에서 제외되었고 이후 적합한 신분적 안정성을 보장받지 못했다. 이후 기존의 교육법이 폐지되고 새로운 고등교육법이 1997년 12월 13일에 제정되었지만, 동법 제14조 2항에서 대학교원의 범위를 전임강사로까지만 한정함으로써, 시간강사의 법적지위가 모호한 상태에 놓이게 되었다. 이때부터 시간강사의 사회적 위치는 점차로 모호해지고 언제든지 해고가 가능한 단시간 노동자 혹은 학기 강의의 종료와 함께 고용 계약의 효력이 소멸되는 프리랜서와 같은 사회적인 약자의 위치에 놓이게 되었다.

교육법 제73조에 따르면 교원의 개념은 '학생을 지도 · 교육하는 자'라고 정의한바 있다. 그러나 강사는 실제 대학교육의 3분의 1 이상을 담당하는 한 축이면서도 당당한 대학의 일원으로 대우 받지 못해왔다. 재직 증명서도 발급받지 못하였을 뿐 아니라 방학

중에는 도서관도 이용할 수 없는 불안정한 신분을 감내해야 했던 것이다. 시간강사의 법적지위 회복은 시간강사의 지위개선의 문제를 넘어서 대학교육의 정상화 차원에서도 반드시 필요한 부분이다.

(2) 강사의 경제적 상황과 관련한 강사법의 필요성

대학신문 자료에 따르면 2017년 1학기 시간강사 평균 강의료는 시간당 54,800원이며, 국공립대학의 강의료 평균은 72,700원, 사립대학은 52,700이다. 경북대 혹은 부산대 등 거점 국립대학의 시간강사 강사료는 시간당 10만원에 미치지 못하지만 다른 국립대나 사립대의 강사료와 비교할 때 상위권에 있다고 할 수 있다. 그러나 강사의 평균 강좌담당수가 1~2과목에 불과한 상황에서 연평균 수입은 대졸 신입사원의 평균연봉인 38,930,000원과 비교할 수 없을 정도이다. 2017년 1학기를 기준으로 경북대 비정규직 강사가 3학점 두 과목을 2학기에 걸쳐 강의한다고 가정하고 1년 추정 수입을 계산하면 16,920,000원에 지나지 않는다(9만 4천원×2과목×3학점×15주×2학기). 즉 대졸 신입사원의 평균연봉의 절반에도 미치지 못하는 년 수입은 4인 가족 기준으로 할 때 2017년 기준 중위소득(4,467,380원/월)의 절반에도 훨씬 못 미치는 수준이다. 2인 가족 기준으로 하더라도 중위소득(2,814,449원/월)에 미치지 못하는 금액이다. 이는 다른 수입이 없다면 경북대 강사의 평균 수입이 2인 가족을 기준으로 할 때도 사실상 빈곤선(중위소득의 50%이하)에 머물러 있다는 것을 의미한다. 시간당 강의료가 경북대보다 훨씬 낮은 타대학의 강사들의 경우는 그 수입이 사실상 생활에 도움이 되지 않는 수준에 머물러 있을 것이라는 것이 자명하다.

강사들 역시 가족의 생활을 꾸려가야 하는 경제적 책임을 가진 이들이라는 것을 감안한다면 결국 여러 대학에 출강을 하며 많은 수업을 진행해야 하거나 다른 직업을 통해 부족한 생계비용을 충당할 수밖에 없을 것이다. 그러나 이러한 상황을 어쩔 수 없는 것이라고 무시해 버릴 수 없는 이유가 바로 이들이 우리 대학 교육의 3분의 1 이상을 담당하는 교육자라는 것이고 또한 우리의 학문을 발전시키고 전승시켜 나갈 학문후속세대라는 것에 있다. 이들이 정규 교수보다 3배 혹은 4배나 많은 수업을 진행하거나 다른 전업의 일을 가져야 한다면 이로 인해 부실해질 수밖에 없을 대학의 교육은 누가 책임질 것인가? 강사법 개정의 또 다른 내용이 이들 강사들에게 합당한 경제적 보상이 주어져야 한다는 것이고 이점은 강사법의 필요성에서 가장 중요한 부분이다.

(3) 대학교육의 정상화를 위한 강사법의 필요성

비정규교수들의 열악한 처우를 논할 때 주로 그들에게 제공되는 물질적·경제적 보상에 초점을 맞추는 경우가 대부분이다. 이러한 경제주의적 접근은 비정규교수 문제를 명시적·묵시적으로 일반 노동자 문제와 동일 선상에 놓고 이해하는데서 비롯된 결과인 것 같다. 하지만 비정규교수 문제는 그들이 '직장인'임과 동시에 '지식인'이라는 점에서 일반 노동자 문제와 다소 다른 차원에서 다루어져야 마땅할 것이다. 즉 그들은 보다 바람직한 사회를 위한 비전을 비판적으로 모색하면서 '지식'이라는 '공공재'를 생산하는 특수한 직업인이다. 따라서 비정규교수의 처우를 개선하기 위해 강사료를 인상하고 복지예산을 늘리는 것도 중요하지만, 그들이 참된 지식인으로서 연구와 교육활동을 지속하면서 명예롭게 살아갈 수 있는 방안을 모색하는 것이 무엇보다 필요하다. 강사법은 이러한 필요성을 충족시키기 위한 하나의 출발점이 될 수 있다는 점에서도 필요하다.

대학의 이상을 실현하고 교육의 질을 공고히 하기 위해서는 비정규직을 특수한 경우들로 제한하고 정규 교수들로 대학을 재편해야 한다. 그러나 이러한 장기적 관점에서의 목표 달성 이전에 계속될 시간강사 문제를 외면해서는 안 된다. 무엇보다 시간 강사들에게 대학 교육의 일원으로서의 지위뿐 아니라 학문을 연구하는 주체로서 적합한 사회적 지위와 경제적 안정이 보장되어야 한다. 이는 현재의 상황이 이들에 대한 인권의 문제를 넘어 대학 교육의 구조와 본질을 왜곡시키고 있기 때문이다. 대한민국의 대학 교육 경쟁력이 2011년 39위에서 2017년 53위로 떨어진 배경에는 이러한 대학의 모순적 구조와 정부의 방치가 그 원인임이 분명하다. 대학 시간강사의 문제는 대학교육의 공공성 강화라는 차원에서 정부의 적극적인 지원으로만 해결될 수 있다. "교육의 질은 교사의 질을 뛰어넘을 수 없다"는 말이 있다. 대학 교육의 질을 제고하는 것은 우수한 교수 확보를 통해서만이 가능하다. 우리 대학 교육의 30% 이상을 담당하는 이들 시간강사를 외면하고 빈곤선에 머물게 하면서 교육의 질을 논한다는 것은 너무나 공허하고 터무니없는 탁상공론에 불과하다. 이러한 문제점의 해결은 곧 대학교육의 정상화를 의미하고 이를 위해서는 강사법이 필요하다.

(4) 강사법 제정까지의 경과

그동안 대학사회에서는 시간강사들의 처우개선과 법적인 신분 등 불안정한 지위 등의 개선에 대한 요구가 끊임없이 제기되어 왔으며, 별다른 대책 없이 시간을 끄는 동안 너무나도 안타까운 희생들이 이어졌다. 한편, 국가인권위원회는 2004년 5월 24일 '대학시간강사제도 개선 권고' 결정문에서 '교육인적자원부장관에게, 대학시간강사에 대한 근무조건・신분보장・보수 및 그 밖의 물적 급부 등에 있어서의 차별적 지위를 개선할 것을 권고한다'라고 주문하였다[1]. 이때 국가인권위원회가 검토한 기준은 헌법 제11조 제1항, 제31조 제1항을 비롯하여 국제 인권법, 국가인권위원회법 이었으며, 그때 당시 이미 관련 전문가들에 의해 충분한 법리적 검토와 법률제정에 대한 당위성이 형성되었다고 판단된다.

이러한 권고안 등 사회적인 요구가 공식적으로 있었음에도 불구하고 관계당국은 별다른 방안을 모색하지 못하다가 2010년 ○○대학교 시간강사 서○○씨의 자살사건으로, 드디어 시간강사들의 고용안정성 및 지위향상을 목적으로 하는 '강사법'을 발의하게 되었다. 현재까지도 언론 등의 지상에 회자되고 있는 강사법은 이때 발의된 것이다. 하지만, 아쉽게도 끝내 입법화되지 못한 채로, 최근 2017년 12월 29일 국회 본회의에서 유예기간이 다시 연장되면서 총 4번의 입법 유예되는 지경에까지 이르게 되었다.

강사법은 서로 이해관계가 얽혀있는 당사자들 - 정부, 대학교, 강사단체, 강사 - 간의 첨예한 의견대립으로 결국 유예되었으며 당사자 간의 이해와 양보 없이는 결국 합의될 수 없는 현실을 여실히 보여주고 있다. 조금이나마 다행스러운 것은 이날 결정이후 논의가 없어진 것이 아니라, 국회와 정부가 의지를 가지고 각계의 여론수렴을 통해 관련 대체입법 여부를 논의하기로 하였으며, 교육부는 강사 단체와 대학 등의 추천을 받아 협의체를 꾸리고 대체 법안의 내용을 논의할 계획을 세웠다.

강사법의 제정을 위해 정부는 2016년 10월 19일자로 강사법 개정안을 확정하여 고등교육법 일부개정법률(안)을 입법예고(2016.10.19.~ 11.30)한 바 있다. 강사법의 수정을 위해 교육부는 정책자문위원회를 운영하였으며, 그 위원회는 강사단체(한국비정규교수노

---

1. 국가인권위원회/결정례/[법령・정책등] 대학 시간강사제도 개선권고 (의결일자: 2004년 5월 24일) https://www.humanrights.go.kr/site/program/decision/viewDecision?menuid=001003001002001&id=453

조 · 전국대학강사노조) 4명, 대학단체(대교협 · 전문대교협 · 4년제/전문대 교무처장협의회) 4명, 전문가(정부 · 국회 등 추천인사) 3명 등 총 11명으로 구성되었다. 그러나 이러한 노력을 통해 개정된 법률안 또한 한국대학교육협의회, 한국전문대학교육협의회, 전국대학교교무처장협의회, 한국전문대학교무입학처장협의회, 민주화를위한전국교수협의회, 한국비정규교수노동조합 등 이해 당사자간 이견을 좁히지 못하고 표류하는 신세로 전락했다.

대학강사 제도개선 협의회는 한국대학교육협의회, 한국전문대학교육협의회, 전국대학교무처장협의회, 전문대교무입학처장협의회, 한국비정규교수노동조합, 전국대학강사노동조합, 국회와 교육부 추천 전문가 등 12명이 참가하여 5개월간 모두 18차례의 회의를 열었고 2018년 8월 8일 최종적으로 합의 개정안을 마무리 했다. 8월 28일 김상곤 교육부장관이 협의회 위원들을 면담하고, 9월 3일 교육부에서 설명회를 했다. 이 개선안은 2017년 1월 정부에 제출된 보완강사법을 폐기하는 것을 전제로 강사에게 교원의 신분을 부여하는 것과 강사 임용의 원칙, 강사 임용 절차, 강사의 복무 등의 내용을 담고 있다. 이 개선안은 처음으로 대학 · 강사 대표가 합의한 개선안으로서 의미를 가지며 이후 2018년 11월 29일 국회 본회의를 통과했다. 이 개정안은 입법예고와 법제 심사를 거친 뒤 2019년 8월 1일 시행된다.

2 강사법의 내용

강사법의 주요내용은 교원의 신분부여와 임용의 공정성 보장 및 기간, 재임용 절차, 처우개선, 강의 시간이다. 먼저 새 강사법에서는 대학의 교육과정 운영상 필요에 따라 위촉되던 강사를 교원의 한 종류에 포함하여 교원의 지위를 부여하였다. 이는 큰 진전으로 평가되며 강사도 방학 중 재직증명서를 발급받을 수 있고 도서관 등의 이용도 자유로워질 것이다. 또한 불이익한 처분을 받은 공무원 등이 그 처분에 불복해 관할 소청심사위원회에 심사를 청구하는 행정심판을 제기할 수 있는 소청심사권도 인정된다. 다만 문제점은 교육공무원법, 사립학교법에서는 여전히 강사를 교원으로 보고 있지 않기에 이에 대한 법의 개정이 시급하다.

강사법의 또 다른 주요 내용은 임용과 관련한 공정성의 확보이다. 현행 대학의 강사 임용은 특별한 규정을 가지고 있는 것이 아니기 때문에 전적으로 학과 교수들의 의견에 따라 결정된다. 이러한 강사채용의 임의성은 현행 강사 신분의 불안정성에 기인하는 측면이 크다. 즉, 강사의 채용자체가 한 학기에 한정되어 있고 신분적 보장이 부재하기 때문에 채용 공고, 공채 위원회 등의 공식적 과정을 거치는 것이 낭비적인 요소가 크기 때문이다. 새 강사법에서는 대학이 강사를 임용할 때 공개 임용해야 하고, 학교 정관이나 학칙에 임용 심사위원회 구성 등 심사 전반에 관한 내용을 규정해야 한다. 또한 임용계약 시 임용기간, 임금 등을 서면에 명시하게 함으로써 채용과정에서의 투명성과 예측가능성을 강화하였다. 다만 산업체를 원소속기관으로 두고 3년 이상 전문대학에서 근무한 강사나, 갑작스러운 결원 등으로 1년 미만 강의할 강사를 임용할 경우에는 공개 임용하지 않아도 된다. 또한 강사법에는 1년 이상의 채용을 규정하고 있고 재임용 제외 조건에 해당되지 않을 경우 3년까지 재임용되도록 보장하고 있다. 재임용과 관련한 절차는 대학에서 사전에 공고하도록 되어있다.

강사법에서 가장 중요한 부분 중 하나가 강사의 처우개선이다. 새 강사법에서 이와 관련하여 규정하고 있는 것은 강사에 대하여 방학기간 중에도 임금을 지급하도록 하고, 임금수준 등 구체적 사항은 임용계약으로 정하도록 한 것이다. 그러나 이러한 조치들 만으로는 현재 시간강사들이 처하고 있는 경제적 어려움을 해결하기에 턱없이 부족하다. 2015년 통계청 자료에 의하면 시간강사가 전임교수와 동일하게 강의를 한다는 가정하에서도 조교수 연봉의 4분의 1을 밑도는 수준의 수입을 가진다. 이와 관련하여 강사의 강의료에 대한 기본적 수준을 보장하는 내용이 결여된 것은 현 강사법에서 아쉬운 부분이 아닐 수 없다. 더욱이 지난 연말 발표된 교육부의 가이드라인에 따르면 대학은 방학 중 강사들에게 한 학기 기준으로 학기 앞뒤로 2주씩만 임금을 지급하면 된다. 강사법의 방학 중 임금지급의 취지가 강사들의 경제적 상황 개선이 분명한데도 이러한 편법적 발상을 교육부가 앞장서 주도하는 것은 강사법의 기본 취지를 무력화 시키는 것임이 분명하다. 이와 관련한 정부의 전향적 자세와 지원이 필요하리라 생각된다.

마지막으로 강사법의 주요 골자는 강사의 교수시간이다. 강사는 주당 6시간 이내의 강의를 원칙으로 하며 학교의 장이 필요하다고 인정하는 경우에 한해 9시간까지 강의할 수 있다. 이는 채용된 강사에게 강의를 몰아주어 다른 강사들이 대량 해고되는 사태를 막기 위한 방법이지만 주당 6시간의 강의를 한 학교에서 하였을 때 다른 학교에서 어떤 방식으로 강의가 가능한 지 등에 대한 논의가 있어야 할 듯하다. 또한 강사법에는 겸・초빙교원의 교수 시간을 9시간 이하를 원칙으로 하도록 하고 있다. 이는 강사법으로 인한 부담을 회피할 목적으로 겸·초빙 교원을 늘릴 수 있다는 우려에 따른 것이다.

3 강사법의 정착을 저해하는 요소들에 대한 대응

강사법이 안정적으로 정착하기 위해서는 각 대학이 강사법의 취지에 공감하고 그 취지를 살리는 방향으로 정책을 펴나가도록 유도해야 한다. 그러나 전국의 대학들이 강사법을 회피하기 위해 다양한 편법적 활동을 하고 있다는 것은 심히 우려되는 부분이다. 특히 현재 많은 대학들이 강사법에 따른 인건비 부담을 회피하기 위해 시간강사 대신 겸임·초빙교수를 늘리는 편법을 동원하는 것으로 드러나고 있다. 물론 시간강사법에는 겸임·초빙교수를 9시간 이내의 수업으로 제한하고 있지만 겸임·초빙교수는 여전히 퇴직금 및 4대보험을 부담할 필요가 없고 3년 재임용 절차를 적용할 필요도 없으므로 겸임·초빙교수의 수를 증가시키는 것이 더 낫다고 판단하는 것이다.

또 다른 문제점은 강사 수를 줄이기 위해 전임교원의 시수를 증대시키는 방법이다. 특히 작은 사립대학 등에서는 시간강사를 정리하고 전임교원들에게 강의를 몰아주는 경우가 많다. 이 경우 강사가 해촉되는 것도 문제지만, 전임교원들에게 많게는 학기당 15학점 이상까지 강의가 몰리게 되어 대학 교육의 질이 하락하는 경우도 있을 것이다. 또 다른 문제점은 대학 측이 대형 강좌와 인터넷 강좌를 늘려 기본적으로 강의 수를 줄이고 필요 강사의 수를 줄이는 것으로 강사법의 부담을 피해가는 것이다. 또 다른 우려는 시간강사를 줄이고 전임에게 강의를 몰아주는 것을 넘어서서, 기존 여러 분반으로 쪼개져있던 전공 및 교양 수업을 하나의 단일 수업으로 통합하고, 심지어는 과목이나 학기별로 나누어서 따로따로 배워야 할 내용을 하나로 통합하여 운영하게 될 우려도 존재한다. 당연히 이러한 움직임은 대학 강의의 질 저하로 연결될 것이고 한국 대학의 경쟁력 저하로 연결될 것이 자명하다.

강사법의 안정적 정착을 방해하는 또 다른 주요 요인은 교육부와 대학당국의 강사법에 대한 몰이해에서 나온다. 예를 들면 필자가 소속된 학교는 한때 연구년 교수가 대체 강사를 고용했을 때에도 그 대체강사에게 3년의 임용을 보장해야 한다는 공문을 전체 교수에게 내려 보내 대학의 행정을 혼란에 빠뜨린 적이 있다. 전임교수가 1년의 연구년 이후 대학에 복귀해도 자신의 과목을 대체강사가 3년간 맡게 되므로 막상 전임교원은 자신의 전공과목을 가르칠 수 없는 황당한 상황이 발생하게 되는 것이다. 물론 이는 강사법을 잘못 확대 해석해 발생한 문제이다. 그러나 이러한 문제점들이 궁극적으로는 강사 채용을 회피하게 만들고 이 문제점들이 다시 강사의 입지를 좁아지게 만들고 있다는 것은 쉽게 예상할 수 있는 문제이다. 강사법을 만들고 그 시행까지 꽤 긴 시간이 있었음에도 관계당국과 대학이 뒷짐 지고 있으면서 막상 세부 내용에 대한 지침에는 뚜렷한 답을 주지 못하고 있는 것이다.

강사법은 강사들에게나 대학에게나 큰 충격이다. 강사의 지위를 확보하고 처우를 개선하기 위해서는 꼭 필요한 법이지만 이로 인해 줄어든 강사의 풀에서 제외되어야 할 강사들의 문제를 외면해서는 안 된다. 강사들의 절대적 수치가 궁극적으로 줄어들 수밖에 없는 불가피성은 어느 정도 인정하지만 정부는 해고를 최소화시키고 그 충격을 완화시킬 수 있는 대책을 강구해야 할 것이다. 또한 대학의 입장에서도 강사법은 큰 부담일 수 밖에 없을 것이다. 강사료뿐만 아니라 퇴직금, 보험료 등 각종 비용이 크게 늘어날 것이기 때문이다. 한국대학교육협의회에 따르면 시간강사 처우개선에 드는 연간 강의료・4대 보험료・퇴직금은 국・공립대 1,346억원, 사립대는 2,210억원으로 추산된다고 한다.

강사법의 기본정신을 살리면서 대학교육을 정상화시키는 의무는 기본적으로 정부에 있다. 이를 위해서 정부는 과감한 대학 교육예산에 대한 투자가 필요할 것이다. 익히 알고 있는 바와 같이 OECD 국가 중에서도 우리의 교육투자는 저조한 것으로 평가되고 있는 실정이다. 충분한 교육재정의 확충을 통해 시간강사들이 처한 열악한 고용실태와 처우를 개선하도록 노력해야 한다. 이러한 노력들 속에 각 단위 대학들이 강사법의 시행을 준비할 수 있도록 실질적인 행・재정적 지원이 포함되어야 함은 물론이다. 또한 강사법의 시행 이전에 강사들의 대량해고와 같은 문제점을 최소화시키기 위한 방안을 연구하고 그 대안을 제시하여야 할 것이다.

4 강사 제도 운영을 위한 제언

(1) 열악한 교육현실

「대학 설립・운영 규정」 제6조에 따르면 계열별 '교원 1인당 학생 수'가 명시되어 있다. 인문・사회계열은 교원 1인당 학생 25명, 자연과학・공학・예・체능계열 20명, 의

학계열 8명을 확보해야 한다. 이를 기준으로 2016년 4년제 대학의 전임교원 확보율을 살펴보면 81%에 지나지 않는다. 의학계열을 제외하면 전임교원 확보율은 72.7%로 감소된다. 세계 10위권의 경제 규모를 가지고 일인당 GDP 3만불을 앞두고 있는 한국 경제의 현실과 비교하여 한국 대학의 교육현실은 열악한 현실이다.

표 9.1 2012 - 2016년 전임교원 확보율 변화(재학생 기준)

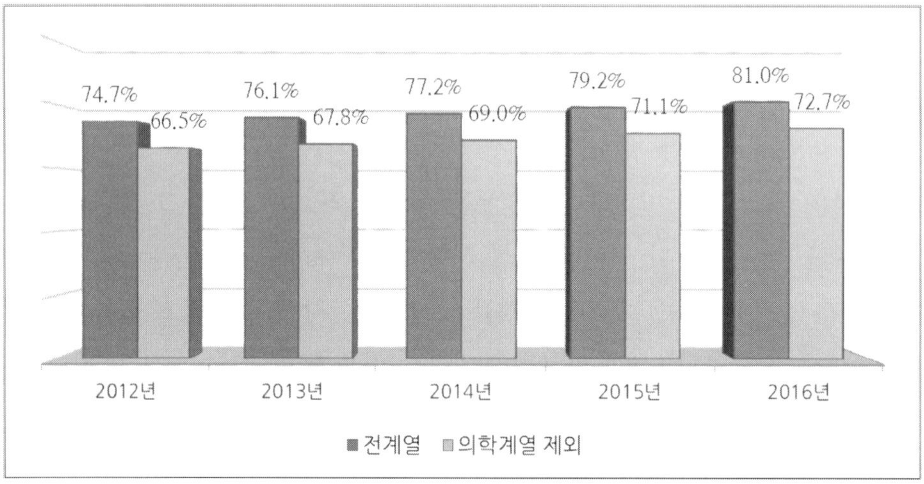

· 출처: 대학교육연구소 (2016)

최근 5년간 전임교원 확보율의 변화를 살펴보면 전 계열 평균 확보율은 2012년 74.7%에서 2016년 81%로 증가했다(6.3% 차). 이러한 증가는 외견상 두 가지 요인에 의해서 영향을 받은 것으로 추론된다. 학생 수의 감소와 전임교원의 증가로 인해서 전임교원 확보율이 일정하게 증가한 것이다. 하지만 같은 시기 전체 교원에서 전임교원의 수가 68,237(38.4%)에서 71,853(43.3%)으로 증가한 이면에는 비전임 교원 특히 시간강사는 76,644(42.6%)에서 53,319(32.1%)로 크게 줄었다는 사실이 존재한다(대학교육연구소 2016).

표 9.2 2012 - 2016 국공립/사립 학교 전임교원 확보율 변화

구분	전 계열			의학계열 제외		
	국공립	사립	계	국공립	사립	계
2012년	75.2	74.5	74.7	70.6	65.3	66.5
2013년	75.2	76.3	76.1	70.4	67.0	67.8
2014년	75.6	77.7	77.2	70.7	68.5	69.0
2015년	76.1	80.3	79.2	71.0	71.2	71.1
2016년	78.7	81.8	81.0	73.5	72.5	72.7
증감('16-'10)	3.5	7.3	6.3	2.9	7.2	6.2

· 출처: 대학교육연구소 (2016)

대학 유형별 전임교원 확보율을 비교하면 의미있는 시사점을 발견할 수 있다. 2012년에는 국공립 대학의 전임교원 확보율(75.2%)이 사립대학의 확보율(74.5%)과 엇비슷했다. 하지만 5년 동안 사립대학은 같은 기간 7.3% 증가한 반면에 국공립 대학의 전임교원 확보율은 사립대학의 확보율의 절반에 못 미치는 3.5%에 그쳤다. 이에 따라서 2016년에는 사립대학의 전임교원의 확보율이 국공립대학의 전임교원 확보율을 추월했다.

표 9.3 2012 - 2016 계열별 전임교원 1인당 학생수 비교

구분		인문사회	자연과학	공학	예체능	소개	의학	총계
2012년		35.1	27.0	33.1	37.3	33.1	4.1	28.3
2013년		34.0	27.0	32.6	36.7	32.5	4.0	27.8
2014년		33.4	26.5	32.2	35.3	31.8	4.0	27.3
2015년		32.1	25.7	31.8	34.1	30.9	3.9	26.6
2016년		31.4	25.3	30.8	34.0	30.2	3.9	26.6
증감('16-'12)		-3.7	-1.7	-2.3	-3.3	-2.9	-0.2	-2.3
법정 기준	인원(A)	25	20	20	20		8	
	차이('16-A)	6.4	5.3	10.8	14.0		-4.1	

· 출처: 대학교육연구소 (2016)

2016년 대학 전임 교원(4년제 대학) 1인당 학생수는 전계열은 26명 의학계열을 제외하면 30.2명으로 여전히 기준에 훨씬 못미치고 있다. 이는 2015년 OECD 고등교육수준에서 교원 학생 비율인 15에 훨씬 못 미치는 수준이다(E - 지표, OECD(2017),

Education at a Glance).

2010~2014년 기간 동안 학생 1인당 공교육비(학생 1인당 공교육비 = (경상비+자본비/학생수)/PPP)는 $9,998에서 $9,570으로 오히려 감소하였다. 2014년 수치를 OECD 국가(2017년 $16,143)의 수치와 비교해 보면 절반을 웃도는 수준에 그쳤다.

(2) 대학비정규직교수 문제 해결을 위한 원칙

첫째, 시간강사 문제의 해결은 대학교육의 공공성 강화를 위한 정부의 적극적인 노력을 통해서 이루어져야 한다. 한국은 대학교육의 공공성을 측정하는 거의 모든 지표(예를 들어, GDP 대비 교육재정 비율, GDP 대비 고등교육의 정부 지원 비율, 고등교육단계 대비 정부부담 민간부담 공교육비 상대적 비중 변화)에서 OECD 평균에 훨씬 못 미치고 있다. 이에 따라서 한국의 대학교육 경쟁력과 국가경쟁력은 하락하고 있다.

둘째, 대학교육의 공공성 강화를 위해서 정년트랙의 교원확보율을 실질적으로 보장해야 한다. 정부는 「대학 설립・운영 규정」에 제시된 교원확보율의 준수를 위해서 필요한 법적・재정적인 지원과 노력을 지속해야 한다. 중장기적으로 교원 1인당 학생 수를 OECD 평균 수준인 15명 수준으로 향상시킬 수 있도록 적극적인 노력을 지속해야 한다. 이러한 노력을 통해서 중장기적으로 일부 불가피한 경우를 제외하고는 비정규직 시간 강사의 고용을 최소화하고 정규직 교수를 지속적으로 늘려야 한다.

(3) 강사문제 해결을 위한 중장기적인 방안

첫째, 시간강사 문제를 해결하기 위해서는 중장기적으로 고등교육에 대한 정부의 지원을 획기적으로 늘려서 고등교육의 공공성을 강화하는 방법 이외에는 다른 대안이 존재하지 않는다. 고등교육의 공공성을 확보하기 위해서는 우선적으로 국・공립대학이 늘어나야 한다. 학령인구가 급감하고 있는 현실을 감안할 때 국공립대학의 증가를 사립대학의 국・공립화를 통해서 이루는 것도 한 방법이 될 수 있을 것이다. 정부가 다양한 재정적・법적인 유인을 통해 노력한다면 대학 교육이 좀 더 공공성이 강화된 공간으로 다시 자리매김할 수 있을 것이다.

둘째, 중요성이 증가하고 있는 교양 교육을 전담하는 교양대학의 설립을 확대하고 이미 설립운영중인 교양대학을 강화할 필요가 있다. 사회가 요구하는 인재상은 전공지식을 갖춘 인재뿐만 아니라 인성을 갖춘 인재를 원하고 있다. 이는 전공교육과 함께 교양교육의 강화를 통해서 이루어져야 한다. 시간강사가 주로 교양과목의 강의를 담당하고 있는 현실을 감안할 때 문제의 해법을 위한 중장기적 대안으로서 다음의 방향을 고려해 볼 수 있다.

대학의 교양교육을 전담하는 교양대학을 설립/강화하는 구체적인 방안으로서는 ① 대학 단위에서 교양대학을 설립/강화하여 시간강사를 흡수할 필요가 있다. 인문학과 관련하여 현재 COERE 사업에서는 "인문학 관련 사업이 소수인 대학에서 이를 기초교양대학으로 전환 확대하여 전체 학생에게 인문학 교양교육을 강화하는 계획을 수립하는 경우 우선 선정"하도록 인센티브를 주고 있다. 실지로 다수의 사립대학들이 인문학을 전담하는 교양대학을 설립하는 쪽으로 나아가고 있다(대표적으로 모든 학생이 창의적이고 융・복합적인 사고 능력을 함양하도록 인문학 기반의 교양교과목을 개발하고 운영하여 교양대학의 교육목표인 '진실인(VERUM)'을 양성하는 프로그램 도입을 목적으로 한 카톨릭 관동대학의 교양대학 프로그램이 있다. 이러한 경향에 비추어 볼 때 인문학의 진흥에 집중된 정부의 지원을 교양교육 전체를 포괄하는 방향으로 발전시킬 필요가 있다.

② 지역의 대학 간 연합교양 대학을 설립하여 시간강사의 고용문제를 학교단위가 아니라 지역단위에서 공동으로 해결하는 것도 하나의 방법이 될 수 있을 것이다. 최근 대선 지역에서는 대전평생교육진흥원(dile.or.kr)과 대전권 10개 대학이 연합하여 연합교양대학을 시범적으로 운영한 바 있다.

③ 더 나아가 일각에서 제기된 안(민주화를위한 전국교수협의회, 정경훈 2015)과 같이 전국 국립 교양대학을 설립하여 강화된 교양교육을 통합하여 실시하는 방안도 고려해 볼 수 있다. 이 경우 다양한 방안이 존재하지만 하나의 방안으로서 학제개편(예를들어 중고등학교 5년+교양교육 1년)과 함께 교양교육의 필수화를 통해서 고등교육의 기반을 강화할 수 있다. 이 경우 정부가 시간강사를 전국국립교양대학의 정규교수로 임용하여 교양교육을 전담하게 할 필요가 있다.

셋째, 다양한 명칭으로 존재하고 있는 비정규교원을 '연구 강의교수'와 같은 단일한 이름으로 통합하고 책임과 권리를 명확히 할 필요가 있다. 교원으로서 법적인 지위를 부여하고 그 지위에 맞는 적절한 소득을 보장할 필요가 있다. 2018년 전국 국공립대학과 사립대학의 조교수 연봉 평균이 57,187만원이었던 점을 감안하면 이의 80% 정도에 해

표 9.4 주요대학 기초 교육전담기관 현황

대학/교양교육전담기구	이념
경희대학교 후마니타스칼리지	탁월한 개인, 책임 있는 시민, 성숙한 공동체의 성원의 양성이라는 대학교육의 본질적인 목적을 교양교육의 차원에서 실현
고려대학교 기초교육원	교육구국의 사명을 갖고 자유, 정의, 진리의 가치 실현을 통한 건학 정신을 계승하고 21세기 새로운 미래를 만들고 이끌어가는 대학의 아이콘이 될 수 있는 인재 양성
서강대학교 전인교육원	지성, 인성, 영성을 고루 갖춘 참다운 인재 양성
서울대학교 기초교육원	1. 올바른 사고와 실천적 지혜를 갖추고 열린 마음으로 봉사하는 인재를 양성 2. 지식기반사회화로 특징지어지는 21세기를 이끌어갈 지식과 기술을 창조하여 학문과 예술의 창달에 기여 3. '겨레의 대학'으로 민족 문화를 계승 발전시키고, 나아가 '세계의 대학'으로서 인류 공존의 정신으로 세계문화를 선도
서울시립대학교 자유융합대학	교양교육을 통하여 폭넓고 심도 있는 기초소양을 함양한 바탕 위에서, 통섭형 전공교육을 통하여 학문과 학문의 소통과 교차 그리고 융합에 적극 참여하고 이를 주도함으로써 새로운 지식과 전문성을 창출하는 인재 양성
성균관대학교 학부대학	· 이론교육과 체험교육의 병행을 통한 전인적 인성의 함양 : 정서적·도덕적으로 성숙한 인성을 갖춘 전인(全人) · 다학문간 융복합 교육을 통한 창조적-통합적 사고능력 배양- '세계화된 정보사회'라는 새로운 시대상에 어울리는 창조적 통합적 안목을 갖춘 지성인(知性人) · 공공체의식(Public Mind)를 갖춘 리더십 함양- 투철한 공동체의식을 갖고 공공사회를 선도(先導)하고자 하는 공공인(公共人)양성
연세대학교 학부대학	기초교양교육의 강화, 다양한 지적 훈련, 학문의 융합과 통섭에 바탕을 둔 미래지향적인 교육이념을 구현하고자 기초교양교육을 통해 미래사회가 요구하는 다양한 인재를 육성하고 '학생중심'의 교육 실현
이화여자대학교 호크마교양대학	사랑과 섬김의 자세로 공동체의 일원으로 조화와 균형을 이루는 건전한 인격과 교양을 갖춘 인재 양성
중앙대학교 교양학부대학	폭넓은 기초교육을 통해 자아를 형성하고 계발하는 자율적 교양인으로서 사회가 가장 선호하는 글로벌 인재 양성
한양대학교 창의융합교육원	지속 가능한 발전의 토대를 마련하여 창의와 나눔의 한양다움을 창출하는 인재 양성

· 출처: 대학교육협의회 한국교양기초교육원(2016)

당하는 45,000만원 이상의 연봉을 보장하고 1년 단위의 계약기간동안 연구실, 연구비, 4대 보험 등 모든 혜택을 정규 교수와 동일하게 책정하여야 한다. 다만 '연구 강의교수'는 한시적으로 필요한 경우로 한정하고 기본적으로 필요한 강의 수요는 전적으로 정규 교수들로 해결하는 것을 원칙으로 한다.

5 맺음말

현재 한국의 대학은 학문적 진리와 인류문화 발전의 추구라는 본연의 목적에서 벗어나 산업 자본과 정치권력의 도구적 존재로 전락되었다. 이러한 현상은 21세기 초반에 시작된 신자유주의적 자본주의의 이념을 대학에 접목시키려 했던 국가권력의 의도에서 심화되었다. 물론 파행적 대학 운영의 가장 큰 피해자는 대학 교육의 주체인 교수와 학생이라고 할 수 있다. 대학을 통해 형성되는 학문의 발전과 지식의 전파는 경제 논리로서만 설명될 수 없는 사회적 · 시대적 가치를 포함한다. 대학의 중심이자 시대를 선도하는 지식인으로서 우리 교수사회가 학문과 대학의 가치를 지키기 위한 노력의 최 일선에 서야 한다는 것은 너무나 당연한 이치이다. 그러나 이러한 거대 담론의 시작은 우리 내부 문제에 대한 반성에서 시작되어야 한다. 이는 과연 우리 대학의 구성과 조직이 대학의 참 가치를 올바르게 담아낼 수 있는가에 대한 고민이다.

대학의 위상과 관련한 고민의 연장선상에서 바라본 시간강사의 지위와 대우의 문제는 대학 조직 내부의 여러 문제 중에서도 가장 심각한 문제 중 하나이다. 시간강사들은 대학 교육의 중요한 한 축을 담당하고 있으면서도 권리와 혜택의 사각 지대에 존재해왔다. 이들은 언젠가는 교수가 될 견습 교수라는 지위로 인식되어지거나 혹은 교수채용에서 낙오한 사람들로 낙인 찍혀 열악한 처우를 감내하도록 강요되어왔다. 그러나 우리 대학 교육의 30% 이상을 담당하는 이들 시간강사들을 외면하면서 대학교육의 질을 재고하겠다는 것은 터무니없는 생각임이 분명하다. 시간강사도 교육의 주체이자 동료로서 인식되어져야 하고 그에 따른 정당한 대우가 주어져야 한다. 시간강사법의 통과는 이러한 문제를 해결해나가는 출발점이어야 하지 절대로 그 종착점이어서는 안 된다. 이는 시간강사들의 인권을 해결한다는 점을 넘어서 우리 대학을 정상화 시킨다는 차원에서 진행되어야 할 문제이다. 시간강사의 문제점을 방치한다는 것은 곧 대학교육을 방치한다는 것이다. 그리고 대학교육을 방치하면서 우리나라의 미래를 논한다는 것은 우스꽝스러운 말장난이다.

10

대학의 반성과 강사법

- 강사법 경과와 성공적 정착을 위한 세부내용

이시활 분회장(한국비정규교수노동조합 경북대분회)

I 들어가며 : 현재 대학에 대한 반성

우리나라 고등교육법 제28조 대학의 목적이란 조항에 "대학은 인격을 도야(陶冶)하고, 국가와 인류사회의 발전에 필요한 심오한 학술이론과 그 응용방법을 가르치고 연구하며, 국가와 인류사회에 이바지함을 목적으로 한다."라고 명시하고 있다. 이런 대학의 목적 조항에 대학사회 모든 구성원들이 다들 동의할 것이지만, 현재 한국의 대학사회는 고등교육법에서 명기한 대학의 목적과 정반대로 움직이면서 의도적으로 법률을 무시하고 있는 실정이다. 지금 이 곳의 한국에서의 대학은 '큰 학문(大學)'을 하는 대학에 대한 기본적인 고민은 완전히 사라진 상태이다. 대학의 기본적 목적과 정체성을 상실한 채 거의 기업 연수원과 취업을 위한 직업학교로 전락한 실정이다.

다시 말해서 지금 이곳의 한국에서의 대학은 신자유주의적인 자본의 논리와 경쟁시스템에 의해 철저하게 붕괴되었다. 대학이 학문공동체라는 말은 이미 화석화되었다. '학문(學問)'이란 배우고 질문하고 토론하면서 각자 나름대로의 삶과 세계의 진리를 향해 나아가는 것이라 할 수 있다. 그 학문을 통해 각자가 자유로운 주체가 되어 그 진리를 향해 나아가는 지성의 길을 실천하는 것이다. 하지만 현재 대학에서 교수들은 자신의 명예를 걸고 지켜내야 할 학문을 제대로 하기 보다는, 스스로 자본의 성과주체가 되어 갖가지 프로젝트에 목을 메고 있는 직장인이 되어 버렸고, 살아있는 자유로운 공간이어야 할 대학 강의실에서는 학점의 노예가 된 학생들의 침묵만이 도도하게 흐르고 있다. 프로젝트

성과주체로서의 교수에게 학생들은 학점의 노예로 상호응수하는 희한한 적폐가 강고하게 생산되고 있는 실정이다. 대학의 교수와 학생 모두 숨 돌릴 틈도 없는 성과경쟁, 학점경쟁에 시달리며, 이를 흐뭇하게 바라보는 자본의 기득권은 마음 한 편으로 안도한다.

자본의 논리와 무한경쟁 시스템이 본격적으로 도입되기 이전에는, 대학은 배우고 질문하면서 사회의 바람직한 모습을 각자 상상하고 디자인하는 학문 공동체이자 연대와 공감, 나눔과 배려라는 인간의 가치를 최소한 실현할 수 있는 미래사회의 최후의 보루였고, 대학인은 살아있는 시대정신의 표상이라는 명예로운 자부심을 가지고 있었다. 그런 자부심은 이제 박물관의 유물로 사라지고, 대학이라고 명명하는 대학에서는 큰 학문을 하는 진짜 대학은 없고, 직업훈련소로서의 대학이라는 표상만이 떠돌아다니고 있다. 이런 대학 현실을 만드는데 바로 우리, 즉 내 자신이 일조한 것이 아닌지 성찰해 보는 것이 어떨까?

대학 교육을 통해 학생들이 폭넓은 교양을 쌓고 합리적인 사고방식과 민주적인 사회생활 태도를 배양함으로써 성숙한 사회인으로 발전해가도록 지원해주는 것도 그에 못지않게 중요하다. 대학 교육의 가장 기본적인 목표는 각 학문 분야에서 인류가 축적해온 지적 자산을 젊은 세대에게 전수해줌으로써 인류 문명의 연속성을 확보하고 그 바탕 위에서 젊은 세대가 자신의 삶과 사회를 더 발전시켜갈 수 있도록 지원해주는 길일 것이다.

현재의 대학내에서 사회정의는 거들떠볼 여유가 없다. 작지만 올곧게 진리를 설파하던 교수의 사자후와 부당한 독재정권에 맞서서 자유와 정의를 외치던 학우들의 외침은 먼 옛날의 이야기로만 들린다. 어찌 하여 이렇게 되었는가? 대학은 자본의 논리가 기승을 부릴수록 이에 맞서서 돈으로 환산할 수 없는 인류애적 진리를 탐구, 전승하는 최후의 보루로 남아 있어야 한다. 반신자유주의의 주체로 거듭나게 할 수 있는 것이 교육인데, 오히려 교육이 이를 내면화하는 기제로 작용하고 있다. 신자유주의 교육이 내세우는 개인의 자율성 함양, 능력 개발, 수월성이라는 것은 학생을 인격과 덕성과 교양을 갖춘 전인적인 인간으로 기르려는 것이 아니라 개인들 사이의 무한경쟁을 촉진시키고 이를 합리화하려는 이데올로기 장치로 기능하고 있다.

이렇게 자본의 이데올로기화 한국 대학의 현실에서, 지금 화두가 되고 있는 강사법이 현재 대학의 상태에 균열을 내고, 현재 대학을 파괴하고 바람직한 대학의 모습을 건설하는 데에 기폭제의 하나가 되었으면 한다. 현재의 '시간 강사' 제도는 1977년 박정희 유신 독재정권이 비판적인 교수와 연구자들을 통제하기 위한 수단으로 도입된 한국 대학사회의 대표적인 적폐 중에 하나이다. 해방 직후만 해도 교원이었던 시간 강사들은 박정희 정권에 의해 법적 교원 지위를 박탈당하였고, 그 이후 강의할 의무만 있을 뿐 연구할 곳도, 먹고 살 임금도 제대로 받지 못하는 대학의 일용직 노동자로 전락했다. 대학의 사용자는 시간강사가 정규직교수가 되면 모든 문제가 해결된다는 식으로 열정 페이를 강요한 채, 42년 비정규교수의 고용불안과 저임금을 고착화시켰다. 미생과 같은 현실이 42년간 이어진 것이다.

따라서 본 발표에서는 고등교육법 일부개정안(이하 강사법) 시행 이전의 단계와 19년 8월 1일 강사법 성공적인 시행과 향후 해결되어야 하는 과제 몇 가지를 제언하고자 한다.

Ⅱ 1977년 강사의 교원지위 박탈과정 및 강사법 진행의 경과과정

해방 후 1948년 7월 17일에 공포된 우리나라 「제헌헌법」 제16조에는 교원지위 법정주의가 도입되었다. 그에 따라 1949년 12월 31일에 「교육법」(법률 제89호)가 제정 공포되어 강사는 교원으로서의 법적 신분이 보장되었다. 하지만 1977년 12월 31일에 박정희 정권은 교육법 제75조를 개정하여 강사의 교원지위를 박탈하였다.

- 1948.7.17. 『제헌헌법』 제16조(교원지위 법정주의)
- 1949.12.31. 정부수립 「교육법」(법률 제89호) 제정 · 공포(강사는 교원)
- 1977년 12월 31일 박정희는 교육법 제75조의 개정안을 공포하여 강사의 교원지위를 박탈함. 「교육법」제75조 제1항 제2호: "대학 · 교육대학 · 사범대학 · 전문대학에는 학장 · 교수 · 부교수 · 조교수 · **전임강사**와 조교를 둔다." - 이 개정안 발효당시 박사학위 소지자는 조교수로 임용. - 유신독재에 저항하는 비판적인 젊은 대학강사를 교원의 범주에서 배제함. 박정희는 대학을 유신독재의 가장 큰 장애로 보고 대학에서 비판기능을 무력화시키고 교수 · 강사들을 통제하기 위하여 강사의 교원지위를 박탈. 따라서 현재의 강사제도는 유신체제가 비판적 지식인에게 가한 국가폭력의 산물임.

베트남 종전 뒤 박정희 정권은 유신체제를 만들어 종신 집권을 기도했다. 유신독재에 저항하는 교수는 제명하고, 학생은 군대로 보내고, 1977년 교육법 75조를 개정해 비판적인 젊은 대학강사는 교원 범주에서 배제하였던 것이다.

그 후 강사법과 관련된 논의와 경과사항만을 간단하게 살펴보자.

- 2010년 5월 25일 조선대 서정민 강사의 연탄 자살을 계기로 이명박 정부의 지시로 10월 대통령소속 사회통합위원회에서 강사문제를 '국가중점과제'로 설정하고 강사의 법적 교원 지위 보장과 처우개선에 관한 입법방안을 대통령에게 보고[1]·하고, 교육부에서 「고등교육법개정안(강사법)」을 발의함
- 2011년 12월 30일 속칭 '강사법'으로 지칭되는 「고등교육법 일부개정법률안」이 국회에서 통과됨(찬성 128표, 반대 31표, 기권 53표). 법에 2013년 1월 1일 시행으로 명시되어 국회 통과됨
- 2012년 11월에 1년간 유예법안(2013년 1월 - 2013년 12월) 통과되어 2014년 1월에 시행될 예정
- 2013년 6월 고려대 시간강사 과로로 뇌사
- 2013년 12월에 2년간 추가유예법안(2014년 1월 - 2015년 12월) 통과되어 2016년 1월 1일 시행될 예
- 2014년 1월 교육부에서 형식적으로 강사법 TF출범
- 2015년 8월 교육부에서 강사의 임용 및 재임용에 필요한 사항과 겸임교원 등의 자격기준을 정하는 「고등교육법 시행령 일부개정안」(강사법 시행령)을 입법예고 및 10월 2일 개정안 공고.
- 2015년 12월 31일 2년 강사법 유예안 발의(강은희, 새누리) 및 통과, 2018년 1월 1일 시행예정, 국회는 유예안을 통과시키면서 대학현장에서 수용가능한 개정안 마련을 요구함. ⇒ 강사법에 대해 **시간강사**는 강의몰아주기에 따른 **일자리 축소** 우려, **대학**은 **임용경직성 및 행·재정적 부담 증가**를 우려하여 **보완 요구**

---

1. 당시 사회통합위원회(사통위)가 제안한 개선방안은 시간강사를 법정 교원으로 정하고, 1년 단위의 계약기간을 법률로 보장하며, 시간강사의 연평균 강사료 수입을 전임강사 연봉의 절반 수준까지 인상하는 방안으로 요약된다. 특히 사통위는 국립대는 물론 사립대에도 국가재정을 투입함으로써, 2010년에 전임강사 평균 연봉의 1/4에도 미치지 못하는 것으로 추정되는 시간강사의 연평균 강사료 수입 수준을 3년 내 50% 수준으로 끌어올리겠다고 밝혀 큰 관심을 받았다.

- 2016년 2월부터 9월까지 '대학 강사제도 정책자문위원회 구성* 및 운영(총14회) : 위원장, 강사대표(4인), 대학대표(4인), 국회 추천(2인) 등 총 11인으로 구성
- 2016년 9월 9일 대학강사제도 정책 자문위원회, 보완법률안 및 처우개선방안 확정 및 건의
- 2017년 1월 24일 교육부, 「고등교육법 일부개정법률안(보완강사법)」 제출
- 2017년 9월 18일 보완강사법, 국회 교육문화체육관광소위원회 상정
- 2017년 12월 29일 강사법 유예안 국회 본회의 통과('19년 1월 1일 시행 예정)
- 2018년 2월 - 8월 「**대학 강사제도 개선 협의회 구성**」 및 운영하여 **강사제도 개선안 마련** : 위원장, 강사대표(4인), 대학대표(4인), 국회 추천(4인) 등 총 12인으로 구성하여, 「대학 강사제도 개선 협의회」합의안 발표('18.9.3), 공청회포함 총 19회 회의 개최
- 2018년 10월 10일 **고등교육법("강사법") 개정안 발의** : 국회 교육위 이찬열위원장 대표 발의(대학 강사제도 개선 협의회 합의안)
- 2018년 10월 10일 - 10월 25일 **고등교육법("강사법") 개정안 대학 등 관계기관 의견수렴** : 대교협, 전문대교협 및 대학 44개교 의견 제출
- 2018년 11월 29일 **고등교육법("강사법") 개정안 본회의 통과**
- 2018년 12월 8일 '19년 국 · 사립대 "**시간강사 처우개선비**" 예산 반영 : 국립대 : 71억원 증액, 사립대 : 217억원(직접지원 152억원, 기금 65억원) 신규
- 2019년 8월 1일 **고등교육법("강사법")** 시행예정

이처럼 2011년부터 4차례 유예된 후 올해 8월 1일 시행을 앞둔 고등교육법 일부개정안(일명 강사법, 이하 강사법)의 입법취지는 한마디로 말해서 '강사의 신분보장과 처우개선'이다. 대학에서 강의하는 강사들은 신분과 처우개선에 대해 기대를 하였다. 하지만, 사립대학을 중심으로 19년 1학기 강사대량해고에 직면하고 있다. 강사의 신분과 처우를 개선하려는 좋은 의도에서 출발한 강사법이 기업화된 한국의 대학 현실에서 강사가 사라지는 나쁜 결과를 가져오고 있는 것이다.

이 지점에서 2018년 11월 29일에 국회 본회의를 통과한 고등교육법(제15948호, 일명 강사법)의 내용과 2019년 2월 1일 입법 예고된 강사법 시행령의 핵심내용을 도표화하여 보면 다음과 같다.

표 10.1 고등교육법 (일명 강사법) 및 시행령 요약표

구분	현 행	개 정 강 사 법(19.8.1.시행예정)
교원 구분	(현행, 제14조)교원: 교수, 조교수, 부교수⟹(유예/개정법)교원: 교수, 조교수, 부교수, 강사 (현행, 제17조)비전임 교원: 겸임교원, 명예교수 및 강사 등 ⇒ (유예/개정법)비전임 교원: 겸임교수등: 겸임교원, 초빙교수, 명예교수 등 (* 겸임·초빙교원 등은 법률상 교원이 아님)	
법적 지위	교원 지위 미부여	· 교원 지위 부여(*교육공무원법, 사립학교법, 사립학교교직원연금법 적용 시 교원으로 보지 않음)
임용 조건	규정 없음	· 임용계약에 포함되는 항목(임용 기간, 임용 등)을 법률에 명시하고, 서면계약을 통해 임용하도록 함
임용 기간	규정 없음	· 1년 이상 임용 원칙 *(예외사유) 방송통신대 대학, 학기중에 발생한 6개월 미만 병가· 출산휴가 ·휴직· 파견·징계·연구년 및 퇴직· 면직· 직위해제에 따른 대체 강사
채용 절차	규정 없음	· 공개채용을 원칙(*구체적인 채용절차는 시행령에서 심사위원 위촉 및 임명, 심사단계·방법 등을 정관 및 학칙으로 규정)
재임용 가능성	규정 없음	· 신규임용 포함 3년까지 '재임용 절차'만 보장(*시행령에 임용기간 만료 사전통지, 재임용 조건 등이 포함된 재임용 절차를 정관 및 학칙으로 규정)
신분 보장	규정 없음	· 의사에 반하는 직권 면직, 권고사직 제한 · 불체포 특권 인정, · 소청심사 청구권 인정
임무	교육 또는 연구	· 교육·지도 및 학문연구(* 학칙·정관으로 교육·지도, 학문연구 등 전담 가능)
겸임 교원 등	세부규정 없음	· 겸임교원 등(비전임교원)의 임용 기간, 근무조건, 신분보장 등에 강사기준 준용 * 교원소청권, 방학중 임금, 3년 재임용 절차는 제외, * 시행령 제7조에 겸임교원은 현직 근로자로 현장실무경험을 필요로 하는 교과를 교수하기 위해 임용된 자이고, 초빙교원은 특수한 교과를 교수하기 위하여 임용된 자로 규정함
방학중 임금	규정 없음	· 방학기간 중 임금 지급 * 방학기간중 임금은 지급하되, 임금수준 등 구체적인 사항은 임용계약으로 정함(방중 임금지급 기간에 대해서는 규정없음)
교수 시간	<대통령령>	*고등교육법 시행령 제6조에 따라 · 강사(주당 6시간 이하 원칙, 학교의 장이 특별히 필요하다고 인정할 경우 최대 9시간) · 겸임·초빙교원(주당 9시간 이하 원칙, 학교의 장이 특별히 필요하다고 인정할 경우 최대 12시간)으로 교수시간 규정
건강 보험	미적용	· 미적용(노동법상 주당 15시간 미만 초단시간 근로자임)

Ⅲ 현 대학의 상황 및 강사법 시행령 평가와 향후의 과제들

강사법이 작년에 국회를 통과하고 19년 2월 1일자로 강사법 시행령이 나온 상태이다. 따라서 19년 8월 1일자로 시행되는 것이 확실하다. 현재의 대학을 걱정하는 입장에서는, 강사의 교원신분 회복과 처우개선을 통한 고등교육의 질 향상을 다소간 기대하고 있다. 하지만 전국의 사립대학을 중심으로 대학측에서는 강사대량해고와 비정상적 교육과정 운영 및 전임교원 노동강도를 강화시키고자 하면서 교육의 질 저하를 초래하고 있다. 강사법을 둘러싼 여러 현상의 본질은 자본의 논리로 무장한 대학의 기업화로 인한 것이다. 다음 표는 현재 사립대학교 등에서 진행되고 있는 강사법을 핑계로 대면서 하고 있는 인위적인 강사 구조조정의 실태이다.

기업화된 대학의 강사해고 전술	방식
총 강좌 수 축소	· 졸업이수학점 축소 · 학과별 전공개설학점 축소 · 교양이수학점 축소 · 과목 통폐합 등 대형강좌화 및 최대수강인원 확대 · 사이버강좌 확대 · 폐강기쥬 강화로 폐강 확대 · 분반 기준 강화로 분반 허용 최소화 · 외국인 대상 교양과목 폐강 · 학과별 전공과목 개설 학점 축소
강좌 중 강사 비중 축소	· 전임교원 초과시수 요구 · 교육중점(강의전담) 비정년트랙 전임교원 임용 확대 · 강사 대신 겸임 · 초빙교원 채용 · 초빙교수의 강의전담교수화 · 기타 비전임 교원 증가(예: 명예교수, 학술교수, 초빙'대우'교수, 연구교수, 임상교수 등) · 학과별 필요 강사 허가제(강사 총량제) 도입 · 외국인 초빙교원 확대(내국인 외국어 담당 강사 축소) · 전공과목 강사 담당 금지
강사의 비중 안에서 강사의 수 줄이기	· 6시간에 맞춘 강의 배정 · 학칙 변경을 통한 특별한 사유 확대로 9시간 강의시수 몰아주기

이처럼 한국의 대학 특히 사립대학에서는 강사법을 핑계로 구조조정에 혈안이 되어 있다. 대학교육을 파괴하고 있다. 자본의 돈 탑을 세워두고도 돈 타령하는 돈 먹는 하마가

대학이라는 세간의 비판이 강사법을 둘러싼 논쟁에서 전혀 근거가 없는 것이 아니다. 대학의 지배집단이 말하는 대학의 자율성은 그야말로 허울뿐이다. 지난 세월 그리고 작금의 대학 자율성은 돈 앞에 무너지는 모래성일 뿐이라는 점을 대학들은 극명하게 보여주고 있다. 그러나 대학의 자율성은 헌법에 언급된 학문의 자주성과 국민의 교육권 보장을 위해서이지 지금처럼 학문재생산 구조를 파괴하고 교육환경을 황폐화 하라고 부여한 것은 아니다. 그렇기에 대학을 파괴하는 대학들의 현대판 '분서갱유'를 즉각 중단시켜야 할 의무가 정부 당국, 즉 교육부에 있는 것이다.

대학 내부의 상황을 보자. 채효정 선생이 말하는 바대로, 유랑 난민과 다를 바 없던 대학 시간강사 및 비정규교수가 이제 겨우 대학에서 낮은 자리에서 교육공무원법상과 사립학교교직원법상 교원이 아닌 권리를 보장받지 못하는 교원이라 정명하려고 하는 순간, 한국의 대학이란 곳이 어느 집단에서 발을 붙이지 못한 유랑 난민과 같은 시간강사를 가차 없이 밀어내고 있는 것이다. 이런 상황은 난민보호법이 발효되기 전에 그 적용대상이 될 난민을 추방하는 것과 다를 바 없다. 지금 대학이 시간강사 당신들까지 먹여 살릴 여유가 없다는 말과 이제 배는 다 찼고 당신들 자리는 없다는 말이 무엇이 다른가? 그런 주장을 하는 사람들이 같이 연구하고 강의하는 교수라는 점은 더욱 놀랍다. 배의 가장 하층에 속한 이들 중에서 몇 퍼센트를 골라 개체수를 조절하듯이 강사수를 조절해야 하는 임무를 맡고 있는 그들은 전망 좋은 선실에 자기만의 방도 있고 이 배의 창고에는 파티를 위한 음식들도 잔뜩 실려 있다. 그런데도 거부하지 않고 그 일을 한다. 그것도 온갖 명분을 갖다 붙여서 자신이 하는 일을 정당하게까지 만든다. 이 배에서 가장 안전한 몫을 가진 사람들이 어째서 개똥만큼의 몫을 겨우 찾은 사람들에게서 그 권리를 빼앗는 일에 앞장 서는 것인가. 자기의 권리를 빼앗아 우리에게 달라는 것도 아닌데, 자신의 권리를 빼앗길까봐 노심초사하고 있으면서 강사를 짜르는 데에 암묵적으로 동의를 하고 있다.

이런 대학의 추악한 상황에서 난민 추방자의 명단을 작성해야 하는 중간관리자로서의 임무를 맡아 어떤 사람은 괴로움 속에 제 임무를 다하고, 어떤 사람은 괴로움도 부끄러움도 느끼지 않고 열과 성을 다해 제 임무를 다한다. 그 이상의 행동은 대학사회에서 잘 보이지 않는다. 살아남은 대학 강사들 중에서도 살아남은 것이 자기의 잘못이 아님에도 괴로워하고 부끄러워하는 사람도 있는 반면, 자기의 잘못이 없기에 아무 것도 부끄러워할 것이 없는 사람도 있다. 심지어 고작 제 마음의 괴로움도 마다하고 싶어 법을 무시하고 어기는 사람이 아니라 법을 만든 사람들에게 계속 침을 뱉는 이들도 있다. 그리고 마치 여기서 아무 것도 보지 않았다는 듯 침묵하는 사람이 있다. 이처럼 한국대학의 현실은 대학의 목적을 완전히 상실한 채로, 자본의 논리에 따라 움직이고 있는 것이다. 이런 대학을 파괴하고 새로운 대학을 건설해야 한다.

이와 같이 강사법을 매개로 기업이 되어 버린 대학상황에 대한 모든 사태의 본질이 드러나야 문제가 해결된다고 볼 때, 지금부턴 고등교육의 정상화와 교육・학문 환경 개선을 위하여 대학의 공공성을 강화하는 방향으로 나아가야 할 것이다. 지금부터라도 교육부의 역할이 중요하다고 할 것이다. 강사법 시행일까지 교육부에서 단기적으로 해야할 일은 다음과 같다.

첫째, 현재적 상황에서 교육부는 강사법 시행 특별 대책팀을 구성하고 가동하여 강사법이 초기에 안정적으로 정착되게 할 의무가 있다. 사회적 합의를 바탕으로 하여 정부와 국회 등이 나서 이룬 국가적 입법사항, 즉 강사법의 성공적 시행을 대학들이 온갖 편법으로 무력화 하고 있다. 선한 의지로 만들어진 법안과 그 혜택을 받을 사람들이 악한 의지로 뭉친 자들에 의해 나쁜 결과를 초래하고 피해를 보는 위기에 놓여 있다. 이에 대해 책임부처인 교육부가 대응책을 즉각 제시해야 한다. 만일 대학들의 행태를 이대로 방치할 경우, 강사법 시행 예정일 2019년 8월 1일에 맞추어 신규 임용이 진행될 5월부터 지금보다 훨씬 극심한 문제가 야기될 것이 자명하다. 얼마나 많은 이들이 고통 받다가 극단적 선택을 할지 모른다. 더 이상의 피해자를 막기 위해 교육부는 즉각 '강사법 특별대책팀'을 구성하여 문제를 방지하겠다는 의지를 대내외적으로 천명해야 한다.

강사법 특별대책팀은 우선 곧 구성될 「강사제도 운영 매뉴얼 마련 TF팀」 운영과 법적・행정적・재정적 지원책을 마련해야 한다. 특히 법률자문단 구성은 필수다. 또한 '강사 119(가칭)'를 설치하여 대학에서 강사 등 비전임 교원이 겪는 부당한 사례를 취합해 대학을 계도해야 한다. 대학에서 일어나는 소위 '직장 갑질'은 상상을 초월할 정도이며 이번 강사법 시행을 앞두고 일부 대학들은 강사들에게 편법에 부합하는 일을 강요하고 있기 때문이다. 또한 강사법 특별대책팀은 작년 하반기부터 극명하게 드러난 대학의 다양한 구조조정 양태를 취합하여 대학교원제도와 학사제도 개선 방향을 모색할 필요가 있다, 특히 졸업이수학점 대폭 축소 등에 대해 교육부가 손 놓고 있는 점은 반드시 개선되어야 한다.

둘째, 교육부는 대학혁신지원사업 등 대학재정지원사업과 교육학문환경 개선 지표를 반드시 연계해야 한다. 교육학문환경 개선지표는 학생 학습권 보장과 고등교육의 질 향상 및 학문재생산 구조 확립을 위한 것으로 대학정상화의 첩경이기 때문이다. 이 지표 안에는 콩나물교실 폭증을 막기 위한 최대수강인원 축소와 분반 허용, 학생 수업 선택권 보장을 위한 폐강기준 상향 조정, 다양한 교과목 개설 유도, 과도한 졸업이수학점 축소 제한, 전임교원의 연구시간 확보를 위한 대학별 전임교원 평균 책임시수 9시간 초과 방지, 강사와 전임교원 등의 법적교원이 아닌 비전임 교원의 과도한 강의담당 제한 등 교육학문환경 개선을 위한 여러 조치들이 포함되어야 할 것이다.

또한 강사 안정지표를 두어 대학별 총 강좌 수, 총 강사 수, 총 강사 담당시수 등의 내용을 담아야 한다. 이렇게 해야 학생 학습권을 침해하는 강좌 축소를 저지하고 전임교원의 과도한 노동을 막고 기타 비전임 교원의 과잉 증가를 억제하여 강사 고용안정과 처우개선이라는 강사법 입법취지를 달성할 수 있기 때문이다. 강사 안정지표의 기준은 2019년이 아니라 최근 3년간의 평균값으로 하는 것이 타당하고 1학기와 2학기의 총량이 많이 다르므로 1학기는 1학기로, 2학기는 2학기로 나누어 비교하는 것이 바람직하다. 그리고 교육학문환경 개선지표와 강사 안정지표의 배점을 높여 실효성을 확보해야 할 것이다.

강사 안정지표에는 다양한 연구안전망 중 대학 안의 연구안정망 구축 정도 역시 포함할 필요가 있다. 2018년 강사제도개선협의회는 도서관 이용이나 주차시설 및 공간 이용에 있어 강사에게 차별이 없도록 해야 한다고 합의한 바 있다. 현재 강사들은 휴게실이나 공동연구실이 절대 부족한 상태이다. 강사들은 전임교원이 받는 연구비는커녕 직원이나 조교가 받는 교재개발비 조차 받고 있지 못하다. 연구비, 논문게재료, 학회발표비, 교재개발비 등 학생 상담과 논문 작성 및 연구 활동 그리고 교재 탐구를 위한 여러 조치들이 강사 안정지표에 추가되어야 할 것이다. 또한 정부는 경력단절 강사나 예비강사 대학원생에게도 공익적 연구·강의 활동을 할 경우 사회적 차원의 연구안전망을 마련해야 할 것이다.

셋째, 대학들은 또 다시 강사법 핑계를 대며 자신들이 하고자 하는 구조조정의 길로 갈 가능성이 높다. 이제 청와대와 교육부가 그동안 제대로 하지 않았던 일을 제대로 할 때이다. 그동안 투여한 대학재정 지출에 대해 철저히 감사해야 한다. 비리가 발견되는 곳은 그 책임자와 재단을 철저히 처벌해야 할 것이다. 강사고용유지를 하지 않으면서 강좌 축소와 전임교원 강의시수 확대 등 대학과 대학원의 교육·학문 환경을 파괴하는 대학들에 대해 재정지원을 중단해야 할 것이다. 학생과 대학원생과 강사를 인질로 하여 탐욕적인 행태를 자행하고 있는 모든 비교육적인 대학 재단과 그 중간관리자들에 대하여 가능한 모든 방법을 활용하여 책임을 지워야 할 것이다.

결국 강사법이 문제가 아니라 강사법을 핑계로 한 대학의 자해적 구조조정 행태가 문제이다. 대학에 돈이 없어 이 사단이 벌어지는 게 아니라 법적 교원신분이 보장되어 1회용 화장지처럼 버릴 수 없으니 강사법을 핑계로 대학들이 횡포를 부리는 것이다. 즉, 대학이 반칙을 하고 있는 것이 핵심이다. 강사법 시행으로 인해 대학이 자동으로 부담해야 할 금액은 여러 차례 발표되었듯이 정규교수 몇 명의 임금 수준도 되지 않을 수 있다. 여전한 시급제로 사실 건강보험도 보장이 안된다. 현재 오직 방중임금만이 문제가 될 뿐이다. 방중에 기간도 없다. 방중임금을 법적으로 1만원 이상만 주면 될 뿐이다. 오직 설령 더 든다 하더라도 대학 전체 인건비에서 차지하는 비중은 극히 미미하다. 대학 측은 재정위기라고 우기는데 그 위기는 강사 인건비로 인한 게 아니다. 훨씬 더 많은 고정비용이 들어가는 고액 임금자들의 존재와 방만한 대학운영과 투기 실패로 인한 후과가 핵심 원인이다. 적립금이 많은 주요 사립내조차 재정 위기 운운하는 세 강사들 앞에서 할 말이라고 보는 것인가?

한편 교육부에서 강사법 시행령이 지난 2월 1일 입법 예고되었다. 2018년 강사제도개선협의회 합의안을 거의 그대로 따르고 있다. 단지 바뀐 것은, 전문대의 직업 현장 실무교육 원활화를 위해 '3년 이상 산업체 사업장에 근무하고 있는 정규직 노동자'가 '현장실무' 교육을 위해 겸임교수나 강사로 임용되는 경우와 '1년 미만 계약 허용 사유'에 해당하는 강사가 임용되는 경우에는 공개임용하지 않아도 되도록 예외 조항을 추가한 정도이다.

시행령의 핵심적인 사항들, 특히 강사, 기타 비전임 교원, 겸임교수와 초빙교수의 담당시수 규정에 변화는 없다. 강사와 기타 수십 가지 종류의 비전임 교원은 한 대학에서 강의할 경우 6시간 이하 원칙(학칙으로 특별한 사유를 규정할 경우에는 9시간까지 가능)이고, 겸임교수와 초빙교수는 9시간 이하 원칙(학칙으로 특별한 사유를 규정할 경우에는 12시간까지 가능)이 그대로 유지된다. 여기서 중요한 건 강사와 기타 비전임 교원의 최대강의시수가 6시간 ‘이하’라는 것이다. 이 ‘이하’가 중요하다. 특정 시간에 맞추어 강사들을 해고하지 않도록, 또 학사 운영이 경직되지 않도록, 2018년 협의체에서 ‘이하’라는 안전장치를 마련하는데 대학 측 위원들도 합의했다는 점이 중요하다. 그런데도 작금의 일부 대학들은 강사 수를 줄이기 위해 인위적으로 6시간에 맞추어 강사들을 해고하고 있다. 대학으로서의 품격이 떨어지는 행패를 부리고 있는 실정이다. 지금부터라도 원상복구하고 피해자들을 지원하기 위해 분반을 허용하거나 추가강좌를 개설해야 할 것이다. 아직 수강신청까지는 며칠의 시간이 남아 있다.

강사는 전임교원확보율 및 「대학설립・운영 규정」에 따른 교원확보율에 포함되지 않는다. 이는 강사 측이 강하게 요구한 것으로 만일 강사가 전임교원확보율에 포함되면 앞으로 대학들이 정년트랙 전임교원 등 비교적 안정적인 지위와 권한을 가진 사람들로 임용하지 않고 강사로 임용하는 부작용이 명확하게 예상되기 때문이었다. 전임교원확보율이 아닌 교원확보율은 이명박 정권 때 신설된 것으로 대학 교수직의 비정규직화의 한 요인이 되고 있어 폐기하는 것이 옳다. 현재 각 대학에서 겸임교원과 초빙교원을 채용할 경우 교원확보율에 일부 반영해 주는 교육부의 방침은 즉각 폐기되어야 한다. 교육부는 할 수 있는 것부터 당장 해야 할 것이다.

또 다른 중요 사항은 ‘겸임교원과 초빙교원에 대한 사용사유 제한과 자격요건 강화’이다. 겸・초빙교원의 자격요건과 관련, ‘2018 대학정보공시 양식 및 지침’에 규정된 요건을 고등교육법 시행령에 명시하여 여러 요건을 모두 충족하는 자를 겸・초빙교원으로 보기로 하였다. 겸・초빙교원의 사용사유와 관련해서는 겸임교원은 그 도입취지에 따라 순수 학술이론 과목이 아닌 실무・실험・실기 등 산업체 등의 현장 실무경험을 필요로 하는 교과를 교수하게 하기 위하여 임용하고, 초빙교원도 도입취지에 따라 특수한 교과를 교수하게 하기 위하여 임용하는 것으로 하였다.

좀 더 구체적으로 겸임교원은 ‘대학교원 자격기준 등에 관한 규정’에 의한 자격기준(조교수 이상 자격기준), 대학에서의 교수 및 연구내용이 원소속(본직)기관의 직무내용과 유사, 원소속기관에서 정규직으로 상시(유사경력 3년 이상)근무하고 있는 현직 근로자(다만,「기간제 및 단시간 근로자 보호 등에 관한 법률」제2조에 의한 ‘기간제근로자와 단시간근로자는 제외)(전일근무 겸임교원은 원소속기관 휴직자 포함 가능), 임용기간 1년 이상 약정의 조건을 모두 충족해야 한다. 초빙교원은 ‘대학교원 자격기준 등에 관한 규정’

에 의한 자격기준 충족(조교수 이상 자격기준), 임용기간 1년 이상 약정, 매월 정액으로 보수 지급, 직장건강보험 가입, 계약서 또는 고용조건에 퇴직금 지급 명시의 조건을 모두 갖추어야 한다. 성균관대처럼 출강확인서 정도만 받고 실제 시간강사를 겸임교수로 둔갑시키는 것은 원천 봉쇄된다. 이런 조항들은 겸·초빙교원이 교원확보율에 포함되는 조건을 정보공시 했던 사항을 시행령에 그대로 옮겨 놓은 것이다. 2018년 협의회에서 대학 측 위원들과 함께 이 내용이 합의되어 논의의 급물살을 탔고 개정 강사법 입법과 예산 배정까지 이른 점을 감안할 때, 꼭 지켜져야 할 강사법 시행령의 핵심 내용 중 하나이다. 대학 측은 강사를 줄이고 겸·초빙 등의 비전임 교원들로 대체하기 위해 이제 와서 이 시행령을 삭제하거나 개악하려는 시도를 해서는 안 될 것이다.

하지만 개정 강사법 시행령에도 보완할 내용은 분명히 있다.

첫째, 전임 교원의 책임시수를 최대강의시수로 바꾸어 9시간 이하(특별한 사유가 있으면 학칙이나 정관으로 정하여 12시간 이하)로 해야 한다. 일부 국립대학의 교수가 24시간 이상을 한다는 실태도 있다. 전임 교원들이 중등학교 교사보다 많은 강의를 담당하면서 제대로 된 연구 성과 도출이나 학문성숙을 기대하는 것은 어불성설이다. 고등교육의 정상화와 학문재생산을 위해서 전임 교원의 책임시수, 특히 비정년트랙 전임 교원의 책임시수 규정을 바꾸어야 한다. 시행령 개정 전에라도 대학재정지원사업과 연계한 지표에 이 내용을 포함시켜야 할 것이다.

둘째, 대학들이 기타 비전임 교원(교육부 확인으로는 30개 넘을 정도이다)을 임용할 때 그 사용사유와 자격요건을 겸·초빙처럼 제한해야 하고 동일노동 동일임금 원칙에 맞게 같은 강의료와 처우를 보장해야 한다. 예를 들어 강사, 겸임교수, 초빙교수 외의 비전임 교원들은 앞의 셋 중 하나에 해당하는 계약기간, 복리후생, 임금 등을 제공해야 한다는 점이 시행령에 추가될 필요가 있다. 이렇게 해야 대학이 자율적으로 다양한 교수제도를 활용할 때 교육·학문적 필요성을 충족하는 장점을 가질 뿐, 비용절감을 위해 강사 대신 기타 비전임 교원을 양산하는 악질적 단점이 부각되지는 않을 것이다.

셋째, 강사의 처우개선과 관련된 최소한의 가이드라인을 조속하게 확정해야 할 것이다. 그 대신 대학의 자율권 보장이라는 이유로 처우개선과 관련된 내용 대부분을 학칙 또는 학교법인의 정관으로 정하는 것을 무제한적으로 허용하여서는 안될 것이다. 이렇게 된다면, 강사의 신분 등은 강사법의 취지와 달리 여전히 차별을 당연시 받아야 되는 시급

노동자, 강사는 강의시급에 갇히는 교수노동자로 남아 있을 것이다. 강사의 임무를 교육과 연구, 학생 지도 등으로 법률적인 규정을 했으면, 그 물적 급부와 권리도 최소한으로 보장되어야 할 것이다.

건강보험이 보장되지 않는 무늬만 교원인 초단시간 노동자인 상태를 정부와 대학이 벗어나게 해야 하는 장치를 마련해야 할 것이다. 강사를 주당 15시간 이하, 즉 초단시간 근로자로 간주하여 퇴직금과 직장건강보험 적용대상이 되지 않는 상황을 벗어나야 할 것이다. 강사법이 통과될 때, 대부분의 전임교수들과 강사들은 강사도 방학기간 중 임금, 퇴직금 및 직장건강보험의 적용을 당연히 받게 될 것이라고 상식적으로 믿었다. 강사의 교육과 연구가 소정근로시간(근로자와 사용자 사이에 정한 근로시간)으로 환산하여 15시간 미만이라고 단정할 수 있는가? 퇴직금 소송에서도 강의시간만을 소정근로시간으로 판단할 수 없다는 판결이 다수 있다(법원은 시간강사의 근로시간을 강의에 한정하지 않고 강의 준비시간을 포함, 1주당 실제 강의시간의 3배 혹은 5배로 판단하고 있다). 그렇다면 대학전임교수들도 책임시간 9시간 강의를 하면 초단시간 근로자가 되는 것이 아닌가? 왜 대학전임교원들은 초단시간 근로자로 취급하지 않고, 고액의 연봉을 주는 것인가? "학교교육에서 교원의 전문성은 존중되며, 교원의 경제적 · 사회적 지위는 우대되고 그 신분은 보장된다(교육기본법 제14조 제1항)"고 하였다. 그렇지 않다면, 대학교수 모두 단시간 근로자로 대우해야 하는 것이 아닌가?

넷째, 강사에 대하여도 방학기간 중 임금을 지급해야 한다는 점에 합의하고 강행규정으로 법률에 명시되었지만, 방학 기간이 얼마동안인지에 대해 규정하지 못하고 있는 점은 한계이다. 금액에 대해서는 임용계약으로 정할 수 있다하더라도 방학중 기간에 대해서는 분명한 기준점을 교육부가 제시해야 한다. 그렇지 않을 경우 법률적 다툼으로 비화할 가능성이 크다. 대학자율에 전적으로 맡길 수 없다. 이로 인하여 대학측에서 방학기간 중 임금으로 1만 원을 줄 수 있고, 10만원을 지급할 수도 있고, 15주 강의료를 쪼개서 방학 기간 중 임금으로 지급할 수도 있는 여지를 남기고 말았다. 또한 강사의 임금은 최저임금제처럼 최소임금이라는 기준조차도 역시 없다. 그렇다면 강사들에 처우는 현재 보다 더 못할 수 있다. 이것은 근본적으로 강사의 신분보장과 처우개선이라는 강사법의 입법취지를 위반하고 있다.

다섯째, 고등교육의 정상화를 위해서 교원확보율 지표를 폐지해야 한다. 정년트랙 전임 교원만 전임교원확보율에 반영하고 나머지 비정년트랙 전임 교원이나 기금교수 등을 전임교원확보율에 포함시키지 않아야 한다. 그렇지 않으면 지금과 같은 교수직의 비정규직화 경향을 막기 어렵다.

이 외에도 대학 정상화를 위한 더 많은 시행령 개정 요구 사항이 있다. 그렇지만 당장은 이 정도 내용이라도 반영되어서 시행령이 추가 개정되어야 강사법이 무력화되지 않고 고등교육 현장 개선을 기대할 수 있을 것이다.

또한, 교육부는 추경에 대한 구체적 입장을 하루빨리 정해야 할 것이다. 그래야 기획재정부를 설득하고 당・정・청이 협의하여 정부 차원의 추경 안에 강사법 관련한 세부적인 내용을 포함시킬 수 있다. 일자리 정부를 표방하는 문재인 정권은 벽에 페인트칠 하는 사업에 집중하거나 이명박 정권식의 개발 사업으로 반짝 경기부양 효과를 내는 수준에 머물러서는 안 될 것이다. 국민 다수에게 도움이 되는 곳에 일자리를 많이 만들고 열악한 일자리는 양질의 일자리로 개선시켜 나가야 한다. 그 대표적인 것이 대학 비전임 교원, 특히 강사에 대한 지원책인 강사법의 연착륙 시행이라 할 수 있다. 우리는 구체적으로 이번 강사법 연착륙 시행과 대학교육 정상화를 위한 추경을 편성해야 한다고 요구한다. 그 내용은 다음과 같다.

첫째, 강사법 관련 예산은 철저하게 법적인 지위를 갖는 강사에게 온전히 지원되어야 한다. 강사법 시행 이전의 비전업 강사는 겸임교수나 기타 비전임 교원으로 바뀌어야 한다. 방학임금과 퇴직금 및 여타 강사법 관련 예산을 다른 비전임 교원에게 사용한다거나 타 용도로 전용할 경우 해당 대학을 감사하고 처벌해야 할 것이다.

둘째, 방학임금을 추가 확보해야 한다. 엄연히 대학에서 방학은 4개월~5개월이다. 이는 학사일정을 보아도 그렇고 1년 중 우리가 강의료를 받는 기간을 제외해도 그렇다. 누가 봐도 명백한 이 4개월 이상의 방학 기간에 대해 1개월 치만 방학임금으로 줘도 된다고 교육부가 강변하는 것은 논리적 타당성이 없다. 작년 예산 통과와 기재부 설득을 위해 낮게 책정했을 것으로 추정되는 2019년 방학임금을 입법취지에 맞게 정상적으로 반영할 수 있도록 현재의 288억 원에 그 3배인 864억 원을 추가로 배정하여 방학임금을 2019년 2개월 치 1,152억 원으로 해야 한다. 이 금액은 2019년에 한정된 것으로 2020년에는 4개월 치 2,304억 원이 방학임금이 되도록 해야 할 것이다. 물론 2019년 강사 수에 따라 총 예산 규모는 약간 달라질 수 있다. 또한 강의료 총액에 비례하여 방학임금을 산출하는 방식이 아니라 기본급 제도를 도입하는 것으로 변화한다면 예산 규모 역시 바뀔 수 있다.

셋째, 2019년 정부 예산안에 포함되었으나 국회 예결위 막판에 유실되어버린 ‘공익형 평생고등교육 사업비’를 회복시켜야 한다. 이 때, 강사들이 2018년 2학기부터 2019년 1학기에 대폭 해고된 점을 감안하여 이들이 사회에서 기여할 수 있도록 시범사업비를 넓혀 잡아야 할 것이다. 애초에 시범사업으로 1만 개 시민강좌 200억 원 정도의 예산 규모였고 그 다음해에는 4만 개 이상으로 확대하는 것이 목표였다. 하지만 대학의 편법 활용과 강사 구조조정 갑질에 대해 정부가 늑장 대응하여 강사들이 입은 피해규모가 크므로 좀 더 적극적으로 이 사업을 추진하여 공익형 평생고등교육 3만개 시민강좌 600억 원 정도로 추경하는 것이 필요하다. 이 중 상당수를 ‘경력단절 강사(관련 대학 강의 담당한 적이 있는 자)’와 ‘예비강사 대학원생(박사수료 이상 전문학술지 등재 논문 보유 또는 관련 대학 강의 담당자)’에게 우선 배정해 주어야 할 것이다. 이 때 유의할 점은 공익형 평생고등교육사업은 수익사업이 아니고 대학별로 나눠먹기 할 사안도 아니며 교육청과 지자체가 국민들에게 고등교육 재교육의 기회를 제공하는 공적 서비스라는 점이다.

넷째, 2019년 예산을 국회에서 논의할 때 포함되었던 ‘사립대 우수강사 지원사업비’ 200여 억 원을 회복시켜야 한다. 이 사업비도 국회 예결위가 파행 운영되면서 통째로 삭제된 것으로 알려져 있다. 대학 - 강사 - 정부가 연계하여 더 나은 고등교육 현장을 만들 수 있는 기회를 저버리지 말고 추경에 꼭 이 사업비를 복원시켜야 할 것이다. 사립대가 잘못하고 있는 점은 단죄해야 하지만 고등교육에 기여할 수 있는 이러한 기회 부여와 지원은 해야 한다. 적어도 매학기 전국 수 천 명의 강사들이 신규 강좌를 개발한다거나 강의평가 결과가 좋다거나 특이한 교과목 또는 필수유지 교과목을 담당할 경우 대학이 그 강사들에게 자체적인 지원을 하고 정부 역시 일정 정도 추가 지원하여 양질의 교육이 이루어지도록 하자는 취지의 이 사업이 꼭 정착되어야 할 것이다.

다섯째, 퇴직공제보험제도 도입을 위한 연구 예산과 초기 투입 자금, 강사법 특별대책팀 운영비(각종 실태조사비 포함), 한국연구재단에 포함되어 있는 항목들, 특히 포스닥과 시간강사연구지원사업비 확대와 더불어 경력단절강사와 예비강사대학원생의 공익적 연구 지원 사업비 등 다양한 내용이 추가되어야 한다. 다 합치면 수 백 억 원이 된다. 이 정도까지가 추경에 포함해 줄 것을 요구하는 강사법 관련 예산 항목들이다. 2020년 예산에는 강사 퇴직금과 교원소청심사위원회 확대 운영을 위한 비용까지 추가되어야 한다.

이 내용들은 정부 예산안에 반영되어 국회에서 앞으로 본격 논의해야 할 것이다.

여섯째, 대학 역시 2018년 대학강사제도개선협의회 전원합의안처럼 강사에게 연구공간을 제공하고, 명절 상여금 · 휴가비 · 대학시설(도서관 및 주차시설 등) 이용 등에 있어서 강사에 대한 차별을 금지해야 할 것이다. 교육부는 합의대로 이들 사항을 대학평가지표에 반영하거나 재정지원사업과 연계하여 지속적으로 관리 · 감독해야 한다. 당장 강사 대량해고부터 막고 대학이 교육 · 학문 환경을 개선하고 비전임 교원에 대한 차별을 줄이는 데 노력할 경우 좀 더 지원할 수 있도록 여러 장치를 마련해야 할 것이다. 지금 우리 노조가 수개월째 요구하고 있는 것은 일방적이거나 갑작스러운 것이 아니다. 작년부터 함께 논의하고 합의한 것을 구체적으로 이행하라고 강조하는 것이다. 대학들은 마지막 기회를 놓치지 않길 바란다. 교육부도 대학들의 자기 파괴적 인위적 강사 구조조정에 대해 대학재정지원사업과 각종 지표 연계 및 강사법 특별대책팀 구성과 추경 발표로 제동을 걸어주기 바란다. 공정과 정의는커녕 약속조차 지키지 않는 정부와 대학은 국민과 학생과 교원으로부터 신뢰받을 수 없다.

대학은 편법을 중단하고, 교육부는 대학이 대학답게, 고등교육의 질향상을 위해 노력해야 할 것이다. 강사법 시행과정 속에서 부족한 점은 보완하고, 이제라도 대학 정상화의 책무를 다해야 할 것이다.

Ⅳ 나가면서 : 강사법 시행과 올바른 대학의 건설을 위해서

19년 8월 강사법이 시행되면 강사들의 고용안정성은 지금보다는 조금 나아지고, 그에 따른 처우개선의 노력들이 국가와 대학에서 약간 이루어 질 것으로 예상한다. 그렇다하더라도 대학강사들은 노동법상 여전히 초단기간 노동자로 남아 있기에, 건강보험도 보장이 되지 않는다. 작은 변화는 있을 것이다. 고용안정성이 조금 나아지기 때문에, 대학 강사들이 지금보다 더 열심히 강의준비하고, 연구할 가능성이 훨씬 크다. 더 남아있고 싶어할 것이기 때문이다. 대학교육의 질이 나아지면 나아졌지 나빠지기 어렵다.

전임교원이 강의를 더 잘하기 때문에 많은 강의를 하면 더 낫다고 할까? 아니다. 현재의 강의평가 시스템에 문제가 있지만, 2006년 국정감사 때 전국 155개 대학을 조사한 결과 강사와 정규교수들 간의 강의평가 차이는 별로 없었다. 2006년 10월 중앙일보는 1

면 톱기사로 서울대 강의평가 결과를 공개했는데 시간강사 집단이 1위였다. 시간강사 대부분은 살아남기 위해 열심히 강의해야 하기에 그런 결과가 나온 것이라 할 수 있다.

지난 시기 국가의 재정지원을 받기 위해 전임교원이 강의를 많이 맡으니 교육의 질이 높아졌는지 대학당국과 전임교원들에게 묻고 싶다. 오히려 과도한 강의로 인하여 연구하고 학문탐구 할 시간이 줄어들지 않았는가. 대학은 기업화되어 교수들도 직장인들이 되지 않았던가. 전임교수들이 여러 강의를 동시에 맡아서 해야 하니 솔직히 힘도 들고 양질의 교육을 하기에도 벅차지 않았는가. 그런데도 이미 과도한 전임교원 강의시간을 더 늘리겠다고 하는 건 반교육적, 반학문적, 반노동적 처사라 할 수 있다. 강사법의 시행을 통해 현 대학사회의 조그만한 균열을 내도록 하자.

대학전체의 비용부담도 얼마 되지 않고 대학이 충분히 감내할 수 있음에도 불구하고 정부가 지원까지 어느 정도 하겠다는데, 대학이 강사법에 반대하는 것은 다른 이유가 있어서다. 바로 대학 전체에 들어가는 인건비 절감과 교원통제를 위해서이다. 기업식 대학운영을 하기 위해서이다. 교원 간 불필요한 경쟁을 강화시켜 분할통치하기 위해서이다. 위계를 확실히 나누어 상층부가 부와 권력을 더욱 독점하기 위해서이다. 교육의 질을 높이고 학문 다양성을 확대하는 데 기여할 강사법이 문제가 아니라 대학당국의 행태와 침묵하는 기득권층이 문제라고 할 수 있다.

강사들을 대량해고 하고 콩나물교실 만들고, 학문 다양성 파괴하고, 졸업이수학점 줄이고, 전임교원 노동 강도 강화로 교육의 질과 연구력 저하시키고, 일반대학을 사이버대학처럼 만들고, 강좌 축소로 학생들의 수업 선택권 박탈하고, 토론 수업 질식시키고, 대학원생 미래 찬탈하는 그런 자기파괴적 구조조정을 획책하는 자들은 지식인인가, 대학인인가, 교육자인가, 학자인가? 사람을 하찮게 여기고 갑질을 일삼는 저열한 사용자 아닌지 묻고싶다.

4대 보험 추가 부담도 현재로서는 없다. 3대 보험은 오래전부터 적용되고 있고 직장건강보험만 보장이 안 되었을 뿐이다. 안타깝게도 이 마저도 보건복지부가 나서서 건강보험법 시행령을 개정해 주지 않으면 언제 될지 알 수 없는 실정이다. 왜냐하면 아직까지 강사는 15시간 미만의 노동자로 취급되는 초단시간 노동자이기 때문이다. 장기적으로 건강보험도 적용되기 위해서는, 강사를 월급제로 채용해야 할 것이다. 최저임금을 간신히 넘는 연 2,400만원 연봉제, 월 200만원 월급을 최소한 보장하는 제도를 도입하더라도,

경북대 기준으로 100억 남짓 더 부담할 정도이다. 이를 국가에서 부담하도록 정규직 교수와 비정규직 교수들이 함께 싸워야 할 것이다. 그것이 지식인이라고 자처하는 사람들이 있는 대학의 역할이 아닌가? 국립대학의 역할인 것이다. 이것이 너무 지나친 주장이라고 할 수 있을까? 최소한의 요구일 뿐이다.

이제 대학사회가 입을 열어야 한다. 대학이 마땅히 지녀야 할 비판적 사고능력, 지식을 바탕으로 스스로 생각할 수 있는 힘, 주체적으로 독립할 수 있는 능력, 문제를 해결할 수 있는 이해력, 인간과 사회에 대한 통찰력 등을 가르쳐주는 대학 본연의 역할에 충실해야 한다. 인간다움과 바람직한 공동체에 대한 성찰과 사색의 틈도 주지 않고 오로지 성공신화만을 외치는 대학, 자본과 대기업에 '인간상품'을 효율적으로 공급하기 위한 하청업체로 전락하고 있는 대학, 잘 팔리는 인간상품으로 포장하기 위해 끊임없이 스펙 쌓기의 치열한 경쟁이 되어 버린 대학, 큰 배움과 물음도 사라지고, 꿈을 찾는 것이 오히려 꿈이 되어 버리고 생존의 침묵만이 남은 대학, 이런 대학의 모습을 파괴해야 할 것이다.

강사법이 정말 참다운 대학을 건설하고 고등교육의 정상화를 이루는 데 하나의 단초가 되었으면 한다. 그리하여 대학 내의 교수들은 자신의 이익을 우선시하는 직장인으로 생존하는 법을 배우지 말고, 성과주체가 되어 버린 자신을 반성하고, 진짜 교수로서 살아가는 법을 배우면서 학문이 제자리를 잡을 수 있도록 노력할 수 있길 바란다. 학문이 제자리를 잡지 못하면 교육도 사라지는 법이다. 교육과 학문이 사라진 지금 대학에서 교수들이 자신의 학문적 진리를 위해 명예와 목숨을 버릴 수 있는 용기를 다시 가질 때, 대학에서 교육이 소생할 것이고 강고했던 대학내 적폐를 청산하고 대학다워 질 수 있을 것이다.

대학생들은 더 적극적으로 더 나서야 할 것이다. 비싼 등록금을 내면서도 듣고 싶은 수업을 제대로 못 듣고, 매번 수강신청 전쟁에 시달리며, 콩나물교실에서 시간을 허비하는 현 상황을 바로잡지 않는다면, 어디에 가더라도 권리를 찾을 수 없다. 제대로 교육 받을 권리를 당당하게 요구할 때이다. 특히 학문후속세대인 대학원생들은 스스로의 미래를 위해서라도 더 적극적으로 목소리를 내야 할 것이다. 강사법의 시행을 통해, 모든 대학의 주체들이 함께 연대해나가길 진심으로 빌어본다. 대학의 모든 주체들이 함께 대학을 위해서 싸워야 할 것이다.

한국비정규교수노동조합이 발표한 성명서, 교육부 보도자료 등을 참조하였음을 밝힌다.

붙임자료

교육부

2019년도 국립대학 교원
성과급적 연봉제 운영지침

2019. 7.

교 육 부

(국 립 대 학 정 책 과)

차례 *C·o·n·t·e·n·t·s*

지침 성과급적 연봉제 운영지침

지침

성과급적 연봉제 운영지침

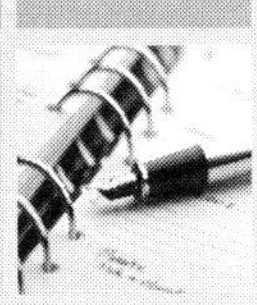

Ⅰ 제도의 개요

1 개 념

○ 교원의 교육·연구, 사회봉사 및 기타의 업적을 일정 주기로 평가하여 연간 보수총액을 결정하는 제도로서, 업적에 대한 보상의 일부가 가산, 누적되어 업적에 따라 교원 간에 일정한 보수의 격차가 발생하며, 책정된 연봉을 12개월로 균분하여 지급하는 제도

2 추진 배경

○ 국내·외 환경 변화에 따른 국립대학의 경쟁상황에 대응

- 21세기에 이르러 대학은 지식의 생산·유통에서 기업체·연구소 등 다른 기관과의 새로운 경쟁상황에 직면

※ 선진국들이 고등교육을 수출산업으로 육성하는 등 대학 간 경쟁이 국제사회로 확대되고 있으며, 기업·연구소 등의 지식 생산자 역할 증대

- 저출산·고령화에 따라 학령인구가 급격히 감소하고, 지방 국립대의 경우 수도권대학 선호로 가중된 경쟁상황 불가피

※ 출생아 수가 11년 동안('94～'15년까지) 약 29만명 감소(통계청, 인구동향조사)

※ 권역별 4년제 대학 '15학년도 대학 경쟁률 : 수도권 12.9:1, 비수도권(6.3:1)(대학공시정보)

○ 우수교원 유치와 기존 교원 역량 제고를 위한 보상체계 마련

- 대학의 경쟁력 강화를 위해서는 높은 보상체계를 통한 우수인재(Star Faculty)의 유치와 기존 교원에 대한 동기 부여가 관건

※ "대학의 경쟁상대가 학문분야별로 다양해지고 있어 연구자들에게 매력적이고 탄력적인 보수체계 유지 필요" (OECD, 2008)

- 최근 국내 사립대학도 업적과 보수를 연계하는 다양한 방식의 차등적 보상체계 도입을 경쟁적으로 추진

○ 대학의 자율적·선진적 보수체계 구축 필요

- 국립대학은 상대적으로 부족한 여건에서도 사립대학 이상의 교육·연구 업적을 통해 우리나라 고등교육의 발전을 선도

- 국립대학의 지속적인 발전을 도모하기 위해 획일적인 공무원 보수체계의 경직성 탈피 필요성 제기

3 기본방향

○ 신규 임용 교원부터 시행하여 단계적으로 확대

- 새로운 임용조건 적용이 가능한 신임교원부터 2011년 시행
- 기존 재직교원의 경우 일정한 전환 준비기간 부여('13년 비정년 교원, '15년 정년보장 교원을 대상으로 각각 연봉제로 전환)
- 정년보장 교원을 대상으로 비누적식 성과급적 연봉제 도입('16년)

○ 업적평가를 통하여 업적에 상응하는 적정보상 도모

- 성과연봉의 일부를 기본연봉에 누적시켜 성과에 따른 보수지급체계 확립
- 뛰어난 업적을 보인 교원에 대해서는 획기적 보상을 통해 대학별로 우수 교원 발굴 · 지원

○ 교육부는 최소 기준을 제시하고 세부사항은 대학이 자율 운영

- 교육부는 대학의 자율성, 다양성과 교원 보수의 안정성 확보를 위해 중요사항의 최소 기준만 제시
- 대학은 최소 기준 내에서 대학 및 학문분야별 특수성을 반영하여 세부사항 자율 결정

○ 대학 사회 의견 수렴을 통한 제도 정착 유도

- 매년 대학 사회의 성과연봉제에 대한 의견을 수렴하여 개선해 나감으로써 연봉제 보수체계가 안정적으로 정착될 수 있도록 함

4 기대효과

○ 교원 측면

- 교원의 자발적 동기 유발을 통한 교육 · 연구역량 향상 촉진
- 국립대학 교원 사회에 발전적인 경쟁 풍토 조성

○ 대학 측면

- 대학별 발전전략에 따른 다각적 교육 · 연구 · 사회봉사 업적을 통해 대내 · 외 경쟁력 강화

- 종합적 교원 평가체제 구축을 통해 국립대학으로서의 책무성 강화 및 교육서비스의 질 제고

○ 교육수요자 측면

- 새로운 지식・직업 창출을 통해 고급노동시장(high skills) 육성
- 대학교육과 시장 수요의 괴리(mis-match)를 해소하고, 졸업생의 취업경쟁력 향상

5 추진경과

○ 「'10년 교과부 업무계획 보고」에서 '성과연봉제' 도입 추진 보고('09.12.22. 대통령)

○ 「제2차 국가고용전략회의」에서 '성과연봉제 도입・운영방안' 보고('10.2.18. 대통령)

○ 「국립대학 교원 성과연봉제 도입・운영방안(시안)」 확정('10.4.19.)

○ 「성과급적 연봉제(시안)」에 대한 대학사회 의견수렴 실시('10.4.~5.)

- 공문 시행을 통한 국립대학의 의견 수렴('10.4.20~5월말)
- 「성과급적 연봉제 시안에 대한 토론회」 개최('10.4.29.)

○ 권역별 설명회('10.6.) 및 국립대학 교무처・과장 간담회('10.7.~9.)

○ 당정협의 실시('10.10.1) 및 입법예고 실시('10.10.12.～11.1.)

○ 입법예고 결과 수정안 마련 및 관계부처 협의('10.11.2.～11.16.)

○ 재입법예고 실시('10.12.9.～12.14.) 및 법제처 법제심의('10.12.20.～28)

○ 차관회의 심의('10.12.30.) 및 국무회의 심의('11.1.4.)

○ 「공무원 보수규정」 및 「공무원 수당 등에 관한 규정」 개정안 공포('11.1.10.)

○ 「'11년도 국립대학 교원 성과급적 연봉제 운영지침」 발간('11.1.23.)

○ 「'12년도 국립대학 교원 성과급적 연봉제 운영지침」 발간('12.2.3.)

○ 「'13년도 국립대학 교원 성과급적 연봉제 운영지침」 발간('13.2.19.)

○ 「'14년도 국립대학 교원 성과급적 연봉제 운영지침」 발간('14.6.19.)

○ 「'15년도 국립대학 교원 성과급적 연봉제 운영지침」 발간('15.9.4.)

○ 「'16년도 국립대학 교원 성과급적 연봉제 운영지침」 발간('16.6.29.)

○ 「'17년도 국립대학 교원 성과급적 연봉제 운영지침」 발간('17.11.5.)

○ 「'18년도 국립대학 교원 성과급적 연봉제 운영지침」 발간('18.10.5.)

Ⅱ 총 칙

1 관련 규정

○ 「공무원보수규정」(대통령령 제29478호, '19.1.8.) 제5장의2(연봉제) 제33조~제50조, 별표30의3, 별표31, 별표 33

※ 이하 이 지침에서 「공무원보수규정」은 '영'이라 한다.

- '2019 공무원보수 등의 업무지침'(인사혁신처 예규 제67호, '19.1.25.) 제4장 공무원 연봉업무 처리기준

○ 「공무원수당 등에 관한 규정」 (대통령령 제29479호, '19.1.8.) 제19조 제11항

2 적용대상 [영 제33조·별표 31]

○ 「고등교육법」 제2조 각 호의 학교 중 「국립학교설치령」(37교), 「한국교원대학교설치령」, 「한국방송통신대학교설치령」, 「한국예술종합학교설치령(문광부)」, 「한국전통문화학교설치령(문화재청)*」 등에 따른 국립대학(41교)의 교원

※ 총장 및 조교는 적용 제외

* 「한국전통문화대학교설치법」(법률 제10830호, '11.7.14.) 시행으로 '12.7.14. 이전의 한국전통문화학교는 '12.7.15.부터 한국전통문화대학교로 봄

3 연도별 적용대상 및 방법 [영<제22617호> 부칙 제8조 제1항]

연도	적용대상	적 용 방 법
'11. 1.	신임교원	▪ '11년부터 신규로 임용하는 모든 교원에 대하여 성과급적 연봉제 적용(임용 예정 직명 및 정년 보장 여부와 관계없이 연봉제 적용) ▪ 임용 다음연도 최초 업적평가 실시 및 성과연봉 지급 ▪ '12년에 최초로 업적평가를 실시(신임교원 간)하고, 업적평가 결과에 따라 '12년 중 최초의 성과연봉 지급 ※ '15년 1~2월말 신규 임용된 교원은 '16년에 최초 평가 후 '16년 중 최초의 성과연봉 지급

연도	적용대상	적 용 방 법
'13.1.	재직교원 (비정년 교원)	▪ 재직교원 중 '12.12.31. 현재 비정년교원에 대하여 성과급적 연봉제 적용 ▪ '13년에 최초로 업적평가를 실시하고, 업적평가 결과에 따라 '13년 중 최초의 성과연봉 지급
'15.1.	재직교원 (정년보장 교원)	▪ 재직교원 중 '12.12.31. 현재 정년을 보장받은 교원에 대하여 성과급적 연봉제 적용(모든 교원 대상 전면 시행) ※ '12.12.31. 현재 정년보장 심사 대상 교원이 아닌 정년을 보장받은 교원을 말함 ▪ '15년에 최초로 업적평가를 실시하고, 업적평가 결과에 따라 '15년 중 최초의 성과연봉 지급

4 적용시기 특례 [영<제22617호> 부칙 제8조 제2항]

○ 한국예술종합학교(문화체육관광부 소관), 한국전통문화학교(문화재청 소관)
→ 신임교원·비정년교원·정년보장 교원 모두 '15.1.1.부터 일괄 적용

* 「한국전통문화대학교설치법」(법률 제10830호, '11.7.14.) 시행으로 '12.7.14. 이전의 한국전통문화학교는 '12.7.15.부터 한국전통문화대학교로 봄

5 보수의 구성형태

가. 구성형태 : 연봉 (기본연봉 + 성과연봉) + 연봉 외 급여

나. 기본연봉

○ 1차 연도(최초 연봉제 전환 연도) : 해당연도 호봉 승급예정분을 반영한 봉급과 관련 수당*의 합산액

* 관련수당 : 정근수당(가산금 포함) · 명절휴가비의 연액(年額)

○ 2차 연도 이후 : 전년도 기본연봉액 + 해당연도 정책조정액*

* 정책조정액 : 신임교원가산금(매년도 신임교원에 대하여 임용 2차 연도에만 지급), 공무원 처우개선분, 전년도 성과연봉의 일부를 가산한 금액, 경력가급, 교육연구급 등

다. 성과연봉 : 지난 일정기간의 업적을 평가하여 성과등급을 결정하고, 그 결과에 따라 해당연도에 지급하는 금액

라. 연봉 외 급여 : 기본연봉에 포함되지 아니하는 수당과 실비변상 등으로서 보수 관련 법령 등에 따라 별도 지급하는 급여

○ 가족수당, 자녀학비보조수당, 직급보조비, 정액급식비, 특수업무수당(보전수당), 관리업무수당(영 제36조의2제1항에 따른 국립대학의 교원) 등

6 연봉 한계액 (영 제35조·별표 33)

(단위 : 천원)

구 분	상한액	하한액
국립대학의 교원	–	26,773 (26,255)

* 영 부칙 제4조 제14항에 따라 2019년도에 부총장(2급상당 이상) 직위에 보직된 교원의 연봉 하한액은 괄호안의 금액 적용

* 연봉은 소속 국립대학의 장의 연보수(봉급과 정근수당, 정근수당가산금, 명절휴가비 및 관리업무수당을 포함한 연간 총보수액을 말한다)를 초과하지 않는 범위에서 책정하되, 이를 초과하여 책정할 필요가 있는 경우에는 소속 장관이 인사혁신처장과 협의하여 연봉을 달리 정할 수 있음

7 업적평가 및 연봉제 운영 기준일

구 분	기 준 일	비 고
연봉 책정 기준일	매년 1월 1일	
업적평가 기준일	매년 2월 말일	평가실적 기준
업적평가 대상자	매년 2월 말일 기준 재직 교원 ※ 파견, 휴직, 직위해제 및 기타 사유로 직무에 종사하지 않은 자 포함 ※ 2월 말일 퇴직교원(정년퇴직, 의원면직) 포함	'19.1.1.~2.28. 기간 중 신규 임용된 교원 제외

※ 2019년도에 신규 임용된 교원은 2020년에 최초 업적평가 실시하고 성과연봉을 지급

※ 2016년도 성과연봉 지급 시부터는 매년 2월 말일 퇴직자에게도 성과연봉을 지급함

예) '16.2.29.자 퇴직 교원 : 성과연봉 지급대상자임

Ⅲ 임용 구분별 연봉 책정 절차

1 신임교원

가. 연도별 책정방법

1차 연도(임용연도)	2차 연도	3차 연두
기본연봉(A) (호봉제 기준 책정)	기본연봉(B=A+a) + 최초 성과연봉(C) ※ a : 정책조정액 (신임교원 가산금, 해당연도 처우개선분)	기본연봉(D=B+b) + 2차 성과연봉(E) ※ b : 정책조정액 (전년도 성과연봉 중 일부, 경력가급, 해당연도 처우개선분)

나. 책정 유의사항

○ 임용 첫 해에는 호봉을 기준으로 기본연봉을 책정 · 지급하고, 임용 다음해에는 성과누적분이 가산되지 않음을 고려하여, 임용 다음해에 한하여 신임교원 가산금을 기본연봉에 산입하며, 최초 업적평가를 실시하여 그 결과에 따라 최초 성과연봉 책정 · 지급

※ 단, 대학에 재직 중인 교원이 「교육공무원법」 제11조의4에 따라 재임용되는 경우 및 대학의 장이 해당 대학 교원으로 임용되는 경우에는 신임교원 가산금을 지급하지 않음

○ 최초 업적평가 시에는 해당 신임교원이 소속된 평가단위 내에서 기존 교원과 분리하여 업적평가를 실시하고, 다음년도부터는 평가단위 내 재직교원과 같이 업적평가를 실시

※ 대학 전체 신임교원을 하나의 평가단위로 묶어 평가하는 것이 아님

○ 2학기 신규 임용된 교원은 1학기 신규 임용된 교원과 업적평가를 함께 실시

2 재직교원

1차 연도 (A+B)	기본연봉 (A)	○ 전환 해당연도 연봉(A+B) - 기본연봉(A) : 호봉제를 기준으로 책정(기존 봉급+수당 등) 하되 해당연도 정책조정액(처우개선분)을 합산 - 성과연봉(B) : 해당연도에 업적평가를 실시하여 책정 ※ '15.1.1. 전환 교원의 경우 '14.12.31. 기준 봉급(차기 승급예정분 포함)과 수당에 '15년 연봉 정기조정에 따른 정책조정액(처우개선분)을 더한 금액을 기본연봉으로 책정하고, 업적평가를 실시하여 성과연봉 책정 · 지급
	최초 성과연봉 (B)	

2차 연도 (C+D)	기본연봉 (C=A+b)	○ 전환 다음연도 연봉(C+D) - 기본연봉(C) : 1차 연도 기본연봉(A)에 해당연도 정책조정액(b)을 가산 ※ 정책조정액(b) · 비정년 교원 : 전년도 성과연봉 중 일부, 경력가급, 해당연도 처우개선분 · 정년보장 교원 : 교육연구급, 해당연도 처우개선분 - 성과연봉(D) : 해당연도에 업적평가를 실시하여 책정
	2차 성과연봉(D)	

3 재임용 교원(영 제36조의2 제2항·제3항)

가. 재직교원이 「교육공무원법」에 따라 재임용되는 경우

○ 성과급적 연봉제를 적용받는 국립대학의 교원이 「교육공무원법」 제11조의4 및 「교육공무원임용령」 제5조의2 제1항에 따라 계약으로 정한 근무기간이 종료됨과 동시에 해당 대학에 재임용된 때에는 계속하여 근무한 것으로 봄

나. 대학의 장이 해당 대학 교원으로 임용되는 경우

○ 기본연봉은 다음 중 유리한 금액을 책정 · 지급

ⓐ 신규임용 교원으로 간주하여 영 제36조의2 제1항(신규채용시 등의 연봉책정)의 규정에 의하여 책정한 금액

ⓑ 대학의 장으로 임용되기 직전에 수령하던 기본연봉에 대학의 장 재직기간 동안 발생한 정책조정액(공무원 처우개선분 및 국립대학의 장으로 임용되기 전에 받은 성과연봉 중 기본연봉에 누적되지 않은 일부 가산액)을 합한 금액

※ 단, 대학의 장이 '15년도 이후 최초 연봉제 적용대상 교원(신임교원)으로 임용되는 경우에는 근속가봉(10회 이내)을 포함하여 초임호봉을 획정

○ 대학의 장 재직기간 동안의 업적평가에 따른 성과연봉 지급을 위한 평가기준 등은 대학이 자율적으로 결정

- 다만, 평가기준일(매년 2월 말일) 현재 교원 신분인 경우에 지급 가능

Ⅳ 임용 구분별 기본연봉 책정 방법

1 신임교원 [영 제36조의2 제1항]

○ 별표33에서 정한 연봉한계액의 범위에서 제8조에 따라 초임호봉을 획정한 후, 그 호봉에서 받게 되는 다음 각 호의 연간급여를 합산한 금액으로 책정

① **봉급**(차기 승급예정분을 일정비율에 따라 가산한 금액 포함)

※ [예시] 정기승급일에 따른 차기 승급예정분 가산비율 조견표(3.1. 신규임용자인 경우)

차기 승급예정일	3.1. (신규임용)	① 4.1. 승급 시	② 5.1. 승급 시	③ 6.1. 승급 시	④ 7.1. 승급 시	⑤ 8.1. 승급 시
가산비율	봉급액에 기 반영	11/12	10/12	9/12	8/12	7/12

차기 승급예정일	⑥ 9.1. 승급 시	⑦ 10.1. 승급 시	⑧ 11.1. 승급 시	⑨ 12.1. 승급 시	⑩ 1.1. 승급 시	⑪ 2.1. 승급 시
가산비율	6/12	5/12	4/12	3/12	2/12	1/12

※ 영 제30조의2에 따라 '11.1.1. 이후 신임교원의 초임호봉은 33호봉을 넘지 못하므로 33호봉인 경우, 차기 승급예정분을 가산하지 않음('11.1.1. 이후 신임교원부터 근가호봉 폐지)

② **정근수당**(신규임용일 현재의 근무연수에 2년을 가산하여 산정한 금액을 말하며, 정근수당 가산금 및 추가 가산금 포함)

③ **명절휴가비**

○ 연봉 책정의 특례

- 우수 전문인력의 확보가 곤란하거나 임용의 성격상 적절하지 아니하다고 판단되는 등 필요한 경우 및 소속 국립대학의 장의 연보수(봉급과 정근수당,

정근수당 가산금, 명절휴가비 및 관리업무수당을 포함한 연간 총보수액)를 초과하여 책정할 필요가 있는 경우에는 교육부장관이 인사혁신처장과 협의하여 연봉을 달리 정할 수 있음(대학의 장이 연봉 협의 요청 사항 및 관련 서류를 교육부에 제출)

예 시

○ '19.3.1.자로 대학에 조교수로 신규 임용된 교원의 연봉월액은?
단, 초임호봉획정 시 11호봉(잔 5월), 근무연수 6년, 차기승급일 '19.10.1.임

☞ 연봉액

- 연봉 산정기준
  - 봉급월액 : 2,856,900원
    【11호봉 봉급액 2,812,900원에 1호봉 승급액의 5/12인 43,950원을 합산한 금액(2,856,850원)을 최종 십원 단위에서 반올림하여 산출한 금액】
    ↳ 1호봉 승급액(105,500원)×5/12=43,950원(일원 단위 절사)
  - 근무연수 : 8년(6년+2년)
- 연봉 산정내역 : 40,597천원 * 백원 단위 절상
  - 봉급연액 : 34,282,800원(2,856,900원×12월)
  - 정근수당 : 2,285,520원(2,856,900원×40%×2회)
  - 정근수당가산금 : 600,000원(50,000원×12월)
  - 명절휴가비 : 3,428,280원(2,856,900원×60%×2회)

☞ 연봉월액 : 3,383,080원(← 기본연봉액 40,597,000원÷12월) *일원 단위 절사

※ 연봉 외 급여인 정액급식비, 가족수당, 자녀학비보조수당 등은 별도 지급

2 재직교원 [영<제22617호> 부칙 제6조·제8조·제9조]

○ 비정년 교원은 '13.1.1.부터, 정년보장 교원은 '15.1.1.부터 연봉제로 전환

○ 연봉제 전환 전년도 12월 31일 기준으로 다음 각 호의 연간급여를 합산한 금액으로 책정

① **봉급**(차기 승급예정분을 일정비율에 따라 가산한 금액을 포함)

※ 정기승급일에 따른 차기 승급예정분 가산비율 조견표

차기 승급예정일	1.1. 승급 시	2.1. 승급 시	3.1. 승급 시	4.1. 승급 시	5.1. 승급 시	6.1. 승급 시
가산비율	1호봉 승급액	11/12	10/12	9/12	8/12	7/12

차기 승급예정일	7.1. 승급 시	8.1. 승급 시	9.1. 승급 시	10.1. 승급 시	11.1. 승급 시	12.1. 승급 시
가산비율	6/12	5/12	4/12	3/12	2/12	1/12

※ 단, 영 부칙 제6조에 따라 근속가봉을 지급받는 경우, 가산하는 횟수는 10회를 초과하지 못함

예) '10.12.31. 이전 재직교원 중 연봉제 전환 전년도 12.31. 현재 근가9호인 경우, 위의 방법에 따라 차기 승급예정분을 가산하나, 근가10호인 경우, 차기 승급예정분을 가산하지 않음

② **정근수당**(연봉제 전환 전년도 12.31. 현재의 정근수당 산정 시 기준이 된 본인의 근무연수에 2년을 가산하여 산정한 금액을 말하며, 정근수당 가산금 및 추가 가산금 포함)

③ **명절휴가비**

④ **처우개선분**(근무연수에 따라 연봉 인상분 적용)

※ 개인별 근무연수에 따른 연봉인상률(2015년)

· 10년 이상자 4.15%, 10년 미만자 4.12%, 9년 미만자 4.1%, 8년 미만자 4.07%, 7년 미만자 4.04%, 6년 미만자 4.01%, 5년 미만자 3.99%, 4년 미만자 3.96%, 3년 미만자 3.93%, 2년 미만자 3.91%, 1년 미만자 3.88%

※ 근무연수는 신규채용 또는 연봉제 전환 당시 2년 가산된 근무연수에 다시 2년을 가산하는 것이 아니라, 2014.12.31.현재를 기준으로 산정한 근무연수에 2년을 가산함

○ 비정년 교원이 연도 중 정년보장 교원으로 전환된 경우에는 해당연도 말까지는 종전 방식대로 급여를 지급하고, 다음 연도 1월 1일에 정년보장 교원의 기본연봉 정기조정 기준에 따라 급여를 지급

예 시

○ '14.12.31. 현재 정년보장 교원인 甲교수('14.12.31. 현재 19호봉, 근무연수 14년, 차기 승급일 '15.5.1.)의 '15년도 기본연봉액은?

☞ '15년 기본연봉액 : 49,577천원 ＊ 최종 백원 단위 절상
= ① 봉급연액 + ② 정근수당 + ③ 명절휴가비 + ④ 처우개선분
= 39,415,200원 + 4,244,600원 + 3,941,520원 + 1,975,450원
= 49,576,770원

▶ 산출 내역

① 봉급연액 : 39,415,200원
- 봉급월액 = 3,214,700 + (3,319,600 − 3,214,700) × 8 ÷ 12 = 3,284,633원
  = 3,284,600원 ＊ 최종 십원 단위 반올림
- 봉급연액 = 3,284,600원 × 12개월 = 39,415,200원

② 정근수당 : 4,244,600원(3,284,600원 × 100% + 80,000원 × 12월)
- 근무연수 : 16년(14년+2년)

③ 명절휴가비 : 3,941,520원(3,284,600원 × 120%)

④ 처우개선분 : 1,975,450원 ＊ 일원 단위 절사
= (① + ② + ③) × 4.15%
= (39,415,200 + 4,244,600 + 3,941,520) × 4.15%

3 재임용 교원 [영 제36조의2 제2항]

○ 재임용이 되더라도 신분상 변동이 없고, 계속 근무한 교원으로 보도록 규정하고 있으므로 재임용을 이유로 연봉을 재책정하지 아니하고, 재임용 직전에 책정된 연봉을 재임용에 따라 책정된 연봉으로 봄

V 업적평가 및 성과연봉 운영 방법

1 적용 대상 대학 (영 제33조·별표 31)

○ 「고등교육법」 제2조 각 호의 학교 중 「국립학교설치령」(37교), 「한국교원대학교설치령」, 「한국방송통신대학교설치령」, 「한국예술종합학교설치령(문광부)」, 「한국전통문화학교설치령*(문화재청)」 등에 따른 국립대학(41교)

※ 「국립대학법인 서울대학교 설립·운영에 관한 법률 시행령」(제23116호, 2011.9.6.) 부칙 제3조(교직원의 임용 특례) 제1항에 따른 교원 포함

* 「한국전통문화대학교설치법」(법률 제10830호, '11.7.14.) 시행으로 '12.7.14. 이전의 한국전통문화학교는 '12.7.15.부터 한국전통문화대학교로 봄

2 평가 기준일 : 매년 2월 말일

3 평가 주기 : 매년

4 평가 대상기간 : 1년 이상

○ 동일 대학 내에서라도 평가단위의 특성에 따라 차등설정 가능

○ 평가대상 기간이 1년 이상인 경우 대학의 자율적 판단에 따라 기간별로 가중치 부여 가능

5 평가 완료기한 : 매년 5월 말일

6 평가 및 지급대상

○ 매년 2월 말일 현재, 해당 대학에 소속되어 있는 모든 교원(파견, 휴직, 직위해제 및 기타 사유로 직무에 종사하지 않는 자 등은 포함하되, 매년 1월~2월말 신규 임용된 교원 제외)

- 다만, 매년 2월 말일에 퇴직(정년퇴직, 의원면직 등)한 교원은 지급기준일까지 근무한 것으로 간주하여 성과연봉 지급대상에 포함('16.2월 말일 퇴직교원부터 적용)

※ 총장, 조교 제외

7 성과연봉 기준액

○ 2018.12.31. 현재 비정년 교원의 2019년도 성과연봉 기준액 : 3,211,000원

○ 2018.12.31. 현재 정년보장 교원*의 2019년도 성과연봉 기준액 : 4,518,000원

* 근무기간을 「교육공무원법」 제47조에 따른 정년까지의 기간으로 하는 교원

8 성과연봉 재원 배분 방법

○ **교육부 → 각 대학**

- 해당연도 성과연봉 기준액에 개별 국립대학(한국예술종합학교 및 한국전통문화학교 제외)의 배정정원을 곱한 금액을 배정

○ **각 대학 → 평가단위**

- 해당연도 성과연봉 기준액에 해당연도 2월 말일 기준 업적평가 대상 교원 수를 곱한 금액을 평가단위별로 배분

※ 2016년도부터 전년도 12.31. 현재 정년보장 교원과 비정년 교원의 성과연봉 기준액과 대상교원 수를 각각 구분하여 평가단위별로 배분함

예 시

○ 2019년도 대학별 성과연봉 배분 및 지급방법

※ 설정조건
① '19년 성과연봉 기준액 : 비정년 교원 3,211천원, 정년보장 교원 4,518천원
② '19.2.28. 기준 업적평가 대상 교원 수 : 비정년 교원 150명, 정년보장 교원 350명
③ A 평가단위 교원 수 30명(비정년 교원 10명, 정년보장 교원 20명)
(휴직, 직위해제 등으로 실제근무기간이 2개월 미만인 자가 6명 포함되어있다고 가정)

☞ 대학으로 배정되는 성과연봉 총 예산 : 2,062,950천원(비정년 교원 481,650천원(3,211천원 × 150명) + 정년보장 교원 1,581,300천원(4,518천원 × 350명))

☞ A 평가단위(비정년 교원) 배정 예산 : 32,110천원(3,211천원 × 10명)
A 평가단위(정년보장 교원) 배정 예산 : 90,360천원(4,518천원 × 20명)

9 평가단위 설정

○ 평가단위는 학문(전공)분야의 유사성 및 평가의 적절성・형평성 등을 고려하여 단과대학, 계열 또는 충분한 수의 복수 학과(부) 등으로 설정하되,

- 학교의 장은 대학 구성원의 의견을 수렴하여 자율적으로 성과연봉 지급을 위한 평가단위를 설정할 수 있음

○ 2016년도부터 정년보장 교원과 비정년 교원의 평가단위를 분리하여 평가단위 설정

※ 2015년은 대학 자율적으로 실시하였으나, 2016년부터 정년보장 교원과 비정년 교원을 분리하여 평가 실시

10 평가내용

○ 대학 발전전략을 고려한 특정실적 강조, 평가단위 특성에 따른 차별화 및 다양한 정성평가 활용 등 가능

○ 산·학·연 협력, 취업지도 등 대학별로 필요한 실적 항목을 포함하여 '종합적인 교원 업적평가체제' 구축・운영

○ 학문간 융・복합 및 공동연구 촉진과 졸업생의 취업경쟁력 향상을 도모할 수 있는 평가기준 및 내용 반영 권장

11 평가방법

○ 동일한 평가단위 내의 교원은 동일한 기준으로 평가

- 연령 · 재직기간 등 성과와 무관한 특성을 반영하여 평가기준을 설정하거나 평가하는 것은 금지하나, 상대적 약자(출산 · 질병휴직자 등)에 대한 배려는 권장

  ※ 전체 교원 중에서 일률적으로 연구년 중인 자 등을 선별하여 평가 없이 C등급 배정 금지

- 동일한 평가단위라도 동일한 평가기준 내에서 학문분야별 특성에 따라 평가의 내용 · 방법 등의 차별화 가능

  예) 단과대학인 '예술대학'을 평가단위로 하여 동일기준으로 평가하더라도 음악과 · 미술과 · 체육과 등 학과 특성에 따라 상이한 평가내용 · 방법 등을 적용 가능

○ 2016년도 평가부터는 실제로 근무한 기간이 2개월 미만인 자를 제외하고는 성과연봉 최하위 C등급에 해당하는 자는 'C등급 공통기준'에 따라 정해짐

- 학교는 교육, 연구, 윤리 영역 중 어느 한 영역에서 'C등급 공통기준'에 해당하는 경우 반드시 C등급을 부여하여야 함

  ※ 공통기준이 처음 도입된 '16년도는 교육 영역에 대한 'C등급 공통기준'을 미적용

○ 학교는 "C등급 공통기준" 상 교육 및 연구 영역(윤리 영역 제외)이 정하고 있는 최소기준을 상향하는 것으로 C등급의 자체기준을 별도 마련하는 것은 가능

【성과연봉 최하위C등급 공통기준】

영역별	공통기준
교 육	○ **매 학년도 법령 상(학칙 상) 책임시수* 미달(1시간 이상) 교원** * 「고등교육법시행령」 제6조 : 매 학년도 30주 기준으로 매주 9시간 - 학칙에 따라 다르게 정하는 경우에는 그에 따름(폐강 · 합강 등으로 인한 시수 미 충족 등) - 학기 중 임용 신임교원(1년 미만자), 보직교원, 의학계열(전문대학원 포함) 및 법학전문대학원 소속 교원, 산학협력중점교원(지정형, 채용형), 연구년교원(6개월 이상), 전임총장(평가대상기간 중 교원으로 복귀한 경우), 출산휴가(병가)자, 파견자 · 휴직자(2개월 이상 근무한 경우), 직위해제자 등에 대해서는 학교가 따로 정함 ※ '교육' 영역의 공통기준은 '17년도 성과연봉 지급 시부터 적용함 ※ 책임시수 외 학생지도, 강의평가 등의 평가항목을 추가하여 운영 가능

연 구	○ 평가 연도 2월 말일(또는 평가 전년도 12월 말일)을 기준으로 **최근 3년간 한국연구재단등재(후보)지 이상 논문**(제1(교신)저자 또는 공동저자), **ISBN을 부여받은 저ㆍ역서(교과서)**(단독 또는 공동) **가운데 어느 1편도 없는 교원** ※ <u>'19년도 평가 시 연구실적 대상기간 : '16.3.1.~'19.2.28. 또는 '16.1.1.~'18.12.31.</u> - 강의전담 전임교원은 제외 - 신임교원은 임용 후 3차년도 평가부터 적용 - 전임총장은 재임용 후 3차년도 평가부터 적용 - 산학협력중점교원(지정형, 채용형)에 대해서는 학교가 따로 정함 - 예술계열(음악, 미술, 디자인, 조형 등), 체육계열, 건축설계 등 타 학문분야 대비 상대적으로 논문(저ㆍ역서) 편수가 적은 계열은 학교가 따로 정할 수 있음 - 공통기준을 준수하는 범위 내에서 단과대학(계열)별, 정년보장 여부, 교원직명 등에 따른 대학별 별도기준 마련 후 운영 가능
윤 리	○ 해당연도 성과연봉 지급대상기간 중 「연구윤리 확보를 위한 지침」 제12조 제1항이 정하는 연구부정행위(위조, 변조, 표절 등) 사실이 학교 자체 '연구윤리위원회'에서 확정(판정)된 경우 - 사실이 확정(판정)된 성과연봉 지급 당해연도 1회에 한하여 미지급 ※ 연구부정행위가 확정(판정)되어 성과연봉을 지급받지 못한 대학 교원에 대한 당초 처분(판정)이 불복구제절차를 거쳐 무효 또는 취소된 경우 미 지급된 연도의 성과연봉 기준액을 소급하여 지급 ○ 평가대상기간 중 「국가공무원법」 제79조 및 「공무원징계령」 제1조의3 등에 따른 중징계자, 「국가공무원법」 제83조의2 제1항 등에 따른 징계사유의 시효가 5년인 비위, 「성폭력범죄의 처벌 등에 관한 특례법」에 따른 성폭력범죄, 「성매매알선 등 행위의 처벌에 관한 법률」에 따른 성매매, 「국가인권위원회법」제2조 제3호 라목에 따른 성희롱 및 「도로교통법」 제44조 제1항에 따른 음주운전에 대한 징계자

12 평가단위 내 성과등급별 인원 비율 및 지급 비율

등 급	S등급	A등급	B등급	C등급
인원 비율	20%	30%	40%	10%
지급 비율	1.5β 이상 2β 미만	1.2β 이상 1.5β 미만	성과연봉 기준액 이하 자율 결정	없음

※ 각 등급의 인원비율은 ±10퍼센트 범위에서 조정 가능 / β : 성과연봉 기준액

※ 해당 학교 전체 C등급의 인원 비율이 20퍼센트를 초과하지 않는 경우에는 평가단위의 C등급 인원 비율이 20퍼센트를 초과할 수 있음

○ 대학의 장은 S등급의 교원 중 특별히 뛰어난 업적을 나타낸 교원에 대하여 SS등급 선정이 가능하며, 이 경우 성과연봉 기준액의 2배 이상을 성과연봉으로 지급(영 제39조의2 제4항)

○ 해당 학교의 전체 C등급의 인원 비율(실제로 근무한 기간이 2개월 미만인 인원 비율 제외)은 성과연봉지급 대상인원의 20퍼센트를 초과하지 못함(영 제39조의2 제3항)

- 학교 전체 C등급의 인원 비율이 20퍼센트를 초과하는 경우에는, 그 초과되는 비율이 발생하지 않는 범위 내에서 예외적으로 'C등급 공통기준'을 학교 자체적으로 조정 가능

○ 2016년도부터 B등급에 해당하는 자에게는 성과연봉 지급액을 동일하게 지급함

- 학교 내 정년보장 교원 중 B등급자의 지급액이 동일
- 학교 내 비정년 교원 중 B등급자의 지급액이 동일

예) OO대학 정년보장 교원의 B등급 지급액 산출방법

- [정년보장 교원의 성과연봉 지급 총액 - (정년보장 교원의 S등급 지급액 + 정년보장 교원의 A등급 지급액)] / 정년보장 교원의 B등급 총 지급인원

13 평가단위 내 성과등급별 인원 결정 방법

○ **등급별 인원 배정 산식** : 평가단위별 대상 교원 수 × 등급별 인원 비율

○ **등급별 배정인원 결정 순서**

① C등급의 인원을 우선적으로 배정하고, 그 인원 비율은 소수점 둘째자리에서 반올림한 값으로 함

② 정수의 인원을 우선 배정

③ 소수점 이하의 숫자가 높은 순서로 배정

④ 소수점 이하의 숫자가 같은 경우에는 상위등급의 인원으로 배정

※ 평가단위 내 평가 인원이 1명인 경우, 성과연봉 기준액(β)을 지급하거나 A, B등급 중 어느 하나의 등급 부여 가능

※ 등급별 배정표(예시 1)

등급	12명		13명		14명		15명	
	비율	인원	비율	인원	비율	인원	비율	인원
S(20%)	2.4	2	2.6	3	2.8	3	3.0	3
A(30%)	3.6	4	3.9	4	4.2	4	4.5	5
B(40%)	4.8	5	5.2	5	5.6	6	6.0	6

※ 등급별 배정표(예시 2)

등급	12명		13명		14명		15명	
	비율	인원	비율	인원	비율	인원	비율	인원
S(15%)	1.8	2	1.95	2	2.1	2	2.25	2
A(35%)	4.2	4	4.55	4	4.9	5	5.25	5
B(45%)	5.4	5	5.85	6	6.3	6	6.75	7

14 성과연봉의 지급 제외 및 성과등급 조정

○ 실제로 근무한 기간이 2개월 미만인 자는 성과등급의 최하위에 배치하고 성과연봉을 지급하지 않음. '실제로 근무한 기간'이란 성과연봉 지급대상기간 ('18.3.1.~'19.2.28.) 중 휴가, 휴직, 직위해제, 대기발령(근무지 지정명령을 받은 자 제외), 교육훈련파견 등으로 실제 직무에 종사하지 아니한 기간을 제외한 실 근무기간을 말함

※ 다만, 공무상 질병휴직, 육아휴직, 고용휴직, 공무상 병가, 교육훈련 파견으로 2017년도에 실제 근무한 기간이 2개월 미만이 되어 2018년도 성과연봉 지급대상에서 제외된 자에 대해서는 2019년도 연봉의 정기조정 시 성과가산 기준액을 가산(2018.12.31. 기준 비정년 교원에 한함)

예 시

○ '17.1.1. 조교수로 신규 임용된 교원이 '17.2.1.부터 '18.2.28.까지 공무상 질병휴직 후 '18.3.1.자로 복직한 경우 '18년, '19년 기본연봉액은?

※ 설정조건

- '17년 기본연봉 : 40,000천원
- '18년 신임교원 가산금 : 1,685천원
- '17.12.31. 기준 근무연수 : 10년 9월
  '18.12.31. 기준 근무연수 : 11년 9월

☞ '18년 기본연봉액

= ① '17년 기본연봉액 + ② '18년 신임교원 가산금 + ③ '18년 처우개선분

= 40,000,000원 + 1,685,000원 + 1,163,420원

= 42,849천원 * 백원 단위 절상

▶산출 내역

① '17년 기본연봉액 : 40,000천원

② '18년 신임교원 가산금 : 1,685천원

③ '18년 처우개선분 : 1,163,420원 * 일원 단위 절사

= (40,000,000원 + 1,685,000원) × 2.791%

‣ 근무연수 : 10 + 2 = 12년('18년 운영지침에 따라 '17.12.31. 현재 근무연수에 2년을 가산하여 적용함)

☞ '19년 기본연봉액

= ① '18년 기본연봉액 + ② '19년 성과가산 기준액 + ③ '19년 경력가급 + ④ '19년 처우개선분

= 42,849,000원 + 618,000원 + 1,115,000원 + 878,260원

= 45,461천원 * 백원 단위 절상

▶산출 내역

① '18년 기본연봉액 : 42,849천원

② '19년 성과가산금 기준액 : 618천원

③ '19년 경력가급 : 1,115천원

‣ 근무연수 : 11 + 2 = 13년('19년 운영지침에 따라 '18.12.31. 현재 근무연수에 2년을 가산하여 적용)

④ '19년 처우개선분 : 878,260원 * 일원 단위 절사

= (42,849,000원 + 618,000원 + 1,115,000원) × 1.97%

15 지급액의 결정

○ **책정원칙** : 성과연봉 기준액을 준수하고 등급별 인원 비율과 지급 비율을 유지하는 범위 내에서 구체적인 성과연봉 수준을 결정하여 지급

○ **지급액 결정** : 성과연봉 기준액 × 평가단위 내 등급별 지급비율

※ 최종 기본연봉액 및 성과연봉액 책정 시에는 백원 단위에서 절상하여 천원 단위로 함 (단, 백원 단위가 '0'인 경우는 절사함)

○ **지급액 결정의 특례**

- 기본연봉액에 성과연봉액을 합산한 총연봉액이 대학의 장의 연보수액을 초과하더라도 해당연도에는 성과연봉을 전액 지급할 수 있으나, 성과연봉의 일부를 다음연도 기본연봉에 산입할 때에는 해당연도 대학의 장의 연보수액을 초과하지 않는 금액만 산입(초과 책정 필요 시 인사혁신처장과 협의)

※ 연봉 한계액

- 상한액 : 없음
  - 우수교원 유치와 기존 교원에 대한 동기 부여를 위해 연봉의 상한액은 미설정
  - 단, 교원의 연봉액이 소속 대학의 장의 연간 총보수액을 초과하는 경우, 교육부장관이 인사혁신처장과 협의하여 조정
- 하한액 : 26,773천원 (26,255천원)

* 영 부칙 제4조 제14항에 따라 2019년도에 부총장(2급상당 이상) 직위에 보직된 교원의 연봉 하한액은 괄호안의 금액 적용

16 지급방법

○ 기본연봉과 성과연봉을 합산하여 연봉을 책정한 후, 12개월로 균분한 금액을 매월 보수지급일에 지급

※ 월급여 지급명세서(연봉월액, 연봉외급여, 기여금, 의료보험료, 소득세 내역 등 포함)는 매월 통보

○ 업적평가 결과가 확정되기 전까지 지급되지 않은 월의 성과연봉은 성과연봉이 최초로 지급되는 월에 지급되지 않은 월의 성과연봉액을 정산하여 지급

예 시

○ '19년 기본연봉액이 61,785천원이고 '18년 성과등급이 S인 대학 비정년 교원의 '19년 연봉월액 지급방법은?

※ 설정조건
- S등급은 1.7배, '19년 성과연봉은 '19년 6월부터 지급한다고 가정

☞ '19년 연봉액 : 67,244천원(기본연봉액 61,785천원 + 성과연봉액 5,459천원)
※ '19년도 성과연봉액 : 5,459천원 (= 3,211천원 × 1.7배) * 백원단위 절상

☞ '19년 연봉월액 산출내역
- 기본연봉 월액 : 5,148,750원 (= 기본연봉액 61,785천원÷12월) * 일원 단위 절사
- 성과연봉 월액 : 454,910원 (= 성과연봉액 5,459천원÷12월) * 일원 단위 절사

☞ '19년 6월분 성과연봉액 : ('19.1~5월분 미지급액) + 6월분
→ (454,910원×5개월)+454,910원=2,729,460원

월별	기본연봉액	성과연봉액	계	월별	기본연봉액	성과연봉액	계
1월	5,148,750원		5,148,750원	8월	5,148,750원	454,910원	5,603,660원
2월	5,148,750원		5,148,750원	9월	5,148,750원	454,910원	5,603,660원
3월	5,148,750원		5,148,750원	10월	5,148,750원	454,910원	5,603,660원
4월	5,148,750원		5,148,750원	11월	5,148,750원	454,910원	5,603,660원
5월	5,148,750원		5,148,750원	12월	5,148,750원	454,910원	5,603,660원
6월	5,148,750원	2,720,460원	7,878,210원				
7월	5,148,750원	454,990원	5,603,740원	계	61,785,000원	5,459,000원	67,244,000원

Ⅵ 연봉의 조정

1 정기조정

○ 정기조정 기준일 : 매년 1월 1일

○ 정기조정 내역 : 전년도 기본연봉액 + 정책조정액* + 성과연봉액

* 정책조정액 : 신임교원가산금(매년도 신임교원에 대하여 임용 2차 연도에만 지급), 전년도 성과연봉의 일부를 가산한 금액 및 경력가급(2018.12.31. 기준 비정년 교원에 한함), 교육연구급(2018.12.31. 기준 정년보장 교원에 한함), 해당 연도 공무원 처우개선분

○ 정기조정 방법

- 전년도 기본연봉액에 해당연도 정책조정액을 합산하여 기본연봉 책정
- 기본연봉액에 업적평가 결과에 따라 지급되는 해당연도 성과연봉액을 합산하여 매년 업적평가 종료 후에 조정

※ 정기조정 기준일 현재 직위해제·휴직·징계처분자 등의 경우에도 연봉의 정기조정대상에 포함. 다만, 보수가 지급되지 않는 휴직자는 제외

○ 연봉 정기 조정내역의 통보

- 매년 연봉의 정기조정 시에는 해당연도 연봉조정내역을 개인별로 통보
  ※ 개인의 비밀 보장을 위해 봉인봉투를 사용하거나 전자우편 등을 활용

○ 정기조정을 한 개인별 연봉액이 소속 대학의 장의 연보수를 초과하는 경우

- 정기조정 결과 책정된 해당연도 개인별 연봉액(기본연봉+성과연봉)이 소속 대학의 장의 연간 총보수(봉급과 연봉에 포함되는 수당 포함)를 초과하더라도 해당연도에는 성과연봉을 전액 지급할 수 있으나, 해당연도 성과연봉 중 일부를 다음연도 기본연봉에 산입할 때에는 해당연도 소속 대학의 장의 총보수를 초과하지 아니하는 금액만 산입. 단, 이를 초과하여 책정할 필요가 있는 경우, 교육부장관은 해당 대학의 장의 의견을 얻어 인사혁신처장과 협의하여 달리 정할 수 있음

2 수시조정

○ 연도 중 공무원 처우개선계획에 따른 공무원 보수 정책조정이 있는 경우 공무원 보수 관련 규정 및 지침에 정한 바에 따라 조정

○ 보수가 지급되지 않는 휴직자가 복직하는 경우에는 복직일에 휴직기간 중 이루어진 정책조정액을 반영하여 연봉액을 조정. 다만, 연봉액을 상향조정할 필요가 있는 경우에는 인사혁신처장과 협의하여 연봉액을 달리 정할 수 있음

○ 연봉 책정의 오류 등 특별한 사유가 있는 경우에는 인사혁신처장과 협의하여 연봉액을 조정할 수 있음

- 다만, 교원의 호봉 정정 또는 재획정을 사유로 기본연봉을 조정할 경우에는 영 제9조(호봉의 재획정) 및 제18조(호봉의 정정) 등에 따라 해당 대학에서 자체 처리하고, 매년 12월 말까지 연봉 조정내역을 교육부로 통보

※ 수시조정 방법은 연봉제 전환(최초 적용) 당시로 돌아가 재획정 또는 정정된 호봉으로 재 산정된 기본연봉을 최초의 기본연봉으로 봄

○ 연봉 수시조정 내역의 통보

※ 정기조정 시의 경우와 같음

○ 수시조정을 한 개인별 연봉액이 연봉상한액을 초과하는 경우

※ 정기조정 시의 경우와 같음

3 2019년도 연봉의 정기조정

□ **2018년 신규 임용교원**

○ **2019년 연봉** = 1 2019년 기본연봉 + 2 2019년 성과연봉

1 **2019년 기본연봉액**

= ① 2018년 기본연봉액 + ② 2019년 신임교원 가산금 + ③ 2019년 처우개선분

① **2018년 기본연봉액** : 2018년도 기 책정된 기본연봉액

② **2019년 신임교원 가산금** : 2018년 12월 31일 기준 근무연수에 따른 가산기준액에 신규 임용일자에 따른 가산율을 곱한 금액을 적용(가산)함

※ 가산금액은 백원 단위에서 절상(단, 백원 단위가 '0'일 때에는 절사)

※ 근무연수는 신규임용 당시 2년 가산된 근무연수에 다시 2년을 가산하는 것이 아니라, 2018년 12월 31일 현재를 기준으로 산정한 근무연수에 2년(단, 전임강사로 신규 임용된 교원 중 직명변동 가산금을 적용하지 아니한 교원은 1년)을 가산함

〈2019년 근무연수에 따른 가산기준액〉

(단위 : 원)

<table>
<tr><td>18년 미만</td><td>1,732,000</td></tr>
<tr><td>18년 이상
19년 미만</td><td>∘ 정기승급일에 따라 아래 표의 적용비율(a)을 적용하여 구함
가산 기준액 = 1,732,000 × (1-a) + 2,254,000 × a
<table>
<tr><td>정기승급일</td><td>1. 1.</td><td>2. 1.</td><td>3. 1.</td><td>4. 1.</td><td>5. 1.</td><td>6. 1.</td></tr>
<tr><td>적용비율(a)</td><td>12/12</td><td>11/12</td><td>10/12</td><td>9/12</td><td>8/12</td><td>7/12</td></tr>
</table>
<table>
<tr><td>정기승급일</td><td>7. 1.</td><td>8. 1.</td><td>9. 1.</td><td>10. 1.</td><td>11. 1.</td><td>12. 1.</td></tr>
<tr><td>적용비율(a)</td><td>6/12</td><td>5/12</td><td>4/12</td><td>3/12</td><td>2/12</td><td>1/12</td></tr>
</table></td></tr>
<tr><td>19년 이상
25년 미만</td><td>2,254,000</td></tr>
<tr><td>25년 이상
26년 미만</td><td>∘ 정기승급일에 따라 아래 표의 적용비율(a)을 적용하여 구함
가산 기준액 = 2,254,000 × (1-a) + 1,691,000 × a
※ 적용비율(a)은 "18년 이상 19년 미만" 란의 정기승급일에 따른 적용비율 표와 동일함</td></tr>
<tr><td>26년 이상
30년 미만</td><td>1,691,000</td></tr>
<tr><td>30년 이상
31년 미만</td><td>∘ 정기승급일에 따라 아래 표의 적용비율(a)을 적용하여 구함
가산 기준액 = 1,691,000 × (1-a) + 949,000 × a
※ 적용비율(a)은 "18년 이상 19년 미만" 란의 정기승급일에 따른 적용비율 표와 동일함</td></tr>
<tr><td>31년 이상</td><td>949,000</td></tr>
</table>

〈신규 임용일자에 따른 가산율〉

○ 해당 교원의 신규 임용일자에 따라 가산율을 적용하되, 소수점 넷째 자리에서 반올림

- 가산율 = {[(신규임용월의 총 일자-신규임용일+1) / 신규임용월의 총 일자] + (12-신규임용월)} / 12

③ **2019년 처우개선분** : 2019년 호봉제 공무원에게 적용된 기본급 평균 인상분 (1.97%)과 이에 따른 연간 연동수당 인상액을 합친 것과 동일한 보수인상 효과 반영

- 근무연수 10년 이상인 경우 : (① + ②) × 1.97%

 * 단, 2급(상당) 이상 직위(부총장)의 국립대 교원은 처우개선분 미적용(0%)

- 근무연수 10년 미만인 경우 : (① + ②) × 개인별 근무연수에 따른 연봉인상률

☞ 개인별 근무연수에 따른 연봉인상률

· 10년 미만자 1.957%, 9년 미만자 1.944%, 8년 미만자 1.931%, 7년 미만자 1.918%, 6년 미만자 1.906%, 5년 미만자 1.893%, 4년 미만자 1.880%, 3년 미만자 1.867%, 2년 미만자 1.854%, 1년 미만자 1.841%

 * 단, 2급(상당) 이상 직위(부총장)의 국립대 교원은 처우개선분 미적용(0%)

※ 근무연수는 신규임용 당시 2년 가산된 근무연수에 다시 2년을 가산하는 것이 아니라, 2018년 12월 31일 현재를 기준으로 산정한 근무연수에 2년을 가산함

예 시

○ '18.3.1. 조교수로 신규 임용된 교원의 '18.12.31. 기준 근무연수가 15년 8월 31일이고 정기승급일이 4월 1일인 경우 해당 교원의 '19년도 기본연봉액은?

※ 설정조건

- '18년도 기본연봉액 : 47,502천원 가정

☞ '19년도 기본연봉액

= ① '18년도 기본연봉액 + ② '19년도 신임교원 가산금 + ③ '19년도 처우개선분

= 47,502,000원 + 1,443,000원 + 964,210원

= 49,910천원 * 백원 단위 절상

☞ 산출 내역

① '18년도 기본연봉액 : 47,502,000원

② '19년도 신임교원 가산금 : 1,443,000원 * 백원 단위 절상

▪ 근무연수 : 15 + 2 = 17년

▪ 가산기준액 : 1,732,000원(근무연수 18년 미만)

▪ 가산율 : {[(31-1+1)÷31]+(12-3)}÷12= 0.833

③ '19년도 처우개선분 : 964,210원 * 일원 단위 절사

= (①+②)×1.97% = (47,502,000+1,443,000)×1.97%(근무연수 10년 이상)

예 시

○ '18.3.1. 조교수로 신규 임용된 교원의 '18.12.31. 기준 근무연수가 16년 8월 31일이고 정기승급일이 4월 1일인 경우 해당 교원의 '19년도 기본연봉액은?

※ 설정조건

- '18년도 기본연봉액 : 50,762천원 가정

☞ '19년도 기본연봉액

= ① '18년도 기본연봉액 + ② '19년도 신임교원 가산금 + ③ '19년도 처우개선분

= 50,762,000원 + 1,769,000원 + 1,034,860원

= 53,566천원 * 백원 단위 절상

☞ 산출 내역

① '18년도 기본연봉액 : 50,762,000원

② '19년도 신임교원 가산금 : 1,769,000원 * 백원 단위 절상

- 근무연수 : 16 + 2 = 18년
- 가산기준액 : 1,732,000 × (1- 9/12) + 2,254,000 × 9/12 = 2,123,500원
- 가산율 : {{(31-1+1)÷31}+(12-3)}÷12= 0.833

③ '19년도 처우개선분 : 1,034,860원 * 일원 단위 절사

= (①+②)×1.97% = (50,762,000+1,769,000)×1.97%(근무연수 10년 이상)

2 **2019년 성과연봉액** : 평가등급별로 차등지급(「Ⅴ. 업적평가 및 성과연봉 운영 방법」 참조)

□ **재직교원('18.12.31. 현재 비정년 교원)**

○ **2019년 연봉** = 1 2019년 기본연봉 + 2 2019년 성과연봉

1 **2019년 기본연봉액**

= ① 2018년 기본연봉액 + ② 2018년 성과연봉 중 인사혁신처장이 정하는 금액 + ③ 2019년 처우개선분

① **2018년 기본연봉액** : 2018년도 기 책정된 기본연봉액

② **2018년 성과연봉 중 인사혁신처장이 정하는 금액**

: 2019년 성과가산액과 경력가급의 합으로 적용(가산)함

- **2019년 성과가산액** : 2017년 업적에 대한 평가결과에 따른 2018년도 성과연봉 등급별 지급비율에 2019년도 성과가산기준액(618천원)을 곱한 금액을 적용(가산함)

- **2019년 경력가급** : 2018년 12월 31일 기준 근무연수에 따라 산정한 금액을 적용(가산)함

※ "2019년 성과가산액"과 "2019년 경력가급"을 합산한 가산금액을 백원 단위에서 절상(단, 백원 단위가 '0'일 때에는 절사)

※ 근무연수는 연봉제 전환 당시 2년 가산된 근무연수에 다시 2년을 가산하는 것이 아니라, 2018년 12월 31일 현재를 기준으로 산정한 근무연수에 2년을 가산함

〈**2019년 경력가급**〉

(단위 : 원)

<table>
<tr><td>18년 미만</td><td>1,115,000</td></tr>
<tr><td>18년 이상
19년 미만</td><td>◦ 정기승급일에 따라 아래 표의 적용비율(a)을 적용하여 구함
경력가급 = 1,115,000 × (1-a) + 1,636,000 × a
<table>
<tr><td>정기승급일</td><td>1. 1.</td><td>2. 1.</td><td>3. 1.</td><td>4. 1.</td><td>5. 1.</td><td>6. 1.</td></tr>
<tr><td>적용비율(a)</td><td>12/12</td><td>11/12</td><td>10/12</td><td>9/12</td><td>8/12</td><td>7/12</td></tr>
</table>
<table>
<tr><td>정기승급일</td><td>7. 1.</td><td>8. 1.</td><td>9. 1.</td><td>10. 1.</td><td>11. 1.</td><td>12. 1.</td></tr>
<tr><td>적용비율(a)</td><td>6/12</td><td>5/12</td><td>4/12</td><td>3/12</td><td>2/12</td><td>1/12</td></tr>
</table>
</td></tr>
<tr><td>19년 이상
25년 미만</td><td>1,636,000</td></tr>
<tr><td>25년 이상
26년 미만</td><td>◦ 정기승급일에 따라 아래 표의 적용비율(a)을 적용하여 구함
경력가급 = 1,636,000 × (1-a) + 1,074,000 × a
※ 적용비율(a)은 "18년 이상 19년 미만" 란의 정기승급일에 따른 적용비율 표와 동일함</td></tr>
<tr><td>26년 이상
30년 미만</td><td>1,074,000</td></tr>
<tr><td>30년 이상
31년 미만</td><td>◦ 정기승급일에 따라 아래 표의 적용비율(a)을 적용하여 구함
경력가급 = 1,07,000 × (1-a) + 331,000 × a
※ 적용비율(a)은 "18년 이상 19년 미만" 란의 정기승급일에 따른 적용비율 표와 동일함</td></tr>
<tr><td>31년 이상</td><td>331,000</td></tr>
</table>

③ **2019년 처우개선분** : 2019년 호봉제 공무원에게 적용된 기본급 평균 인상분(1.97%)과 이에 따른 연간 연동수당 인상액을 합친 것과 동일한 보수인상 효과 반영

- 근무연수 10년 이상인 경우 : (① + ②) × 1.97%

* 단, 2급(상당) 이상 직위(부총장)의 국립대 교원은 처우개선분 미적용(0%)

- 근무연수 10년 미만인 경우 : (① + ②) × 개인별 근무연수에 따른 연봉인상률

☞ 개인별 근무연수에 따른 연봉인상률

· 10년 미만자 1.957%, 9년 미만자 1.944%, 8년 미만자 1.931%, 7년 미만자 1.918%, 6년 미만자 1.906%, 5년 미만자 1.893%, 4년 미만자 1.880%, 3년 미만자 1.867%, 2년 미만자 1.854%, 1년 미만자 1.841%

* 단, 2급(상당) 이상 직위(부총장)의 국립대 교원은 처우개선분 미적용(0%)

※ 근무연수는 연봉제 전환 당시 2년 가산된 근무연수에 다시 2년을 가산하는 것이 아니라, 2018년 12월 31일 현재를 기준으로 산정한 근무연수에 2년을 가산함

예 시

○ '17.3.1. 조교수로 신규 임용된 교원이 '18년도 성과평가 결과 S등급을 받았고 '18.12.31. 기준 근무연수가 16년 8월 31일이며 정기승급일이 4월 1일인 경우 해당교원의 '19년 기본연봉액은?

※ 설정조건

- '18년도 기본연봉액 : 51,535,000원
- '18년도 성과연봉액 : 1.5β = 1.5 × 3,123,000원 = 4,685,000원 * 백원 단위 절상

☞ '19년도 기본연봉액

= ① '18년도 기본연봉액 + ② '19년도 성과가산금 + 경력가급 + ③ '19년도 처우개선분

= 51,535,000원 + 2,433,000원 + 1,063,160원

= 55,032천원 * 백원 단위 절상

▶ 산출 내역

① '18년 기본연봉액 : 51,535,000원

② '19년도 성과가산금+경력가급 : 2,433,000원 * 백원 단위에서 절상

▪ 근무연수 = 16 + 2 = 18년

▪ '19년 성과가산금 : 927,000원 * 일원 단위 절사

= 성과가산기준액 × '17년 성과연봉 지급율

= 618,000 × 1.5 * 1.5 = 4,685,000 ÷ 3,123,000

▪ '19년 경력가급 : 1,505,750원

= {1,115,000 × (1 - 9/12) + (1,636,000 × 9/12)}

③ '19년도 처우개선분 : 1,063,160원 * 일원 단위 절사

= (①+②)×1.97% = (51,535,000+2,433,000)×1.97%

2 **2019년 성과연봉액** : 평가등급별로 차등지급(「V. 업적평가 및 성과연봉 운영 방법」 참조)

□ 재직교원('18.12.31. 현재 정년보장 교원)

○ 2019년 연봉 = 1 2019년 기본연봉 + 2 2019년 성과연봉

1 2019년 기본연봉액

= ① 2018년 기본연봉액 + ② 인사혁신처장이 정하는 금액 + ③ 2019년 처우개선분

① 2018년 기본연봉액 : 2018년도 기 책정된 기본연봉액

※ 2018년에 2급(상당) 이상 직위(부총장)에 보직된 공무원의 2018년 기본연봉액 조정

<2급 상당 이상 교원(부총장)의 '18년 기본연봉액 조정>

'18년도 고위공무원단 등의 봉급 및 연봉 지급 특례 관련

(「공무원보수규정」(대통령령 제28594호 부칙 제5조)

▪ 2019년 연봉 = 2019년 기본연봉 + 2019년 성과연봉

▸ 2019년 기본연봉 = ① 2018년 기본연봉액 + ②인사혁신처장이 정하는 금액 + ③2019년 처우개선분(미적용(0%))

①2018년 기본연봉액 : 2018년도 기책정된 기본연봉액을 조정한 연봉액('18년 2급 이상 공무원 차등처우개선에 따른 미반영분*을 추가반영)

- 2018년 기본연봉액 조정 = ㉠2018년 기책정 기본연봉액 + ㉡2018년 기책정 기본연봉액 × 0.628%*

* '18년 차등 처우개선에 따른 미반영분 : '17.12.31. 당시 근무연수에 2년을 가산한 연수에 따른 다음의 조정률 적용

☞ 개인별 근무연수에 따른 기본연봉 인상률(조정률)

근무연수	10년 이상	10년 미만	9년 미만	8년 미만	7년 미만
조정률	0.628%	0.625%	0.620%	0.616%	0.612%

6년 미만	5년 미만	4년 미만	3년 미만	2년 미만	1년 미만
0.608%	0.604%	0.600%	0.597%	0.593%	0.588%

※ 2018년에 부총장 보직 기간이 1년 미만인 경우 2018년 기본연봉액은 부총장 보직 전·후 기간을 월할·일할 계산하여 산정

- 부총장 보직 前 기간은 처우개선율 2.791% 적용
- 부총장 보직 기간은 처우개선율 2.149% 적용

⇒ 2018년 5월 11일부터 부총장에 보직된 경우, ㉡은 [7월 + (21/31)월]에 2018년 부총장 처우개선율 2.149%를 적용한 기본연봉액에 0.628%를 곱하여 산정

※ ① + ② 금액이 소속 국립대학의 장의 2018년도 연보수(봉급과 정근수당, 정근수당가산금, 명절휴가비, 관리업무수당을 포함한 연간 총보수액을 말함)를 초과하는 경우에는 초과하지 않는 범위 내에서만 가산

② **인사혁신처장이 정하는 금액** :

- **(교육연구급)** 정년보장 교원에 대하여 성과에 따른 성과연봉 차등지급과는 별도로 안정적 교수·연구 여건 조성을 위해 일정 보수 수준을 보장하기 위하여 교육연구급 지급

〈**교육연구급**〉

(단위 : 원)

근무연수	교육연구급
31년 미만	1,925,000
31년 이상	949,000

< 절대평가 C등급자에 대한 교육연구급 가산 제한(감액 적용) >

▪ C등급 절대평가제의 취지를 고려하여 교원의 직무 책임성을 확보하기 위해 연속 2회 C등급을 받은 정년보장 교원에게 교육연구급 중 성과가산기준액의 2배를 감액하여 조정(2019년부터 적용)

- (대상) 2016년도 업적에 대한 2017년도 평가결과, 2017년도 업적에 대한 2018년도 평가결과가 모두 C등급인 정년보장 교원
- (조정액) 2019년 기본연봉 책정 시 2019년도 교육연구급 중 성과가산기준액에 해당하는 금액의 2배인 1,236천원(=618천원×2)을 감액한 금액을 교육연구급으로 산정

※ 단, 근무연수 31년 이상인 정년보장교원의 경우, 교육연구급을 0원으로 조정하여 기본연봉액을 책정

☞ '17년도 C등급이고, '18년도에도 C등급인 정년보장 교원에게 지급되는 19년 교육연구급
- 근무연수가 30년 이하인 정년보장 교원 : 689,000원
- 근무연수가 31년 이상인 정년보장 교원 : 0원

- **(교육연구가급)** 정년보장 교원에 대하여 장기적인 연구를 수행하는 자 등에게 대학별 평가대상인원의 1% 범위 내에서 교육연구급의 5~10%를 가산하여 지급하는 교육연구가급 신설

· (대상자) 완성까지 3년 이상 소요되는 최근 3년 이내 한국연구재단등재(후보)지 이상 논문(제1(교신)저자 또는 공동저자), ISBN을 부여받은 저 · 역서(교과서)가 있는 교원

※ 전체 업적평가에 따른 등급과 관계없이 지급 가능하나, C등급인 경우에는 지급 불가

※ 평가 연도 2월 말일 또는 평가 전년도 12월 말일 기준으로 산정('19년도 연구 실적 평가 시 대상기간 : '16.3.1.～'19.2.28. 또는 '16.1.1.～'18.12.31.)

※ 예술·체육·건축설계 등 타 학문분야 대비 상대적으로 논문(저·역서) 편수가 적은 계열은 학교가 별도 기준 마련 가능

· (평가) 업적평가와는 별도로 장기적인 연구 성과를 평가하기 위한 평가 위원회를 구성하여 정량 및 정성지표를 활용하여 평가

※ 공통 기준을 준수하는 범위 내에서 대학별 세부기준 마련 후 운영 가능

〈교육연구가급〉

(단위 : 원)

근무연수	교육연구가급
31년 미만	96,250～192,500
31년 이상	47,450～94,900

※ 대학별 예산 사정 등을 고려하여 위 범위 내 대학 자율로 금액 설정

③ **2019년 처우개선분** : 2019년 호봉제 공무원에게 적용된 기본급 평균 인상분 (1.97%)과 이에 따른 연간 연동수당 인상액을 합친 것과 동일한 보수인상 효과 반영

- 근무연수 10년 이상인 경우 : (①+②) × 1.97%

  * 단, 2급(상당) 이상 직위(부총장)의 국립대 교원은 처우개선분 미적용(0%)

- 근무연수 10년 미만인 경우 : (①+②) × 개인별 근무연수에 따른 연봉인상률

☞ 개인별 근부연수에 따른 연봉인상률

· 10년 미만자 1.957%, 9년 미만자 1.944%, 8년 미만자 1.931%, 7년 미만자 1.918%, 6년 미만자 1.906%, 5년 미만자 1.893%, 4년 미만자 1.880%, 3년 미만자 1.867%, 2년 미만자 1.854%, 1년 미만자 1.841%

* 단, 2급(상당) 이상 직위(부총장)의 국립대 교원은 처우개선분 미적용(0%)

※ 근무연수는 연봉제 전환 당시 2년 가산된 근무연수에 다시 2년을 가산하는 것이 아니라, 2018년 12월 31일 현재를 기준으로 산정한 근무연수에 2년을 가산함

예 시

○ '18.12.31. 현재 근무연수가 35년 9월인 정년보장 교원의 '19년 기본연봉액은?

※ 설정조건

- '18년도 기본연봉액 : 85,434천원

☞ '19년도 기본연봉액

= ① '18년도 기본연봉액 + ② '19년도 교육연구급 + ③ '19년도 처우개선분

= 85,434,000원 + 949,000원 + 1,701,740원

= 88,085천원 * 백원 단위 절상

▶ 산출 내역

① '18년 기본연봉액 : 85,434,000원

② '19년 교육연구급 : 949,000원

▪ 근무연수 37년(= 35 + 2)에 해당하는 교육연구급 949,000원

③ '19년도 처우개선분 : 1,701,740원 * 일원 단위 절사

= (① + ②) × 1.97% = (85,434,000원 + 949,000원) × 1.97%

② **2019년 성과연봉액** : 평가등급별로 차등지급(「V. 업적평가 및 성과연봉 운영 방법」 참조)

Ⅶ 신분 변동 등에 따른 업무처리 일반

1 연도 중 퇴직자 등

○ 연도 중 퇴직하는 경우, 퇴직한 날이 속하는 달(퇴직한 달의 보수 지급이 이미 완료된 경우에는 퇴직한 날이 속하는 다음 달)부터 퇴직한 날이 속하는 연도 말까지의 성과연봉을 일시금으로 지급함

○ 퇴직자가 30일 이내에 공무원으로 재채용(신규임용 포함)되는 경우(경력 단절이 없는 경우)에는 성과연봉을 일시금으로 지급하지 않고 퇴직 전 받던 성과연봉을 계속해서 지급하며, 이 경우 다음연도에 일부 누적

※ 금고 이상의 형을 받거나 탄핵·파면 또는 해임에 따라 퇴직하는 경우는 제외

※ 성과연봉을 일시금으로 지급받은 경우, 공무원으로 재 채용 시 해당연도에는 성과연봉을 지급할 수 없으며, 다음연도에 성과연봉의 일부를 누적하지 않음(신규 임용자로 봄)

○ 성과급적 연봉제 적용대상 공무원 중 대기명령을 받은 자(학교의 장으로부터 특정한 업무를 부여받은 자는 제외)에 대하여는 연봉월액(성과연봉을 제외한 금액)의 78%의 9%에 해당하는 금액(관리업무수당 상당액)을 연봉월액에서 감하여 지급(연봉외 급여에서는 정액급식비가 제외됨)

예 시

○ 5년 이상 근속한 대학 교원이 '19년 중 퇴직할 경우, '19년 기본연봉 및 성과연봉 지급액은?(영 44조)
(단, 금고 이상의 형을 받거나 탄핵·파면 또는 해임에 따라 퇴직하는 경우가 아니라고 가정)

☞ 설정조건

- '19년 성과연봉은 '19년 5월말에 평가가 종료되어 6월부터 지급한다고 가정

퇴직일자	'19년 연봉 실지급액	
	기본연봉 월액 실지급액	성과연봉
'19. 02. 01.	1월분	-
'19. 02. 15.	1월분	-
'19. 02. 28.	1~2월분	'19년 성과연봉 전액
'19. 03. 16.	1~3월분	'19년 성과연봉 전액
'19. 08. 31.	1~8월분	'19년 성과연봉 전액
'19. 12. 31.	1~12월분	'19년 성과연봉 전액

2 연도 중 임용자 등

가. 기본원칙(영 제42조)

○ 발령일을 기준으로 연봉월액의 일할계산

- 법령에 특별한 규정이 있는 경우를 제외하고는 신규채용, 승진, 전직, 전보, 감봉 및 기타 어떠한 경우의 임용에 있어서도 발령일을 기준으로 연봉월액을 일할계산하여 지급

※ '연봉월액의 일할계산'이라 함은 연봉월액을 그 달의 일수로 나누어 계산하는 것을 말하며, 최종 기본연봉액 및 성과연봉액 책정 시에는 백원 단위에서 절상하여 천원 단위로 함(단, 백원 단위가 '0'인 경우는 절사함)

○ 법령의 규정에 따라 감액된 연봉을 지급받는 자에 대하여 다시 연봉을 감액하고자 하는 경우(동시에 2가지 이상의 사유로 연봉을 감액하고자 하는 경우 포함)

- 중복되는 감액기간에 대하여 이미 감액된 연봉액을 기준으로 계산

나. 전보 : 연봉제 적용대상 공무원이 단순히 전보된 경우 연봉액은 변동되지 않음

※ 따라서 연봉의 지급기간 중에 전보의 사유로 소속기관의 변동이 있는 경우에는 보수지급일 현재의 기관에서 별도 일할계산 없이 연봉월액 전액을 지급하고, 보수지급기관이 동일한 전보의 경우에도 종전과 동일하게 지급

다. 겸임(영 제32조)

○ 본직의 보수는 본직기관에서 지급

※ 겸임 : 연봉제 적용대상 공무원이 본직 외의 다른 직에 겸임되거나 「공공기관의 운영에 관한 법률」 제4조에 따른 공공기관 및 그 밖에 인사혁신처장이 인정하는 기관 등의 임직원이 공무원으로 겸임되는 경우 등

○ 겸임수당의 지급

- 겸임된 자에게는 겸임된 업무의 특수성 및 본직기관의 보수 수준 등을 감안하여 겸임기관에서 겸임수당을 지급할 수 있음
- 겸임수당의 지급범위, 지급액, 지급방법 등에 관하여는 겸임기관의 장이 인사혁신처장 및 기획재정부장관과 협의하여 정함

※ 겸임수당은 연봉액 산정에 포함되는 항목이 아니므로 연봉액과 관계없이 지급

라. 파견(영 제21조 제2항)

○ 법령의 규정에 따라 파견된 자에게는 원 소속기관에서 파견기간 중의 연봉을 지급하되, 원 소속기관과 파견 받을 기관이 협의한 경우에는 파견 받을 기관에서 연봉을 지급할 수 있음

3 연봉의 감액 지급

가. 휴직(영 제47조)

○ 연봉을 지급하는 휴직(전액 또는 일부)

- 공무상 질병 또는 부상으로 인한 휴직 : 연봉월액의 전액 지급

  ※ '공무상 질병 또는 부상으로 인한 휴직기간'이라 함은 「공무원연금법」에 따른 공무상 질병 또는 부상으로 인한 휴직기간(3년 이내)을 말함

- 「병역법」 또는 그 밖의 법률에 따른 의무를 수행하기 위한 휴직(2년 이상 근속공무원) : 휴직한 날이 속하는 달의 연봉월액 전액 지급(영 제44조)

  ※ '2년 이상 근속'이라 함은 공무원 신분이 끊임없이 연결되어 계속되면서 실제로 근무한 기간이 2년 이상 되는 것을 말함. 따라서 영 제15조(승급기간의 특례)에 해당되는 경우에는 포함되나, 전직 · 직위해제·휴직 등으로 실제 근무하지 않은 기간은 제외됨

- 신체 · 정신상의 장애로 인한 장기요양을 위한 휴직 : 1년 이하는 기본연봉 월액의 60% 지급, 1~2년 이하는 기본연봉 월액의 40% 지급

  ※ 기본연봉 월액은 기본연봉을 12로 나눈 금액을 말함

  ※ 성과연봉(월액)은 감액 없이 매월 지급함

  ※ 질병휴직기간 연장에 따른 연봉 지급비율 개정사항은 2014.2.7.부터 적용

- 외국유학 또는 1년 이상의 국외연수를 위한 휴직 : 기본연봉 월액의 40% 지급

  ※ 기본연봉 월액은 기본연봉을 12로 나눈 금액을 말함

  ※ 성과연봉(월액)은 감액 없이 매월 지급함

○ 연봉을 지급하지 않는 휴직

- 위 항목 이외의 사유로 인한 휴직

  ※ 성과연봉(월액)은 감액 없이 매월 지급함

○ 목적 외 휴직 사용시 연봉 환수

- 학교의 장은 소속 공무원이 휴직 목적과 달리 거짓이나 그 밖의 부정한 방법으로 연봉을 지급받은 경우에는 해당하는 금액을 징수하여야 함
- 환수 금액 : 거짓이나 그 밖의 부정한 방법으로 수령한 연봉에 상당하는 금액
- 환수 및 가산 징수절차
  - · 학교의 장은 소속공무원이 거짓이나 그 밖의 부정한 방법으로 연봉을 부당수령한 사실을 적발한 경우에는 지체없이 환수금액을 확정하여 부당수령자에게 고지하고, 환수 및 가산징수 조치를 취하여야 함
  - · 학교의 장은 연봉을 부당 수령한 공무원이 납부기한내에 가산징수 금액을 납입하지 않을 경우에는 「국가채권관리법」 제15조에 따라 강제징수 등의 필요한 조치를 취하여야 함

예 시

○ 2019.7.10. 교원이 신체·정신상의 장애로 인한 장기요양을 위하여 휴직(2019.7.10. ~ 2021.1.9.)한 경우 기본연봉지급 방법은?

☞ 휴직 전 기본연봉액 : 62,800천원(가정) ※ 기본연봉월액 : 5,233,330원

☞ 지급률 : 2019.7.10. ~ 2020.7.9. (기본연봉 월액의 60% 지급)
2020.7.10. ~ 2021.1.9. (기본연봉 월액의 40% 지급)

☞ 2019. 7월분 기본연봉월액 : 3,747,730원 (휴직일을 기준으로 일할계산 후 합산 지급)

- 휴직 전 기본연봉월액 : 5,233,330원/31일 × 9일(7.1. ~ 7.9.) = 1,519,350원
- 휴직 후 기본연봉월액 : (5,233,330원 × 60%)/31일 × 22일(7.10. ~ 7.31.) = 2,228,380원

☞ 2019. 8월~2020.7.9. 기본연봉월액 : 3,139,990원 (기본연봉액 62,800,000원 ÷ 12월 × 60%)
2020.7.10.~2021.1.9. 기본연봉월액 : 2,093,330원 (기본연봉액 62,800,000원 ÷ 12월 × 40%)
* 2020년 7월분 기본연봉월액은 각 기본연봉월액을 일할계산 후 합산 지급

나. 직위해제(영 제48조)

○ 재직 중 법령에 의하여 직위해제된 경우 다음의 직위해제 사유에 따라 정해진 비율로 연봉월액을 지급함

- 직무수행 능력이 부족하거나 근무성적이 극히 나쁜 경우 : 연봉월액의 70%
- 파면·해임·강등 또는 정직에 해당하는 징계 의결이 요구, 형사 사건으로 기소(약식명령이 청구된 경우 제외), 금품 및 성 관련 비위 등의 사유로 직위해제된 경우(국가공무원법 제73조의3 제1항 제3호, 제4호, 제6호) : 연봉월액의 40%
- 단, 직무수행 능력이 부족하거나 근무성적이 극히 나쁜 경우 외의 사유로 직위해제된 교원이 직위해제일로부터 3개월이 지나도 직위를 부여받지 못한 때에는 그 3개월이 지난 이후의 기간 중에는 연봉월액의 20%를 지급

다. 징계처분(영 제45조)

○ 재직 중 법령에 따라 정직처분된 경우 : 연봉월액의 전액을 감함

※ 단, 「국가공무원법」(법률 제13618호) 제80조, 부칙 제1조 및 제5조에 따라 '16.6.25. 이후 발생한 사유로 강등 또는 정직처분을 받는 경우에 적용('16.6.25. 전에 발생한 사유로 징계처분을 받은 경우에는 종전 규정을 적용(30%))하고,

- 징계효력이 「국가공무원법」과 달리 규정된 법의 적용을 받는 공무원의 경우 해당 법 규정에 따라 보수를 감하되, 연봉제 적용 대상자의 정직처분시 감액방법은 「공무원보수규정」(대통령령 제26877호) 제45조에 따름

○ 재직 중 법령에 따라 감봉처분된 경우 : 연봉월액의 60% 지급

예 시

○ 2018.7.5. 발생한 사유로 2019.1.10. 교원이 징계처분(정직 3월 : 2019.1.10. ~ 2019.4.9.)된 경우 연봉월액 지급방법은?

- 교원 연봉액 : 63,550천원(가정) → 연봉월액 : 5,295,830원

☞ 정직처분 기간 중 연봉지급률 : 미지급(0%)

☞ 1월분 연봉월액 : 1,537,490원(징계처분일을 기준으로 일할계산한 후 합산 지급)

- 연봉월액 5,295,830원 / 31일 × 9일(1.1.~1.9.) = 1,537,490원
- 연봉월액 (5,295,830원 × 0%) / 31일 × 22일(1.10.~1.31.) = 0원

☞ 2월분, 3월분 연봉월액 : 0원

→ 연봉월액 5,295,830원 × 0%

☞ 4월분 연봉월액 : 3,707,080원(복직일을 기준으로 일할계산한 후 합산지급)

- 연봉월액 (5,295,830원 × 0%) / 30일 × 9일(4.1.~4.9.) = 0원
- 연봉월액 5,295,830원 / 30일 × 21일(4.10.~4.30.) = 3,707,080원

라. 복직

○ 복직일을 기준으로 연봉월액을 일할계산하여 지급

※ 복직 : 휴직 · 직위해제 · 정직 중에 있는 공무원을 직위에 복귀시키는 것을 말함

예 시

○ 징계처분(정직)된 교원이 징계처분이 종료되어 2019.5.10. 복직된 경우 연봉월액 지급 방법은?

☞ 복직 교원 연봉액 : 57,800천원(가정)

- 연봉월액 : 4,816,660원(57,800,000원 ÷ 12개월)

☞ 정직처분 기간중 연봉지급률 : 미지급

☞ 5월분 연봉월액 : 3,418,270원(복직일을 기준으로 일할계산 후 합산 지급)

- 연봉월액 (4,816,660원 × 0%) ÷ 31일 × 9일(5.1.~5.9.) = 0원
- 연봉월액 4,816,660원 ÷ 31일 × 22일(5.10.~5.31.) = 3,418,270원

마. 결근(영 제46조 제1항)

○ 연가일수를 초과하는 결근일수에 해당하는 연봉 일액(성과연봉은 제외함) 미지급

※ 성과연봉(일액)은 감액 없이 지급함

※ "결근일수"(시간선택제근무를 하는 공무원 등의 경우는 결근시간수)라 함은 해당 공무원의 결근일수가 「국가공무원복무규정」에서 정한 해당 공무원의 연가일수(시간선택제근무를 하는 공무원 등의 경우는 연가시간수)를 초과한 경우 그 초과한 결근일수를 말함. 이 경우 결근일과 결근일 사이에 있는 토요일과 공휴일은 결근일수로 보지 아니함

바. 무급휴가(영 제46조 제2항)

○ 무급휴가 일수만큼 연봉월액에서 일액(성과연봉은 제외함)을 감함

※ 성과연봉(일액)은 감액 없이 지급함

4 면직 등 신분상실 시 연봉의 지급

가. 면직 · 파면 · 해임

○ 면직 · 파면 · 해임시에는 그 발령일을 기준으로 일할계산하여 연봉 지급

- 연봉제 적용대상자의 연봉은 법령에 특별한 규정이 있는 경우를 제외하고는 신규채용 · 승진 · 전직 · 전보 · 감봉 기타 어떠한 임용에 있어서도 그 발령일을 기준으로 일할계산하여 지급함(영 제42조)

※ 다만, 5년 이상 근속자가 월중 15일 이상 근무한 후 면직되는 경우에는 예외로 함 ('다'항 참조)

예 시

○ 1999.1.1. 신규 임용된 교원이 불법행위로 인하여 징계의결이 요구됨에 따라 2019.2.1. 직위해제된 후 동년 3.17. 해임처분된 경우 해임월인 3월분의 연봉월액 지급방법은?

☞ 교원 연봉액 : 63,700천원(가정)　　* 연봉월액 : 5,308,330원

☞ 해임일 현재 실제 근속기간 : 20년 1월이므로 5년 이상 근속자이나 면직사유가 해임인 경우 일할계산(영 제44조)

☞ 직위해제기간 연봉지급률 : 연봉월액의 40퍼센트 지급(직위해제후 3월이내)

☞ 3월분 연봉월액 : 1,095,910원　　* 일원단위 절사

→ 연봉월액 (5,308,330원 × 40퍼센트)/31일 × 16일(3.1.~3.16.)

나. 면직 또는 징계처분 등의 무효·취소(영 제49조)

○ 공무원에게 행한 징계처분 · 면직처분 또는 직위해제처분(징계의결요구에 따른 직위해제처분 제외)이 무효 또는 취소된 경우(징계처분이 변경된 경우 포함)

- 복귀일 또는 발령일에 지급정지된 연봉전액 또는 연봉차액을 소급하여 지급
- 이 경우 재징계 절차에 따라 징계처분한 경우에는 재징계처분에 따라 연봉을 지급하되, 재징계처분 전의 징계처분기간에 대하여는 연봉전액 또는 연봉차액을 소급하여 지급

○ 연봉제 시행 전의 처분이 무효 또는 취소된 경우

- 종전 연봉제 시행 전의 규정에 따라 계산된 금액을 소급하여 지급

○ 면직처분 · 파면처분 또는 해임처분으로 업적평가를 받지 않아 성과연봉을 지급받지 못한 공무원에 대한 당초 처분이 무효 또는 취소된 경우(징계처분이 변경된 경우 포함)

- 당초 면직 · 파면 · 해임처분이 있었던 연도의 성과연봉 기준액을 소급하여 지급한다.

- 당초 징계처분이 변경된 경우 당초 처분이 있었던 연도의 각 기관별 징계자에 대한 성과연봉 지급기준이 있는 경우에는 이에 따른다.
  (단, 변경된 처분이 중징계이거나, 「국가공무원법」 제83조의2 제1항 등에 따른 징계사유의 시효가 5년인 비위, 「성폭력범죄의 처벌 등에 관한 특례법」에 따른 성폭력범죄, 「성매매알선 등 행위의 처벌에 관한 법률」에 따른 성매매, 「국가인권위원회법」제2조 제3호 라목에 따른 성희롱 및 「도로교통법」 제44조 제1항에 따른 음주운전에 대한 징계의 경우에는 지급할 수 없음)

※ 다만, 소급 지급되는 성과연봉은 당초 면직처분 등이 있었던 연도에 한하며 당초 처분이 있었던 연도의 실제 근무기간이 2개월 미만인 경우에는 지급하지 아니함

○ 영 제49조제2항에 따라 직위해제처분기간이 「공무원임용령」 제31조제2항제2호 각 목의 기간에 해당하는 경우에는 원래의 연봉을 기준으로 계산한 연봉과 그 직위해제처분기간 중에 지급한 연봉과의 차액을 소급하여 지급

※ 「공무원임용령」 제31조제2항제2호 가목 1)의 '징계위원회가 징계하지 아니하기로 의결한 경우'에는 '불문경고'를 포함함

다. 5년 이상 근속한 공무원의 월중 면직 등(영 제44조)

○ 5년 이상 근속한 공무원이 월중에 15일 이상 근무한 후 면직된 경우 : 그달의 연봉월액 전액 지급

- 다만, 금고 이상의 형을 받거나 탄핵 · 파면 또는 해임에 의하여 면직되는 경우와 그 달 1일자로 면직되는 경우는 제외

※ '5년 이상 근속'이라 함은 공무원 신분이 끊임없이 연결되어 계속되면서 실제로 근무한 기간이 5년 이상 되는 것을 말함. 따라서 정직・직위해제 등으로 실제 근무하지 않은 기간은 제외하나, 영 제15조(승급기간의 특례)에 해당되는 경우에는 포함

○ 2년 이상 근속한 공무원이 「병역법」 이나 기타 법률의 규정에 의한 의무를 수행하기 위하여 휴직한 경우에는 그 달의 연봉월액 전액을 지급

○ 공무원이 재직 중 공무로 사망하거나 공무상 질병 또는 부상으로 재직중 사망하여 면직(그 달 1일자 면직은 제외) 또는 제적된 경우에는 그 달의 연봉월액 전액을 지급

○ 위의 규정에 의하여 연봉월액의 전액을 지급받은 공무원이 그 면직된 달에 다시 연봉제 적용 대상자로 재임용된 경우에는 그 달분의 연봉월액은 지급하지 않음

※ 다만, 새로 임용된 직위의 연봉월액이 면직 당시의 연봉월액보다 많은 경우에는 그 차액을 일할 계산하여 지급

○ 영 제24조제1항의 규정에 따라 봉급을 지급받은 호봉제 적용대상 공무원이 그 면직된 달에 다시 연봉제 적용 대상 공무원으로 신규 임용된 경우

- 그 달의 연봉월액(성과연봉을 제외한 금액) 중 84%에 해당하는 월봉급액은 지급하지 않음
- 다만, 새로 임용된 직위의 연봉월액이 면직 당시의 연봉월액보다 많은 경우에는 그 차액을 일할 계산하여 지급

※ 그 반대 임용(연봉제 → 호봉제 적용대상 공무원)의 경우에도 또한 같음

Ⅷ 연봉 예산

1 기본연봉 예산

○ 기존 인건비 산정 방식에 따라 배정 : 직급별 평균단가 × 교원 배정정원

- 직급별 평균호봉 등을 기초로 산정한 직급별 평균단가와 대학별 교원 배정정원을 기초로 산정
- 성과연봉의 차년도 일부 반영에 따른 기본연봉 증가분은 직급별 평균단가에 반영

2 성과연봉 예산

○ 대학별 배정액 산정 : 성과연봉 기준액* × 대학별 교원 배정정원

* 성과연봉 기준액 : 국립대학 전체 성과연봉 재원을 국립대학 전체 교원 배정정원으로 나눈 금액

○ '19년도 성과연봉 기준액 : 1인당 3,211천원(비정년 교원)
1인당 4,518천원(정년보장 교원)

3 성과연봉 예산 편성 · 집행 방법

○ 성과연봉 예산은 매년 1월 기본연봉과 합산하여 '국립대학 인건비' 과목으로, 편성·배정

* 예산과목 : 052-2700-2702-100(국립대학 인건비)

○ '15.1.1.부터 모든 국립대학 교원에 성과급적 연봉제가 시행됨에 따라, 종전 성과급 연구보조비 예산 전액은 '인건비' 예산으로 편성됨

Ⅸ 행정사항

1 연봉 책정 시 유의사항

○ 성과급적 연봉제 최초 적용연도(1차연도)의 기본연봉은 '호봉제'를 기준으로 책정하므로 기본연봉 책정 시 호봉재획정 사유(새로운 경력을 합산하여야 할 사유 등)가 누락되어 연봉 책정에 오류가 발생하지 않도록 특히 주의

○ 교원의 호봉 책정 오류로 기본연봉을 조정할 경우에는 영 제9조(호봉의 재획정) 및 제18조(호봉의 정정) 등에 따라 해당대학에서 자체 처리
[매년 12월말 조정내역을 교육부에 보고]

2 성과급적 연봉제 지급실적 제출

○ **기 한**

- 성과급적 연봉제 지급실적 : **'19.12.27.(금)까지**

○ **제출내용**

- '19년도 교원 성과급적 연봉제 지급결과 : 지정양식 별도 통보
- '19년도 「교원업적평가 규정(지침 등)」, 「교원 성과급적 연봉제 운영 규정(세부지침 등 포함)」, '19년 대학 자체 C등급 공통기준

【교원 성과급적 연봉제 운영규정】 제정(개정) 시 참고사항

○ 구성체계 : 각 대학별 특성을 반영하여 자율적으로 구성하되, 조문화된 법령 형태 마련

○ 규정에 반드시 포함할 내용

① 평가단위명 : (예시) 인문대학(정년보장 교원), 인문대학(비정년 교원), 사범대학(인문계열/정년보장 교원), 사범대학(인문계열/비정년 교원), 사범대학(자연계열/정년보장 교원), 사범대학(자연계열/비정년 교원) 등으로 구체적 명시

② 평가단위별 등급 배정 인원비율 및 지급비율 : 구체적으로 규정에 명시
(예시) S등급(20%, 1.7배), A등급(30%, 1.2배), B등급(50% 이하, 성과연봉 기준액 이하), C등급(「2018년도 국립대학 교원 성과급적 연봉제 운영지침」 상 'C등급 공통기준' 적용)

③ 등급별 인원결정방법
④ 평가내용 : 평가영역별 가중치, 평가비중 등 포함
⑤ 평가 및 지급대상
⑥ 평가주기
⑦ 평가대상기간 : 평가대상기간이 1년 이상인 경우, 연도별 가중치 등 포함
⑧ 평가절차, 평가일정, 평가완료기한
⑨ 평가기준 : 정성평가 시에는 정성평가기준을 반드시 포함
⑩ 신임교원, 휴직·파견·연구년 교원의 업적평가방법
⑪ 대학의 장이 임기 만료 후 해당대학 교원으로 임용될 경우, 대학의 장 재직기간 동안의 업적평가 기준
⑫ 평가영역, 평가항목별 점수환산방법(평가영역별 점수환산기준 포함)
⑬ 성과연봉 지급 제외 및 성과등급 조정(실제로 근무한 기간이 2개월 미만인 경우 등)
⑭ 불복 구제 절차
⑮ 개인정보 보호 및 비밀 유지
⑯ 관련 내용의 고지 : (예시) '임용권자는 신임교원의 연봉 계약 체결 전에 교원이 성과급적 연봉제와 관련된 사항을 충분히 인지할 수 있도록 조치하여야 한다' 등
⑰ 시행일 및 적용대상

< 부록 >

- 평가단위별 세부평가기준 : 평가영역별 세부 점수환산기준 등 포함

3 불복 구제절차 마련

○ 대학의 장은 업적평가가 완료되면 평가 대상 교원에게 개인별로 업적평가 결과를 통지하여야 함

○ 업적평가 결과에 이의가 있는 교원은 구체적인 사유와 증빙자료 등을 첨부하여 소속 대학의 장에게 이의 신청을 할 수 있음

○ 대학의 장이 교원으로부터 이의신청을 받은 경우에는 사유와 증빙자료 등을 검토한 후 그 내용이 타당하다고 판단하는 때에는 평가결과를 조정한 후 그 결과를 통지하고, 그렇지 아니한 경우에도 그 사유를 해당 교원에게 통지함

2019년도 국립대학 교원 성과급적 연봉제 운영지침

◈ **발 행 일** : 2019년 7월 일
◈ **발 행 처** : 교육부 국립대학정책과
◈ **내용문의** : (044)203-6808
◈ **기획 · 편집 : 국립대학정책**과
◈ **인쇄처** :

한국 국립대학의 길을 묻는다

초판 인쇄 | 2019년 11월 20일
초판 발행 | 2019년 11월 25일

편저 | 전국국공립대학교수회연합회
이형철 · 송기춘 · 문병효 · 강창동 · 김대중 · 김태호
권오현 · 임재홍 · 김영석 · 최인철 · 이시활

펴낸이 | 조승식
펴낸곳 | (주)도서출판 북스힐

등 록 | 1998년 7월 28일 제22-457호
주 소 | 서울시 강북구 한천로 153길 17
전 화 | (02) 994-0071
팩 스 | (02) 994-0073

홈페이지 | www.bookshill.com
이메일 | bookshill@bookshill.com

정가 18,000원

ISBN 979-11-5971-244-9

Published by bookshill, Inc. Printed in Korea.